Betriebs-Berater Schriftenreihe

Die Verjährung quasivertraglicher Schadensersatzansprüche

Eine verjährungsrechtliche Untersuchung der Haftung des Vertreters ohne Vertretungsmacht gem. § 179 BGB, des Anfechtenden gem. § 122 BGB sowie aus culpa in contrahendo gem. §§ 280 Abs. 1, 241 Abs. 2, 311 Abs. 2, Abs. 3 BGB

Franz Hackl

Fachmedien Recht und Wirtschaft | dfv Mediengruppe | Frankfurt am Main

Das Werk wurde zugleich als Dissertation der Juristischen Fakultät der Universität Heidelberg angenommen und zum Druck freigegeben.

Bibliografische Information Der Deutschen Nationalbibliothek

Die Deutsche Nationalbibliothek verzeichnet diese Publikation in der Deutschen Nationalbibliografie; detaillierte bibliografische Daten sind im Internet über http://dnb.de abrufbar.

ISBN 978-3-8005-1895-1

dfv Mediengruppe

www.ruw.de

Druck: Beltz Grafische Betriebe GmbH, 99947 Bad Langensalza

Printed in Germany

Für Theresa Lehmeier
(Russi)

Vorwort

Diese Arbeit wurde im Wintersemester 2023/2024 von der Juristischen Fakultät der Universität Heidelberg als Dissertation angenommen.

Ich danke meinem Doktorvater *Prof. Dr. Andreas Piekenbrock* für seine offene und unkomplizierte Art, für den angenehmen und konstruktiven fachlichen Austausch sowie für die Erstellung des Erstgutachtens. Gedankt sei auch Herrn *Prof. Dr. Marc-Philippe Weller* für die zügige Erstellung des Zweitgutachtens.

Diese Arbeit entstand in der Zeit von 2019 bis 2023 während meiner Tätigkeit als Rechtsanwalt für die Kanzlei Müller-Heydenreich Bierbach & Kollegen in München. Literatur wird berücksichtigt bis Juni 2023.

Ohne die Unterstützung einiger wichtiger Menschen wäre dieses Promotionsvorhaben nicht möglich gewesen. Ich möchte daher die Gelegenheit nutzen, um mich bei diesen ganz herzlich zu bedanken:

Ein großes Dankeschön für eine sehr schöne Zeit gilt zunächst meiner ehemaligen Kanzlei Müller-Heydenreich Bierbach & Kollegen um die Partner *Axel Bierbach*, *Oliver Schartl*, *Dr. Stefan Debus*, *Christian Beutler*, *Thomas Funk*, *Henrik Brandenburg* und *Severin Haneke*. Diese haben mir das Projekt der berufsbegleitenden Promotion ermöglicht und dieses mit viel Geduld und Flexibilität gefördert.

Bedanken möchte ich mich auch bei der „*Jura-Gang*" um *Alexandra Deinhard*, *Michael (John) Ertl* und *Michael (Nis) Striegl*, mit denen ich in Regensburg während meines Studiums und Referendariats eine wundervolle Zeit verbringen durfte und die dafür gesorgt haben, dass mir der Spaß an der juristischen Ausbildung und Arbeit nie abhandenkam.

Von ganzem Herzen bedanken möchte ich mich zudem bei meinen lieben Eltern *Therese und Franz Hackl*, die mich mit ihrer bedingungslosen Liebe stets unterstützt haben und ohne die ich meinen bisherigen Weg so nicht hätte gehen können.

Schließlich gilt ein besonderer Dank meiner Partnerin *Sabrina Irlinger*, die mich auf liebevolle Weise durch sämtliche Höhen und Tiefen der letzten Jahre begleitet und mir damit den zum Gelingen dieser Arbeit nötigen Rückhalt gegeben hat.

In tiefer Verbundenheit soll diese Arbeit unserer lieben Freundin *Theresa Lehmeier* (*Russi*) gewidmet sein, die leider viel zu früh von uns gegangen ist. Mit ihrer positiven und sonnigen Art wird sie uns stets ein Vorbild sein und in unseren Herzen weiterleben.

Finsterau im Bayerischen Wald, Weihnachten 2023 *Franz Hackl*

Inhaltsverzeichnis

Einleitung

Omnia tempus habent.
Alles hat seine Zeit.

Diesem ursprünglich aus der Bibel stammenden Zitat kommt auch im Rahmen der Rechtswissenschaft eine entscheidende Bedeutung zu, denn im Grundsatz hat ebenso jeder materiellrechtliche Anspruch – in § 194 Abs. 1 BGB legaldefiniert als das Recht, von einem anderen ein Tun oder Unterlassen zu verlangen – seine eigene Zeit, und zwar in Form der gesetzlich geregelten Verjährungsfristen. Als Grundsatz hat der Gesetzgeber in § 195 BGB eine allgemeine Regelverjährungsfrist von drei Jahren verankert, die im Regelfall gem. § 199 Abs. 1 BGB mit dem Schluss desjenigen Jahres beginnen soll, in dem der betreffende Anspruch entstanden ist und der jeweilige Anspruchsinhaber von den anspruchsbegründenden Umständen sowie von der Person des Anspruchsgegners (positive) Kenntnis erlangt bzw. ohne grobe Fahrlässigkeit hätte erlangen müssen. Zudem sind sowohl im BGB als auch in sonstigen Spezialgesetzen noch diverse von der allgemeinen Regelverjährung der §§ 195, 199 BGB abweichende Sonderverjährungsregelungen mit unterschiedlichsten Fristlängen und Anknüpfungspunkten für den Beginn des entsprechenden Verjährungsfristlaufs vorgesehen. Beispiele hierfür sind die langen allgemeinen Verjährungsfristen der §§ 196, 197 Abs. 1 BGB, die zum Teil kürzeren und rein objektiv angeknüpften besonderen Verjährungsfristen im kauf- und werkvertraglichen Gewährleistungsrecht gem. §§ 438 und 634a BGB, die kurze und ebenfalls rein objektiv angeknüpfte mietrechtliche Sonderverjährungsfrist von sechs Monaten gem. § 548 BGB sowie die im Transportrecht zur Anwendung kommende spezielle Verjährungsfrist von grundsätzlich einem Jahr gem. § 439 Abs. 1 HGB. Der mit dem entsprechenden Fristablauf einhergehende Eintritt der Verjährung bewirkt zwar nicht den automatischen Untergang des zugrunde liegenden Anspruchs, sondern führt nach § 214 Abs. 1 BGB vielmehr „nur" zu einem dauernden Leistungsverweigerungsrecht des entsprechenden Anspruchsgegners, mithin zu einer der Durchsetzbarkeit des Anspruchs entgegenstehenden Einrede. Rein faktisch betrachtet kommt dies im Ergebnis aber dennoch einem Rechtsverlust durch Zeitablauf gleich, sodass jeder Anspruch letztlich eben nur eine zeitlich begrenzte „Lebensdauer" hat. Wie aus der allgemeinen verjährungsrechtlichen Regelung des § 194 Abs. 1 BGB ersichtlich wird, bezieht sich die Verjährung im Grundsatz immer nur auf ein konkretes Recht, mithin auf den einzelnen Anspruch, mit der Folge, dass jeder Anspruch verjährungsrechtlich gesondert zu betrachten ist und damit im Prinzip nach seinen eigenen Regeln zu verjähren hat.

geltende Sonderverjährungsregelung des § 548 Abs. 1 BGB zur Anwendung kommen muss.

Im Rahmen der nachfolgenden Untersuchung dieser verjährungsrechtlichen Fragestellungen sollen zunächst die allgemeinen Grundlagen und Wertungen des geltenden Verjährungsrechts aufgezeigt werden, bevor anschließend auf die allgemeinen Grundzüge und insbesondere auch auf die historische Entwicklung der eng miteinander verwandten Tatbestände der quasivertraglichen (Schadensersatz-)Haftung des Vertreters ohne Vertretungsmacht gem. § 179 BGB, des Anfechtenden gem. § 122 BGB sowie nach den Grundsätzen der c. i. c. gem. §§ 280 Abs. 1, 241 Abs. 2, 311 Abs. 2, Abs. 3 BGB einzugehen sein wird, um die wertungsmäßigen Zusammenhänge als Grundlage für die sodann vorzunehmende verjährungsrechtliche Einordnung dieser quasivertraglichen (Schadensersatz-)Ansprüche deutlich zu machen. Als Kern der vorliegenden Darstellung soll schließlich die Verjährung der quasivertraglichen (Schadensersatz-)Haftung anhand der einzelnen Tatbestände der §§ 179 und 122 BGB sowie der c. i. c. gem. §§ 280 Abs. 1, 241 Abs. 2, 311 Abs. 2, Abs. 3 BGB ausführlich untersucht werden. Dabei sind zunächst unter Zugrundelegung der im BGB verankerten gesetzlichen Ausgangssituation sowie der diesbezüglichen Stimmen aus der Rechtsprechung und Literatur potenzielle Wertungswidersprüche und Spannungsverhältnisse zu identifizieren. Anschließend soll versucht werden, einen möglichst verallgemeinerungsfähigen Lösungsansatz zu einer wertungskonsistenten sowie sach- und interessengerechten verjährungsrechtlichen Behandlung der quasivertraglichen Haftungsansprüche aus § 179 BGB und § 122 BGB sowie nach den Grundsätzen der c. i. c. zu entwickeln.

Teil I
Allgemeine Grundlagen des Verjährungsrechts

Um das Verständnis für die Probleme und Wertungswidersprüche im Zusammenhang mit der Verjährung von quasivertraglichen Haftungsansprüchen zu schärfen, sind zunächst die wesentlichen Grundlagen des geltenden Verjährungsrechts zu betrachten. Auch bei der Entwicklung eines sach- und interessengerechten Lösungsansatzes sind die insoweit gewonnenen Erkenntnisse zwingend zu berücksichtigen.

A. Begriff und Anwendungsbereich der Verjährung

Das römische bzw. gemeine Recht ging noch von einem sehr weiten Verständnis des Verjährungsbegriffs aus und verstand darunter grundsätzlich jede Rechtsänderung durch Zeitablauf. Hiervon war daher sowohl der Erwerb (*praescriptio acquisitiva*) als auch der Verlust (*praescriptio extinctiva*) von Rechten erfasst.[1] Dieses weite Verständnis des Rechtsinstituts der Verjährung wurde jedoch vom BGB nicht übernommen. Vielmehr legt das BGB, wie in § 194 BGB zum Ausdruck kommt, den viel engeren Verjährungsbegriff der Anspruchsverjährung zugrunde. Demnach bezieht sich die Verjährung ausschließlich auf materiellrechtliche Ansprüche und räumt dem Schuldner gem. § 214 Abs. 1 BGB ein dauerndes Leistungsverweigerungsrecht ein, wenn der für die Geltendmachung dieser Ansprüche bestimmte Zeitraum abgelaufen ist. Nach dieser weichen Lösung des BGB führt die Verjährung daher nicht zu einem Verlust des betroffenen Rechts infolge des Zeitablaufs, sondern lediglich zu einer peremptorischen Einrede zugunsten des Schuldners, mit der Folge, dass nach Verjährungseintritt ein erfüllbarer Anspruch fortbesteht, der in den Grenzen des § 215 BGB auch Gegenstand einer Aufrechnung oder der Geltendmachung eines Zurückbehaltungsrechts sein kann.[2]

Zwar ist dem BGB der Rechtserwerb durch Zeitablauf im Grunde nicht fremd, jedoch wird dieser nicht im Kontext der Verjährung geregelt, sondern ausschließlich im Rahmen der Vorschriften über die Ersitzung gem. §§ 937 ff., 1033 BGB (für bewegliche Sachen) bzw. gem. § 900 BGB (für Grundstücke). Zu beachten ist insoweit, dass die Ersitzung ausschließlich dingliche Rechte und gerade keine schuldrechtlichen Ansprüche umfasst.[3]

---

1 Staudinger/Peters/Jacoby, Vor. § 194 Rn. 1 f.; MüKoBGB/Grothe, Vor. § 194 Rn. 1; Grüneberg/Ellenberger, Vor. § 194 Rn. 4.

2 BeckOGKBGB/Piekenbrock, § 194 Rn. 20; Staudinger/Peters/Jacoby, Vor. § 194 Rn. 3 f.; MüKoBGB/Grothe, Vor. § 194 Rn. 5.

3 Grüneberg/Ellenberger, Vor. § 194 Rn. 5; MüKoBGB/Grothe, Vor. § 194 Rn. 2.

Abzugrenzen ist die Verjährung ferner von der Befristung, die ex lege zu einem vollständigen und stets zu beachtenden Untergang des betroffenen Rechts führt.[4] Die ebenfalls von Amts wegen zu berücksichtigende Verwirkung unterscheidet sich von der Verjährung hingegen dadurch, dass davon auch alle Rechte erfasst werden, für die der Gesetzgeber keine feste zeitliche Grenze vorgesehen hat.[5] Vor dem Hintergrund der unzulässigen Rechtsausübung beruht die Verwirkung auf dem Rechtsgedanken, dass auch die Geltendmachung solcher Rechte zeitlich nicht völlig unbegrenzt möglich sein darf, sondern ihre Schranken jedenfalls dort finden muss, wo sich diese als „*illoyale Verspätung der Rechtsausübung*"[6] darstellt und daher mit dem Grundsatz von Treu und Glauben gem. § 242 BGB nicht mehr zu vereinbaren ist. Neben dem reinen Zeitablauf erfordert die Verwirkung von Rechten dabei zusätzlich das Vorliegen eines entsprechenden Umstandsmoments, aufgrund dessen der Schuldner davon ausgehen darf, dass eine Geltendmachung des betroffenen Rechts auch in Zukunft nicht mehr erfolgt.[7]

Die allgemeinen Verjährungsvorschriften der §§ 194 ff. BGB finden grundsätzlich auf alle privatrechtlichen Ansprüche, auch außerhalb des BGB, Anwendung, soweit im Einzelfall keine speziellere Verjährungsregelung einschlägig ist.[8] Für sonstige Ansprüche ohne einschlägige Sonderverjährungsregelung, insbesondere aus dem öffentlichen Recht, kommt eine Anwendbarkeit der allgemeinen Vorschriften gem. §§ 194 ff. BGB über eine ausdrückliche gesetzliche Verweisung oder im Wege der Analogie ebenfalls in Betracht.[9]

B. Sinn und Zweck der Verjährung

Einen einheitlichen Rechtsgrund der Verjährung sucht man vergebens. Vielmehr sind die gesetzlichen Verjährungsvorschriften auf ein ganzes Bündel von Motiven zurückzuführen, die insbesondere aus den verschiedenen Interessen resultieren, die durch den in Ansehung eines Anspruchs fortschreitenden Zeitablauf tangiert werden. Um die Ratio der Verjährung von Ansprüchen zu definieren, ist daher zunächst zwischen den verschiedenen in Betracht kommenden Perspektiven zu differenzieren.[10]

---

4 BeckOGKBGB/Piekenbrock, § 194 Rn. 50.
5 BeckOGKBGB/Piekenbrock, § 194 Rn. 63; BeckOKBGB/Henrich, § 194 Rn. 9.
6 Vgl. BGHZ 25, 47 (51 f.) = NJW 1957, 1358; BGH, NJW-RR 2014, 195.
7 MüKoBGB/Grothe, Vor. § 194 Rn. 13; BeckOGKBGB/Piekenbrock, § 194 Rn. 57; BeckOKBGB/Henrich, § 194 Rn. 9; Grüneberg/Grüneberg, § 242 Rn. 87.
8 BT-Drs. 15/3653, S. 11; Staudinger/Peters/Jacoby, Vor. § 194 Rn. 38.
9 Vgl. BT-Drs. 15/3653, S. 10; BeckOGKBGB/Piekenbrock, § 194 Rn. 73; BeckOKBGB/Henrich, § 194 Rn. 4; MüKoBGB/Grothe, § 195 Rn. 15 ff.
10 BeckOGKBGB/Piekenbrock, § 194 Rn. 4, 10.

I. Interessen der Allgemeinheit

Dem schon im römischen Recht verankerten Rechtsgedanken „*interest rei publicae, ut sit finis litium*" („*Der Allgemeinheit liegt daran, dass Streitigkeiten ein Ende haben*")[11] folgend, liegt ein auch im Rahmen der Begründung des Gesetzes zur Modernisierung des Schuldrechts in den Vordergrund gestellter Rechtsgrund der Anspruchsverjährung im öffentlichen Interesse an der Schaffung von Rechtssicherheit und Rechtsfrieden.[12] Schließlich soll jeder potenziellen Rechtsstreitigkeit über das Bestehen eines Anspruchs eine zeitliche Höchstgrenze gesetzt werden, um von vornherein für klare Rechtsverhältnisse zu sorgen und den Rechtsverkehr vor der Gefahr einer mit dem zunehmenden Zeitablauf einhergehenden Verdunkelung der Sach- und Rechtslage zu schützen.[13]

II. Interessen des Schuldners

Aus der Perspektive des Schuldners dient die Verjährung einerseits seinem Schutz vor drohenden Beweisnöten sowie vor der Gefahr des Verlusts von Regressmöglichkeiten gegenüber Dritten.[14] Mit zunehmendem Zeitablauf wird es für den Schuldner in der Regel immer schwieriger, die vom Anspruchssteller vorgebrachten anspruchsbegründenden Tatsachen zu widerlegen, einen entsprechenden Gegenbeweis zu führen oder gar den ihm obliegenden Vollbeweis für etwaige anspruchshemmende bzw. anspruchsvernichtende Einwendungen zu erbringen. Ohne die zeitliche Begrenzung der Verjährung bestünde für den Schuldner damit häufig die Gefahr, auch für unbegründete Ansprüche einstehen zu müssen, wenn er diese aufgrund der bestehenden Beweisschwierigkeiten nicht mehr zu widerlegen vermag.[15] Zudem könnte sich ein Anspruchssteller den Zeitablauf zunutze machen und den Schuldner durch eine rechtsmissbräuchliche Verzögerung der Anspruchsverfolgung bewusst in entsprechende Beweisnöte bringen, um ihm seine Einwendungen abzuschneiden und zu einer vereinfachten Durchsetzung der von ihm geltend gemachten Ansprüche zu gelangen.

Andererseits schützt die Verjährung auch die Dispositionsfreiheit des Schuldners. Mit zunehmendem Zeitablauf wächst zugleich das Vertrauen des Schuldners, dass Ansprüche gegen ihn nicht mehr bestehen bzw. zumin-

11 Vgl. BeckOGKBGB/Piekenbrock, § 194 Rn. 4; Liebs, Lateinische Rechtsregeln und Rechtssprichwörter, S. 78 Nr. 63 und S. 110 Nr. 121 m. w. N.

12 BT-Drs. 14/6040, S. 96, 100; Mot. I, S. 289 = Mugdan I, S. 511 f.; BGHZ 59, 72 (74).

13 MüKoBGB/Grothe, Vor. § 194 Rn. 7; Grüneberg/Ellenberger, Vor. § 194 Rn. 9.

14 BT-Drs. 14/6040, S. 96, 100.

15 BT-Drs. 14/6040, S. 96; Mot. I, S. 291 = Mugdan I, S. 512; BGHZ 122, 241 (244) = NJW 1993, 2054 (2055); MüKoBGB/Grothe, Vor. § 194 Rn. 6; Staudinger/Peters/Jacoby, Vor. § 194 Rn. 5.

dest nicht mehr geltend gemacht werden und er diese aus seinen Büchern streichen kann. Aufgrund der gesetzlichen Verjährungsregelungen braucht der Schuldner nicht zu befürchten, später noch von unbekannten oder unerwarteten – wenn auch begründeten – Ansprüchen überrascht zu werden. Vielmehr ist für diesen durch die festgelegten Fristen klar ersichtlich, für welchen Zeitraum er sich auf die Geltendmachung potenzieller Ansprüche einstellen muss und ab wann er etwaige diesbezügliche Rückstellungen auflösen und wieder anderweitig disponieren kann.[16]

III. Interessen des Gläubigers

Im Verhältnis zum Gläubiger erfüllt die Verjährung zwar keinen eigenständigen Zweck,[17] jedoch führt sie jedenfalls im Ergebnis zu einem Verlust des Anspruchs und damit zu einem Eingriff in das Eigentumsrecht des Gläubigers in der Form einer Inhalts- und Schrankenbestimmung gem. Art. 14 Abs. 1 S. 2 GG, sodass zwingend auch seinen Interessen hinreichend Rechnung zu tragen ist.[18] Insoweit ist es das Ziel des Verjährungsrechts, dem Gläubiger eine angemessene und faire Möglichkeit zur Verfolgung seiner Ansprüche einzuräumen, um einen angemessenen Ausgleich herzustellen zwischen den Interessen des Gläubigers und den von der Verjährung im Verhältnis zum Schuldner und der Allgemeinheit verfolgten Primärzielen.[19] Wenn der Gläubiger diese Möglichkeit ergebnislos verstreichen lässt, beruht dies in der Regel auf seiner eigenen Nachlässigkeit, sodass der Rechtsverlust infolge der Verjährung gerechtfertigt erscheint.[20] Die Aufgabe der Verjährung ist zwar gerade nicht die Sanktionierung oder Erziehung des Gläubigers, jedoch führt sie faktisch dennoch dazu, dass der Gläubiger zur möglichst frühzeitigen Einleitung der Anspruchsverfolgung gegenüber dem Schuldner gehalten ist.[21]

IV. Sonstige Ziele des Verjährungsrechts

Die Verjährungsvorschriften dienen zum Teil auch der Verwirklichung von besonderen Zielen oder Nebenzwecken, wie insbesondere der Marktsteuerung im Bereich der Gewährleistungsrechte. So können über die jeweils

16 BT-Drs. 14/6040, S. 96; Grüneberg/Ellenberger, Vor. § 194 Rn. 8; Staudinger/Peters/Jacoby, Vor. § 194 Rn. 5.

17 Staudinger/Peters/Jacoby, Vor. § 194 Rn. 6.

18 MüKoBGB/Grothe, Vor. § 194 Rn. 9; Staudinger/Peters/Jacoby, Vor. § 194 Rn. 8; BeckOGKBGB/Piekenbrock, § 194 Rn. 12.

19 BT-Drs. 14/6040, S. 95, 100; Grüneberg/Ellenberger, Vor. § 194 Rn. 10.

20 Mot. I, S. 291 = Mugdan I, S. 512; BeckOGKBGB/Piekenbrock, § 194 Rn. 5; Grüneberg/Ellenberger, Vor. § 194 Rn. 10; BeckOKBGB/Henrich, § 194 Rn. 1.

21 Vgl. Staudinger/Peters/Jacoby, Vor. § 194 Rn. 6.

einschlägigen Verjährungsregelungen Anreize im Hinblick auf die Langlebigkeit und Qualität von Waren und sonstigen Leistungen gesetzt und auf diese Weise die jeweiligen Märkte beeinflusst werden.[22] Zudem führt die Verjährung auch ganz allgemein zu einer beschleunigten Abwicklung von Rechtsgeschäften, wodurch dem grundsätzlichen Bedürfnis nach einer Vereinfachung des Geschäftsverkehrs Rechnung getragen wird.[23]

In diesem Kontext ist auch die Entlastung der Justiz von aufwendigen Rechtsstreitigkeiten über lange zurückliegende Sachverhalte zu erwähnen. Da die Verjährung im BGB jedoch nur als peremptorische Einrede des Schuldners ausgestaltet ist und den zugrunde liegenden Anspruch grundsätzlich unberührt lässt, kann dies richtigerweise nicht als erklärter Zweck der Verjährung verstanden werden, sondern vielmehr nur als positive Begleiterscheinung.[24]

C. Historische Entwicklung des Verjährungsrechts

Wie bereits dargestellt, hat der Gesetzgeber bei der Schaffung des BGB im Jahr 1900 den weiten Verjährungsbegriff des römischen bzw. gemeinen Rechts, das hierunter sowohl die *praescriptio acquisitiva* als auch die *praescriptio extinctiva* verstand, nicht übernommen, sondern vielmehr auf die engere und zugleich weichere Lösung einer Anspruchsverjährung abgestellt, die lediglich ein dauerndes Leistungsverweigerungsrecht als Verteidigungsmöglichkeit des Schuldners vorsieht.[25] Bei der Ausgestaltung der diesbezüglichen Verjährungsregelungen hat sich der Gesetzgeber jedoch zunächst an der *praescriptio* des römischen Rechts orientiert und in § 195 BGB a.F. eine regelmäßige Verjährungsfrist von 30 Jahren festgelegt, deren Beginn gem. § 198 BGB a.F. rein objektiv an die Entstehung des Anspruchs anknüpfte. Neben dieser langen Regelverjährungsfrist wurden zudem zahlreiche Sonderverjährungsregelungen mit kürzeren Verjährungsfristen eingeführt, da ein Verjährungszeitraum von 30 Jahren für eine Vielzahl von Ansprüchen als unverhältnismäßig lang erschien. Dies betraf insbesondere vertragliche Leistungsansprüche, für die § 196 BGB a.F. eine Verjährungs-

---

22 Mansel/Budzikiewicz, Das neue Verjährungsrecht, § 1 Rn. 47 ff.; MüKoBGB/Grothe, Vor. § 194 Rn. 8; vgl. auch Piekenbrock, Befristung, Verjährung, Verschweigung und Verwirkung, S. 108 f., 319.

23 Grüneberg/Ellenberger, Vor. § 194 Rn. 11.

24 Staudinger/Peters/Jacoby, Vor. § 194 Rn. 7; MüKoBGB/Grothe, Vor. § 194 Rn. 8; a.A. Mansel/Budzikiewicz, Das neue Verjährungsrecht, § 1 Rn. 43.

25 BeckOGKBGB/Piekenbrock, § 194 Rn. 20 f.; Staudinger/Peters/Jacoby, Vor. § 194 Rn. 2 ff.; MüKoBGB/Grothe, Vor. § 194 Rn. 1; Grüneberg/Ellenberger, Vor. § 194 Rn. 4 f.

frist von grundsätzlich nur zwei Jahren vorsah.[26] Insgesamt kam es damit aber zu einer erheblichen Zersplitterung des Verjährungsrechts sowie zu dem paradoxen Ergebnis, dass die Regelverjährung die Ausnahme, die Anwendung der Sonderverjährungsvorschriften hingegen den eigentlichen Regelfall darstellte.[27]

Dieser Zustand wurde zunehmend als untragbar empfunden, sodass die Forderungen nach einer grundlegenden Reform des geltenden Verjährungsrechts, die dem Wandel der Zeit und damit den Bedürfnissen eines immer schneller werdenden Wirtschaftsverkehrs gerecht wird, immer lauter wurden.[28] Bereits im Jahr 1978 begann daher mit der Einsetzung einer Kommission zur Überarbeitung des Schuldrechts und dem Gutachten von *Peters/ Zimmermann* aus dem Jahr 1981 eine mehr als 20 Jahre währende kontroverse Debatte über die Möglichkeiten einer Reformierung des Verjährungsrechts.[29] Am Ende nahm der Gesetzgeber die Verpflichtung zur Umsetzung von drei EU-Richtlinien im Bereich des Kaufrechts[30] zum Anlass einer sogenannten *großen Lösung*, die eine grundlegende und umfassende Modernisierung des Schuldrechts einschließlich einer vollständigen Novellierung des Verjährungsrechts beinhaltete.[31] Dieses zum 01.01.2002 in Kraft getretene Gesetz zur Modernisierung des Schuldrechts[32] hatte u. a. die Vereinheitlichung, Verkürzung und Subjektivierung der Verjährungsfristen zum Ziel.[33] Vor diesem Hintergrund wurde in § 195 BGB die heute geltende Regelverjährungsfrist von drei Jahren eingeführt, deren Beginn gem. § 199 Abs. 1 Nr. 2 BGB insbesondere an die Kenntnis des Anspruchsinhabers von den anspruchsbegründenden Umständen anknüpft. Diese verkürzte und gleichzei-

---

26 Vgl. Mot. I, S. 295 f. = Mugdan I, S. 515; BeckOGKBGB/Piekenbrock, § 195 Rn. 3.

27 BT-Drs. 14/6040, S. 100; Peters/Zimmermann, Gutachten Band I, S. 77 (108, 187); Schefe, Modifizierungen der zeitlichen Grenze der Anspruchsverfolgung, S. 11 f.; Bär, Die Verjährung von Ansprüchen bei unsicherer und zweifelhafter Rechtslage, S. 37; Behrensmeyer, Die Verjährung von kaufrechtlichen Gewährleistungs- und Rückgriffsansprüchen, S. 9.

28 BT-Drs. 14/6040, S. 89, 100; Bär, Die Verjährung von Ansprüchen bei unsicherer und zweifelhafter Rechtslage, S. 36 f.; Behrensmeyer, Die Verjährung von kaufrechtlichen Gewährleistungs- und Rückgriffsansprüchen, S. 11; Däubler-Gmelin, NJW 2001, 2281 (2282 f.).

29 Schefe, Modifizierungen der zeitlichen Grenze der Anspruchsverfolgung, S. 60 f.; Mansel/Budzikiewicz, Das neue Verjährungsrecht, § 1 Rn. 5.

30 RL 1999/44/EG v. 25.05.1999 (Verbrauchsgüterkaufrichtlinie); RL 2000/31/EG v. 08.06.2000 (ECommerce-Richtlinie); RL 2000/35/EG v. 29.06.2000 (Zahlungsverzugsrichtlinie).

31 Mansel/Budzikiewicz, Das neue Verjährungsrecht, § 1 Rn. 2; MüKoBGB/Grothe, Vor. § 194 Rn. 26.

32 BGBl. 2001 Teil I, S. 3138.

33 Mansel/Budzikiewicz, Das neue Verjährungsrecht, § 1 Rn. 15; MüKoBGB/Grothe, Vor. § 194 Rn. 27.

tig subjektivierte Regelverjährung sollte für einen Großteil der Fälle die passende verjährungsrechtliche Lösung darstellen und zu einem angemessenen Ausgleich zwischen dem Interesse des Schuldners und der Allgemeinheit an der zeitigen Schaffung von Rechtssicherheit und Rechtsfrieden sowie dem Interesse des Gläubigers an der Gewährleistung einer fairen Chance zur Verfolgung seiner Ansprüche führen.[34] Auf diese Weise konnte wieder ein stimmiges Regel-Ausnahme-Verhältnis hergestellt werden, da sich infolge dieser Reform zahlreiche Sonderverjährungsregelungen als überflüssig erwiesen und ersatzlos gestrichen werden konnten.[35]

Das Gesetz zur Schuldrechtsmodernisierung aus dem Jahr 2002 war jedoch nur der erste von insgesamt zwei Schritten hin zu einer grundlegenden Neuordnung des Verjährungsrechts. Entsprechend der Anregung des Bundesrats zu einer noch umfassenderen Reform des Verjährungsrechts in seiner Stellungnahme zu dem Regierungsentwurf des Schuldrechtsmodernisierungsgesetzes[36] erfolgte der zweite Schritt durch das Gesetz zur Anpassung von Verjährungsvorschriften an das Gesetz zur Modernisierung des Schuldrechts vom 09.12.2004.[37] Ziel dieses Gesetzes war insbesondere die Anpassung der im Zuge der Schuldrechtsmodernisierung noch unangetastet gebliebenen zahlreichen privatrechtlichen Verjährungsregelungen außerhalb des BGB an die neue Konzeption der §§ 194 ff. BGB, u. a. in der Insolvenzordnung sowie im Gesellschaftsrecht. Dies geschah einerseits durch die Aufhebung diverser Sonderverjährungsregelungen mit der Folge einer unmittelbaren Geltung der allgemeinen Verjährungsregelungen des BGB. Andererseits wurden besondere Verjährungsvorschriften dort, wo auch weiterhin ein Abweichen von den neuen Regelungen der §§ 194 ff. BGB sach- und interessengerecht war, entsprechend den Neuregelungen der Schuldrechtsmodernisierung modifiziert oder gar neu geschaffen.[38]

D. Aktuell geltendes Verjährungsrecht

Das seit der Schuldrechtsreform geltende Verjährungsrecht des BGB ist insbesondere geprägt durch ein Zusammenspiel aufeinander abgestimmter Regelungen über die Dauer der Verjährungsfrist, den Fristbeginn und die

34 BT-Drs. 14/6040, S. 95 f., 100, 104 f.; BT-Drs. 15/3653, S. 10 f.; Schefe, Modifizierungen der zeitlichen Grenze der Anspruchsverfolgung, S. 68 ff.; Mansel, NJW 2002, 89 (99); Mansel/Budzikiewicz, Das neue Verjährungsrecht, § 1 Rn. 15.

35 Vgl. BT-Drs. 14/6040, S. 99; BT-Drs. 15/3653, S. 10; Bär, Die Verjährung von Ansprüchen bei unsicherer und zweifelhafter Rechtslage, S. 41.

36 BR-Drs. 338/01, S. 1; vgl. auch Gegenäußerung der Bundesregierung, BT-Drs. 14/6857, S. 42.

37 BGBl. 2004 Teil I, S. 3214.

38 BT-Drs. 15/3653, S. 10 f.

Hemmung bzw. den Neubeginn der entsprechenden Frist. Erst dieses Gesamtkonzept soll nach dem ausdrücklichen Willen des Gesetzgebers dazu führen, dass die beteiligten Interessen in einen gerechten Ausgleich gebracht werden.[39] Aus diesem Grund ist zunächst die Systematik des aktuell geltenden Verjährungsrechts zu betrachten.

I. Verjährungsfristen

Wie bereits dargestellt, stellt die Regelverjährung in § 195 BGB infolge der Neuordnung des Verjährungsrechts nun auch in der Rechtswirklichkeit den Regelfall für sämtliche privatrechtlichen Ansprüche dar.[40] Dennoch waren im Zuge der erfolgten Vereinheitlichung und Anpassung der Verjährungsregelungen inner- und außerhalb des BGB Ausnahmen von dieser Regel in Form von Sonderverjährungsfristen geboten, soweit hierfür unter Berücksichtigung der schutzwürdigen Interessen ein zwingendes sachliches Bedürfnis bestand und eine Anwendung der Regelverjährung damit zu einer ungerechtfertigten Gleichbehandlung unter Wertungsgesichtspunkten nicht vergleichbarer Ansprüche geführt hätte.[41] Im Folgenden soll daher zunächst ein grober Überblick über das System der vorherrschenden Verjährungsfristen gegeben werden.

1. Regelverjährung gem. § 195 BGB

Die regelmäßige Verjährungsfrist beträgt nach der im Zuge der Schuldrechtsreform erfolgten Verkürzung gem. § 195 BGB grundsätzlich drei Jahre und gilt grundsätzlich für sämtliche privatrechtlichen Ansprüche sowie zum Teil auch für öffentlich-rechtliche Ansprüche, soweit im konkreten Fall keine besondere Verjährungsfrist einschlägig ist.[42] Die Verkürzung der Regelverjährung von 30 Jahren auf drei Jahre war ein zentraler Punkt der Schuldrechtsreform, die sich dabei maßgeblich an der früher für unerlaubte Handlungen geltenden Regelung des § 852 BGB a. F. orientierte.[43] Der Zeitraum von drei Jahren stellte in etwa das rechnerische Mittel aller bis dahin geltenden Sonderverjährungsfristen dar und wurde daher vom Gesetzgeber als grundsätzlich geeignet und angemessen angesehen, für möglichst alle Ansprüche sach- und interessengerechte Ergebnisse herbeizuführen.[44]

39 BT-Drs. 14/6040, S. 95.
40 Vgl. Fn. 34 und 35.
41 BT-Drs. 14/6040, S. 100; BT-Drs. 15/3653, S. 11.
42 Vgl. Fn. 8 und 9.
43 BT-Drs. 14/6040, S. 104 f.; Mansel/Budzikiewicz, Das neue Verjährungsrecht, § 1 Rn. 19.
44 BT-Drs. 15/3653, S. 10.

Insoweit ist jedoch zu beachten, dass die Regelverjährung von einem gestaffelten subjektiv-objektiven System geprägt und die entsprechende Verjährungsfrist gem. § 195 BGB deshalb stets in engem Zusammenhang mit der Regelung des Verjährungsbeginns in § 199 BGB zu betrachten ist.[45] Die dreijährige Regelfrist ist schließlich gem. § 199 Abs. 1 Nr. 2 BGB subjektiv an die Kenntnis des Gläubigers von den anspruchsbegründenden Umständen angeknüpft. Faktisch können sich daher im jeweiligen Einzelfall trotz der einheitlichen Regelung in § 195 BGB erheblich auseinanderfallende Fristen ergeben. Um eine Ausuferung des Fristlaufs ins Ungewisse zu verhindern und der Geltendmachung von Ansprüchen im Interesse der Rechtssicherheit ein absolutes Ende zu setzen, sieht § 199 Abs. 2 bis 4 BGB – ebenfalls in Anlehnung an die Systematik des § 852 BGB a. F. – objektiv angeknüpfte regelmäßige Höchstfristen von zehn bzw. 30 Jahren ab der Anspruchsentstehung bzw. dem schadensbegründenden Ereignis vor.[46]

2. Besondere Verjährungsfristen

Neben der Regelverjährungsfrist des § 195 BGB existieren auch weiterhin noch diverse Sonderverjährungsfristen inner- und außerhalb des BGB, die als *lex specialis* grundsätzlich vorgehen.[47] Ein Eingehen auf sämtliche besonderen Verjährungsvorschriften würde jedoch den Rahmen dieser Untersuchung sprengen und ist daher weder beabsichtigt noch zielführend. Vielmehr sollen neben den besonderen Fristen der allgemeinen Verjährungsregelungen in §§ 196, 197 Abs. 1 BGB nur einzelne Sonderverjährungsfristen dargestellt werden, die insbesondere im Zusammenhang mit den Fallgestaltungen der quasivertraglichen Schadensersatzansprüche und damit für die vorliegende Untersuchung besonders relevant erscheinen.

a) Lange Fristen gem. §§ 196, 197 Abs. 1 BGB

Für Ansprüche auf Übertragung des Eigentums sowie in Ansehung beschränkter dinglicher Rechte an einem Grundstück wurde mit der Schuldrechtsreform die besondere Verjährungsfrist von zehn Jahren gem. § 196 BGB neu geschaffen. Diese Regelung war insbesondere motiviert durch die potenziellen Probleme, die sich im Zusammenhang mit der Abwicklung von meist komplexen Grundstücksgeschäften ergeben können. Zudem befriedigt die lange Zehnjahresfrist das Bedürfnis des Rechtsverkehrs nach einem vorsorglichen „Stehenlassen" von Grundschulden, wie es nach der Tilgung

45 BT-Drs. 14/6040, S. 95; BT-Drs. 15/3653, S. 11; Schefe, Modifizierungen der zeitlichen Grenze der Anspruchsverfolgung, S. 70.

46 BT-Drs. 14/6040, S. 108 f.; Mansel/Budzikiewicz, Das neue Verjährungsrecht, § 1 Rn. 21; MüKoBGB/Grothe, § 199 Rn. 48.

47 Staudinger/Peters/Jacoby, § 195 Rn. 1, 11.

eines zugunsten der Bank besicherten Darlehens mit Blick auf eine mögliche weitere Kreditgewährung in der Zukunft aus ökonomischen Gründen häufig praktiziert wird, ohne die Gefahr der zwischenzeitlichen Verjährung des Rückgewähranspruchs.[48]

Im Zuge der Schuldrechtsreform wurde in § 197 Abs. 1 BGB zudem die der früheren Regelverjährung gem. § 195 BGB a. F. entsprechende lange Verjährungsfrist von 30 Jahren ursprünglich für Ansprüche auf Herausgabe, für erb- und familienrechtliche Ansprüche und für festgestellte Ansprüche beibehalten. Mit dem Gesetz zur Stärkung der Rechte von Opfern sexuellen Missbrauchs vom 26.06.2013[49] wurde § 197 Abs. 1 BGB zudem um die heutige Nr. 1 und damit um Schadensersatzansprüche aus der vorsätzlichen Verletzung des Lebens, des Körpers, der Gesundheit, der Freiheit oder der sexuellen Selbstbestimmung erweitert. Durch die lange 30-jährige Verjährungsfrist soll im Ergebnis der besonderen Bedeutung der in § 197 BGB aufgezählten Ansprüche und der überragenden Schutzwürdigkeit der insbesondere von § 197 Abs. 1 Nr. 1 und Nr. 2 BGB erfassten Rechtsgüter hinreichend Rechnung getragen werden.[50]

b) Gewährleistungsrecht gem. §§ 438, 634a BGB

Für die kauf- und werkvertraglichen Gewährleistungsansprüche sehen die §§ 438 und 634a BGB besondere Verjährungsfristen vor. Diese Regelungen waren ebenfalls Bestandteil der Anfang des Jahres 2002 in Kraft getretenen Modernisierung des Schuldrechts und setzen in §§ 438 Abs. 1 Nr. 3 und § 634a Abs. 1 Nr. 1 BGB die Verlängerung der bis dato für entsprechende Gewährleistungsansprüche geltenden grundsätzlichen Verjährungsfrist von sechs Monaten (vgl. §§ 477 und 638 BGB a. F.) auf nunmehr zwei Jahre um. Der Hintergrund dieser Neuregelung war insbesondere der Umstand, dass die frühere Sechsmonatsfrist von Rechtsprechung und Literatur übereinstimmend für zu kurz befunden wurde, da sie häufig bereits abgelaufen war, bevor ein entsprechender Mangel überhaupt zutage getreten und damit erkennbar war. Durch die Verlängerung dieser Verjährungsfrist auf grundsätzlich zwei Jahre sollte für den Gläubiger daher eine angemessene und zumutbare Möglichkeit zur Geltendmachung seiner Mängelansprüche sichergestellt werden.[51] Andererseits soll die kurze Verjährungsfrist von zwei Jahren mit ihrem rein objektiv angeknüpften Beginn auch dem Erfordernis

48 BT-Drs. 14/6040, S. 105; Staudinger/Peters/Jacoby, § 196 Rn. 1 f.; Mansel/Budzikiewicz, Das neue Verjährungsrecht, § 4 Rn. 8 ff.

49 BGBl. 2013 Teil I, S. 1805.

50 BT-Drs. 14/6040, S. 105 f.; BT-Drs. 17/6261, S. 9, 19 f.; Staudinger/Peters/Jacoby, § 197 Rn. 3 ff.

51 BT-Drs. 14/6040, S. 228, 264; Mansel/Budzikiewicz, Das neue Verjährungsrecht, § 5 Rn. 8.

einer angemessenen Verteilung des Mängelrisikos und damit den im Bereich der Gewährleistungsrechte gesteigerten Interessen des Schuldners bzw. des Wirtschaftsverkehrs an der Schaffung von Rechtssicherheit und Rechtsfrieden dienen.[52] Schließlich ist insoweit zu beachten, dass mit fortschreitendem Zeitablauf auch die Probleme im Hinblick auf die Beweisbarkeit von Mängeln und das Risiko, dass etwaige Schäden erst durch den Umgang des Kunden mit der Sache entstehen, erheblich zunehmen.[53] Vor diesem Hintergrund hielt der Gesetzgeber die neu gestaltete regelmäßige Verjährungsfrist gem. §§ 195, 199 BGB, nicht zuletzt aufgrund ihrer kombinierten subjektiv-objektiven Anknüpfung des Verjährungsbeginns, nicht für geeignet, um ausgewogene und wertungskonsistente Ergebnisse zu erzielen.[54] Im Vergleich zu den von der allgemeinen Regelverjährung erfassten Ansprüchen bestehen strukturelle Unterschiede und anders gelagerte Interessen im Bereich der Gewährleistungsrechte, die eine noch klarere zeitliche Begrenzung der Mängelhaftung gebieten, um den Wirtschaftsverkehr nicht mit der Ungewissheit von auf unabsehbare Zeit schwelenden Gewährleistungsansprüchen zu belasten und eine planbare, beschleunigte Abwicklung von Rechtsgeschäften zu gewährleisten.[55]

Für einige Fälle sehen die §§ 438, 634a BGB zudem verlängerte Verjährungsfristen vor. So ist bei einem arglistigen Verhalten des Vertragspartners gem. §§ 438 Abs. 3 und 634a Abs. 3 BGB – wie auch schon vor der Schuldrechtsreform – grundsätzlich auf die Regelverjährung gem. §§ 195, 199 BGB abzustellen, da der Gesetzgeber den arglistig Handelnden als nicht schutzwürdig erachtet und ihm daher die Vorzüge der grundsätzlich zweijährigen Verjährung im Gewährleistungsrecht, insbesondere im Hinblick auf den rein objektiv angeknüpften Verjährungsbeginn, nicht zugutekommen sollen.[56] Die regelmäßige Verjährungsfrist ist gem. § 634a Abs. 1 Nr. 3 BGB auch auf Mängelansprüche aus sonstigen, insbesondere nichtkörperlichen Werkleistungen,[57] mit Ausnahme der Planungs- und Überwachungsleistungen i. S. d. § 634a Abs. 1 Nr. 1 BGB, anzuwenden. Weiter sehen die §§ 438 Abs. 1 Nr. 1 und 634a Abs. 1 Nr. 2 BGB eine verlängerte Frist von fünf Jah-

---

52 Leenen, JZ 2001, 552 (558); Zimmermann/Leenen/Mansel/Ernst, JZ 2001, 684 (688); Mansel/Budzikiewicz, Das neue Verjährungsrecht, § 5 Rn. 6.

53 Canaris, Karlsruher Forum 2002, S. 5 (93); Grigoleit/Herresthal, JZ 2003, 118 (122); Müller/Hempel, AcP 2005, 246 (251); Mansel/Budzikiewicz, Das neue Verjährungsrecht, § 5 Rn. 7.

54 BT-Drs. 14/6040, S. 105, 226, 263.

55 Piekenbrock, Jahrbuch Junger Zivilrechtswissenschaftler 2001, S. 309 (329 f.); vgl. schon zum alten Recht Mot. II, S. 238 = Mugdan II, S. 131; Grigoleit, Vorvertragliche Informationshaftung, S. 234.

56 BT-Drs. 14/6040, S. 230, 264; Mot. II, S. 240 = Mugdan II, S. 133; Arnold, JuS 2013, 865; BeckOGKBGB/Arnold, § 438 Rn. 164.

57 MüKoBGB/Busche, § 634a Rn. 33.

ren für Gewährleistungsansprüche im Zusammenhang mit Bauwerken vor. Für besondere Fälle der Rechtsmängelhaftung im Kaufrecht ordnet § 438 Abs. 1 Nr. 1 BGB die lange Verjährungsfrist von 30 Jahren an. Von Bedeutung sind insoweit insbesondere die Eviktionsfälle gem. § 438 Abs. 1 Nr. 1 lit. a) BGB, in denen konsequenterweise ein Gleichlauf mit der Verjährungsfrist des § 197 Abs. 1 Nr. 2 BGB hergestellt werden soll, die grundsätzlich für den gegen den Käufer gerichteten Herausgabeanspruch gilt. Dies dient der Vermeidung einer Haftungsfalle zulasten des Käufers, die schließlich bestünde, wenn der Käufer 30 Jahre einem potenziellen Herausgabeanspruch eines Dritten ausgesetzt wäre, aber vom Verkäufer nur in der kurzen Gewährleistungsfrist von zwei Jahren Regress nehmen könnte.[58]

c) Gebrauchsüberlassungsverhältnisse gem. § 548 BGB

Im Mietrecht sieht § 548 Abs. 1 S. 1 und Abs. 2 BGB für die Ansprüche des Vermieters wegen Veränderungen oder Verschlechterungen der Mietsache sowie für Ansprüche des Mieters auf Aufwendungsersatz oder Gestattung der Wegnahme einer Einrichtung eine kurze Sonderverjährungsfrist von sechs Monaten vor, die über das Mietrecht hinaus auch auf andere Gebrauchsüberlassungsverhältnisse Anwendung findet, insbesondere auf Pachtverträge gem. §§ 581 Abs. 2, 591b BGB, auf die Leihe gem. § 606 BGB sowie auf den Nießbrauch gem. § 1057 BGB. Diese Frist blieb auch im Zuge der Schuldrechtsreform vom 26.11.2001 unangetastet und wurde lediglich durch das Mietrechtsreformgesetz vom 19.06.2001[59] aus der früheren Regelung des § 558 BGB a. F. in die neu gegliederte Vorschrift des § 548 BGB aufgenommen. Der wesentliche Zweck dieser kurzen sechsmonatigen Verjährungsfrist ist insbesondere zurückzuführen auf die erheblichen Beweisprobleme, die sich mit zunehmendem Zeitablauf im Hinblick auf die wechselseitigen Ansprüche im Zusammenhang mit dem Zustand der Mietsache ergeben, wenn diese bereits zurückgegeben bzw. das Mietverhältnis beendet und die Mietsache ggf. bereits weitervermietet wurde.[60]

d) Transportrecht gem. § 439 HGB

Für Ansprüche aus dem Transportrecht enthält § 439 Abs. 1 S. 1 HGB die zentrale Regelung einer einheitlichen Verjährungsfrist von grundsätzlich einem Jahr. Diese besondere Verjährungsfrist gilt für sämtliche wechselseitigen Ansprüche aus bzw. in unmittelbarem Zusammenhang mit Frachtge-

---

58 BT-Drs. 14/6040, S. 227; Mansel/Budzikiewicz, Das neue Verjährungsrecht, § 5 Rn. 99 f.; MüKoBGB/Westermann, § 438 Rn. 12.

59 BGBl. 2001 Teil I, S. 1149.

60 BT-Drs. 14/4553, S. 45; Mugdan II, S. 841 f.; BeckOGKBGB/Reuschle, § 548 Rn. 2; Staudinger/V. Emmerich, § 548 Rn. 1.

schäften i. S. d. § 407 HGB[61] und findet darüber hinaus gem. §§ 451, 452b Abs. 2, 463, 475a HGB auch Anwendung auf Umzugs, Multimodal-, Speditions- und Lagergeschäfte. In Fällen vorsätzlicher oder diesen gem. § 435 HGB gleichstehender leichtfertiger Pflichtverletzungen verlängert sich die transportrechtliche Sonderverjährungsfrist gem. § 439 Abs. 1 S. 2 HGB auf drei Jahre. Die heutige Regelungssystematik der besonderen Verjährung im Transportrecht mit ihrer Zentralnorm in § 439 HGB war nicht Gegenstand der grundlegenden Reformen des Verjährungsrechts durch das Gesetz zur Modernisierung des Schuldrechts vom 26.11.2001 sowie das Verjährungsanpassungsgesetz vom 09.12.2004. Diese geht vielmehr zurück auf das Transportrechtsreformgesetz vom 25.06.1998,[62] welches die bereits zuvor geltende grundsätzliche Verjährungsfrist von einem Jahr beibehielt und in Anlehnung an Art. 32 Abs. 1 CMR insbesondere eine Vereinfachung und Vereinheitlichung der transportrechtlichen Verjährung zum Ziel hatte.[63] Die kurze Verjährungsfrist von einem Jahr soll dabei insbesondere dem auch im Bereich der Handelsgeschäfte gesteigerten Bedürfnis des Schuldners bzw. des Rechtsverkehrs nach einer beschleunigten und klaren Abwicklung von Rechtsgeschäften bzw. daraus resultierenden Schadensfällen dienen und damit insgesamt zu einer möglichst weitgehenden Voraussehbarkeit und Planbarkeit beitragen.[64] Die Verlängerung der Verjährungsfrist bei Vorliegen eines qualifizierten Verschuldens i. S. d. § 439 Abs. 1 S. 2 HGB auf drei Jahre beruht hingegen maßgeblich auf der Wertung, dass der Schuldner in derartigen Fällen nicht schutzwürdig erscheint und daher die Interessen des Gläubigers an der Durchsetzung seiner Rechte wesentlich überwiegen.[65]

II. Beginn und Ende der Verjährung

Wie schon beschrieben, sind die verjährungsrechtlichen Fristenregelungen nicht isoliert, sondern stets zusammen mit den dazugehörigen Vorschriften über den Verjährungsbeginn zu betrachten. Erst durch die Kombination dieser Regelungen ergibt sich ein aufeinander abgestimmtes Verjährungssystem, das die hinter den einzelnen Verjährungsfristen stehende Ratio vollumfänglich zu verwirklichen vermag.[66] Schließlich steht der tatsächliche Zeitraum bis zum Eintritt der Verjährung, mithin die faktische Verjährungsfrist, endgültig erst mit dem jeweiligen Verjährungsbeginn fest, da ein unterschiedlicher Fristbeginn in Bezug auf ein und denselben Anspruch trotz

61 MüKoHGB/Eckardt, § 439 Rn. 5; BeckOGKBGB/Piekenbrock, § 195 Rn. 65.
62 BGBl. 1998 Teil I, S. 1588.
63 BT-Drs. 13/8445, S. 77.
64 BT-Drs. 13/8445, S. 77; BeckOKHGB/G. Kirchhof, § 439 Rn. 10.
65 BT-Drs. 13/8445, S. 78; MüKoHGB/Eckardt, § 439 Rn. 11.
66 Vgl. Fn. 39 und 45.

gleichbleibender gesetzlicher Fristdauer zu tatsächlich ganz unterschiedlichen Verjährungsfristen führen kann. Aus diesem Grund ist in einem nächsten Schritt ein Überblick über die Systematik der gesetzlichen Regelungen über den Verjährungsbeginn zu geben.

1. Regelverjährung gem. § 199 BGB

Die Wechselwirkung zwischen Dauer und Beginn der Verjährungsfrist zeigt sich besonders deutlich im Fall der regelmäßigen Verjährung gem. § 195 BGB, die gem. § 199 Abs. 1 Nr. 1 und Nr. 2 BGB grundsätzlich mit dem Schluss des Jahres beginnt, in dem der Anspruch entstanden ist und der Gläubiger von den anspruchsbegründenden Umständen sowie von der Person des Schuldners Kenntnis erlangt hat bzw. ohne grobe Fahrlässigkeit hätte erlangen müssen. Unabhängig von der Kenntnis des Gläubigers tritt jedoch die regelmäßige Verjährung gem. § 199 Abs. 2 bis 4 BGB je nach Art des Anspruchs spätestens dann ein, wenn seit Anspruchsentstehung oder dem schadensbegründenden Ereignis zehn bzw. 30 Jahre verstrichen sind.

Wie bereits im Zusammenhang mit der Fristlänge ausgeführt, ist der Beginn der regelmäßigen Verjährungsfrist seit der zum Anfang des Jahres 2002 in Kraft getretenen Schuldrechtsreform in Anlehnung an die früher im Deliktsrecht geltende Verjährungsregelung des § 852 BGB a. F. damit nicht mehr rein objektiv an die Anspruchsentstehung angeknüpft (vgl. § 198 BGB a. F.). Vielmehr ist die nunmehr geltende Regelverjährung gem. §§ 195, 199 Abs. 1 BGB geprägt durch eine subjektiv-objektiv kombinierte bzw. gestaffelte Anknüpfung des Verjährungsbeginns sowie durch das Prinzip der Ultimo-Verjährung, das ähnlich einer Anlaufhemmung wirkt und für den Verjährungsbeginn pauschal auf das Jahresende abstellt. Der Übergang von einem rein objektiven hin zu einem gemischt subjektiv-objektiven Modell der Regelverjährung dient insbesondere der Kompensation der von 30 auf drei Jahre verkürzten Verjährungsfrist. Dadurch soll gewährleistet werden, dass dem Gläubiger die kurze Dreijahresfrist auch vollständig zur Verfügung steht und er eine angemessene Möglichkeit zur Geltendmachung seiner Ansprüche erhält.[67] Die Verknüpfung dieses subjektiven Ansatzes mit dem objektiven Element der Ultimo-Regelung, die u. a. in § 201 BGB a. F. bereits vor der Schuldrechtsreform existierte, jedoch auf bestimmte Entgeltforderungen und wiederkehrende Leistungen beschränkt war, dient dabei in erster Linie der Vermeidung von Konflikten und Rechtsunsicherheiten im Zusammen-

67 Zimmermann, JZ 2000, 853 (857 f., 861 f.); Leenen, JZ 2001, 552 f.; Mansel/Budzikiewicz, Das neue Verjährungsrecht, § 3 Rn. 68; Behrensmeyer, Die Verjährung von kaufrechtlichen Gewährleistungs- und Rückgriffsansprüchen, S. 23 f.; Staudinger/Peters/Jacoby, § 199 Rn. 1.

hang mit dem Nachweis der subjektiven Voraussetzungen.[68] Die Tatsache, dass sich allein aufgrund der Ultimo-Regelung im Einzelfall faktisch um bis zu ein Jahr divergierende Verjährungsfristen ergeben können, ist daher im Interesse der Rechtssicherheit und Rechtsklarheit hinzunehmen. Jedoch hat die grundsätzlich subjektive Anknüpfung der Regelverjährung zur Folge, dass der Verjährungsbeginn je nach Kenntniserlangung des Anspruchsinhabers stark variieren kann und sich somit faktisch erheblich auseinanderfallende Verjährungsfristen ergeben können, die möglicherweise um ein Vielfaches über die dreijährige Regelverjährungsfrist hinausgehen. Um den damit einhergehenden Unsicherheiten und einer faktischen Unverjährbarkeit von Ansprüchen entgegenzuwirken, stellen die in § 199 Abs. 2 bis 4 BGB verankerten und rein objektiv angeknüpften Verjährungshöchstfristen das im Interesse der Rechtssicherheit und Rechtsklarheit gebotene Korrektiv zu dem grundsätzlich subjektiven Ansatz dar.[69]

2. Verjährungsbeginn gem. § 200 BGB

Hinsichtlich nicht der regelmäßigen Verjährung gem. §§ 195, 199 BGB unterfallender Ansprüche bestimmt § 200 BGB, dass sich der Verjährungsbeginn grundsätzlich rein objektiv nach der Entstehung des zugrunde liegenden Anspruchs richtet. Da jedoch viele von der Regelverjährung abweichende Sonderverjährungsregelungen neben der Verjährungsfrist auch deren Beginn gesondert regeln und daher ausweislich der ausdrücklichen Subsidiaritätsklausel in § 200 BGB auch insoweit als *lex specialis* vorgehen, kommt der allgemeinen Vorschrift des § 200 BGB nur ein deutlich eingeschränkter Anwendungsbereich und damit eine reine Auffangfunktion zu, etwa für Ansprüche i. S. d. § 196 BGB und § 197 Abs. 1 Nr. 1 und 2 BGB.[70]

3. Besondere Regelung des Verjährungsbeginns

Um den spezifischen Wertungen der besonderen Verjährungsfristen zur umfassenden Geltung zu verhelfen, ist häufig auch die gesonderte Bestimmung eines auf die jeweils einschlägige Sonderverjährungsfrist abgestimmten Verjährungsbeginns geboten.[71] Aus diesem Grund stellen die §§ 438 Abs. 2, 634a Abs. 2 BGB in Ansehung der gewährleistungsrechtlichen Ansprüche

68 Bär, Die Verjährung von Ansprüchen bei unsicherer und zweifelhafter Rechtslage, S. 42; MüKoBGB/Grothe, § 199 Rn. 47.

69 Zimmermann/Leenen/Mansel/Ernst, JZ 2001, 684 (687); Däubler-Gmelin, NJW 2001, 2281 (2284); Bär, Die Verjährung von Ansprüchen bei unsicherer und zweifelhafter Rechtslage, S. 43; Staudinger/Peters/Jacoby, § 199 Rn. 89.

70 Mansel/Budzikiewicz, Das neue Verjährungsrecht, § 4 Rn. 4; MüKoBGB/Grothe, § 200 Rn. 1; Staudinger/Peters/Jacoby, § 200 Rn. 1 f.

71 Vgl. Fn. 39 und 45 sowie BT-Drs. 13/8445, S. 78.

im Kauf- und Werkvertragsrecht für den Verjährungsbeginn rein objektiv auf die Ablieferung der Kaufsache, die Übergabe des Grundstücks oder die Abnahme einer körperlichen Werkleistung ab. Dieser Zeitpunkt bildet im Bereich Mängelrechte eine entscheidende Zäsur, weil der Vertragsgegenstand damit in der Regel die Verfügungsgewalt des Verkäufers bzw. Werkunternehmers verlässt und in den Machtbereich des Kunden übergeht, sodass dieser die Sache von da an sprichwörtlich in den Händen hält und vollumfänglich auf vorhandene Mängel untersuchen kann.[72] Im Hinblick auf die werkvertragliche Abnahme i. S. d. § 634a Abs. 2 BGB i. V. m. § 640 BGB wird damit zugleich die Billigung des Werks nach bereits erfolgter Prüfung der Vertragsgemäßheit zum Ausdruck gebracht.[73] Hinzu kommt, dass der Gegenstand ab dem Zeitpunkt der Ablieferung, der Übergabe oder der Abnahme dem ausschließlichen Umgang des Kunden ausgesetzt ist und daher die Feststellung mit zunehmender Zeit immer schwieriger wird, ob später auftretende Schäden auf einen bereits angelegten Mangel i. S. d. §§ 434, 435, 633 BGB oder aber auf die Einwirkung des Kunden selbst auf die Sache zurückzuführen sind und daher in seinen eigenen Risikobereich fallen.[74] Die mit den gewährleistungsrechtlichen Sonderverjährungsregelungen gem. §§ 438, 634a BGB bezweckte angemessene Verteilung des Mängelrisikos durch eine klare zeitliche Begrenzung der Gewährleistungshaftung sowie die damit einhergehende Beschleunigung und Vereinfachung des Rechts- und Wirtschaftsverkehrs, insbesondere im Hinblick auf die Abwicklung der Massengeschäfte des täglichen Lebens, kann somit effektiv nur erreicht werden, wenn die hierzu grundsätzlich vorgesehene kurze Frist von zwei Jahren rein objektiv an den für die Risikozuweisung zentralen Zeitpunkt der Übergabe bzw. Abnahme angeknüpft wird. Eine Subjektivierung des Verjährungsbeginns würde hingegen zu einer Verwässerung der im Interesse der Rechtssicherheit und Rechtsklarheit gebotenen kurzen Gewährleistungsfrist von zwei Jahren führen und die mit ihr verfolgte *ratio legis* konterkarieren.[75]

Gleiches gilt im Ergebnis hinsichtlich der besonderen Verjährungsfristen von sechs Monaten im Mietrecht gem. § 548 Abs. 1 S. 1, Abs. 2 BGB und von in der Regel einem Jahr im Transportrecht gem. § 439 Abs. 1 S. 1 HGB. Auch insoweit lassen sich die mit diesen kurzen Fristen verfolgten besonderen Ziele der Verhinderung einer Verdunkelung der Beweislage sowie der Erleichterung des Rechtsverkehrs durch eine beschleunigte Klärung der

72 BeckOKBGB/Faust, § 438 Rn. 30 f.; MüKoBGB/Westermann, § 438 Rn. 24 f.; Staudinger/Peters, § 634a Rn. 35a; BeckOGKBGB/Raab-Gaudin, § 634a Rn. 309.

73 MüKoBGB/Busche, § 640 Rn. 2; BeckOGKBGB/Kögl, § 640 Rn. 10; a. A. Staudinger/Peters, § 640 Rn. 7 ff.

74 Canaris, Karlsruher Forum 2002, S. 5 (93); Honsell, JZ 2001, 18 (21); Leenen, JZ 2001, 552 (558); Mansel/Budzikiewicz, Das neue Verjährungsrecht, § 5 Rn. 7.

75 Zimmermann/Leenen/Mansel/Ernst, JZ 2001, 684 (688); Leenen, JZ 2001, 552 (553); Eidenmüller, JZ 2001, 283 (285).

wechselseitigen Ansprüche nur dann umfassend verwirklichen, wenn der jeweilige Fristbeginn ebenfalls rein objektiv bestimmt wird.[76] Daher knüpft der Beginn der mietrechtlichen Sonderverjährung in § 548 Abs. 1 S. 2 BGB für die Ansprüche des Vermieters an die insoweit entscheidende Zäsur der Rückgabe der Mietsache an. Für die Ansprüche des Mieters i. S. d. § 548 Abs. 2 BGB beginnt sie mit der Beendigung des Mietverhältnisses und die transportrechtliche Sonderverjährung beginnt gem. § 439 Abs. 2 S. 1 und 2 HGB in der Regel mit dem ausschlaggebenden Zeitpunkt der tatsächlichen bzw. hilfsweise der hypothetischen Ablieferung des Transportguts.

III. Verjährungsfristlauf

Den dritten großen und für die Erzielung sach- und interessengerechter Ergebnisse unabdingbaren Baustein im System der geltenden Verjährungsregelungen des BGB bildet der Lauf der Verjährungsfrist und damit einhergehend die Möglichkeiten, diesen durch Hemmung, Neubeginn oder abweichende Parteivereinbarung zu beeinflussen.[77] Nachfolgend soll daher ein grober Überblick über die möglichen rechtlichen Einwirkungen auf den Verjährungsfristlauf gegeben werden.

1. Hemmung und Neubeginn der Verjährung gem. §§ 203 ff. BGB

Ein weiterer Reflex auf die erhebliche Verkürzung der Regelverjährung sind die Vorschriften über die Hemmung und den Neubeginn der Verjährung in §§ 203 bis 213 BGB, durch die der Verjährungsfristlauf verlängert und der Anspruchsinhaber vor einem für ihn unangemessen frühen Verjährungseintritt geschützt wird. Auch insoweit erfolgte eine entsprechende Neuordnung im Zuge der Modernisierung des Schuldrechts, die insbesondere eine Ausweitung der Hemmungstatbestände zum Inhalt hatte.[78] Grundsätzlich unterscheiden sich Hemmung und Neubeginn der Verjährung dadurch, dass im Rahmen der Verjährungshemmung lediglich ein bestimmter Zeitraum nicht in die Berechnung der Verjährungsfrist eingestellt wird, beim Neubeginn der Verjährung hingegen die jeweils einschlägige Verjährungsfrist in Gänze von vorn zu laufen beginnt.[79]

76 BT-Drs. 14/4553, S. 45; Mugdan II, S. 841 f.; BT-Drs. 13/8445, S. 78.
77 Vgl. BT-Drs. 14/6040, S. 95; Zimmermann, JZ 2000, 853 (857); Schefe, Modifizierungen der zeitlichen Grenze der Anspruchsverfolgung, S. 70.
78 Derleder/Kähler, NJW 2014, 1617.
79 Staudinger/Peters/Jacoby, Vor. § 203 Rn. 1 f.

a) Verjährungshemmung gem. §§ 203 bis 211 BGB

Die Hemmung der Verjährung wird grundsätzlich geprägt durch zwei Erscheinungsformen, nämlich die klassische Verjährungshemmung in §§ 203 bis 209 BGB und die Ablaufhemmung in §§ 210, 211 BGB.

aa) Klassische Verjährungshemmung gem. §§ 203 bis 209 BGB

Die klassische Verjährungshemmung zeichnet sich dadurch aus, dass hierbei gem. § 209 BGB der Zeitraum der Hemmung bei der Berechnung der Verjährungsfrist stets unberücksichtigt bleibt und dadurch im Ergebnis das Ende der Verjährungsfrist nach hinten hinausgeschoben wird. Von großer praktischer Bedeutung sind insoweit insbesondere die Hemmungstatbestände der §§ 203, 204 BGB. Die Vorschrift des § 203 BGB sieht eine Hemmung der Verjährung vor, solange zwischen den Parteien Verhandlungen über die zugrunde liegenden Ansprüche schweben. Dabei wird die klassische Verjährungshemmung zum Schutz des Gläubigers in § 203 S. 2 BGB mit einer Ablaufhemmung kombiniert, wonach eine Verjährung jedenfalls nicht vor Ablauf von drei Monaten nach dem Ende der Hemmung eintritt. Da das Ende der Hemmung grundsätzlich mit dem tatsächlichen Ende der Verhandlungen eintritt und das von den Parteien nicht immer ausdrücklich klargestellt wird, bestehen diesbezüglich stets gewisse Rechtsunsicherheiten. Zudem kann es sein, dass der Gläubiger gerade nicht mit einem Scheitern der Verhandlungen rechnet und daher davon unangenehm überrascht wird. Dies kann insbesondere dann zu einer unzumutbaren Belastung für den Gläubiger führen, wenn die zur Verjährungshemmung führenden Verhandlungen erst kurz vor Ablauf der Verjährungsfrist aufgenommen wurden, sodass die nach dem Ende der Hemmung noch verbleibende Restverjährungsfrist ggf. nur noch wenige Tage beträgt. Vor derartigen Nachteilen wird der Anspruchsinhaber durch die Ablaufhemmung in § 203 S. 2 BGB geschützt, mit der sichergestellt wird, dass er nach dem Ende der Verhandlungen stets noch eine angemessene Reaktions- bzw. Bedenkzeit von mindestens drei Monaten hat.[80] In § 204 Abs. 1 BGB ist eine Reihe von Gründen aufgeführt, die zu einer Hemmung der Verjährung führen. Alle diese Hemmungstatbestände haben gemeinsam, dass es sich dabei um förmliche Verfahren zur Durchsetzung der betreffenden Ansprüche handelt. Letztlich können sie daher unter dem Sammelbegriff der Rechtsverfolgungsmaßnahmen zusammengefasst werden. Die praktisch wohl bedeutsamste Fallgruppe dieser Rechtsverfolgungsmaßnahmen ist wohl die Verjährungshemmung durch Klageerhebung auf Leistung oder Feststellung gem. § 204 Abs. 1 Nr. 1 BGB. Auch § 204 Abs. 2 BGB sieht nach der Beendigung bzw. dem Stillstand des zur Verjährungs-

80 BT-Drs. 14/6040, S. 112; BT-Drs. 14/7052, S. 180; Mansel/Budzikiewicz, Das neue Verjährungsrecht, § 8 Rn. 36.

hemmung und Rechtsverfolgung eingeleiteten förmlichen Verfahrens zum Schutz und zur Neuorientierung des Anspruchsinhabers einen Zeitraum von sechs Monaten vor. Im Gegensatz zur Regelung in § 203 S. 2 BGB handelt es sich insoweit jedoch nicht nur um eine Ablaufhemmung, sondern vielmehr um eine in ihren Wirkungen weitreichendere echte Nachfrist. In der Folge endet die Hemmung im Fall des § 204 Abs. 2 BGB erst nach dem Ablauf der Nachfrist, sodass diese dem Anspruchsinhaber stets und unabhängig von der Länge der verbleibenden Restverjährungsfrist zugutekommt und damit zu einem viel umfassenderen Schutz des Anspruchsinhabers führt.[81] Bei der Ablaufhemmung handelt es sich hingegen lediglich um eine gesetzliche Mindestfrist, die sich an das Ende der Hemmung anschließt und nur dann zum Tragen kommt, wenn die Länge der verbleibenden Restverjährungsfrist hinter dieser zurückbleibt.[82] Die Hemmungstatbestände der §§ 203, 204 BGB beruhen zum einen auf dem gemeinsamen Rechtsgedanken der Warnfunktion. Wenn der Anspruchsinhaber schließlich aktiv zur Verfolgung und Durchsetzung seiner Ansprüche gegenüber dem Schuldner tätig wird und damit seinen Rechtsverfolgungswillen unmissverständlich zum Ausdruck bringt, ist der Schuldner insoweit gewarnt und kann sich gerade nicht auf ein schutzwürdiges Vertrauen in das Ausbleiben der Anspruchsverfolgung berufen, was für die Rechtfertigung des Verjährungseintritts jedoch grundsätzlich erforderlich wäre.[83] Zum anderen muss für den Gläubiger stets die angemessene und zumutbare Möglichkeit zur Geltendmachung seiner Ansprüche und zur Abwendung der diesbezüglichen Verjährung bestehen, was jedoch gerade nicht der Fall wäre, wenn der Gläubiger im Rahmen eines länger andauernden Rechtsstreits zur Verfolgung seiner Ansprüche den ungehinderten Eintritt der Verjährung befürchten müsste, ohne sich dagegen zur Wehr setzen zu können.[84] Im Fall der Verjährungshemmung durch Verhandlungen gem. § 203 BGB kommt hinzu, dass es mit dem Grundsatz von Treu und Glauben i. S. d. § 242 BGB nicht zu vereinbaren wäre, wenn sich der Schuldner einerseits auf Verhandlungen über die gegen ihn gerichteten Ansprüche einlässt und sich andererseits dann auf die Verjährung derselben beruft.[85]

Darüber hinaus enthalten die Regelungen der §§ 205 bis 208 BGB weitere Hemmungsgründe bei Leistungsverweigerungsrechten (§ 205 BGB), höhe-

81 Staudinger/Peters/Jacoby, § 204 Rn. 119, 151.

82 Staudinger/Peters/Jacoby, § 203 Rn. 17 und § 209 Rn. 8.

83 BeckOGKBGB/Meller-Hannich, § 204 Rn. 2, 9; MüKoBGB/Grothe, § 204 Rn. 3; Staudinger/Peters/Jacoby, § 204 Rn. 3; vgl. u. a. auch BGH, NJW 2017, 886 (888 f.); BGHZ 104, 268 (273) = NJW 1988, 1964 (1965).

84 BT-Drs. 14/6040, S. 111 f.; Mansel/Budzikiewicz, Das neue Verjährungsrecht, § 8 Rn. 38; Staudinger/Peters/Jacoby, § 204 Rn. 1.

85 BT-Drs. 14/6040, S. 111 f.; MüKoBGB/Grothe, § 203 Rn. 3; Staudinger/Peters/Jacoby, § 203 Rn. 1.

rer Gewalt (§ 206 BGB), besonderen familienrechtlichen Ansprüchen (§ 207 BGB) und Ansprüchen wegen Verletzung der sexuellen Selbstbestimmung (§ 208 BGB). Insoweit wird jedoch auf eine vertiefte Darstellung verzichtet, da diese Hemmungstatbestände für die vorliegende Untersuchung von eher untergeordneter Bedeutung sind.

bb) Ablaufhemmung gem. §§ 210, 211 BGB

Die hingegen – wie sich noch zeigen wird – im weiteren Fortgang dieser Untersuchung äußerst relevanten Regelungen der Ablaufhemmung in §§ 210, 211 BGB haben im Vergleich zu den klassischen Hemmungsregelungen eine weit weniger weitreichende Wirkung. Wie bereits im Kontext des § 203 S. 2 BGB aufgezeigt, statuiert eine Ablaufhemmung im Ergebnis lediglich eine gesetzliche Mindestfrist zur Neuorientierung und weiteren Verfolgung der Ansprüche nach dem Eintritt eines bestimmten Ereignisses.[86] Dementsprechend regeln die wertungsmäßig identischen Vorschriften der §§ 210, 211 BGB, dass die jeweils einschlägige Verjährungsfrist für Ansprüche von und gegen geschäftsunfähige bzw. beschränkt geschäftsfähige Personen bzw. für Ansprüche von und gegen einen Nachlass frühestens sechs Monate nach der Beseitigung des Vertretungsmangels bzw. nach der Annahme der Erbschaft, der Eröffnung des Nachlassinsolvenzverfahrens oder der Bestellung eines sonstigen Vertreters für den Nachlass oder die Erben abläuft. Im Gegensatz zur klassischen Verjährungshemmung ist die Ablaufhemmung somit stets abhängig von der nach dem Eintritt des maßgeblichen Ereignisses noch verbleibenden Restverjährungsfrist und kommt nur zum Tragen, wenn diese hinter der normierten Mindestfrist zurückbleibt.[87] Daher ist es durchaus möglich, dass die Regelungen der §§ 210, 211 BGB zwar tatbestandlich eingreifen, die Ablaufhemmung jedoch keinerlei Wirkung entfaltet, da dem Anspruchsinhaber nach der Beseitigung des für die Anspruchsverfolgung bestehenden Hindernisses i. S. d. §§ 210, 211 BGB noch immer eine angemessene Restverjährungsfrist zur Verfügung steht, die dem von der Ablaufhemmung vorgesehenen Mindestzeitraum entspricht bzw. ihn sogar übersteigt. Die Vorschriften der Ablaufhemmung gem. §§ 210, 211 BGB beruhen grundsätzlich auf denselben rechtlichen Wertungen und sind weitgehend auf das Prinzip „*agere non valenti non currit praescriptio*" („*Die Verjährung läuft nicht gegenüber dem, der nicht wirksam klagen kann*")[88] zurückzuführen. Sie tragen dabei insbesondere dem Umstand Rechnung, dass in den genannten Fällen ein rechtliches Hindernis für die Durchsetzung von Ansprüchen

---

86 Vgl. Fn. 81.

87 Vgl. auch Staudinger/Peters/Jacoby, § 210 Rn. 6 a. E.; Erman/Schmidt-Räntsch, § 210 Rn. 3.

88 Vgl. Liebs, Lateinische Rechtsregeln und Rechtssprichwörter, S. 32 Nr. 65.

besteht und der Anspruchsinhaber deshalb den Verjährungseintritt durch ein eigenes aktives Tätigwerden nicht abwenden kann. Schließlich kann eine nicht voll geschäftsfähige Person ohne gesetzlichen Vertreter nicht wirksam klagen bzw. verklagt werden. Auch in Nachlassfällen können Ansprüche für und gegen den Nachlass erst mit abschließender Klärung der endgültigen Nachlassträgerschaft wirksam durchgesetzt werden. Die wesentliche Ratio der §§210, 211 BGB ist somit darin zu sehen, durch Einräumung einer entsprechenden Mindestfrist die angemessene und zumutbare Möglichkeit der Verfolgung von Ansprüchen sicherzustellen, wenn diese sonst durch ein rechtliches Hindernis vereitelt würde.[89] Einzig in den Fällen von Ansprüchen gegen nicht voll Geschäftsfähige i. S. d. §210 BGB bestünde grundsätzlich die Möglichkeit der Bestellung eines besonderen Vertreters durch ein prozessuales Vorgehen nach §57 ZPO. Im Zuge der Schuldrechtsreform vom 26.11.2001 wurde der Tatbestand der Ablaufhemmung in §210 BGB im Gegensatz zur Vorgängernorm des §206 BGB a. F.[90] jedoch ganz bewusst zweiseitig ausgestaltet, da der Weg über §57 ZPO zum einen für den Gläubiger praktisch kaum zumutbar bzw. in einigen Fällen des §204 Abs. 1 BGB schon gar nicht möglich ist. Zum anderen sollte insbesondere auch der nicht voll geschäftsfähige Schuldner vor für ihn möglicherweise nachteiligen Maßnahmen zur Untersuchung seiner Geschäftsfähigkeit ausschließlich zu Zwecken der Verjährungshemmung geschützt werden.[91]

b) Verjährungsneubeginn gem. §212 BGB

Die wohl weitreichendste Einwirkung auf den Verjährungsfristlauf ist der Verjährungsneubeginn gem. §212 BGB. Wie bereits dargestellt, führt der Neubeginn der Verjährung dazu, dass die bereits angebrochene Verjährungsfrist wieder vollständig aufgeladen wird und dem Anspruchsinhaber von vorn zur Verfügung steht.[92] Im Zuge der Modernisierung des Schuldrechts wurde die früher in den zahlreichen Einzeltatbeständen der §§208 bis 217 BGB a. F. geregelte Unterbrechung der Verjährung gänzlich umstrukturiert. Ein Großteil der früheren Unterbrechungsgründe wurde in die heutigen Hemmungsgründe gem. §204 Abs. 1 BGB umfunktioniert und die Unterbrechung wurde unter dem neu eingeführten Rechtsbegriff des Neubeginns

89 MüKoBGB/Grothe, §210 Rn. 1 und §211 Rn. 1; BeckOGKBGB/Meller-Hannich, §210 Rn. 1 f. und §211 Rn. 1 f.

90 In §206 BGB a. F. war die Ablaufhemmung noch ausschließlich einseitig zugunsten der nicht voll geschäftsfähigen Personen ausgestaltet und erfasste gerade nicht die gegen diese gerichteten Ansprüche.

91 BT-Drs. 14/6040, S. 120; Erman/Schmidt-Räntsch, §210 Rn. 1 f.; Staudinger/Peters/Jacoby, §210 Rn. 1; MüKoBGB/Grothe, §210 Rn. 1.

92 Staudinger/Peters/Jacoby, Vor. §203 Rn. 2.

in § 212 BGB vereinheitlicht.[93] Ausweislich der nunmehr abschließenden Regelung des § 212 Abs. 1 Nr. 1 und 2 BGB ist von einem Verjährungsneubeginn nur noch dann auszugehen, wenn der Schuldner entweder den gegen ihn gerichteten Anspruch in irgendeiner Weise anerkennt (Nr. 1) oder wenn eine diesbezügliche Zwangsvollstreckungsmaßnahme beantragt bzw. vorgenommen wird (Nr. 2). Der Sinn und Zweck der Regelung des Verjährungsneubeginns in § 212 Abs. 1 Nr. 1 BGB ist darin zu erkennen, dass der Schuldner, der den zugrunde liegenden Anspruch jedenfalls durch sein tatsächliches Verhalten anerkennt und damit sein Bewusstsein vom Bestehen des Anspruchs zum Ausdruck bringt, keinerlei schützenswertes Vertrauen in das Ausbleiben der Anspruchsverfolgung genießt und damit kein Anlass besteht, die bis dahin verstrichene Zeit in verjährungsrechtlicher Hinsicht zu berücksichtigen. Vielmehr wird durch ein entsprechendes Anerkenntnis eher aufseiten des Gläubigers ein Vertrauenstatbestand hinsichtlich der erfolgreichen Realisierung seiner Ansprüche geschaffen, der ihn zu Recht von Maßnahmen der Verjährungshemmung gem. § 204 Abs. 1 BGB abhält.[94] Hinsichtlich der Beantragung und Vornahme von Vollstreckungsmaßnahmen gem. § 212 Abs. 1 Nr. 2 BGB liegt die *ratio legis* des Verjährungsneubeginns hingegen in der Verhinderung der Verjährung bereits titulierter Ansprüche, für die eine Hemmung gem. § 204 Abs. 1 BGB ausscheidet. Die Einordnung der Maßnahmen zur Durchsetzung bereits titulierter Ansprüche als Grund für den vollständigen Verjährungsneubeginn und nicht lediglich als bloßer Hemmungstatbestand beruht dabei im Wesentlichen auf dem Rechtsgedanken, dass das Bestehen des zugrunde liegenden Anspruchs in der Regel bereits im Rahmen eines förmlichen Verfahrens festgestellt wurde und der Anspruchsinhaber in einem weiteren förmlichen Verfahren zum Ausdruck bringt, auf den Anspruch zu bestehen. In diesem Fall bedarf der Schuldner des Schutzes der Verjährung ebenfalls nicht und es überwiegt vielmehr das schutzwürdige Interesse des Anspruchsinhabers am Erhalt seines bereits als berechtigt festgestellten Anspruches.[95]

c) Reichweite von Hemmung und Neubeginn gem. § 213 BGB

Im Grundsatz ist davon auszugehen, dass die Verjährung für jeden materiellrechtlichen Anspruch gesondert zu beurteilen ist. Dies hat konsequenterweise auch für den Verjährungsfristlauf und die ihn beeinflussenden Maßnahmen der Hemmung und des Neubeginns zu gelten. Insoweit ist jedoch zu beachten, dass die verjährungsrechtlichen Regelungen von Hemmung

93 Mansel/Budzikiewicz, Das neue Verjährungsrecht, § 7 Rn. 4.

94 BT-Drs. 14/6040, S. 120; MüKoBGB/Grothe, § 212 Rn. 6; BeckOKBGB/Henrich, § 212 Rn. 1.

95 BT-Drs. 14/6040, S. 120; MüKoBGB/Grothe, § 212 Rn. 19; Staudinger/Peters/Jacoby, § 212 Rn. 35; BeckOKBGB/Henrich, § 212 Rn. 1.

und Neubeginn zu einer Durchbrechung dieses Grundsatzes führen und ihren gegenständlichen Anwendungsbereich selbst bestimmen.[96] So kommt es für die Verjährungshemmung durch Klageerhebung gem. § 204 Abs. 1 Nr. 1 BGB auf den Anspruch im prozessualen Sinn an, mithin den gesamten Streitgegenstand, sodass davon auch mehrere Ansprüche im materiellrechtlichen Sinn erfasst werden können.[97] Ähnlich verhält es sich bei der Hemmung durch Verhandlungen gem. § 203 BGB, deren Reichweite durch den konkreten Verhandlungsgegenstand in Form eines bestimmten Lebenssachverhalts bestimmt wird.[98] Auch der Neubeginn der Verjährung durch Anerkenntnis gem. § 212 Abs. 1 Nr. 1 BGB bezieht sich stets auf den konkreten Gegenstand des Anerkenntnisses.[99] Die Reichweite von Hemmung und Neubeginn ist daher grundsätzlich im jeweiligen Einzelfall durch Auslegung zu ermitteln. Um diesbezügliche Auslegungsschwierigkeiten abzumildern und dem Umstand Rechnung zu tragen, dass es dem Anspruchsinhaber in erster Linie um die Verfolgung eines wirtschaftlichen Interesses geht, das häufig über einen bestimmten materiellrechtlichen oder gar prozessualen Anspruch hinausgehen wird, ordnet die Regelung des § 213 BGB die Wirkungserstreckung von Hemmung und Neubeginn der Verjährung auch auf sämtliche Ansprüche an, die aus demselben Grund neben oder an die Stelle des unmittelbar betroffenen Anspruchs treten und die sich im Wege der Auslegung nicht mehr unter den jeweils einschlägigen Tatbestand von Hemmung oder Neubeginn fassen lassen.[100] Die Regelung des § 213 BGB erfasst dabei insbesondere Fälle elektiver Anspruchskonkurrenz, d. h. Ansprüche, die in einem echten Alternativverhältnis stehen und von denen daher nur ein Anspruch endgültig realisiert werden kann, wie z. B. im Fall der Gewährleistungsrechte gem. §§ 437, 634 BGB.[101] Die Wirkungserstreckung in § 213 BGB dient damit insbesondere einem erhöhten Maß an Rechtssicherheit bei der Bestimmung der Reichweite von Hemmung und Neubeginn der Verjährung sowie der Vermeidung unbilliger Ergebnisse. Diese würden schließlich drohen, wenn der Anspruchsinhaber die Verjährung von Ansprüchen befürchten müsste, die im Ergebnis auf dasselbe von ihm verfolgte wirtschaftliche Interesse gerichtet sind und auf deren Geltendmachung sich der Schuldner daher auch einstellen muss.[102]

---

96 Staudinger/Peters/Jacoby, § 213 Rn. 1; Mansel/Budzikiewicz, Das neue Verjährungsrecht, § 7 Rn. 23.
97 MüKoBGB/Grothe, § 204 Rn. 10; Staudinger/Peters/Jacoby, § 204 Rn. 13.
98 MüKoBGB/Grothe, § 203 Rn. 7; Staudinger/Peters/Jacoby, § 203 Rn. 14.
99 Mansel/Budzikiewicz, Das neue Verjährungsrecht, § 7 Rn. 23; BeckOKBGB/Henrich, § 212 Rn. 6 ff.
100 BT-Drs. 14/6040, S. 121; MüKoBGB/Grothe, § 213 Rn. 1 f.
101 Mansel/Budzikiewicz, Das neue Verjährungsrecht, § 7 Rn. 25; Staudinger/Peters/Jacoby, § 213 Rn. 1 a. E.
102 BT-Drs. 14/6040, S. 121; MüKoBGB/Grothe, § 213 Rn. 1 f.

2. Abweichung durch Parteivereinbarung

Da die gesetzlichen Verjährungsregelungen grundsätzlich zur Disposition der Parteien stehen, können diese die Länge und den Lauf der Verjährungsfristen auch durch individuelle Vereinbarungen beeinflussen.[103] Seit der Schuldrechtsreform vom 26.11.2001 ist § 202 BGB insoweit die Zentralnorm. Demnach sind Vereinbarungen über die Verjährung grundsätzlich in einem weitreichenden Umfang möglich. Ausgeschlossen ist gem. § 202 Abs. 1 BGB lediglich die Erleichterung im Voraus bei der Haftung für Vorsatz sowie gem. § 202 Abs. 2 BGB die Erschwerung über die Zeitgrenze von 30 Jahren hinaus. Eine derart umfassende Vertragsfreiheit ist insbesondere vor dem Hintergrund der erfolgten Vereinheitlichung des Verjährungsrechts erforderlich, um auf die Besonderheiten einzelner Vertragstypen und bestimmter Einzelfälle im Interesse beider Vertragsparteien angemessen eingehen zu können. Insbesondere die Möglichkeit verjährungserschwerender Vereinbarungen, z. B. in Form eines Verjährungsverzichts, dient dabei der möglichst ökonomischen, einvernehmlichen Erledigung der in Streit stehenden Ansprüche und damit der Vermeidung von zeit- und kostenintensiven Maßnahmen der Rechtsverfolgung i. S. d. § 204 Abs. 1 BGB ausschließlich zum Zweck der Verjährungshemmung.[104]

3. Rechtsnachfolge gem. § 198 BGB

Allgemein gilt, dass ein Wechsel auf Gläubiger- oder Schuldnerseite grundsätzlich keinerlei Einfluss auf den Lauf der Verjährungsfrist hat, da der zugrunde liegende Anspruch hiervon nicht berührt wird, sondern stets derselbe bleibt. Die bis zu dem entsprechenden Beteiligtenwechsel verstrichene Verjährungszeit muss damit in derartigen Fällen im Grundsatz ohne Weiteres Berücksichtigung finden.[105] Problematisch ist allerdings, wenn es in Ansehung eines dinglichen Anspruchs gegen den Besitzer einer Sache zu einer Übertragung des Besitzes und damit zu einem Wechsel auf der Schuldnerseite kommt. Schließlich entsteht der dingliche Anspruch mit dem entsprechenden Besitzwechsel neu, mit der Folge, dass grundsätzlich auch die einschlägige Verjährungsfrist von neuem zu laufen beginnt.[106]

Dieses Problem ist Gegenstand der Regelung des § 198 BGB, durch den der frühere § 221 BGB a. F. im Zuge der Schuldrechtsreform übernommen wurde und der dem bereits im römischen bzw. im gemeinen Recht verankerten

---

103 Piekenbrock, Befristung, Verjährung, Verschweigung und Verwirkung, S. 425; MüKo-BGB/Grothe, § 202 Rn. 1.

104 BT-Drs. 14/6040, S. 110; Mansel/Budzikiewicz, Das neue Verjährungsrecht, § 6 Rn. 2 f.

105 BGHZ 60, 235 (240) = NJW 1973, 703 (704); BeckOGKBGB/Piekenbrock, § 198 Rn. 3.

106 Mot. I, S. 341 = Mugdan I, S. 540; Staudinger/Peters/Jacoby, § 198 Rn. 2.

Grundsatz der *accessio temporis* folgt.[107] Für derartige Fälle der Rechtsnachfolge aufseiten des Besitzers sieht § 198 BGB daher eine Anrechnung der bis zum Besitzwechsel gegenüber dem Rechtsvorgänger bereits verstrichenen Verjährungszeit zugunsten des Rechtsnachfolgers vor. Der Begriff der Rechtsnachfolge verlangt dabei gerade keine Rechtsnachfolge im engeren Sinne. Er ist vielmehr weit im Sinne einer einfachen „*Besitznachfolge*" zu verstehen und erfasst insbesondere die Fälle des abgeleiteten Besitzerwerbs. Erforderlich ist insoweit lediglich die von einem natürlichen Willen getragene und übereinstimmende Übertragung des Besitzes als tatsächliches Herrschaftsverhältnis über eine Sache.[108] Die Vorschrift des § 198 BGB beruht dabei im Wesentlichen auf dem Rechtsgedanken, dass dem Rechts- bzw. Besitznachfolger nach der allgemeinen Verkehrsanschauung, ganz unabhängig von der Rechtsnatur des Anspruchs, dieselbe Rechtslage verbleiben soll, wie sie dem Rechts- bzw. Besitzvorgänger verblieben wäre. Seit jeher war anerkannt, dass sich auch der Rechts- bzw. Besitznachfolger auf die Verjährung der nunmehr gegen ihn gerichteten dinglichen Ansprüche berufen kann, wenn diese zum Zeitpunkt seines Besitzerwerbs bei dem Rechts- bzw. Besitzvorgänger bereits eingetreten war. Es ist aber kein sachlich rechtfertigender Grund ersichtlich, der eine davon abweichende Beurteilung gebietet, nur weil die zugrunde liegende Verjährungsfrist im Zeitpunkt des Besitzübergangs noch nicht gänzlich abgelaufen war. Vielmehr hat auch insoweit ein entsprechender verjährungsrechtlicher Gleichlauf zu erfolgen.[109] Darüber hinaus ist zu berücksichtigen, dass der dingliche Anspruch durch einen Besitzwechsel auf der Passivseite bei wirtschaftlicher Betrachtung im Ergebnis ebenso wenig berührt wird wie ein schuldrechtlicher Anspruch. Der durch den Besitzwechsel an die Stelle des ursprünglichen dinglichen Anspruchs tretende neue dingliche Anspruch ist vielmehr wirtschaftlich identisch. Eine strenge verjährungsrechtliche Differenzierung würde daher zu einer unnatürlichen Trennung eines als wirtschaftliche Einheit zu betrachtenden Geschehens führen und damit in Anbetracht der langen 30-jährigen Verjährungsfrist des § 197 Abs. 1 Nr. 2 BGB, insbesondere bei mehrfachem Besitzwechsel, häufig auch zu einer faktischen Unverjährbarkeit der dinglichen Ansprüche.[110]

---

107 BeckOGKBGB/Piekenbrock, § 198 Rn. 2; Mot. I, S. 340 = Mugdan I, S. 540.

108 Finkenauer, JZ 2000, 241 (243 f.); BeckOGKBGB/Piekenbrock, § 198 Rn. 8; Staudinger/Peters/Jacoby, § 198 Rn. 4 f.; MüKoBGB/Grothe, § 198 Rn. 2; Grüneberg/Ellenberger, § 198 Rn. 1.

109 Mot. I, S. 341 = Mugdan I, S. 540; MüKoBGB/Grothe, § 198 Rn. 1.

110 Finkenauer, JZ 2000, 241 (243); BeckOGKBGB/Piekenbrock, § 198 Rn. 3.

IV. Wirkung und Rechtsfolgen der Verjährung gem. §§ 214 ff. BGB

Wie anfangs bereits angesprochen, führt die Verjährung nach der weichen Lösung des Gesetzgebers lediglich zu einem dauernden Leistungsverweigerungsrecht gem. § 214 Abs. 1 BGB und damit gerade nicht zu einem automatischen Untergang des betroffenen Anspruchs. Dieser bleibt vielmehr grundsätzlich auch weiterhin erfüllbar und ist lediglich mit einer peremptorischen Einrede des Schuldners „belastet".[111] Nach § 215 BGB kann der Anspruch sogar nach Erhebung der Verjährungseinrede noch Gegenstand einer Aufrechnung oder eines Zurückbehaltungsrechts sein, wenn die jeweiligen Voraussetzungen dazu bereits vor dem Ablauf der entsprechenden Verjährungsfrist vorlagen. Eine Sonderregel für die Verwertung bzw. Aufrechterhaltung von Sicherheiten, auch nach Verjährung des gesicherten Anspruchs, sieht § 216 BGB vor und § 217 BGB durchbricht ähnlich wie § 213 BGB den Grundsatz, dass die Verjährung für jeden Anspruch gesondert zu beurteilen ist, indem dieser die Verjährungswirkung auch auf die von dem betroffenen Hauptanspruch abhängigen Nebenleistungen erstreckt. Da nach dem engen Verjährungsmodell des BGB lediglich Ansprüche verjähren, jedoch die der Verjährung zugrunde liegenden Motive und Schutzzwecke in Ansehung der daneben bzw. stattdessen bestehenden und weitgehend von denselben Voraussetzungen abhängigen Gestaltungsrechte in Form von Rücktritt und Minderung gleichermaßen eingreifen, ist auch insoweit eine entsprechende zeitliche Begrenzung geboten.[112] Aus diesem Grund regelt § 218 BGB i. V. m. §§ 438 Abs. 4, Abs. 5, 634a Abs. 4, Abs. 5 BGB die Unwirksamkeit der Ausübung der Gestaltungsrechte, wenn die zugrunde liegenden Leistungs- oder Nacherfüllungsansprüche bereits verjährt sind und sich der Schuldner im Wege der ihm zustehenden Einrede darauf beruft.

V. Auslegungs- und Analogiefähigkeit des Verjährungsrechts

Grundsätzlich ist im Verjährungsrecht sowohl eine Auslegung als auch eine Analogiebildung nach den allgemeinen Regeln möglich.[113] Allerdings wird in der Rechtsprechung immer wieder eine restriktive und eng am Wortlaut orientierte Auslegung sowie das Erfordernis der Einhaltung besonders hoher Anforderungen betont, vor allem bei der Ausweitung der Verjährungsregelungen im Wege der Bildung von Analogien. Dies wird insbesondere damit begründet, dass die Verjährungsvorschriften eine formale Regelung im In-

---

111 Vgl. Fn. 2.

112 BT-Drs. 14/6040, S. 124; Mansel/Budzikiewicz, Das neue Verjährungsrecht, § 9 Rn. 3; BeckOGKBGB/Bach, § 218 Rn. 2 ff.

113 Staudinger/Peters/Jacoby, Vor. § 194 Rn. 46; Grüneberg/Ellenberger, Vor. § 194 Rn. 12.

teresse der Rechtssicherheit und des Rechtsfriedens darstellen.[114] Konkrete Vorgaben, welche besonderen Voraussetzungen bzw. Grenzen bei der Auslegung und analogen Anwendung der Verjährungsvorschriften zu beachten sind, werden dabei jedoch nicht gemacht, sodass die vermeintliche Regel der Rechtsprechung weitgehend abstrakt bleibt. Zwar mögen die mit der Anordnung der Verjährbarkeit von Ansprüchen verfolgten Interessen eine besonders strenge Handhabung der Auslegungs- und Analogiefragen zugrunde legen, nicht zuletzt auch aufgrund der Tatsache, dass die Verjährung von Ansprüchen jedenfalls im wirtschaftlichen Ergebnis zu einem Forderungsverlust führt und sich daher aufgrund des damit verbundenen Eingriffs in das Eigentumsrecht des Gläubigers in Form einer Inhalts- und Schrankenbestimmung gem. Art. 14 Abs. 1 S. 2 GG in einem grundrechtssensiblen Bereich bewegt.[115] Der Wahrung und dem angemessenen Ausgleich der beteiligten Interessen, dem im Verjährungsrecht damit eine ganz besondere Bedeutung zukommt, wird jedoch bereits durch die allgemeinen Regeln und Grundsätze der Methodenlehre zur Auslegung und analogen Anwendung von Normen hinreichend Rechnung getragen. Wie bei allen auslegungs- und analogiefähigen Vorschriften ist auch bei der Auslegung und Analogiebildung im Verjährungsrecht in erster Linie auf den jeweiligen Regelungszweck und die damit verbundenen Intentionen des Gesetzgebers abzustellen. Darüber hinausgehende besondere Anforderungen sind hingegen ebenso wenig ersichtlich, wie eine besonders einschränkende Bedeutung des Wortlauts der Verjährungsregelungen.[116]

---

114 BGHZ 53, 43 (47) = NJW 1970, 419 (420); BGHZ 59, 323 (326) = NJW 1973, 38; BGHZ 156, 232 (242) = WM 2003, 2278 (2283).

115 Vgl. Fn. 18.

116 Staudinger/Peters/Jacoby, Vor. § 194 Rn. 47 f.; Grüneberg/Ellenberger, Vor. § 194 Rn. 12; a. A. MüKoBGB/Grothe, Vor. § 194 Rn. 7.

Teil II
Quasivertragliche Haftung

Vertragsähnliche oder auch quasivertragliche Ansprüche sind im Grundsatz dadurch geprägt, dass sie in einem Stadium entstehen, in dem ein Vertrag entweder noch nicht oder nicht mehr existiert. Jedoch weisen sie wertungsmäßig eine sehr große Nähe zu dem entsprechenden Vertrag bzw. den daraus resultierenden vertraglichen Ansprüchen auf, da sie in der Regel auf einen Ausgleich der Nachteile gerichtet sind, die dadurch entstehen, dass der Vertrag am Ende nicht oder jedenfalls nicht so wie ursprünglich beabsichtigt zustande kommt. Die vorliegende Betrachtung konzentriert sich dabei auf die insoweit besonders relevanten Haftungsansprüche gegen den Vertreter ohne Vertretungsmacht (*falsus procurator*) gem. § 179 BGB, gegen den Anfechtenden gem. § 122 BGB sowie nach den Grundsätzen der culpa in contrahendo (*c. i. c.*) gem. §§ 280 Abs. 1, 241 Abs. 2, 311 Abs. 2, Abs. 3 BGB. Bevor jedoch auf die diesbezüglichen verjährungsrechtlichen Probleme als Kernthema dieser Untersuchung eingegangen wird, ist zunächst ein Überblick über die allgemeinen Grundsätze, Entwicklungen, Voraussetzungen und Rechtsfolgen dieser Haftungsnormen zu geben.

A. Haftung des Vertreters ohne Vertretungsmacht gem. § 179 BGB

Wenn ein wirksamer Vertragsschluss daran scheitert, dass ein Vertreter ohne ordnungsgemäße Vertretungsmacht gehandelt hat und der vermeintlich Vertretene das Geschäft nicht i. S. d. § 177 Abs. 1 BGB genehmigt, dann sieht die Regelung des § 179 BGB eine entsprechende persönliche Haftung des Vertreters vor.

I. Rechtsnatur und Ratio der Haftung

Die Haftung nach § 179 BGB steht ganz im Zeichen des Vertrauensschutzes und enthält insoweit ein nach dem jeweiligen Schutzbedürfnis des Anspruchsinhabers abgestuftes System einer verschuldensunabhängigen gesetzlichen Garantiehaftung des Vertreters.[117] Im Grundsatz ist davon auszugehen, dass jede Partei das Risiko von Nachteilen durch das Scheitern eines beabsichtigten Vertragsschlusses selbst zu tragen hat.[118] Die Regelung

117 BGHZ 32, 250 (254) = NJW 1960, 1565 (1566); BGHZ 39, 45 (51) = NJW 1963, 759 (760); Grüneberg/Ellenberger, § 179 Rn. 1.
118 Vgl. MüKoBGB/Schubert, § 179 Rn. 1.

des § 179 BGB führt jedoch in den Fällen, in denen ein wirksamer Vertragsschluss an einer Vertretung ohne Vertretungsmacht scheitert, zu einer Ausnahme von diesem Grundsatz und einer vollständigen Risikoverlagerung auf die Person des handelnden Vertreters, wenn der Geschäftsgegner auf einen infolge einer ordnungsgemäßen Stellvertretung wirksam zustande gekommenen Vertrag vertrauen durfte und daher als schutzwürdig zu erachten ist.[119] In diesen Fällen gewährt die Vorschrift des § 179 BGB dem gutgläubigen Geschäftsgegner als wirtschaftlichen Ersatzwert für die eigentlich beabsichtigten vertraglichen Ansprüche das Recht, den entsprechenden Vertreter persönlich in Anspruch zu nehmen. Daraus wird ersichtlich, dass die originär gesetzlichen Ansprüche aus § 179 BGB wertungsmäßig eine große Nähe zu den entsprechenden vertraglichen Ansprüchen aufweisen und daher typischerweise von einem besonderen *Ersatzwertcharakter* bzw. einer besonderen *Vertragsakzessorietät* geprägt sind.[120] Der Vertreter verdient in diesen Fällen der Vertretung ohne Vertretungsmacht hingegen keinerlei Schutz, da er durch sein Auftreten und die zumindest konkludent damit einhergehende Behauptung der ordnungsgemäßen Stellvertretung das schutzwürdige Vertrauen des Geschäftsgegners in die Wirksamkeit des Vertragsschlusses gerade erst hervorgerufen hat.[121] Zudem ist für den Vertreter das Fehlen einer hinreichenden Vertretungsmacht als Ursache für das Scheitern des beabsichtigten Vertragsschlusses aufgrund seiner im Vergleich zu dem Geschäftsgegner in der Regel viel größeren Nähe zum Vertretenen grundsätzlich verhältnismäßig leicht zu erkennen und wurzelt daher primär in seiner eigenen Risikosphäre, sodass es sach- und interessengerecht erscheint, wenn dieser hierfür auch verschuldensunabhängig einzustehen hat.[122]

II. Historische Entwicklung

Das römische Recht kannte das Rechtsinstitut der unmittelbaren Stellvertretung grundsätzlich noch nicht, sodass es insoweit auch kein Bedürfnis nach einer eigenständigen Regelung der Außenhaftung eines Vertreters ohne Vertretungsmacht gab.[123]

Erst im gemeinen Recht wurde die unmittelbare Stellvertretung für allgemein zulässig befunden, um den Bedürfnissen und Entwicklungen des zu-

---

119 Mot. I, S. 244 = Mugdan I, S. 487; BGHZ 68, 391 (395) = NJW 1977, 1535 f.; Staudinger/Schilken, § 179 Rn. 2.

120 Vgl. BGHZ 73, 266 (269 f.) = NJW 1979, 1161 (1162).

121 BGHZ 32, 250 (254) = NJW 1960, 1565 (1566); BGHZ 39, 45 (51) = NJW 1963, 759 (760); BGHZ 68, 391 (395) = NJW 1977, 1535 f.

122 Prütting/Schirrmacher, JURA 2016, 1156; BeckOKBGB/Schäfer, § 179 Rn. 1; MüKoBGB/Schubert, § 179 Rn. 2.

123 Reuter, Die Qualifikation der Haftung des falsus procurator im Internationalen Privatrecht, S. 70 f.; vgl. auch RGZ 6, 214 (215).

nehmenden Handelsverkehrs hinreichend Rechnung zu tragen. Im Grundsatz ging damit auch die Anerkennung der Figur des falsus procurator nach dem heutigen Verständnis einher sowie das Erfordernis seiner unmittelbaren Haftung im Außenverhältnis gegenüber dem Geschäftsgegner.[124] Über die Begründung, Voraussetzungen und Rechtsfolgen der Haftung herrschte jedoch eine langwierige, äußerst kontroverse Debatte und selbst innerhalb der Rechtsprechung des Reichsgerichts ließ sich keine einheitliche Linie hinsichtlich der Behandlung der Fragen der Vertreterhaftung feststellen, sodass insoweit eine erhebliche allgemeine Verwirrung und Rechtsunsicherheit vorherrschte.[125]

Zum Teil wurde eine Haftung des falsus procurator dabei in Anlehnung an das römische Recht ausschließlich nach den allgemeinen Regeln des Vindikations-, Delikts- oder Vertragsrechts begründet, insbesondere aus der vertraglichen Übernahme einer – ggf. stillschweigenden – Garantie durch den Vertreter für das Vorliegen der behaupteten Vertretungsmacht.[126]

Um einen umfassenderen Verkehrsschutz zu erreichen, hat das Reichsgericht die Vertreterhaftung zunächst nach den Grundsätzen der c. i. c. begründet, mit der Folge, dass stets ein Verschulden des Vertreters erforderlich und die Haftung der Höhe nach auf das negative Interesse des Dritten beschränkt war.[127]

Andere Stimmen forderten jedoch eine noch umfassendere Ausweitung der Haftung des falsus procurator zum Schutz der Interessen des Rechtsverkehrs und des gutgläubigen Geschäftsgegners, der auf das Vorliegen einer ordnungsgemäßen Vertretungsmacht vertraut hatte. Insoweit wurde für eine verschuldensunabhängige Vertreterhaftung, die über das bloße negative Interesse hinausgeht, plädiert.[128] Auch das Reichsgericht hat sich schließlich unter Änderung seiner vorherigen Rechtsprechung für eine entsprechende Ausweitung der Vertreterhaftung ausgesprochen und entschieden, dass der falsus procurator gegenüber dem Geschäftsgegner nach dessen Wahl auf Erfüllung oder Ersatz des positiven Interesses haftet. Zur Begründung dieses Ergebnisses wurden zunächst jedoch wiederum verschiedene Ansätze

---

124 Reuter, Die Qualifikation der Haftung des falsus procurator im Internationalen Privatrecht, S. 72.

125 Litterer, Vertragsfolgen ohne Vertrag, S. 31.

126 Reuter, Die Qualifikation der Haftung des falsus procurator im Internationalen Privatrecht, S. 72 m. w. N.

127 RGZ 6, 258 (260); Mot. I, S. 243 = Mugdan I, S. 487; Litterer, Vertragsfolgen ohne Vertrag, S. 32.

128 Reuter, Die Qualifikation der Haftung des falsus procurator im Internationalen Privatrecht, S. 73.

vertreten,[129] bevor sich die Annahme einer vom konkreten Willen des Vertreters im jeweiligen Einzelfall unabhängigen konkludenten Garantieübernahme, die sich im Sinne einer Fiktion stets aus der Behauptung der entsprechenden Vertretungsmacht ergeben sollte, als damals wohl herrschend herausstellte.[130] Dieser Begründungsansatz wurde dabei im Wesentlichen auf die auch dem heutigen § 179 BGB zugrunde liegende Erwägung einer sach- und interessengerechten Risikoverteilung gestützt. Demnach sollte das Risiko der Vertretung ohne Vertretungsmacht gerade nicht dem gutgläubigen Geschäftsgegner zugewiesen werden, sondern vielmehr ausschließlich dem – wenn auch ebenfalls gutgläubigen – Vertreter, aus dessen Sphäre der entsprechende Mangel schließlich stammte.[131]

Im deutschen Sachrecht wurde die Haftung des Vertreters ohne Vertretungsmacht gesetzlich erstmals in Art. 95 WO[132] und Art. 55 ADHGB[133] ausdrücklich geregelt. Nach Art. 95 WO stand dem Dritten ausschließlich ein verschuldensunabhängiger Erfüllungsanspruch gegen den Vertreter, ohne weitere Voraussetzungen oder Beschränkungen, zu. Die Regelung des Art. 55 ADHGB sah hingegen bereits eine verschuldensunabhängige Haftung des falsus procurator nach der Wahl des Geschäftsgegners auf Erfüllung oder Schadensersatz sowie einen Ausschluss dieser Haftung bei positiver Kenntnis des Dritten vom Fehlen der Vertretungsmacht vor. Bei der Schaffung des BGB bildete die Vorschrift des Art. 55 ADHGB für den Gesetzgeber damit die wesentliche Grundlage für eine allgemeingültige Regelung der Haftung des falsus procurator, wie sie schließlich in § 179 BGB verankert wurde.[134]

Zusammenfassend lässt sich anhand der historischen Entwicklung der Vertreterhaftung somit eine grundsätzliche Tendenz hin zu einem immer umfassenderen Verkehrs- bzw. Vertrauensschutz und damit einhergehend zu einer

---

129 In RGZ 6, 214 (216) stützte das Reichsgericht seine Entscheidung maßgeblich auf ein arglistiges Verhalten des Vertreters, „wenn er den Dritten an den Machtgeber verweisen wollte, obwohl er weiß oder wissen muss, dass derselbe wegen Mangels der Vollmacht an den Vertrag nicht gebunden ist"; in RGZ 18, 157 (158) war bereits die Tendenz zur grundsätzlichen Annahme einer stillschweigenden Garantie des Vertreters für das Bestehen der behaupteten Vertretungsmacht erkennbar, indem das Reichsgericht die entsprechende Haftung maßgeblich an die Erklärung des Vertreters, zum Abschluss des Vertrages bevollmächtigt zu sein, anknüpfte.

130 RGZ 35, 145 (146); Reuter, Die Qualifikation der Haftung des falsus procurator im Internationalen Privatrecht, S. 73.

131 RGZ 35, 145 (146); Litterer, Vertragsfolgen ohne Vertrag, S. 33.

132 Allgemeine Deutsche Wechselordnung, vgl. BGBl. des Norddeutschen Bundes 1869, S. 379 (382 ff.).

133 Allgemeines Deutsches Handelsgesetzbuch, vgl. BGBl. des Norddeutschen Bundes 1869, S. 379 (404 ff.).

134 Mot. I, S. 244 = Mugdan I, S. 487 f.; Staudinger/Schilken, § 179 Rn. 1.

eindeutigen Zuweisung des Risikos der Vertretung ohne Vertretungsmacht zulasten des handelnden Vertreters feststellen.

III. Voraussetzungen der Haftung

Im Folgenden soll nun ein grober Überblick über die heute geltenden gesetzlichen Voraussetzungen der Haftung des Vertreters ohne Vertretungsmacht gegeben werden, die bereits seit dem Inkrafttreten des BGB am 01.01.1900 ausdrücklich in § 179 BGB normiert sind.

1. Vertragsschluss in fremdem Namen

Voraussetzung der Vertreterhaftung ist gem. § 179 Abs. 1 BGB zunächst, dass der Vertreter auch als solcher auftritt und unter Wahrung des Offenkundigkeitsprinzips, mithin durch die Abgabe einer eigenen Willenserklärung in fremdem Namen, einen Vertrag abschließt, sodass von einer zumindest konkludenten Behauptung einer entsprechenden Vertretungsmacht ausgegangen werden kann.[135] Dem ist es gleichzustellen, wenn der Vertreter zwar erkennbar keine Vertretungsmacht hat, jedoch eine Genehmigung des Rechtsgeschäfts durch den Vertretenen in Aussicht stellt.[136]

2. Ohne Vertretungsmacht

Zudem darf das Handeln des Vertreters nicht von einer Vertretungsmacht gedeckt sein. Der Vertreter muss daher entweder gänzlich ohne Vertretungsmacht handeln oder die Grenzen einer bestehenden Vertretungsmacht im Außenverhältnis gegenüber dem Dritten überschreiten.[137] Der Wortlaut des § 179 Abs. 1 BGB mag insoweit missverständlich sein, als dieser auf den fehlenden Nachweis der Vertretungsmacht abstellt. Damit sollte jedoch lediglich die Beweislast geregelt werden und gerade keine Voraussetzung für die Haftung des Vertreters, für die es nach wie vor entscheidend auf das materiellrechtliche Nichtbestehen einer entsprechenden Vertretungsmacht ankommt.[138]

---

135 Reuter, Die Qualifikation der Haftung des falsus procurator im Internationalen Privatrecht, S. 101; MüKoBGB/Schubert, § 179 Rn. 24.

136 BeckOKBGB/Schäfer, § 179 Rn. 2; Staudinger/Schilken, § 179 Rn. 5.

137 MüKoBGB/Schubert, § 179 Rn. 25, 27; Erman/Maier-Reimer/Finkenauer, § 179 Rn. 4.

138 Müller, AcP 1968, 113 (139); BeckOKBGB/Schäfer, § 179 Rn. 3; Staudinger/Schilken, § 179 Rn. 7.

3. Verweigerung der Genehmigung

Ein vom Vertreter ohne Vertretungsmacht abgeschlossener Vertrag ist zunächst als schwebend unwirksam zu betrachten und hängt gem. § 177 Abs. 1 BGB maßgeblich von der Entscheidung des vermeintlich Vertretenen über dessen Genehmigung ab. Diese wirkt gem. § 184 Abs. 1 BGB auf den Zeitpunkt des Vertragsschlusses zurück und führt erst zu einer Beendigung der bis dahin bestehenden Schwebelage, in der das vom Vertreter vorgenommene Rechtsgeschäft noch keinerlei Wirkungen für und gegen den Vertretenen entfaltet.[139] Aus diesem Grund setzt § 179 Abs. 1 BGB für eine persönliche Haftung des Vertreters voraus, dass der Vertretene die Genehmigung des Vertrages verweigert. Erst damit steht schließlich die Unwirksamkeit des Vertretergeschäfts endgültig fest, sodass auch ein entsprechender Haftungsanspruch des Dritten gegen den Vertreter aus § 179 BGB frühestens zu diesem Zeitpunkt entstehen kann.[140] Insoweit ist auch zu beachten, dass es einer ausdrücklichen Verweigerung der Genehmigung gem. § 177 Abs. 2 S. 2 BGB im Sinne einer Fiktion gleichsteht, wenn der Vertretene den Vertrag nach dem Zugang einer entsprechenden Aufforderung durch den Geschäftsgegner i. S. d. § 177 Abs. 2 S. 1 BGB nicht innerhalb von zwei Wochen genehmigt.[141]

4. (Mono-)Kausalität

Des Weiteren erfordert die Haftung des falsus procurator gem. § 179 BGB, dass das Scheitern des Vertragsschlusses mit dem Vertretenen ausschließlich und damit im Ergebnis monokausal auf dem Mangel der Vertretungsmacht beruht und keine sonstigen Hindernisse in Betracht kommen, die einem vertraglichen Anspruch des Dritten gegen den Vertretenen auch bei einer ordnungsgemäßen Stellvertretung entgegenstehen würden.[142] Im Wege einer hypothetischen Betrachtung ist somit stets danach zu fragen, ob bei Vorliegen der Vertretungsmacht ein wirksamer und durchsetzbarer vertraglicher Anspruch des Dritten gegen den Vertretenen bestanden hätte. Nur in diesem Fall kann der Dritte die Haftungsansprüche aus § 179 BGB gegenüber dem Vertreter geltend machen. Würden vertragliche Ansprüche des Geschäftsgegners gegen den Vertretenen hingegen ohnehin, d. h. auch im Fall einer wirksamen Stellvertretung, scheitern, z. B. aufgrund einer Nichtigkeit des Vertrages nach §§ 125, 134 oder 138 BGB, muss dieser „Fehler" schließlich auch auf die als wirtschaftlicher Ersatzwert an deren Stelle tretenden Ansprü-

139 MüKoBGB/Schubert, § 177 Rn. 20 f.; Staudinger/Schilken, § 177 Rn. 8 f.
140 BeckOKBGB/Schäfer, § 179 Rn. 5; MüKoBGB/Schubert, § 179 Rn. 26.
141 Reuter, Die Qualifikation der Haftung des falsus procurator im Internationalen Privatrecht, S. 101 f.; Staudinger/Schilken, § 179 Rn. 8.
142 RGZ 106, 68 (71); RGZ 145, 40 (43); Staudinger/Schilken, § 179 Rn. 9.

che aus § 179 BGB durchschlagen und damit eine entsprechende persönliche Haftung des Vertreters ausscheiden.[143] In diesem Fall haftet der Vertreter in der Regel auch nicht für einen etwaigen Verzögerungs- oder Vertrauensschaden des Dritten. In Betracht käme insoweit höchstens eine Haftung nach anderen Vorschriften, insbesondere der c. i. c., für die jedoch die bloße Inanspruchnahme von Vertrauen in das Bestehen der Vertretungsmacht nicht ausreicht und deren Voraussetzungen daher nur in den seltensten Fällen erfüllt sein werden.[144] An dem haftungsbegründenden Merkmal der (Mono-) Kausalität zeigt sich damit gerade die enge rechtliche und wirtschaftliche Verknüpfung der Ansprüche aus dem beabsichtigten Vertrag sowie aus § 179 BGB und damit einhergehend der besondere Ersatzwertcharakter der Ansprüche aus § 179 BGB. Insoweit kann auch von einer Vertragsakzessorietät der Haftung aus § 179 BGB gesprochen werden. Dahinter steht nicht zuletzt die gesetzgeberische Wertentscheidung, dass der Geschäftsgegner über die Vertreterhaftung gem. § 179 BGB nicht bessergestellt werden darf, als bei Vorliegen der entsprechenden Vertretungsmacht, sondern bestenfalls gleich, indem ausschließlich die Nachteile kompensiert werden, die auf das schützenswerte Vertrauen des gutgläubigen Geschäftsgegners in das Bestehen der vom Vertreter zumindest konkludent behaupteten Vertretungsmacht zurückzuführen sind.[145]

5. Kein Ausschluss der Haftung gem. § 179 Abs. 3 BGB

Schließlich darf die Vertreterhaftung gem. § 179 BGB nicht ausgeschlossen sein. Nachfolgend soll daher ein Überblick über die in § 179 Abs. 3 BGB ausdrücklich geregelten Ausschlussgründe gegeben werden. Ein Eingehen auf sämtliche theoretisch denkbaren ungeschriebenen Ausschlussgründe ist hingegen im Rahmen der vorliegenden Untersuchung nicht angezeigt.

a) Haftungsausschluss gem. § 179 Abs. 3 S. 1 BGB

Die Haftung des falsus procurator ist gem. § 179 Abs. 3 S. 1 BGB ausgeschlossen, wenn der Geschäftsgegner den Mangel der Vertretungsmacht kannte oder kennen musste. Abzustellen ist insoweit auf den Zeitpunkt des Vertragsschlusses, sodass eine nachträgliche Kenntnis bzw. fahrlässige Unkenntnis des Dritten für die Vertreterhaftung gem. § 179 BGB grundsätzlich unschädlich ist.[146] Der Haftungsausschluss gem. § 179 Abs. 3 S. 1 BGB be-

143 MüKoBGB/Schubert, § 179 Rn. 32 f.; BeckOKBGB/Schäfer, § 179 Rn. 10.

144 Erman/Maier-Reimer/Finkenauer, § 179 Rn. 7.

145 Prütting/Schirrmacher, JURA 2016, 1156 (1170); Erman/Maier-Reimer/Finkenauer, § 179 Rn. 6; Staudinger/Schilken, § 179 Rn. 9.

146 Reuter, Die Qualifikation der Haftung des falsus procurator im Internationalen Privatrecht, S. 102; MüKoBGB/Schubert, § 179 Rn. 60.

ruht dabei im Wesentlichen auf dem Rechtsgedanken, dass in diesen Fällen schon gar kein schutzwürdiges Vertrauen des Dritten in das Bestehen der Vertretungsmacht entstehen kann, sodass der Schutzzweck des § 179 BGB nicht eingreift. Bei einem dennoch erfolgenden Vertragsschluss muss daher davon ausgegangen werden, dass der Geschäftsgegner die insoweit bestehenden Risiken bewusst in Kauf nimmt, mit der Folge, dass diese ausschließlich seiner Sphäre zuzurechnen sind und er sich damit als nicht schutzbedürftig erweist.[147] Im Gegensatz zur früheren Rechtslage vor der Einführung des BGB, insbesondere unter Geltung des Art. 55 ADHGB, hat sich der Gesetzgeber bei der Schaffung des § 179 BGB letztlich dafür entschieden, den Haftungsausschluss in § 179 Abs. 3 S. 1 BGB nicht nur auf die positive Kenntnis des Dritten vom Fehlen der Vertretungsmacht zu begrenzen, sondern diesen vielmehr auch auf die Fälle des Kennenmüssens, mithin der fahrlässigen Unkenntnis, zu erstrecken.[148] Um jedoch die wesentlichen Wertungen des § 179 BGB – insbesondere die darin enthaltene grundsätzliche Zuweisung des Risikos der Vertretung ohne Vertretungsmacht zulasten des Vertreters sowie den dadurch bezweckten Vertrauensschutz – nicht zu unterlaufen und den Rechtsverkehr damit nicht unzumutbar zu belasten, sind an das Merkmal des Kennenmüssens in der Praxis jedoch strenge Anforderungen zu stellen.[149] Demnach trifft den Geschäftsgegner grundsätzlich keine Nachforschungs- und Erkundigungspflicht im Hinblick auf das Vorliegen der entsprechenden Vertretungsmacht. Er darf vielmehr zunächst auf die zumindest konkludente Behauptung des Vertreters, die für den Vertragsschluss erforderliche Vertretungsmacht zu haben, vertrauen. Erst wenn sich für den Dritten aufgrund konkreter Anhaltspunkte im jeweiligen Einzelfall nach der Verkehrsauffassung ernstliche Zweifel an einem Handeln des Vertreters mit Vertretungsmacht ergeben müssen und sich dieser dennoch nicht über das Vorliegen einer ordnungsgemäßen Stellvertretung vergewissert, greift der Haftungsausschluss infolge fahrlässiger Unkenntnis gem. § 179 Abs. 3 S. 1 BGB.[150]

---

147 BGHZ 178, 307 (313) Rn. 16 = NJW 2009, 215 (216); Prütting/Schirrmacher, JURA 2016, 1156 (1168); BeckOKBGB/Schäfer, § 179 Rn. 28.

148 Reuter, Die Qualifikation der Haftung des falsus procurator im Internationalen Privatrecht, S. 78, 102; Litterer, Vertragsfolgen ohne Vertrag, S. 34 ff.

149 Reuter, Die Qualifikation der Haftung des falsus procurator im Internationalen Privatrecht, S. 102; Prütting/Schirrmacher, JURA 2016, 1156 (1168 f.); Staudinger/Schilken, § 179 Rn. 19; MüKoBGB/Schubert, § 179 Rn. 56.

150 BGHZ 105, 283 (286) = NJW 1989, 894; BGH, NJW 2000, 1407 (1408); BGHZ 147, 381 (385) = NJW 2001, 2626 (2627).

b) Haftungsausschluss gem. § 179 Abs. 3 S. 2 BGB

Die Regelung des § 179 Abs. 3 S. 2 BGB enthält zudem einen Haftungsausschluss zugunsten des in seiner Geschäftsfähigkeit beschränkten Vertreters, sofern er ohne die Zustimmung seines gesetzlichen Vertreters handelt. In diesem Fall ist ihm der durch sein Auftreten aufseiten des Dritten geschaffene Vertrauenstatbestand nicht zurechenbar.[151] Dadurch soll eine Umgehung der Vorschriften über den Minderjährigenschutz gem. §§ 107 ff. BGB verhindert werden, die nach der gesetzgeberischen Wertung im Rang über dem von § 179 BGB bezweckten Vertrauensschutz stehen.[152] Für Geschäftsunfähige bedurfte es hingegen keiner ausdrücklichen Regelung, da diese im Gegensatz zu nur beschränkt Geschäftsfähigen i. S. d. § 165 BGB schon gar nicht erst als Vertreter infrage kommen und eine Haftung nach § 179 BGB damit insoweit ohnehin ausscheidet.[153]

IV. Rechtsfolgen der Haftung

Die Vorschrift des § 179 BGB sieht in seinen ersten beiden Absätzen eine zweistufige Haftung des falsus procurator vor, deren konkrete Ausgestaltung entscheidend davon abhängt, ob der Vertreter den Mangel der Vertretungsmacht positiv gekannt hat.

1. Haftungsfolgen gem. § 179 Abs. 1 BGB

Sofern der Vertreter positive Kenntnis vom Fehlen der Vertretungsmacht hatte, gewährt die Regelung des § 179 Abs. 1 BGB dem Geschäftsgegner nach dessen Wahl gegenüber dem Vertreter einen Anspruch auf Erfüllung und damit im Ergebnis auf Naturalrestitution[154] oder einen auf den wertmäßigen Ausgleich des positiven Interesses in Geld gerichteten Schadensersatzanspruch statt der Leistung.[155] Diese Rechtsfolgen stehen zunächst gleichrangig nebeneinander. Die h. M. geht insoweit jedoch von einem gesetzlichen Wahlschuldverhältnis i. S. d. §§ 262 ff. BGB und nicht von einem Fall der elektiven Konkurrenz aus, mit der Folge, dass die erstmalige Ausübung des Wahlrechts gem. § 263 Abs. 2 BGB für den Anspruchsberechtigten eine rechtliche Bindungswirkung entfaltet und die nicht gewählte Opti-

151 Reuter, Die Qualifikation der Haftung des falsus procurator im Internationalen Privatrecht, S. 102 f.; MüKoBGB/Schubert, § 179 Rn. 61.

152 Prütting/Schirrmacher, JURA 2016, 1156 (1169); Erman/Maier-Reimer/Finkenauer, § 179 Rn. 19; Chiusi, JURA 2005, 532 (535).

153 BeckOKBGB/Schäfer, § 179 Rn. 30; MüKoBGB/Schubert, § 179 Rn. 61.

154 MüKoBGB/Schubert, § 179 Rn. 39; Staudinger/Schilken, § 179 Rn. 14.

155 Erman/Maier-Reimer/Finkenauer, § 179 Rn. 12; BeckOKBGB/Schäfer, § 179 Rn. 23.

on faktisch zum Erlöschen bringt.[156] Hinsichtlich der Erfüllungswahl ist zu beachten, dass der Vertreter dadurch nicht zur Vertragspartei wird und auch kein entsprechendes Eintrittsrecht erhält. Zwischen dem Dritten und dem Vertreter entsteht dadurch vielmehr ein separates gesetzliches Schuldverhältnis, das lediglich inhaltlich mit dem nicht wirksam zustande gekommenen Vertrag gleichläuft und dem Vertreter eine dem Vertragspartner ähnliche Stellung einräumt.[157] Dem Geschäftsgegner stehen damit gegen den Vertreter sämtliche Ansprüche zu, die ihm auch bei Wirksamkeit des beabsichtigten Vertrages gegen den Vertretenen zugestanden hätten, insbesondere auch die diesbezüglichen Gewährleistungs- und sonstigen Sekundäransprüche bei einer mangelhaften Leistung oder sonstigen Pflichtverletzung des Vertreters.[158] Da dem Geschäftsgegner jedoch nach der Intention des Gesetzgebers über die Haftung aus § 179 Abs. 1 BGB lediglich die Rechtsposition, die er bei einem erfolgreichen Vertragsschluss mit dem Vertretenen gehabt hätte, verschafft und dieser insoweit nicht bessergestellt werden soll,[159] ist dem Vertreter infolge der Erbringung der entsprechenden Leistung seinerseits jedenfalls nach dem Grundsatz von Treu und Glauben gem. § 242 BGB ein Anspruch auf die vertraglich vorgesehene Gegenleistung zuzubilligen, wobei auch sämtliche Gewährleistungs- und sonstigen Sekundäransprüche erfasst werden.[160] Zudem kann der Vertreter bereits vor der Erfüllung seiner Leistungspflicht sämtliche Gegenrechte, insbesondere die Einwendungen und Einreden aus §§ 275, 320, 326 BGB, geltend machen, die auch dem Vertretenen bei einem wirksamen Vertragsschluss zugestanden hätten.[161] Zu berücksichtigen ist ferner, wenn der entsprechende vertragliche Anspruch bei ordnungsgemäßer Stellvertretung nicht hätte realisiert werden können, da der Vertretene z. B. vermögenslos oder insolvent[162] ist. Nach der Ratio des § 179 Abs. 1 BGB muss in diesem Fall konsequenterweise auch eine

---

156 RGZ 154, 58 (61 f.); Staudinger/Schilken, § 179 Rn. 13; MüKoBGB/Schubert, § 179 Rn. 37 f.; BeckOKBGB/Schäfer, § 179 Rn. 19; a. A. Prütting/Schirrmacher, JURA 2016, 1156 (1164); Erman/Maier-Reimer/Finkenauer, § 179 Rn. 8; Grüneberg/Ellenberger, § 179 Rn. 5.

157 RGZ 120, 126 (129); BGH, NJW 1970, 240 (241); BGH, NJW 1971, 429 (430).

158 OLG Köln, NJW-RR 1990, 760; RGZ 120, 126 (128 f.); Staudinger/Schilken, § 179 Rn. 14; MüKoBGB/Schubert, § 179 Rn. 39 f.; BeckOKBGB/Schäfer, § 179 Rn. 20; Erman/Maier-Reimer/Finkenauer, § 179 Rn. 9 f.

159 Vgl. bereits Fn. 145.

160 Prütting/Schirrmacher, JURA 2016, 1156 (1165); Staudinger/Schilken, § 179 Rn. 15; BeckOKBGB/Schäfer, § 179 Rn. 22; Erman/Maier-Reimer/Finkenauer, § 179 Rn. 10; MüKoBGB/Schubert, § 179 Rn. 41.

161 RGZ 120, 126 (129); BGH, NJW 1971, 429 (430); BGH, NJW 2001, 3184 (3185); BGH, NJW 2004, 774.

162 Insoweit ist auch die insolvenzrechtliche Regelung zum Erlöschen von Vollmachten in § 117 InsO zu berücksichtigen.

entsprechende Haftung des Vertreters ausscheiden.[163] Auch auf der Rechtsfolgenseite der Haftung des Vertreters aus § 179 Abs. 1 BGB darf damit die hypothetische Rechtslage bei Wirksamkeit des beabsichtigten Vertrages mit dem Vertretenen nicht außer Acht gelassen werden. Hieran zeigt sich gerade der besondere vertragsakzessorische Ersatzwertcharakter der Vertreterhaftung gem. § 179 Abs. 1 BGB.

2. Beschränkung der Haftungsfolgen gem. § 179 Abs. 2 BGB

Ebenfalls in Abweichung von der früheren Rechtslage vor dem Inkrafttreten des BGB im Jahr 1900 hat sich der Gesetzgeber in § 179 Abs. 2 BGB für eine Privilegierung des gutgläubigen Vertreters entschieden.[164] Demnach haftet der falsus procurator, der den Mangel der Vertretungsmacht nicht positiv gekannt hat, lediglich für den der Höhe nach auf das positive Interesse begrenzten Schaden, der auf dem enttäuschten Vertrauen des Dritten in das Vorliegen der Vertretungsmacht beruht, mithin ausschließlich auf das negative Interesse.[165] Eine etwaige verschuldete Unkenntnis des Vertreters ist insoweit ohne Belang.[166] Im Fall des § 179 Abs. 2 BGB ist der Geschäftsgegner somit in die Lage zu versetzen, in der er sich befinden würde, wenn er sich nicht auf den Vertragsschluss eingelassen hätte.[167] Die Begrenzung der Haftung auf das positive Interesse ist dabei ebenfalls Ausfluss der für die Vertreterhaftung gem. § 179 BGB grundsätzlich charakteristischen gesetzgeberischen Wertung, dass der Geschäftsgegner im Vergleich zu einer wirksamen Stellvertretung nicht bessergestellt werden darf.[168] Damit besteht auch in Ansehung der Ersatzansprüche aus § 179 Abs. 2 BGB eine besondere Verknüpfung mit den Ansprüchen aus dem eigentlich beabsichtigten Vertrag mit dem Vertretenen in Form der Vertragsakzessorietät, sodass insoweit ebenfalls stets eine hypothetische Betrachtung der Rechtslage bei Wirksamkeit der Stellvertretung anzustellen ist und z. B. eine etwaige Vermögenslosigkeit oder Insolvenz des vermeintlich Vertretenen genauso auf

---

163 Bornemann, AcP 2007, 102 (110 f.); Staudinger/Schilken, § 179 Rn. 15; Erman/Maier-Reimer/Finkenauer, § 179 Rn. 11; BeckOKBGB/Schäfer, § 179 Rn. 15; MüKoBGB/Schubert, § 179 Rn. 43.

164 Reuter, Die Qualifikation der Haftung des falsus procurator im Internationalen Privatrecht, S. 75 ff.; Litterer, Vertragsfolgen ohne Vertrag, S. 34 ff.

165 Erman/Maier-Reimer/Finkenauer, § 179 Rn. 15; Staudinger/Schilken, § 179 Rn. 18; BeckOKBGB/Schäfer, § 179 Rn. 25.

166 Prütting/Schirrmacher, JURA 2016, 1156 (1167); Petersen, JURA 2010, 904 (906); MüKoBGB/Schubert, § 179 Rn. 51.

167 Reuter, Die Qualifikation der Haftung des falsus procurator im Internationalen Privatrecht, S. 105; Staudinger/Schilken, § 179 Rn. 18; Erman/Maier-Reimer/Finkenauer, § 179 Rn. 15.

168 Vgl. auch BGHZ 49, 77 (82) = NJW 1968, 547 (548); BGHZ 57, 191 (194) = NJW 1972, 95 (97).

den Haftungsanspruch des Dritten gegen den Vertreter aus § 179 Abs. 2 BGB durchschlägt.[169]

B. Haftung des Anfechtenden gem. § 122 BGB

Falls ein wirksamer Vertragsschluss daran scheitert, dass sich eine insoweit erforderliche Willenserklärung gem. § 118 BGB als nichtig erweist oder nach den §§ 119, 120 BGB erfolgreich angefochten wird, regelt die Vorschrift des § 122 BGB einen Haftungsanspruch des betroffenen Erklärungsempfängers gegenüber dem Erklärenden, in dessen Interesse die Unwirksamkeit des Vertrages letztlich liegt.[170]

I. Rechtsnatur und Ratio der Haftung

Nach der Intention der Gesetzesverfasser sollte die Haftung nach § 122 BGB gewissermaßen als Vorlage für die Regelung der auf das negative Interesse beschränkten Vertreterhaftung in § 179 Abs. 2 BGB dienen, sodass diese Vorschriften in einem engen wertungsmäßigen Zusammenhang zu sehen sind.[171] Auch § 122 BGB sieht eine verschuldensunabhängige gesetzliche Vertrauenshaftung vor,[172] die sich im Spannungsfeld zwischen der Freiheit zur Selbstbestimmung als integraler Bestandteil der Privatautonomie und dem Verkehrs- bzw. Vertrauensschutz bewegt.[173] Das Ziel der Haftung nach § 122 BGB ist es, einen gerechten Ausgleich zwischen den beteiligten Interessen zu schaffen, indem der gutgläubige Geschäftsgegner, der auf die Wirksamkeit des Vertragsschlusses vertraut hat bzw. vertrauen durfte, zumindest vor den Nachteilen im Zusammenhang mit den von ihm getätigten

---

169 Bornemann, AcP 2007, 102 (111); Staudinger/Schilken, § 179 Rn. 18; MüKoBGB/Schubert, § 179 Rn. 53.

170 Die Vorschrift des § 122 BGB regelt daneben auch einen entsprechenden Schadensersatzanspruch Dritter in Fällen nicht empfangsbedürftiger Willenserklärungen. Da diese Fälle für die vorliegende Untersuchung jedoch keine entscheidende Relevanz aufweisen, wird im Folgenden lediglich auf die auch in der Praxis bedeutsamste Fallgruppe der zu einem Vertragsschluss führenden empfangsbedürftigen Willenserklärungen abgestellt.

171 Prot. I, S. 160 f. = Mugdan I, S. 751; Harke, JR 2003, 1 (2); Willems, JuS 2015, 586 (587); Staudinger/Schilken, § 179 Rn. 17; Erman/Maier-Reimer/Finkenauer, § 179 Rn. 15.

172 Canaris, Die Vertrauenshaftung im deutschen Privatrecht, S. 532 ff.; MüKoBGB/Armbrüster, § 122 Rn. 3.

173 Singer, Selbstbestimmung und Verkehrsschutz im Recht der Willenserklärungen, S. 64 f.; Staudinger/Singer, § 122 Rn. 1; zu diesem Spannungsfeld vgl. auch Canaris, Die Vertrauenshaftung im deutschen Privatrecht, S. 439 ff.

Vertrauensdispositionen geschützt wird.[174] Zu der exakten dogmatischen Begründung dieser Vertrauenshaftung finden sich diverse Ansätze, die jedoch größtenteils in dieselbe Richtung zu gehen scheinen und sich häufig wohl nur in Begrifflichkeiten unterscheiden.[175] Im Einklang mit der h.M. beruht die Haftungsregelung des § 122 BGB letztlich auf demselben Rechtsgrund wie die Vertreterhaftung aus § 179 BGB. Auch der nach §§ 119, 120 BGB Anfechtende bzw. der Erklärende i.S.d. § 118 BGB veranlasst durch sein Verhalten schließlich zunächst ein schutzwürdiges Vertrauen des gutgläubigen Geschäftsgegners in einen wirksamen Vertragsschluss.[176] Im Übrigen stammen die am Ende zur Unwirksamkeit des entsprechenden Vertrages führenden Gründe in Gestalt der Nichtigkeit gem. § 118 BGB bzw. der Anfechtung gem. §§ 119, 120 BGB in der Regel ausschließlich aus der eigenen Verantwortungssphäre des Irrenden, sodass auch die Haftung nach § 122 BGB eine entsprechende Risikozuweisung beinhaltet und damit im Ergebnis ebenfalls im Risikoprinzip wurzelt.[177]

II. Historische Entwicklung

Die historische Entwicklung der Haftung nach § 122 BGB ist untrennbar mit der Geschichte der gesetzlichen Regelungen über die Nichtigkeit von Willenserklärungen gem. § 118 BGB bzw. deren irrtumsbedingter Anfechtbarkeit gem. §§ 119, 120 BGB verbunden. Bis zur Einführung des BGB gehörte die Frage nach der Behandlung von Willensmängeln zu den wohl umstrittensten Themen der Zivilrechtsdogmatik. Dem römischen und frühen gemeinen Recht waren die Begriffe des Rechtsgeschäfts bzw. der Willenserklärung noch weitgehend fremd, sodass sich auch kein tiefergehendes Irrtumsrecht nach dem heutigen Verständnis herausbilden konnte.[178] Das Zivilrecht dieser Zeit war stark formalistisch geprägt und damit primär auf das Vorliegen der erforderlichen Formalitäten bezogen, z.B. in Form von korrespondierenden Erklärungen der Parteien. Auf einen übereinstimmen-

174 Prot. I, S. 107 f. = Mugdan I, S. 715 f.; Canaris, Die Vertrauenshaftung im deutschen Privatrecht, S. 533; Singer, Selbstbestimmung und Verkehrsschutz im Recht der Willenserklärungen, S. 64 f.; Höpfner, AcP 2012, 853 (862 f.); MüKoBGB/Armbrüster, § 122 Rn. 1.

175 Vgl. BeckOGKBGB/Rehberg, § 122 Rn. 3.

176 Canaris, Die Vertrauenshaftung im deutschen Privatrecht, S. 532; Meincke, AcP 1979, 170 (171); Staudinger/Singer, § 122 Rn. 1.

177 Canaris, Die Vertrauenshaftung im deutschen Privatrecht, S. 534 ff.; Singer, Selbstbestimmung und Verkehrsschutz im Recht der Willenserklärungen, S. 188 f.; Staudinger/Singer, § 122 Rn. 2; Erman/Arnold, § 122 Rn. 1; BeckOKBGB/Wendtland, § 122 Rn. 1; die Rechtsprechung spricht insoweit ausschließlich vom Veranlasserprinzip, vgl. RGZ 81, 395 (399) und BGH, NJW 1969, 1380.

178 Harder, AcP 1973, 209 (216); Haupt, Die Entwicklung der Lehre vom Irrtum beim Rechtsgeschäft seit der Rezeption, S. 3.

den Willen der Parteien sollte es dabei nicht ankommen. Lediglich bei Konsensualverträgen war von einer Nichtigkeit auszugehen, wenn es an einer Willensübereinstimmung fehlte. Insoweit handelte es sich im Ergebnis jedoch eher um Fälle eines Dissenses.[179]

Die Rechtsfigur der Willenserklärung wurde erst durch das Allgemeine Landrecht in Preußen (ALR) aus dem Jahr 1794 definiert und vereinheitlicht.[180] Im Jahr 1841 entwickelte sodann *Savigny* als einer der prägendsten Anhänger der Willenstheorie[181] den Gedanken eines grundlegenden Prinzips der Unwirksamkeit von Willenserklärungen infolge der Anfechtbarkeit, wobei dieser zunächst noch von einem prozessualen Verständnis des Anfechtungsrechts ausging.[182] Daran anknüpfend legte *Jhering* schließlich im Jahr 1861 mit seinem Beitrag „*Culpa in contrahendo oder Schadensersatz bei nichtigen oder nicht zur Perfection gelangten Verträgen*“[183] den wesentlichen Grundstein für die auf den Ersatz des negativen Interesses gerichtete Vertrauenshaftung infolge der Anfechtung eines Rechtsgeschäfts, wie sie heute in § 122 BGB verankert ist.[184] *Jhering* stellte dabei zunächst eine „*empfindliche Lücke*“ im geltenden Haftungsrecht fest, wenn sich der zugrunde liegende Vertrag, etwa aufgrund eines Erklärungs- oder Übermittlungsirrtums, als nichtig herausstellt und der zur Nichtigkeit führende Umstand ausschließlich aus der Sphäre einer der Parteien stammt. In derartigen Fällen, in denen weder eine vertragliche noch eine außervertragliche, d. h. deliktische, Haftung eingreift, könne man sich nach *Jhering* schließlich nicht damit abfinden, das Auseinanderfallen von Wille und Erklärung allein zulasten des insoweit vollkommen unschuldigen Erklärungsempfängers gehen zu lassen.[185] Diese Haftungslücke versuchte *Jhering* durch die Konstruktion eines auf die Kompensation des Vertrauensinteresses gerichteten verschuldensabhängigen Schadensersatzanspruchs nach den Grundsätzen der c. i. c. zu schließen.[186] Das sollte im Ergebnis dazu führen, dass die bestehenden willenstheoretischen Härten abgemildert werden und dem schutzwürdigen Erklärungsempfänger zumindest keine Nachteile aus der Nichtigkeit des

179 Henrich, AcP 1963, 88; Peláez Solórzano, Die Entwicklung der Nichtigkeit und der Anfechtbarkeit von Rechtsgeschäften in Deutschland und Frankreich, S. 10 ff.

180 Harder, AcP 1973, 209 (217); Haupt, Die Entwicklung der Lehre vom Irrtum beim Rechtsgeschäft seit der Rezeption, S. 32.

181 Vgl. Staudinger/Singer, Vor. § 116 Rn. 15.

182 Savigny, System des heutigen römischen Rechts IV, S. 537; Harder, AcP 1973, 209 (211 ff.).

183 Jhering, JherJb 4, 1.

184 Ackermann, Der Schutz des negativen Interesses, S. 26 ff., 433 ff.; BeckOGKBGB/Rehberg, § 122 Rn. 3.

185 Jhering, JherJb 4, 1 (2 f.); Ackermann, Der Schutz des negativen Interesses, S. 27 f.

186 Jhering, JherJb 4, 1 (23 ff.); Ackermann, Der Schutz des negativen Interesses, S. 32 ff.

entsprechenden Vertrages erwachsen.[187] Da in den in Rede stehenden Irrtumsfällen jedoch regelmäßig gerade kein Verschulden des Erklärenden vorliegt, führte *Jherings* Lösungsansatz letztlich zu einer Verschuldensfiktion bzw. einer faktisch verschuldensunabhängigen Garantie- bzw. Risikohaftung und blieb damit eine dogmatisch tragfähige Begründung der postulierten und grundsätzlich auch gebotenen Haftung weiter schuldig.[188]

Bis zum Ende des 19. Jahrhunderts war der in der Rechtsgeschäftslehre vorherrschende Streit zwischen den Vertretern der Willens-[189] und Erklärungstheorie[190] schließlich zum Höhepunkt gelangt,[191] ehe sich der Gesetzgeber mit der Einführung des BGB im Jahr 1900 und der damit einhergehenden Schaffung der heutigen Irrtumsregelungen in den §§ 118 bis 122 BGB für die Umsetzung einer Kompromisslösung entschieden hat, die einen sach- und interessengerechten Ausgleich zwischen dem Schutz der Willensfreiheit und des Vertrauensschutzes zu erreichen beabsichtigt.[192] Für die Fälle irrtümlich abgegebener Willenserklärungen wurde dabei von einer generellen Nichtigkeitsfolge abgesehen und vielmehr entsprechend dem Rechtsgedanken von *Savigny*[193] auf das in §§ 119, 120 BGB normierte Anfechtungsrecht des Erklärenden abgestellt. Entgegen dem prozessualen Verständnis von *Savigny* haben die Gesetzesverfasser das Anfechtungsrecht im BGB jedoch nach der Lehre von *Windscheid* rein materiellrechtlich ausgestaltet.[194] Das gewählte Anfechtungsmodell stellte dabei keinen Widerspruch zu der vielfach vertretenen Willenstheorie dar. Indem der Irrende durch das ihm zustehende Anfechtungsrecht selbst entscheiden kann, ob er die Nichtigkeitsfolge eintreten lassen oder das Rechtsgeschäft doch lieber gelten lassen will, zeigt

187 BeckOGKBGB/Rehberg, § 116 Rn. 170.7 und § 122 Rn. 26.2.

188 Ackermann, Der Schutz des negativen Interesses, S. 34 f.; BeckOGKBGB/Rehberg, § 122 Rn. 3.1.

189 Nach der Willenstheorie war in erster Linie auf den tatsächlichen Willen der Vertragsparteien abzustellen. Dieser setzte sich im Ergebnis gegenüber der abgegebenen Erklärung durch, sodass in Irrtumsfällen grundsätzlich von einer Nichtigkeit des Rechtsgeschäfts auszugehen war (Willens- bzw. Nichtigkeitsdogma); vgl. dazu Staudinger/Singer, Vor. § 116 Rn. 15.

190 Die Erklärungstheorie zielte primär auf den Schutz des Vertrauens in die abgegebenen Erklärungen ab. Der ggf. hiervon abweichende tatsächliche Wille der Parteien blieb insoweit grundsätzlich unberücksichtigt, sodass das Rechtsgeschäft auch in Irrtumsfällen seine Gültigkeit entsprechend dem objektiven Erklärungsinhalt beibehielt; vgl. dazu Staudinger/Singer, Vor. § 116 Rn. 15.

191 Höpfner, AcP 2012, 853 (860); vgl. hierzu auch Ackermann, Der Schutz des negativen Interesses, S. 35 ff.

192 Höpfner, AcP 2012, 853 (860 ff.); Staudinger/Singer, Vor. § 116 Rn. 21 f.; vgl. auch Singer, Selbstbestimmung und Verkehrsschutz im Recht der Willenserklärungen, S. 64 f.

193 Vgl. Fn. 181.

194 Harder, AcP 1973, 209 (214 f., 218 ff.).

sich vielmehr gerade die willenstheoretische Anknüpfung der Irrtumsregelungen im BGB.[195] In Anknüpfung an den von *Jhering* entwickelten Ansatz einer Haftung nach den Grundsätzen der c. i. c.[196] hat der Gesetzgeber in § 122 BGB zudem die Haftung des Irrenden auf Ersatz des Vertrauensschadens kodifiziert. Dabei wurde aber lediglich die grundlegende Idee von *Jhering* wieder aufgegriffen und im Übrigen in eine vollkommen neu konzipierte Haftungsregelung eingebettet. Als Grundlage der Haftung wurde insoweit nicht auf die Grundsätze der c. i. c. und das Verschulden des Erklärenden abgestellt. Vielmehr wurde die Haftung in § 122 BGB als verschuldensunabhängige gesetzliche Vertrauenshaftung ausgestaltet.[197] Vor dem Hintergrund des insoweit leitenden Motivs, den gutgläubigen Erklärungsempfänger zumindest vor sämtlichen Nachteilen im Zusammenhang mit seinem schutzwürdigen Vertrauen in die Gültigkeit des Rechtsgeschäfts zu bewahren,[198] ist in dieser gesetzgeberischen Entscheidung auch ein Zugeständnis an die Vertreter der Erklärungstheorie zu erkennen.[199]

III. Voraussetzungen der Haftung

Nachfolgend soll zunächst ein grober Überblick gegeben werden über die seit der Einführung des BGB im Jahr 1900 unveränderten Voraussetzungen der nicht ganz treffend mit *„Schadensersatzpflicht des Anfechtenden“* überschriebenen Vertrauenshaftung des Irrenden nach § 122 BGB.

1. Fallgestaltung nach §§ 118 bis 120 BGB

Der Schadensersatzanspruch des betroffenen Erklärungsempfängers erfordert nach § 122 Abs. 1 BGB grundsätzlich, dass sich eine ihm gegenüber abgegebene Willenserklärung als gem. § 118 BGB nichtige Scherzerklärung erweist oder aus einem der in §§ 119, 120 BGB verankerten Gründen erfolgreich angefochten und daher nach § 142 Abs. 1 BGB rückwirkend (*ex tunc*) vernichtet wurde. Auf die einzelnen Voraussetzungen der Nichtigkeit

---

195 Singer, Selbstbestimmung und Verkehrsschutz im Recht der Willenserklärungen, S. 61 ff., Höpfner, AcP 2012, 853 (861 f.); Wieling, AcP 1972, 297 (302 ff.); Ernst, NJW 1986, 401 (404); BeckOGKBGB/Rehberg, § 116 Rn. 171 ff. und § 122 Rn. 2 f., 26.1; vgl. auch Prot. I, S. 105 f.; Mugdan I, S. 719.

196 Vgl. Fn. 184, 185.

197 Höpfner, AcP 2012, 853 (860); vgl. zudem Fn. 172; von vereinzelten Literaturmeinungen wird die Haftung nach § 122 BGB aber teilweise noch heute als ein Unterfall der c. i. c. rekonstruiert, so etwa Lobinger, Rechtsgeschäftliche Verpflichtung und autonome Bindung, S. 207 ff.

198 Vgl. Fn. 173.

199 Höpfner, AcP 2012, 853 (862); Wieling, AcP 1972, 297 (305 f.); Staudinger/Singer, Vor. § 116 Rn. 21 f.

gem. § 118 BGB und der Anfechtbarkeit nach §§ 119, 120 BGB sowie die diversen Fälle einer denkbaren analogen Anwendung des § 122 BGB[200] ist hier nicht einzugehen, da dies am Kern der vorliegenden Untersuchung vorbeigehen und daher deren Rahmen sprengen würde.

2. (Mono-)Kausalität

Wie bei der Vertreterhaftung gem. § 179 Abs. 1, Abs. 2 BGB kommt es auch im Rahmen der Haftung nach § 122 Abs. 1 BGB entscheidend auf die (Mono) Kausalität der nichtigen Scherzerklärung nach § 118 BGB bzw. der erfolgreichen Irrtumsanfechtung gem. §§ 119, 120 BGB i. V. m. § 142 Abs. 1 BGB an, mithin darauf, dass daneben nicht auch noch andere Wirksamkeitshindernisse bestehen. Dies wäre z. B. der Fall, wenn bei einem Hinwegdenken des Irrtums i. S. d. §§ 118 bis 120 BGB ein wirksamer Vertragsschluss dennoch aufgrund anderweitiger Nichtigkeits- oder Anfechtungsgründe, z. B. nach §§ 123, 125, 134, 138 BGB, scheitern würde.[201] Insoweit wird ersichtlich, dass auch die Haftungsansprüche aus § 122 BGB von einer besonderen rechtlichen sowie wirtschaftlichen Verknüpfung mit den Ansprüchen aus dem ursprünglich beabsichtigten Vertrag geprägt sind, und damit wie die Schadensersatzansprüche gegen den falsus procurator gem. § 179 Abs. 1, Abs. 2 BGB ebenfalls von einer gewissen Vertragsakzessorietät. Schließlich soll der Erklärungsempfänger nach der Intention des Gesetzgebers über die Vertrauenshaftung aus § 122 BGB keinesfalls bessergestellt werden als bei unterstellter Richtigkeit der ihm gegenüber abgegebenen Willenserklärung des Irrenden, sondern wie im Fall des § 179 BGB bestenfalls gleich.[202]

3. Kein Haftungsausschluss nach § 122 Abs. 2 BGB

Im Übrigen darf die Vertrauenshaftung des Irrenden aus § 122 BGB nicht ausgeschlossen sein. Genauso wie die Regelung des § 179 Abs. 3 S. 1 BGB normiert § 122 Abs. 2 BGB einen entsprechenden Ausschluss der Haftung, wenn der Erklärungsgegner den Grund der Nichtigkeit gem. § 118 BGB bzw. Anfechtbarkeit nach §§ 119, 120 BGB kannte oder zumindest kennen musste. Schließlich führt sowohl die positive Kenntnis als auch die fahrlässige Unkenntnis des Irrtums i. S. d. §§ 118 bis 120 BGB dazu, dass die

---

200 Vgl. hierzu z. B. Staudinger/Singer, § 122 Rn. 4 ff.; MüKoBGB/Armbrüster, § 122 Rn. 5 ff.

201 BeckOGKBGB/Rehberg, § 122 Rn. 6 f.; Erman/Arnold, § 122 Rn. 2.

202 Mot. I, S. 195 = Mugdan I, S. 460; Prot. I, S. 99, 107 f. = Mugdan I, S. 712, 715 f.; RGZ 151, 357 (358 f.); RGZ 170, 281 (284); Höpfner, AcP 2012, 853 (863); MüKoBGB/Armbrüster, § 122 Rn. 19; Staudinger/Singer, § 122 Rn. 15; BeckOKBGB/Wendtland, § 122 Rn. 9; vgl. auch die Erwägungen von Ackermann, Der Schutz des negativen Interesses, S. 323 f.

Entstehung eines schutzwürdigen Vertrauens des Geschäftsgegners in einen wirksamen Vertragsschluss mit dem Inhalt der irrtumsbehafteten Willenserklärung bereits von vornherein verhindert bzw. ein bereits geschaffener Vertrauenstatbestand zerstört wird und damit der Haftungsgrund des § 122 BGB nicht mehr zum Tragen kommt. Ein in diesen Fällen dennoch eingetretener Schaden fällt daher ausschließlich in die eigene Risikosphäre des Geschäftsgegners und wird vom Schutzzweck der Vertrauenshaftung des Irrenden nach § 122 BGB nicht erfasst.[203] Für die Beurteilung der fahrlässigen Unkenntnis sind dabei ähnlich strenge Maßstäbe anzulegen wie im Rahmen des Haftungsausschlusses gem. § 179 Abs. 3 S. 1 BGB, um das auch der Haftung aus § 122 BGB immanente Vertrauensprinzip und die damit einhergehende grundsätzliche Risikoverteilung nicht zu konterkarieren.[204] Erst wenn sich für den Erklärungsempfänger bei der im Verkehr erforderlichen Aufmerksamkeit tatsächliche Anhaltspunkte für das Vorliegen eines Irrtums i. S. d. §§ 118 bis 120 BGB aufdrängen müssen, ist für diesen von einer Obliegenheit zur aktiven Nachforschung und bei deren Verletzung von einem Fall der fahrlässigen Unkenntnis i. S. d. § 122 Abs. 2 BGB auszugehen.[205]

IV. Rechtsfolgen der Haftung

Die Haftung des Irrenden ist gem. § 122 Abs. 1 BGB genauso wie die Vertreterhaftung nach § 179 Abs. 2 BGB auf den Ersatz des negativen Interesses gerichtet und der Höhe nach auf den Betrag des positiven Interesses begrenzt. Erfasst wird daher lediglich der Schaden, der auf das schutzwürdige Vertrauen des gutgläubigen Geschäftsgegners in die Ernstlichkeit bzw. Richtigkeit der ihm gegenüber von dem Irrenden abgegebenen Willenserklärung zurückzuführen ist, sodass dieser letztlich so gestellt wird, als hätte er sich nicht auf das entsprechende Rechtsgeschäft eingelassen.[206] Nach der gesetzgeberischen Konzeption darf der Erklärungsempfänger über den Schadensersatzanspruch aus § 122 Abs. 1 BGB jedoch in keinem Fall besser als bei Wirksamkeit des ursprünglichen Vertragsschlusses gestellt werden.[207] Die Haftungsbegrenzung auf das positive Interesse ist Ausdruck des besonderen Bezugs der Haftungsansprüche gem. § 122 Abs. 1 BGB zu den

203 MüKoBGB/Armbrüster, § 122 Rn. 20; Staudinger/Singer, § 122 Rn. 17; BeckOKBGB/Wendtland, § 122 Rn. 10; Erman/Arnold, § 122 Rn. 9.

204 Vgl. hierzu Prütting/Schirrmacher, JURA 2016, 1156 (1168 f.) m. w. N. zu § 179 Abs. 3 S. 1 BGB.

205 BGH, NJW-RR 1992, 1005 (1006); RGZ 116, 15 (19); Staudinger/Singer, § 122 Rn. 18; BeckOKBGB/Wendtland, § 122 Rn. 10; Erman/Arnold, § 122 Rn. 9.

206 BGH, NJW 1984, 1950 f.; RGZ 170, 281 (284); Staudinger/Singer, § 122 Rn. 13; MüKoBGB/Armbrüster, § 122 Rn. 17; BeckOKBGB/Wendtland, § 122 Rn. 7; Erman/Arnold, § 122 Rn. 5.

207 Vgl. Fn. 202.

Ansprüchen aus dem vom gutgläubigen Erklärungsempfänger eigentlich beabsichtigten Vertrag und damit der auch für die Vertrauenshaftung aus § 122 BGB prägenden Vertragsakzessorietät.

C. Haftung nach den Grundsätzen der culpa in contrahendo gem. §§ 280 Abs. 1, 241 Abs. 2, 311 Abs. 2, Abs. 3 BGB

Eine weitere bedeutsame Neuerung der Schuldrechtsreform aus dem Jahr 2002 neben der grundlegenden Reformierung des Verjährungsrechts war die Kodifizierung der Haftung nach den Grundsätzen der culpa in contrahendo (*c. i. c.*) in §§ 280 Abs. 1, 241 Abs. 2, 311 Abs. 2, Abs. 3 BGB.[208] Nach § 311 Abs. 2, Abs. 3 BGB kann ein Schuldverhältnis zwischen den Parteien eines intendierten Vertrages bzw. zwischen einer potenziellen Vertragspartei und einem an der Anbahnung des Geschäfts maßgeblich beteiligten Dritten auch bereits im Vorfeld des entsprechenden Vertragsschlusses entstehen und dabei die Verpflichtung der Beteiligten zur Rücksichtnahme auf die Rechte, Rechtsgüter und Interessen des jeweils anderen Teils i. S. d. § 241 Abs. 2 BGB begründen. Fällt einer Partei in der Folge eine schuldhafte Verletzung dieser Rücksichtnahmepflichten nach § 241 Abs. 2 BGB zur Last, haftet sie dem anderen Teil grundsätzlich gem. § 280 Abs. 1 BGB auf Ersatz des dadurch verursachten Schadens.[209]

I. Rechtsnatur und Ratio der Haftung

Im Gegensatz zu der Haftung nach §§ 122, 179 BGB liegt dem Rechtsinstitut der c. i. c. eine Verschuldenshaftung zugrunde, die auf der Verletzung der bereits im vorvertraglichen Stadium bestehenden Rücksichtnahmepflichten beruht.[210] Unter den Voraussetzungen des § 311 Abs. 2, Abs. 3 BGB entsteht schließlich bereits mit der Aufnahme eines geschäftlichen Kontakts ein gesetzliches Schuldverhältnis, das zwar keine primären Leistungspflichten, aber Rücksichtnahmepflichten i. S. d. § 241 Abs. 2 BGB beinhaltet.[211] Dieses gesetzliche Schuldverhältnis ist insofern als vertragsähnlich zu qualifizie-

208 BT-Drs. 14/6040, S. 162; Rieble, Das neue Schuldrecht in der Praxis, S. 137; Canaris, JZ 2001, 499 (519).

209 BT-Drs. 14/6040, S. 162; Rieble, Das neue Schuldrecht in der Praxis, S. 137.

210 Rieble, Das neue Schuldrecht in der Praxis, S. 137 (139); BeckOGKBGB/Herresthal, § 311 Rn. 193; MüKoBGB/Emmerich, § 311 Rn. 41.

211 BT-Drs. 14/6040, S. 162 f.; BGHZ 6, 330 (333) = NJW 1952, 1130 (1131); Wojtas, Die Haftung für culpa in contrahendo in Polen und in Deutschland, S. 43; Canaris, JZ 1965, 475 (476, 478 ff.); Staudinger/Feldmann, § 311 Rn. 98.

ren, als seine Entstehung von einem engen Bezug zu dem in Anbahnung befindlichen Geschäft geprägt ist. Zudem folgt die Haftung infolge einer schuldhaften Verletzung der vorvertraglichen Pflichten nach § 241 Abs. 2 BGB aus § 280 Abs. 1 BGB, womit sich diese nach denselben Regeln des allgemeinen Leistungsstörungsrechts richtet wie die Schadensersatzhaftung aufgrund einer Verletzung der sich aus dem beabsichtigten Vertragsschluss ergebenden Pflichten.[212] Damit handelt es sich bei der c. i. c. gerade nicht um eine Vertrauenshaftung im engeren Sinne, d. h. im Sinne einer verschuldensunabhängigen gesetzlichen Garantiehaftung wie in den Fällen der §§ 122, 179 BGB, sondern vielmehr um eine vom Gesetzgeber in das allgemeine Leistungsstörungsrecht integrierte verschuldensabhängige Haftung nach vertraglichen Grundsätzen.[213]

Aufgrund der vielschichtigen Erscheinungsformen der Haftung nach den Grundsätzen der c. i. c. fällt es nicht ganz leicht, dieses Rechtsinstitut auf eine einheitliche Grundwertung zurückzuführen. Zum Sinn und Zweck der c. i. c. werden in der Literatur daher verschiedene Ansichten vertreten.[214] Mit der wohl h. M., die im Wesentlichen auf die Ansätze von *Ballerstedt* und *Canaris* zurückgeht, ist richtigerweise auf den Vertrauensschutz als zentrale Ratio der c. i. c. abzustellen.[215] Je nach Fallgruppe der c. i. c. können daneben zwar noch weitere Motive zur Begründung der vorvertraglichen Haftung hinzutreten, wie der allgemeine Rechtsgüterschutz, der Verbraucher- und Anlegerschutz sowie der Schutz des wirtschaftlich Unterlegenen. Insoweit handelt es sich jedoch nur um, je nach Fallgestaltung mehr oder weniger gewichtige, flankierende Wertungsaspekte, die für sich allein die Rechtsfigur der c. i. c. nicht zu begründen vermögen. Diese ergänzen daher lediglich das grundlegende Leitmotiv des Vertrauensschutzes, das in sämtlichen Anwendungsfällen der c. i. c. zum Tragen kommt, wenn auch in unterschiedlich starker Ausprägung.[216]

Mit der Aufnahme eines über die rein gesellschaftliche Ebene hinausgehenden geschäftlichen Kontaktes, der in einem künftigen Vertragsschluss münden soll, entsteht zwischen den potenziellen Vertragsparteien grundsätzlich

---

212 Erman/Dieckmann, § 311 Rn. 17; vgl. auch BeckOGKBGB/Herresthal, § 311 Rn. 192.

213 Vgl. auch Rieble, Das neue Schuldrecht in der Praxis, S. 137 (139 f.).

214 Vgl. MüKoBGB/Emmerich, § 311 Rn. 40 f.; Erman/Dieckmann, § 311 Rn. 16; BeckOGKBGB/Herresthal, § 311 Rn. 194 ff.

215 Ballerstedt, AcP 1950/1951, 501 (506 ff.); Canaris, Die Vertrauenshaftung im deutschen Privatrecht, S. 532 ff.; Canaris, JZ 1965, 475 (476); RGZ 120, 249 (251); BGHZ 60, 221 (223 f., 226) = NJW 1973, 752 (753 f.); BGHZ 71, 386 (393) = NJW 1978, 1802 (1804); BGH, NJW 1981, 1035 (1036); BeckOGKBGB/Herresthal, § 311 Rn. 195.

216 BeckOGKBGB/Herresthal, § 311 Rn. 198; zu den ergänzenden Wertungsaspekten vgl. auch MüKoBGB/Emmerich, § 311 Rn. 41.

bereits ein vertragsähnliches Vertrauensverhältnis.[217] Dieser Vertrauenstatbestand bildet die wesentliche Grundlage für die Annahme des vom Gesetzgeber mit der Modernisierung des Schuldrechts im Jahr 2002 in § 311 Abs. 2, Abs. 3 BGB verankerten gesetzlichen Schuldverhältnisses mit den entsprechenden Rücksichtnahmepflichten i. S. d. § 241 Abs. 2 BGB.[218] Besonders deutlich wird dies auch am Gesetzeswortlaut der Dritthaftung nach § 311 Abs. 3 BGB, der ausdrücklich die insoweit maßgebliche Vertrauenslage in Bezug nimmt.[219] Damit bewegt sich die Haftung nach den Grundsätzen der c. i. c. ähnlich wie die Haftungsregelung des § 122 BGB im Spannungsfeld zwischen Selbstbestimmungsfreiheit und Vertrauensschutz.[220] Die auf dem schutzwürdigen Vertrauen der Parteien beruhenden Rücksichtnahmepflichten i. S. d. § 241 Abs. 2 BGB bilden das wertungsmäßig gebotene Korrelat zu dem zivilrechtlichen Grundsatz der privatautonomen Gestaltungsfreiheit.[221] Dadurch ist sichergestellt, dass den schutzwürdigen Interessen der Parteien auch in einem Bereich hinreichend Rechnung getragen wird, in dem weder Vertrags- noch Deliktsrecht einen ausreichenden Schutz bieten und daher ohne die Rechtsfigur der c. i. c. eine nicht hinnehmbare Haftungslücke klaffen würde.[222]

Dem Ansatz von *Canaris* folgend können die verschiedenen Erscheinungsformen der c. i. c. letztlich in zwei Fallgruppen der Vertrauenshaftung unterteilt werden, nämlich einerseits in die der Erklärungshaftung und andererseits in die der Anvertrauenshaftung.[223] Im Rahmen der Erklärungshaftung beruht der die Rücksichtnahmepflichten gem. § 241 Abs. 2 BGB auslösende Vertrauenstatbestand in erster Linie auf den abgegebenen Erklärungen

---

217 RGZ 120, 249 (251); BGHZ 71, 386 (393) = NJW 1978, 1802 (1804); Ballerstedt, AcP 1950/1951, 501 (506 f.); Canaris, Die Vertrauenshaftung im deutschen Privatrecht, S. 538 f.

218 BT-Drs. 14/6040, S. 163; Wojtas, Die Haftung für culpa in contrahendo in Polen und in Deutschland, S. 43.

219 Vgl. auch BeckOGKBGB/Herresthal, § 311 Rn. 195.

220 Zu § 122 BGB siehe oben unter Punkt „*B. I. Rechtsnatur und Ratio der Haftung*“ und Fn. 173.

221 Canaris, Die Vertrauenshaftung im deutschen Privatrecht, S. 439 ff., 538; Erman/Dieckmann, § 311 Rn. 15; dazu auch Wojtas, Die Haftung für culpa in contrahendo in Polen und in Deutschland, S. 41 f.

222 Wojtas, Die Haftung für culpa in contrahendo in Polen und in Deutschland, S. 49, 54 f.; Erman/Dieckmann, § 311 Rn. 15; MüKoBGB/Emmerich, § 311 Rn. 38; zu dieser Haftungslücke zwischen Vertrags- und Deliktsrecht vgl. auch Fn. 185 sowie Canaris, Die Vertrauenshaftung im deutschen Privatrecht, S. 444.

223 Canaris, Die Vertrauenshaftung im deutschen Privatrecht, S. 440, 532 ff., 539 ff.; vgl. dazu auch Wojtas, Die Haftung für culpa in contrahendo in Polen und in Deutschland, S. 52 f.

der potenziellen Vertragsparteien.[224] Davon erfasst werden grundsätzlich die Fälle der c. i. c. nach § 311 Abs. 2 Nr. 1 und Abs. 3 BGB, in denen zwischen den Parteien bereits konkrete Vertragsverhandlungen geführt werden und das dadurch hervorgerufene schützenswerte Vertrauen in die Richtigkeit und Vollständigkeit der abgegebenen Erklärungen und damit letztlich in den Abschluss des beabsichtigten Vertrages enttäuscht wird. Insoweit lassen sich wiederum zwei Untergruppen bilden. Zum einen geht es dabei um Fälle, in denen die Verhandlungen bereits zu keinem wirksamen Vertragsschluss führen und damit das Vertrauen in das Zustandekommen eines Vertrages schlechthin enttäuscht wird, z. B. durch einen Abbruch der Vertragsverhandlungen. Zum anderen sind aber auch Fälle denkbar, in denen es zwar zu einem wirksamen Vertragsschluss kommt, dieser aber inhaltlich negativ von den Vorstellungen einer Vertragspartei, die sich insbesondere auf der Basis der zuvor geführten Verhandlungen herausgebildet haben, abweicht, mit der Folge, dass letztlich das Vertrauen in das Zustandekommen eines Vertrages mit dem gewünschten Inhalt enttäuscht wird.[225] In diesen Fällen der Erklärungshaftung, in denen letztlich gerade das Scheitern des eigentlich begehrten Vertrages zu einem Vertrauensschaden führt, weisen die Haftungsansprüche aus c. i. c. in der Regel einen besonderen rechtlichen und wirtschaftlichen Bezug zu den Ansprüchen aus dem ursprünglich beabsichtigten Vertrag auf und treten im Ergebnis als wirtschaftlicher Ersatzwert an deren Stelle. Insoweit ist daher genauso wie in den Fällen der §§ 122, 179 BGB von einer gewissen Vertragsakzessorietät auszugehen.

Bei der Anvertrauenshaftung liegt im Gegensatz zur Erklärungshaftung in der Regel weder ein äußerer Erklärungstatbestand als Anknüpfungspunkt für ein etwaiges schutzwürdiges Vertrauen noch eine Vertrauensdisposition des Geschädigten vor.[226] Der pflichtenbegründende Vertrauenstatbestand wird in diesen Fällen vielmehr im Wesentlichen dadurch geschaffen, dass ein potenzieller Geschäftspartner seinen persönlichen Rechtskreis gegenüber dem Einflussbereich des anderen Beteiligten öffnet und ihm daher seine Rechte, Rechtsgüter sowie Interessen anvertraut.[227] Diese Fallgruppe der Vertrauenshaftung betrifft daher insbesondere die Erscheinungsformen der c. i. c. nach § 311 Abs. 2 Nr. 2 und Nr. 3 BGB, in denen die potenziellen Vertragspartner (noch) ohne die Aufnahme von Vertragsverhandlungen geschäftlich in Kontakt treten und das Vertrauen eines Beteiligten in die Wahrung seiner

---

224 Canaris, Die Vertrauenshaftung im deutschen Privatrecht, S. 440, 532; vgl. dazu auch Wojtas, Die Haftung für culpa in contrahendo in Polen und in Deutschland, S. 41, 52.

225 BT-Drs. 14/6040, S. 162; Wojtas, Die Haftung für culpa in contrahendo in Polen und in Deutschland, S. 43.

226 Canaris, Die Vertrauenshaftung im deutschen Privatrecht, S. 540.

227 Canaris, Die Vertrauenshaftung im deutschen Privatrecht, S. 440, 540; vgl. dazu auch Wojtas, Die Haftung für culpa in contrahendo in Polen und in Deutschland, S. 52 f.

Rechte, Rechtsgüter und Interessen enttäuscht wird. Ein typisches Beispiel hierfür ist der berühmte Salatblatt- oder Bananenschalenfall, in dem ein Kunde in den Geschäftsräumlichkeiten des Verkäufers auf einem am Boden liegenden Salatblatt bzw. auf einer Bananenschale ausrutscht.[228]

Im Ergebnis kann die Haftung nach den Grundsätzen der c.i.c. damit auch als mittelbare Vertrauenshaftung oder Vertrauenshaftung im weiteren Sinne bezeichnet werden. Wie soeben dargestellt, sind die vorvertraglichen Rücksichtnahmepflichten i.S.d. §241 Abs.2 BGB, an deren schuldhafte Verletzung die c.i.c. anknüpft, schließlich auf das bereits durch den entsprechenden geschäftlichen Kontakt hervorgerufene schutzwürdige Vertrauen der geschädigten Partei zurückzuführen. Im Gegensatz zu der verschuldensunabhängigen Vertrauenshaftung nach §§122, 179 BGB ist die c.i.c. jedoch nicht durch das Risikoprinzip, sondern vielmehr durch das Verschuldensprinzip geprägt.[229] Der Grund hierfür ist nicht zuletzt darin zu erkennen, dass die Parteien im Ausgangspunkt gleichermaßen für den erfolgreichen Abschluss eines ihren Interessen entsprechenden Vertrages zu sorgen und sämtliche potenziellen Gefahren für die Rechte, Rechtsgüter und Interessen des jeweils anderen Teils zu vermeiden haben.[230] Sie trifft grundsätzlich eine gemeinsame Verantwortung dafür, im Vorfeld des angestrebten Vertragsschlusses durch eine offene und eindeutige Kommunikation die Grundlage für eine übereinstimmende Willensbildung zu schaffen sowie sämtliche potenziellen Hindernisse für den Erfolg des beabsichtigten Geschäfts zu verhindern.[231] Im Übrigen steht es den Parteien nach dem Grundsatz der Privatautonomie prinzipiell frei, den angebahnten Vertrag abzuschließen oder davon letztlich doch noch Abstand zu nehmen.[232] Im Gegensatz zur Haftung gem. §§122, 179 BGB fällt das schädigende Ereignis im Rahmen der c.i.c. damit gerade nicht ausschließlich in die Risikosphäre nur einer der Parteien, sodass als Korrektiv für die insoweit geringere Schutzwürdigkeit des Vertrauens in den intendierten Vertragsschluss bzw. in die Unversehrtheit der eigenen Rechte, Rechtsgüter und Interessen ein schuldhaftes Verhalten des Schädigers zu fordern ist.[233]

---

228 Canaris, Die Vertrauenshaftung im deutschen Privatrecht, S.540; zu den besagten Fällen vgl. BGHZ 66, 51 = NJW 1976, 712 und BGH, NJW 1962, 31.
229 Canaris, Die Vertrauenshaftung im deutschen Privatrecht, S.534.
230 Vgl. dazu auch Canaris, Die Vertrauenshaftung im deutschen Privatrecht, S.536, 542f.
231 Erman/Dieckmann, §311 Rn.16.
232 Vgl. dazu auch Canaris, Die Vertrauenshaftung im deutschen Privatrecht, S.543.
233 Canaris, Die Vertrauenshaftung im deutschen Privatrecht, S.536, 542f.

II. Historische Entwicklung

Dem römischen Recht war eine Haftung für vorvertragliches Verschulden noch völlig fremd, sodass es kein den Grundsätzen der heutigen c. i. c. vergleichbares Haftungsinstitut kannte.[234] Die Rechtsfigur der c. i. c. wird erstmals durch das Allgemeine Landrecht in Preußen von 1794 angedeutet, genauer gesagt in den gesetzlichen Vorschriften der §§ 284, 285 Teil 1 Titel 5 ALR.[235] Allerdings bleibt unklar, ob den damaligen Gesetzesverfassern sowie der preußischen Jurisprudenz der Umfang und die Tragweite dieser Regelungen bewusst war. Jedenfalls scheinen diese Normen nicht im Sinne des heutigen Verständnisses von der vorvertraglichen Haftung nach den Grundsätzen der c. i. c. angewandt worden zu sein und blieben daher ohne nennenswerten Einfluss auf die Entwicklung dieses Rechtsinstituts.[236] Als Schöpfer der c. i. c. wird daher zu Recht *Rudolf von Jhering* angesehen.[237] Wie bereits im Rahmen der Haftung des Irrenden nach § 122 BGB dargestellt, machte er mit seinem grundlegenden Werk „*Culpa in contrahendo oder Schadensersatz bei nichtigen oder nicht zur Perfection gelangten Verträgen*“[238] aus dem Jahr 1861 auf eine Haftungslücke zwischen Vertrags- und Deliktsrecht aufmerksam, wenn eine Partei zumindest fahrlässig die Nichtigkeit eines Vertrages verursacht und der andere Teil dadurch einen Vermögensschaden erleidet. Nach dem damals geltenden Recht bestand in derartigen Fällen schließlich keine Grundlage für eine Haftung des „*culposen Teils*“ zumindest auf Ersatz der im Vertrauen auf die Wirksamkeit des entsprechenden Vertragsschlusses erlittenen Schäden seines Gegners.[239] Dieses für ihn unbillige Ergebnis beabsichtigte *Jhering* sodann durch die Konstruktion einer auf den Ersatz des negativen Interesses gerichteten Haftung aufgrund eines Verschuldens bei Vertragsschluss aufzulösen.[240] Seinen Ansatz einer Haftung nach den Grundsätzen der c. i. c. versuchte er auf eine nur mit großen dogmatischen Verrenkungen mögliche und daher schon fast grenzwertige Analyse der insoweit äußerst dürftigen römischen Quellen

---

234 Nüßlein, Die Integration der culpa in contrahendo in das BGB nach der Schuldrechtsreform, S. 67; Frick, Culpa in contrahendo – Eine rechtsvergleichende und kollisionsrechtliche Studie, S. 105; HKK/Harke, § 311 Abs. 2, 3 Rn. 3.

235 Vgl. dazu auch Nunes Fritz, Die culpa in contrahendo im deutschen und brasilianischen Recht, S. 11; BeckOGKBGB/Herresthal, § 311 Rn. 182 f.; HKK/Harke, § 311 Abs. 2, 3 Rn. 7.

236 Jhering, JherJb 4, 1 (50 f.); Nunes Fritz, Die culpa in contrahendo im deutschen und brasilianischen Recht, S. 12; MüKoBGB/Emmerich, § 311 Rn. 36.

237 Vgl. BT-Drs. 14/6040, S. 161 f.; Nüßlein, Die Integration der culpa in contrahendo in das BGB nach der Schuldrechtsreform, S. 65; BeckOGKBGB/Herresthal, § 311 Rn. 184.

238 Vgl. Fn. 183.

239 Vgl. Fn. 185.

240 Vgl. Fn. 186.

zu stützen.[241] Der Grundgedanke *Jherings*, eine Haftung auf das negative Interesse zu etablieren, fand in der Lehre und Rechtsprechung jedoch zunehmend eine breite Unterstützung, wenngleich hinsichtlich der einzelnen Voraussetzungen und der dogmatischen Einordnung einer entsprechenden Haftung durchaus verschiedene Ansichten vertreten wurden.[242]

Auch der Gesetzgeber hat *Jherings* Theorie von der Haftung auf das negative Interesse bei der Schaffung des BGB im Jahr 1900 aufgegriffen, dabei allerdings ganz bewusst auf die Einführung einer allgemeinen Vorschrift zur c. i. c. verzichtet und deren Weiterentwicklung vielmehr der Wissenschaft und Praxis überlassen.[243] Die von *Jhering* behandelten Problemfälle fanden aber dennoch bereits Eingang in die Urfassung des BGB aus dem Jahr 1900, nur wurden diese jeweils in eigenständigen Haftungsnormen gesetzlich verankert. Die insoweit wohl bedeutendsten Fälle sind aus heutiger Sicht die Regelungen über die Haftung des Irrenden in § 122 BGB und des Vertreters ohne Vertretungsmacht in § 179 BGB.[244] Wie bereits dargestellt, haben die Gesetzesverfasser die Haftung nach §§ 122, 179 BGB jedoch als eine dem Risikoprinzip folgende originäre Vertrauenshaftung im Sinne einer pflicht- und verschuldensunabhängigen Garantiehaftung ausgestaltet und gerade nicht als eine am Verschuldensprinzip ausgerichtete Haftung für eine schuldhafte Pflichtverletzung im Stadium vor bzw. bei Vertragsschluss entsprechend dem Modell von *Jhering*.[245] Damit muss freilich festgestellt werden, dass *Jhering* seinerzeit noch ganz andere Fallkonstellationen im Blick hatte, als sie dem heutigen Verständnis einer vorvertraglichen Haftung nach den Grundsätzen der c. i. c. zugrunde liegen und hinsichtlich derer sich der Gesetzgeber letztlich für ein abweichendes Haftungsregime entschieden hat.[246] Indes ist aber zuzugeben, dass *Jhering* mit seiner wissenschaftlichen Abhandlung den entscheidenden Anstoß für die Entwicklung der zeitgenös-

---

241 Vgl. Jhering, JherJb 4, 1 (8 ff.); hierzu auch Medicus, FS Max Kaser, S. 169 (170 ff.); Nüßlein, Die Integration der culpa in contrahendo in das BGB nach der Schuldrechtsreform, S. 66 ff.; HKK/Harke, § 311 Abs. 2, 3 Rn. 8.

242 Nunes Fritz, Die culpa in contrahendo im deutschen und brasilianischen Recht, S. 14 ff.; Wojtas, Die Haftung für culpa in contrahendo in Polen und in Deutschland, S. 31; HKK/Harke, § 311 Abs. 2, 3 Rn. 11; BeckOGKBGB/Herresthal, § 311 Rn. 184.

243 Mot. II, S. 178 f. = Mugdan II, S. 98 f.; Nüßlein, Die Integration der culpa in contrahendo in das BGB nach der Schuldrechtsreform, S. 79 f.; HKK/Harke, § 311 Abs. 2, 3 Rn. 11.

244 Nüßlein, Die Integration der culpa in contrahendo in das BGB nach der Schuldrechtsreform, S. 80; Nunes Fritz, Die culpa in contrahendo im deutschen und brasilianischen Recht, S. 17; Wojtas, Die Haftung für culpa in contrahendo in Polen und in Deutschland, S. 31; HKK/Harke, § 311 Abs. 2, 3 Rn. 11; MüKoBGB/Emmerich, § 311 Rn. 37; BeckOGKBGB/Herresthal, § 311 Rn. 184; Erman/Dieckmann, § 311 Rn. 15.

245 Vgl. Fn. 117, 172, 197.

246 Vgl. dazu auch Medicus, FS Max Kaser, S. 169 (181); HKK/Harke, § 311 Abs. 2, 3 Rn. 28; BeckOGKBGB/Herresthal, § 311 Rn. 184.

sischen c. i. c. gegeben hatte,[247] die kurz nach dem Inkrafttreten des BGB im Jahr 1900 insbesondere in der Rechtsprechung erheblich an Fahrt aufnahm.[248]

So machten die Gerichte bereits früh von der ihnen durch den Gesetzgeber eingeräumten Möglichkeit der rechtsfortbildenden Weiterentwicklung des Haftungsinstituts der c. i. c. Gebrauch,[249] mit der Folge, dass dieses schließlich bald auch gewohnheitsrechtliche Anerkennung fand.[250] Als besonders richtungsweisend gilt insoweit die Linoleumrollen-Entscheidung des Reichsgerichts, mit der in einem Fall der Verletzung der körperlichen Integrität durch einen Angestellten des Geschäftsgegners die Schwächen des deutschen Deliktsrechts, insbesondere die Exkulpationsmöglichkeit nach § 831 Abs. 1 S. 2 BGB, durch die Annahme eines vorbereitenden Rechtsverhältnisses mit vertragsähnlichem Charakter umgangen und so der Weg für eine Haftung nach vertraglichen Grundsätzen bereitet werden sollte, vor allem für eine Verschuldenszurechnung gem. § 278 BGB.[251] Während das Reichsgericht sein Ergebnis auf eine gewisse Vorwirkung des beabsichtigten Vertragsschlusses und damit auf eine rein rechtsgeschäftliche Grundlage stützte,[252] ging insbesondere der BGH in späteren Entscheidungen zu der Annahme eines bereits mit der Aufnahme von Vertragsverhandlungen entstehenden gesetzlichen Schuldverhältnisses über, das keine Leistungs-, sondern ausschließlich Rücksichtnahmepflichten beinhaltet und der heutigen Lehre von der c. i. c. entspricht.[253] Dabei hat auch die Rechtsprechung bereits explizit auf den Rechtsgedanken des Vertrauensschutzes als wesentliche wertungsmäßige Grundlage der vorvertraglichen Haftung abgestellt.[254]

---

247 Vgl. dazu auch Nüßlein, Die Integration der culpa in contrahendo in das BGB nach der Schuldrechtsreform, S. 65 und 78; HKK/Harke, § 311 Abs. 2, 3 Rn. 30; BeckOGK-BGB/Herresthal, § 311 Rn. 184.

248 Medicus, FS Max Kaser, S. 169; HKK/Harke, § 311 Abs. 2, 3 Rn. 13 ff.; dazu ausführlich auch Nunes Fritz, Die culpa in contrahendo im deutschen und brasilianischen Recht, S. 16 ff.

249 BeckOGKBGB/Herresthal, § 311 Rn. 186; MüKoBGB/Emmerich, § 311 Rn. 38.

250 BT-Drs. 14/6040, S. 161; BGH, NJW 1979, 1983; Erman/Dieckmann, § 311 Rn. 15; Staudinger/Feldmann, § 311 Rn. 98.

251 RGZ 78, 239 (240); Nüßlein, Die Integration der culpa in contrahendo in das BGB nach der Schuldrechtsreform, S. 92 ff.; HKK/Harke, § 311 Abs. 2, 3 Rn. 13.

252 Nüßlein, Die Integration der culpa in contrahendo in das BGB nach der Schuldrechtsreform, S. 101, 103; Wojtas, Die Haftung für culpa in contrahendo in Polen und in Deutschland, S. 37 f.; BeckOGKBGB/Herresthal, § 311 Rn. 186; MüKoBGB/Emmerich, § 311 Rn. 38.

253 BGHZ 6, 330 (333) = NJW 1952, 1130 (1131); BGHZ 66, 51 (54 f.) = NJW 1976, 712 f.; Wojtas, Die Haftung für culpa in contrahendo in Polen und in Deutschland, S. 39; BeckOGKBGB/Herresthal, § 311 Rn. 187; MüKoBGB/Emmerich, § 311 Rn. 38.

254 BGHZ 60, 221 (223 f., 226) = NJW 1973, 752 (753 f.); BGHZ 66, 51 (54) = NJW 1976, 712; BGHZ 71, 386 (393) = NJW 1978, 1802 (1804); BGH, NJW 1981, 1035

Im Laufe der Zeit hat die Rechtsprechung die Rechtsfigur der c. i. c. zudem auf immer mehr Sachverhaltskonstellationen ausgedehnt und dabei versucht, diese durch die Bildung von Fallgruppen zu konkretisieren. Für das heutige Verständnis der c. i. c. grundlegend waren besonders die Kategorien der Verletzung allgemeiner Schutz- und Obhutspflichten, des grundlosen Abbruchs von Vertragsverhandlungen, des Abschlusses unwirksamer bzw. undurchführbarer Verträge, des Abschlusses inhaltlich nachteiliger Verträge aufgrund einer Verletzung vorvertraglicher Aufklärungs- und Informationspflichten sowie der Haftung Dritter.[255] Im Laufe des 20. Jahrhunderts hatte sich das Rechtsinstitut der c. i. c. damit zu einem der zentralen Bestandteile im Regime der zivilrechtlichen Haftung entwickelt,[256] wenngleich die zunehmende Vielfalt der im Wege der richterlichen Rechtsfortbildung entwickelten Erscheinungsformen dieser Haftungsgrundsätze auch einen Mangel an Einheitlichkeit und Übersichtlichkeit zur Folge hatte.[257]

Einen ganz wesentlichen Bestandteil der Diskussionen im Zuge der Bestrebungen zur grundlegenden Reformierung des Schuldrechts bildete daher die Frage, ob und wie sich die zu Gewohnheitsrecht verfestigten Grundsätze der c. i. c. kodifizieren lassen.[258] Das Ziel des Gesetzgebers war es insoweit, das BGB durch die Einführung einer gesetzlichen Regelung der c. i. c. wieder auf den aktuellen Stand des geltenden Schuldrechts zu bringen.[259] Während sich *Medicus* in seinem entsprechenden Reformgutachten von 1981 für eine gesetzliche Normierung von nur einzelnen in der Rechtsprechung ausgeformten Fallgruppen der c. i. c. aussprach,[260] hat sich der Gesetzgeber bei der Umsetzung der „*großen Lösung*“ durch das am 01.01.2002 in Kraft getretene Gesetz zur Modernisierung des Schuldrechts in dem neu geschaffenen

---

(1036); Wojtas, Die Haftung für culpa in contrahendo in Polen und in Deutschland, S. 39; BeckOGKBGB/Herresthal, § 311 Rn. 187.

255 Nunes Fritz, Die culpa in contrahendo im deutschen und brasilianischen Recht, S. 4 ff., 18 ff., 42 ff.; HKK/Harke, § 311 Abs. 2, 3 Rn. 13 ff.; vgl. dazu auch Nüßlein, Die Integration der culpa in contrahendo in das BGB nach der Schuldrechtsreform, S. 22 ff.

256 BT-Drs. 14/6040, S. 162.

257 Nunes Fritz, Die culpa in contrahendo im deutschen und brasilianischen Recht, S. 45; Keller, Schuldverhältnis und Rechtskreisöffnung, S. 20 ff., 83, Nüßlein, Die Integration der culpa in contrahendo in das BGB nach der Schuldrechtsreform, S. 27, 172; Köndgen, Die Schuldrechtsreform vor dem Hintergrund des Gemeinschaftsrechts, S. 231 (233, 236).

258 BT-Drs. 14/6040, S. 161; hierzu auch Köndgen, Die Schuldrechtsreform vor dem Hintergrund des Gemeinschaftsrechts, S. 231 (232 ff.).

259 BT-Drs. 14/6040, S. 162; Rieble, Das neue Schuldrecht in der Praxis, S. 137 (138); Köndgen, Die Schuldrechtsreform vor dem Hintergrund des Gemeinschaftsrechts, S. 231 (234).

260 Medicus, Gutachten und Vorschläge zur Überarbeitung des Schuldrechts, S. 479 (486 f.); HKK/Harke, § 311 Abs. 2, 3 Rn. 24; Nüßlein, Die Integration der culpa in contrahendo in das BGB nach der Schuldrechtsreform, S. 228 f.

§ 311 BGB letztendlich für eine davon abweichende Regelungssystematik entschieden. Im Anschluss an das nunmehr in § 311 Abs. 1 BGB gesetzlich verankerte Vertragsprinzip wurde in § 311 Abs. 2, Abs. 3 BGB lediglich eine generalklauselartige Normierung der Entstehungsgründe der c. i. c. eingeführt, ohne das Rechtsinstitut ausdrücklich beim Namen zu nennen.[261] Auch wurde in dieser Regelung keine Aussage zu den konkreten, aus dem vorvertraglichen Schuldverhältnis resultierenden Pflichten und den Rechtsfolgen einer Haftung nach c. i. c. getroffen. Insoweit gaben die Gesetzesverfasser einem Verweis auf die Rücksichtnahmepflichten des ebenfalls im Zuge der Schuldrechtsreform neu geschaffenen § 241 Abs. 2 BGB den Vorzug, bei deren Verletzung der gleichermaßen vollumfänglich novellierte § 280 Abs. 1 BGB einen Anspruch auf Ersatz des dabei verursachten Schadens vorsieht. Nach dieser gesetzgeberischen Entscheidung sollten die von der Rechtsprechung entwickelten Grundsätze der c. i. c. fortgelten und über die Normentrias der §§ 280 Abs. 1, 241 Abs. 2, 311 Abs. 2, Abs. 3 BGB systematisch sauber in das grundlegend reformierte allgemeine Leistungsstörungsrecht integriert werden.[262] Eine ausdifferenzierte gesetzliche Regelung der Voraussetzungen und Rechtsfolgen der c. i. c. bis in alle Einzelheiten hielt der Gesetzgeber hingegen aufgrund der Vielzahl der denkbaren Fallgestaltungen nicht für zielführend, sodass er bewusst darauf verzichtet hat.[263] Dadurch ist gewährleistet, dass dem Rechtsinstitut der c. i. c. die in der historischen Entwicklung prägende und für den jeweiligen Einzelfall auch nötige Flexibilität erhalten bleibt und es nicht zu einer unpraktikabel starren Festschreibung einzelner Fallgruppen kommt.[264] Nach der gesetzgeberischen Intention sollte die fortschreitende Entwicklung und Präzisierung der Rechtsfigur der c. i. c. schließlich weiterhin der Rechtsprechung überlassen bleiben.[265]

---

261 BT-Drs. 14/6040, S. 162; HKK/Harke, § 311 Abs. 2, 3 Rn. 25; Canaris, JZ 2001, 499 (519 f.).

262 BT-Drs. 14/6040, S. 162; Nunes Fritz, Die culpa in contrahendo im deutschen und brasilianischen Recht, S. 114 ff.; Rieble, Das neue Schuldrecht in der Praxis, S. 137 ff.; Nüßlein, Die Integration der culpa in contrahendo in das BGB nach der Schuldrechtsreform, S. 217 ff., 241.

263 BT-Drs. 14/6040, S. 162; Nunes Fritz, Die culpa in contrahendo im deutschen und brasilianischen Recht, S. 115; Nüßlein, Die Integration der culpa in contrahendo in das BGB nach der Schuldrechtsreform, S. 217 f., 222.

264 Vgl. dazu BT-Drs. 14/6040, S. 161; Nüßlein, Die Integration der culpa in contrahendo in das BGB nach der Schuldrechtsreform, S. 22, 223; Köndgen, Die Schuldrechtsreform vor dem Hintergrund des Gemeinschaftsrechts, S. 231 (241 f.); HKK/Harke, § 311 Abs. 2, 3 Rn. 28, der insoweit auch von einer „*Warnung vor übermäßigem Kodifikationseifer*" spricht.

265 BT-Drs. 14/6040, S. 162 f.; HKK/Harke, § 311 Abs. 2, 3 Rn. 25; BeckOGKBGB/Herresthal, § 311 Rn. 190.

III. Voraussetzungen der Haftung

Wie bereits dargestellt, ergeben sich die grundlegenden Voraussetzungen einer Haftung nach den Grundsätzen der c. i. c. seit der Schuldrechtsreform Anfang des Jahres 2002 aus der Systematik des Normverbunds der §§ 280 Abs. 1, 241 Abs. 2, 311 Abs. 2, Abs. 3 BGB.[266] Hierüber soll an dieser Stelle zunächst ein grober Überblick gegeben werden.

1. Vorvertragliches Schuldverhältnis gem. § 311 Abs. 2 und 3 BGB

Die wesentliche Grundvoraussetzung für das Eingreifen einer Haftung nach den Grundsätzen der c. i. c. ist die Entstehung eines vorvertraglichen Schuldverhältnisses i. S. d. § 311 Abs. 2 und 3 BGB, das die Parteien nach Maßgabe des § 241 Abs. 2 BGB zur Rücksicht auf die Rechte, Rechtsgüter und Interessen des jeweils anderen Teils verpflichtet. Erforderlich ist hierfür in jedem Fall ein über die rein soziale Sphäre hinausgehender geschäftlicher Kontakt.[267] Die Frage, wann ein solcher geschäftlicher Kontakt zu einem vertragsähnlichen Schuldverhältnis mit Rücksichtnahmepflichten gem. § 241 Abs. 2 BGB führt, regeln die generalklauselartigen, d. h. nicht abschließend präzisierten, Grundtatbestände in § 311 Abs. 2 Nr. 1 bis 3 und Abs. 3 BGB. Diese sollen nachfolgend in den wesentlichen Grundzügen dargestellt werden. Auf Einzelprobleme, insbesondere die in Teilen äußerst schwierige und umstrittene Abgrenzung der Tatbestände des § 311 Abs. 2 Nr. 1 bis 3 BGB,[268] wird insoweit nicht tiefer eingegangen, da dies für den Kern der vorliegenden Untersuchung nicht von Relevanz ist.

a) Vertragsverhandlungen gem. § 311 Abs. 2 Nr. 1 BGB

Als ersten klassischen Fall eines die Rücksichtnahmepflichten gem. § 241 Abs. 2 BGB begründenden vertragsähnlichen Vertrauens- bzw. Schuldverhältnisses, der dem Rechtsinstitut der c. i. c. letztlich seinen Namen verlieh, hat der Gesetzgeber in § 311 Abs. 2 Nr. 1 BGB die Aufnahme von Vertragsverhandlungen determiniert. Dieses Schuldverhältnis entsteht mit dem tatsächlichen Beginn der Vertragsverhandlungen und endet in dem Zeitpunkt, in dem auch die Vertragsverhandlungen tatsächlich enden, d. h. entweder durch den entsprechenden Vertragsschluss oder indem diese schlicht nicht mehr weitergeführt werden.[269] Der Begriff der Vertragsverhandlungen ist grundsätzlich weit auszulegen und umfasst sämtliche Formen der geschäftlichen Kontaktaufnahme mit dem Ziel eines entsprechenden Vertragsschlus-

---

266 Vgl. hierzu nochmals Fn. 210 sowie BT-Drs. 14/6040, S. 162.
267 Erman/Dieckmann, § 311 Rn. 19; MüKoBGB/Emmerich, § 311 Rn. 42.
268 Vgl. hierzu BeckOGKBGB/Herresthal, § 311 Rn. 201 ff.
269 BT-Drs. 14/6040, S. 163.

ses, ohne dass es dabei auf die Abgabe von Willenserklärungen ankommt.[270] Es muss sich demnach stets um einen beiderseitigen kommunikativen Austausch im Hinblick auf den Abschluss eines bereits konkret in Bezug genommenen Vertrages handeln.[271] Rein abstrakte Sondierungsgespräche und lose wirtschaftliche Kontakte reichen hingegen ebenso wenig wie bloße einseitige Maßnahmen und Versuche der Kontaktaufnahme.[272]

b) Vertragsanbahnung gem. §311 Abs. 2 Nr. 2 BGB

Der grundsätzlich ebenfalls weit auszulegende Vertragsanbahnungstatbestand gem. §311 Abs. 2 Nr. 2 BGB bildet nach wohl überwiegender Auffassung den Grundtatbestand für die Entstehung eines vorvertraglichen Vertrauensschuldverhältnisses.[273] Dieser erfordert die im Vergleich zum Stadium der Vertragsverhandlungen viel weitreichendere und in der Regel zeitlich deutlich vorgelagerte tatsächliche Anbahnung eines Vertrages, in deren Rahmen ein Teil die Möglichkeit erhält, auf die Rechte, Rechtsgüter und Interessen des potenziellen Vertragspartners einzuwirken. Dabei ist es ausreichend, dass die erfolgte Kontaktaufnahme einen abstrakten Bezug zu einem potenziellen Rechtsgeschäft aufweist. Eine bereits konkretisierte Aussicht auf einen entsprechenden Vertragsschluss muss hingegen noch nicht vorliegen.[274] Der Vertragsanbahnungstatbestand nach §311 Abs. 2 Nr. 2 BGB ist damit stets miterfüllt, wenn der insoweit engere Vertragsverhandlungstatbestand des §311 Abs. 2 Nr. 1 BGB zum Tragen kommt, da bei Vertragsverhandlungen im Einklang mit den Vorstellungen des Gesetzgebers typischerweise von einer Einwirkungsmöglichkeit auf die Rechts- und Interessensphäre des jeweiligen Geschäftsgegners ausgegangen werden muss.[275] Die klassischen und wohl berühmtesten Anwendungsfälle des Grundtatbestands gem. §311 Abs. 2 Nr. 2 BGB sind die sog. Kaufhausfälle, in denen es darum geht, dass sich ein Beteiligter in die Geschäftsräumlichkeiten und damit in den Einflussbereich des anderen Teils begibt, dem in der Folge eine Art Garantenstellung im Hinblick auf die in §311 Abs. 2 Nr. 2 BGB genannten Schutzpositionen zukommt.[276] Vor dem Hintergrund der für eine Vertragsanbahnung i. S. d. §311 Abs. 2 Nr. 2 BGB stets erforderlichen Rechtsgeschäftsbezogenheit werden davon jedoch rechtsgeschäftsfremde Motive der

---

270 BeckOGKBGB/Herresthal, §311 Rn. 285.
271 Erman/Dieckmann, §311 Rn. 20; Staudinger/Feldmann, §311 Rn. 107.
272 BeckOGKBGB/Herresthal, §311 Rn. 287 f.; MüKoBGB/Emmerich, §311 Rn. 43 f.
273 BeckOGKBGB/Herresthal, §311 Rn. 289; Grüneberg/Grüneberg, §311 Rn. 23.
274 BeckOGKBGB/Herresthal, §311 Rn. 290; Erman/Dieckmann, §311 Rn. 21.
275 MüKoBGB/Emmerich, §311 Rn. 42; BeckOKBGB/Sutschet, §311 Rn. 46.
276 RGZ 78, 239 (Linoleumrollenfall); BGH, NJW 1962, 31 (Bananenschalenfall); BGHZ 66, 51 = NJW 1976, 712 (Salatblattfall); BT-Drs. 14/6040, S. 163; MüKoBGB/Emmerich, §311 Rn. 46.

Kontaktaufnahme nicht erfasst. Dies ist z. B. der Fall, wenn sich jemand in die Geschäftsräumlichkeiten des anderen Teils ausschließlich zu dem Zweck begibt, um sich vor Regen zu schützen oder einen Diebstahl zu begehen.[277]

c) Ähnliche geschäftliche Kontakte gem. § 311 Abs. 2 Nr. 3 BGB

Dem sehr weit gefassten Tatbestand der ähnlichen geschäftlichen Kontakte gem. § 311 Abs. 2 Nr. 3 BGB kommt nach der vom Gesetzgeber gewählten Systematik letztlich eine reine Auffangfunktion zu.[278] Er verdeutlicht nochmals die grundsätzlich gebotene Abgrenzung des Rechtsinstituts der c. i. c. zum ausschließlich sozialen Bereich und erfordert demgemäß das tatsächliche Zustandekommen eines geschäftlichen Kontakts, der auf einem zurechenbaren Verhalten der Parteien beruht und wertungsmäßig mit dem Grundtatbestand des § 311 Abs. 2 Nr. 2 BGB vergleichbar ist.[279] Daher ist für diesen Auffangtatbestand geboten, dass zwischen den Beteiligten des geschäftlichen Kontakts ein ähnliches Vertrauensverhältnis entsteht, wie es im Rahmen des § 311 Abs. 2 Nr. 2 BGB durch die entsprechende Einwirkungsmöglichkeit des Geschäftsgegners auf die Rechte, Rechtsgüter und Interessen des anderen Teils begründet wird.[280] Im Gegensatz zum Grundtatbestand gem. § 311 Abs. 2 Nr. 2 BGB muss der Kontakt dabei aber gerade nicht einmal auf die abstrakte Möglichkeit eines Vertragsschlusses, mithin auf ein potenzielles Rechtsgeschäft, bezogen sein. Vielmehr ist ein insoweit weitergehender einfacher geschäftlicher Kontakt ausreichend, d. h. ein Kontakt, der aus irgendeinem geschäftlichen Anlass heraus entstanden ist.[281] Der Gesetzgeber hatte dabei offenbar dem Stadium der Vertragsanbahnung zeitlich noch vorgelagerte Fälle vor Augen, ohne diese jedoch in der Gesetzesbegründung näher zu präzisieren.[282] Nach wohl herrschender Meinung kommt eine Anwendung des Auffangtatbestands der ähnlichen geschäftlichen Kontakte i. S. d. § 311 Abs. 2 Nr. 3 BGB insbesondere in Betracht bei nichtigen Verträgen, rechtsgeschäftsähnlichen Gefälligkeitsverhältnissen, der Falscherteilung bedeutender Auskünfte sowie im Hinblick

277 BeckOGKBGB/Herresthal, § 311 Rn. 292; Staudinger/Feldmann, § 311 Rn. 109.

278 Erman/Dieckmann, § 311 Rn. 22; BeckOKBGB/Sutschet, § 311 Rn. 51.

279 BeckOGKBGB/Herresthal, § 311 Rn. 294 f.

280 Erman/Dieckmann, § 311 Rn. 22; BeckOKBGB/Sutschet, § 311 Rn. 51; BeckOGKBGB/Herresthal, § 311 Rn. 295.

281 BeckOGKBGB/Herresthal, § 311 Rn. 294; in diese Richtung auch BeckOKBGB/Sutschet, § 311 Rn. 51; a. A. wohl Staudinger/Feldmann, § 311 Rn. 117 und Erman/Dieckmann, § 311 Rn. 22, die insoweit einen zumindest potenziellen Rechtsbindungswillen der Parteien fordern.

282 Vgl. BT-Drs. 14/6040, S. 163; Staudinger/Feldmann, § 311 Rn. 114.

auf das Rechtsverhältnis zwischen Gläubiger und Schuldner im Rahmen der Zwangsvollstreckung.[283]

d) Dritthaftung gem. § 311 Abs. 3 BGB

Die Regelung in § 311 Abs. 3 BGB beinhaltet den Tatbestand der ebenfalls bereits vor der Schuldrechtsreform im Jahr 2002 gewohnheitsrechtlich anerkannten Dritthaftung.[284] Im Ausgangspunkt ist auch insoweit ein geschäftlicher Kontakt i. S. d. § 311 Abs. 2 Nr. 1 bis 3 BGB zwischen den potenziellen Vertragsparteien erforderlich. Da aber die Wirkungen des hierbei entstehenden vorvertraglichen Schuldverhältnisses genauso wie im Fall eines wirksamen Vertragsschlusses grundsätzlich immer nur die beteiligten Parteien selbst treffen, ordnet der Tatbestand des § 311 Abs. 3 BGB eine Durchbrechung dieses Grundsatzes der Relativität der Schuldverhältnisse an.[285] Demnach kann ein vertragsähnliches Vertrauensschuldverhältnis mit den damit einhergehenden Rücksichtnahmepflichten i. S. d. § 241 Abs. 2 BGB ausnahmsweise auch zu Personen entstehen, die selbst nicht Partei des intendierten Vertrages werden sollen, insbesondere zu Vertretern und Verhandlungsgehilfen der Hauptparteien. Die in diesem Zusammenhang wichtigste und deshalb vom Gesetzgeber in § 311 Abs. 3 S. 2 BGB als einziges Regelbeispiel ausdrücklich aufgenommene Fallgruppe erfasst dabei Sachverhaltskonstellationen, in denen ein Dritter in besonderem Maße das Vertrauen einer Partei in Anspruch nimmt und dadurch die Vertragsverhandlungen oder den Vertragsschluss erheblich beeinflusst.[286] Diese Erscheinungsform der c. i. c. wird, untechnisch gesprochen, auch unter dem Sammelbegriff der „*Sachwalterhaftung*" zusammengefasst und erfordert zunächst, dass der Dritte, mithin der „*Sachwalter*", aufseiten des Geschäftsgegners einen besonderen persönlichen Vertrauenstatbestand schafft, der in seiner Intensität bzw. Qualität über das gewöhnliche Verhandlungsvertrauen hinausgeht und aufgrund der besonderen Sachkunde oder der Markt- bzw. Berufsstellung des Dritten letztlich ähnlich einer Garantie eine besondere Gewähr für das wirksame Zustandekommen und die ordnungsgemäße Erfüllung des entsprechenden Geschäfts vermittelt.[287] Als Folge davon muss es aufseiten des Geschäftsgegners zudem zu einer jedenfalls mitursächlich auch auf dem in Anspruch genommenen Vertrauen beruhenden Vertrauens-

---

283 BeckOGKBGB/Herresthal, § 311 Rn. 295.1, 296; MüKoBGB/Emmerich, § 311 Rn. 48; BeckOKBGB/Sutschet, § 311 Rn. 52.

284 Zur gewohnheitsrechtlichen Anerkennung vgl. auch Staudinger/Feldmann, § 311 Rn. 183; MüKoBGB/Emmerich, § 311 Rn. 188.

285 MüKoBGB/Emmerich, § 311 Rn. 187; BeckOGKBGB/Herresthal, § 311 Rn. 513.

286 Vgl. BT-Drs. 14/6040, S. 163.

287 BT-Drs. 14/6040, S. 163; BGH, NJW-RR 1991, 1241 (1242); BGHZ 88, 67 (69) = NJW 1983, 2696 (2697); BeckOGKBGB/Herresthal, § 311 Rn. 515.

disposition kommen, z. B. in Gestalt des entsprechenden Vertragsschlusses, des Aufrechterhaltens der Vertragsverhandlungen oder des Absehens von alternativen Geschäften bzw. der Einholung weiterer Informationen.[288] Einen besonderen Unterfall dieser Fallgruppe der „*Sachwalterhaftung*" gem. § 311 Abs. 3 S. 2 BGB bildet dabei die Haftung von Gebrauchtwagenhändlern im Agenturmodell sowie von Expertengruppen, wie z. B. Sachverständigen, Gutachtern, Rechtsanwälten, Steuerberatern und Wirtschaftsprüfern.[289]

Im Übrigen erfasst der nicht abschließend ausgestaltete und auch nicht näher präzisierte Tatbestand der Dritthaftung gem. § 311 Abs. 3 S. 1 BGB insbesondere noch die Haftung von Personen, die ein unmittelbares wirtschaftliches Eigeninteresse an dem entsprechenden Vertragsschluss haben.[290] Insoweit reicht es nicht aus, dass der Dritte durch eine Provision oder Gewinnbeteiligung lediglich mittelbar von dem Geschäft profitiert. Vielmehr muss er bei der gebotenen wirtschaftlichen Betrachtung als sog. *procurator in rem suam*, d. h. im Ergebnis wie in eigener Sache und damit als Quasi-Vertragspartei, tätig werden.[291] Diese seit jeher durchaus umstrittene Fallgruppe der Dritthaftung gem. § 311 Abs. 3 S. 1 BGB hat demnach absoluten Ausnahmecharakter und wird von der Rechtsprechung nur noch äußerst restriktiv angewandt, z. B. wenn der Vertreter persönlich für das Geschäft mithaftet oder wenn ihm die vertragliche Leistung wirtschaftlich tatsächlich – wenn auch durch vertragswidrige Unterschlagung bzw. Veruntreuung – zugutekommt.[292] Aus diesem Grund hat wohl der Gesetzgeber im Rahmen der Modernisierung des Schuldrechts im Jahr 2002 auf die ausdrückliche Normierung dieser Fallgruppe als weiteres Regelbeispiel verzichtet.

2. Schuldhafte Pflichtverletzung gem. §§ 280 Abs. 1, 241 Abs. 2 BGB

Der Schadensersatzanspruch, der für die Haftung nach den Grundsätzen der c. i. c. letztendlich aus § 280 Abs. 1 BGB als der zentralen Anspruchsgrundlage des allgemeinen Leistungsstörungsrechts folgt, erfordert zudem die vom Anspruchsgegner zu vertretende Verletzung einer Pflicht aus dem vertragsähnlichen Schuldverhältnis i. S. d. § 311 Abs. 2, Abs. 3 BGB.

---

288 BeckOGKBGB/Herresthal, § 311 Rn. 518; BeckOKBGB/Sutschet, § 311 Rn. 124.

289 BeckOGKBGB/Herresthal, § 311 Rn. 517, 521, 525; Erman/Dieckmann, § 311 Rn. 92, 94; vgl. auch BT-Drs. 14/6040, S. 163.

290 MüKoBGB/Emmerich, § 311 Rn. 190; BeckOKBGB/Sutschet, § 311 Rn. 121; Grüneberg/Grüneberg, § 311 Rn. 60.

291 BGH, NJW-RR 1991, 1241 (1242); BGHZ 126, 181 = NJW 1994, 2220; BeckOGK-BGB/Herresthal, § 311 Rn. 527; Staudinger/Feldmann, § 311 Rn. 197.

292 BGHZ 126, 181 (185) = NJW 1994, 2220 f.; BGH, NJW 1986, 586 (588); BeckOGK-BGB/Herresthal, § 311 Rn. 527, 530.

a) Bestimmung des Pflichtenkanons gem. § 241 Abs. 2 BGB

Wie bereits dargestellt, werden die aus dem vorvertraglichen Schuldverhältnis resultierenden Pflichten in den Entstehungstatbeständen gem. § 311 Abs. 2, Abs. 3 BGB nicht näher geregelt. Insoweit gaben die Gesetzesverfasser vielmehr dem schlichten Verweis auf die Regelung des § 241 Abs. 2 BGB den Vorzug. Demnach ist jeder Teil zur Rücksichtnahme auf die Rechte, Rechtsgüter und Interessen seines Geschäftspartners verpflichtet. Der Rechtsfigur der c. i. c. liegt damit ein gesetzliches Schuldverhältnis zugrunde, das ausschließlich Schutz- und keinerlei primäre Leistungspflichten beinhaltet.[293] Der Umfang dieser Schutz- bzw. Rücksichtnahmepflichten i. S. d. § 241 Abs. 2 BGB geht dabei weit über den klassischen deliktischen Schutz hinaus. Erfasst wird insbesondere auch die Wahrung der bloßen Vermögensinteressen oder der Entscheidungsfreiheit. Damit werden die Parteien vor einer einfachen Vermögensfehldisposition genauso geschützt, wie vor einer Verletzung ihres Körpers und der Gesundheit.[294] Eine nähere Konkretisierung der durch den geschäftlichen Kontakt i. S. d. § 311 Abs. 2, Abs. 3 BGB hervorgerufenen Rücksichtnahmepflichten enthält jedoch auch § 241 Abs. 2 BGB nicht. Der entsprechende Pflichtenkanon ist vielmehr im jeweiligen Einzelfall gesondert nach dem konkreten Inhalt des gesetzlichen Schuldverhältnisses i. S. d. § 311 Abs. 2, Abs. 3 BGB zu bestimmen.[295] Maßgeblich ist insoweit, hinsichtlich welcher Rechtsgüter, Rechte und Interessen dem anderen Teil im Zuge des pflichtenbegründenden geschäftlichen Kontakts i. S. d. § 311 Abs. 2, Abs. 3 BGB tatsächlich eine entsprechende Einwirkungsmöglichkeit eröffnet wurde. Hinsichtlich dieser konkret zu bestimmenden Schutzgüter werden sodann sämtliche Pflichten zum Inhalt des gesetzlichen Schuldverhältnisses gem. § 311 Abs. 2, Abs. 3 BGB, die zu deren Schutz zumutbar und erforderlich sind.[296] Die Bestimmung des Pflichtenkreises des § 241 Abs. 2 BGB kann damit nicht einheitlich für alle Erscheinungsformen vorvertraglicher Schuldverhältnisse i. S. d. § 311 Abs. 2, Abs. 3 BGB erfolgen, sondern erfordert vielmehr stets eine wertende Einzelfallbetrachtung.[297] Allerdings haben sich im Laufe der Zeit verschiedene allgemeine Fallgruppen herausgebildet, anhand derer sich die in Betracht kommenden Rücksichtnahmepflichten gem. § 241 Abs. 2 BGB grob ordnen und damit zumindest abstrakt konkretisieren lassen. Insoweit kommen insbesondere

---

293 Vgl. Fn. 211.
294 BT-Drs. 14/6040, S. 125.
295 BT-Drs. 14/6040, S. 126.
296 BeckOGKBGB/Herresthal, § 311 Rn. 313 f.
297 So auch BGHZ 196, 340 (348) Rn. 25 = NJW 2013, 3366 (3368); BeckOGKBGB/Herresthal, § 311 Rn. 315.

allgemeine Informations- und Aufklärungspflichten, Obhuts- und Verkehrssicherungspflichten sowie Loyalitätspflichten in Betracht.[298]

b) Vertretenmüssen i.S.d. §280 Abs.1 S.2 BGB

Das Vertretenmüssen des Anspruchsgegners richtet sich im Grundsatz nach den allgemeinen leistungsstörungsrechtlichen Regelungen und wird daher gem. §280 Abs.1 S.2 BGB vermutet. Nach §276 Abs.1 BGB hat der Anspruchsgegner in der Regel Vorsatz und Fahrlässigkeit zu vertreten, wobei auch eine Zurechnung des Verschuldens eines von ihm zwischengeschalteten Erfüllungsgehilfen bzw. seines gesetzlichen Vertreters gem. §278 BGB in Betracht kommt. In diesen Fällen gilt insbesondere zu beachten, dass spezielle Fach- und Sachkenntnisse der entsprechenden Hilfsperson zu einer Erhöhung der an die Hauptpartei zu stellenden Sorgfaltsanforderungen führen können.[299]

IV. Rechtsfolgen der Haftung

Die schuldhafte Verletzung einer Rücksichtnahmepflicht gem. §241 Abs.2 BGB aus dem vorvertraglichen Schuldverhältnis i.S.d. §311 Abs.2, Abs.3 BGB hat zur Folge, dass der Schädiger gem. §280 Abs.1 BGB zum Ersatz des hierdurch verursachten, d.h. kausal auf der entsprechenden Pflichtverletzung beruhenden, Schadens verpflichtet ist. Art und Umfang dieses Schadensersatzanspruchs richten sich dabei ebenfalls nach den allgemeinen schadensrechtlichen Vorschriften der §§249ff. BGB. Im Grundsatz ist der Geschädigte daher nach der Differenzhypothese gem. §249 Abs.1 BGB im Wege der Naturalrestitution so zu stellen, wie er ohne das schädigende Ereignis in Gestalt der von dem anderen Teil zu vertretenden Verletzung der vorvertraglichen Pflichten aus §241 Abs.2 BGB gestanden hätte.[300] Zu ersetzen ist damit der Vertrauensschaden, da die Entstehung des gesetzlichen Schuldverhältnisses i.S.d. §311 Abs.2, Abs.3 BGB mit den daraus resultierenden Rücksichtnahmepflichten gem. §241 Abs.2 BGB gerade auf dem erst durch den entsprechenden geschäftlichen Kontakt hervorgerufenen schutzwürdigen Vertrauen der Parteien in die Wahrung der eigenen Rechts- und Interessensphäre beruht.[301] Aufgrund der vielfältigen

---

298 BeckOGKBGB/Herresthal, §311 Rn.317; Erman/Dieckmann, §311 Rn.23; MüKoBGB/Emmerich, §311 Rn.50.

299 BGHZ 114, 263 (273) = NJW 1991, 2556 (2558); BeckOGKBGB/Herresthal, §311 Rn.331.

300 Vgl. BGH, NJW 2013, 450 (451); MüKoBGB/Emmerich, §311 Rn.200; Erman/Dieckmann, §311 Rn.28.

301 Vgl. BGHZ 168, 35 (39) Rn.21 = NJW 2006, 3139 (3141); BeckOGKBGB/Herresthal, §311 Rn.337.

Erscheinungsformen der c. i. c. kann der Umfang des zu ersetzenden Vertrauensschadens aber nicht abstrakt im Sinne einer pauschalierenden Formel festgelegt werden. Vielmehr ist dieser für jeden Einzelfall stets gesondert unter Berücksichtigung der konkreten Umstände der Entstehung des vorvertraglichen Schuldverhältnisses i. S. d. § 311 Abs. 2, Abs. 3 BGB zu ermitteln und darf damit insbesondere nicht generell mit dem negativen Interesse des Geschädigten gleichgesetzt werden, d. h. mit dem Interesse, so gestellt zu werden, wie er ohne den geschäftlichen Kontakt i. S. d. § 311 Abs. 2, Abs. 3 BGB gestanden hätte. Maßgeblich ist insoweit vielmehr die Frage nach der Vermögenssituation des Anspruchsinhabers ohne die Verletzung der Rücksichtnahmepflichten i. S. d. § 241 Abs. 2 BGB.[302] In der Regel wird der Vertrauensschaden dabei zwar tatsächlich dem negativen Interesse entsprechen, wobei dieses nach h. M. im Gegensatz zu den Fällen der §§ 122 Abs. 1, 179 Abs. 2 BGB mangels ausdrücklicher gesetzlicher Verankerung der Höhe nach nicht auf den Betrag des positiven Interesses beschränkt ist.[303] Jedoch kann der Ersatz des Vertrauensschadens in Ausnahmefällen auch direkt auf den Ausgleich des positiven Interesses gerichtet sein, beispielsweise dann, wenn dem Geschädigten der Nachweis gelingt, dass es ohne die vorvertragliche Pflichtverletzung zum Abschluss des von ihm eigentlich beabsichtigten und ggf. inhaltlich günstigeren Vertrages gekommen wäre.[304] Insbesondere diese Fälle, die letztlich der von *Canaris* entwickelten Kategorie der Erklärungshaftung unterfallen, sind dabei von einer besonderen rechtlichen und wirtschaftlichen Nähe zu dem ursprünglich angebahnten Vertrag und damit von einer entsprechenden Vertragsakzessorietät geprägt, da der Schadensersatzanspruch aus c. i. c. bei wirtschaftlicher Betrachtung dem eigentlich begehrten vertraglichen Anspruch entspricht und insoweit daher dessen wirtschaftlicher Ersatzwertcharakter besonders deutlich wird.

V. Typische Fallgruppen der c. i. c.

Wie bereits dargestellt, hat die Rechtsprechung bereits kurze Zeit nach der Einführung des BGB im Jahr 1900 begonnen, im Wege der richterlichen Rechtsfortbildung verschiedene Fallgruppen der c. i. c. herauszuarbeiten.[305]

302 BGH, NJW 1988, 2234 (2236); Lorenz, NJW 1999, 1001; Theisen, NJW 2006, 3102 (3104); BeckOGKBGB/Herresthal, § 311 Rn. 337.

303 BGH, NJW 2001, 2875 (2876); BGHZ 49, 77 (82) = NJW 1968, 547 (548); MüKoBGB/Emmerich, § 311 Rn. 201; Erman/Dieckmann, § 311 Rn. 28; BeckOGKBGB/Herresthal, § 311 Rn. 339; a. A. Staudinger/Feldmann, § 311 Rn. 176.

304 BGHZ 168, 35 (40 f.) Rn. 23 = NJW 2006, 3139 (3141); BGHZ 142, 51 (62 ff.) = NJW 1999, 3335 (3338 f.); BGH, NJW 1998, 2900 (2901); BGHZ 108, 200 (207 f.) = NJW 1989, 3095 (3096 f.); BGH, NJW 1988, 2234 (2236); MüKoBGB/Emmerich, § 311 Rn. 201; BeckOGKBGB/Herresthal, § 311 Rn. 340.

305 Siehe dazu oben unter Punkt „*C. II. Historische Entwicklung*“.

An dieser Stelle soll daher noch ein kurzer Überblick über die insoweit wohl bedeutendsten Anwendungsfälle der Haftungsgrundsätze der c. i. c. gegeben werden.

1. Verletzung allgemeiner Schutz- und Obhutspflichten

Eine der klassischen Fallgruppen der c. i. c., die in der Rechtsprechung bereits früh Bedeutung erlangte und im Wesentlichen die von *Canaris* dem Anwendungsbereich der Anvertrauenshaftung zugeordneten Sachverhaltskonstellationen umfasst, ist die Verletzung allgemeiner Schutz- und Obhutspflichten. Paradigmatisch sind die lehrbuchmäßigen Kaufhausfälle, in denen ein potenzieller Kunde die Geschäftsräumlichkeiten des Verkäufers betritt und dabei aufgrund einer bestehenden Gefahrenquelle in seiner körperlichen Unversehrtheit verletzt wird, sei es, weil er auf einer herumliegenden Bananenschale bzw. einem Salatblatt ausrutscht, oder, weil er von einer umfallenden Linoleumrolle getroffen wird.[306] In diesen meist vom Grundtatbestand des § 311 Abs. 2 Nr. 2 BGB erfassten Fällen geht es in der Regel um eine Verletzung des Integritätsinteresses und damit letztlich um einen Ausgleich der Schwächen des Deliktsrechts, wie der nur eingeschränkten Zurechnung des Verschuldens von Hilfspersonen aufgrund der Exkulpationsmöglichkeit in § 831 Abs. 1 S. 2 BGB.[307]

2. Abbruch von Vertragsverhandlungen

Eine weitere typische Erscheinungsform der c. i. c. bilden die Fälle, in denen letztlich das Vertrauen in das Zustandekommen eines Vertrages durch den Abbruch der entsprechenden Vertragsverhandlungen enttäuscht wird. Diese ebenfalls von der Rechtsprechung entwickelte und von dieser grundsätzlich auch weiterhin anerkannte Fallgruppe stößt in der Literatur jedoch in Teilen auf erhebliche Kritik.[308] Die Grundproblematik der insoweit zugrunde liegenden Fälle liegt darin, dass sich diese in dem sensiblen Bereich zwischen negativer Vertragsfreiheit und Vertrauensschutz bewegen. Nach der aus dem Grundsatz der Privatautonomie folgenden negativen Vertragsfreiheit muss es schließlich jeder Partei freistehen, von den bereits aufgenommenen Vertragsverhandlungen wieder Abstand zu nehmen und den entsprechenden Vertrag letztlich doch nicht abzuschließen.[309] Daraus resultiert die

306 Vgl. RGZ 78, 239 (Linoleumrollenfall); BGH, NJW 1962, 31 (Bananenschalenfall); BGHZ 66, 51 = NJW 1976, 712 (Salatblattfall).

307 BeckOGKBGB/Herresthal, § 311 Rn. 356, 362; MüKoBGB/Emmerich, § 311 Rn. 60.

308 Rieble, Das neue Schuldrecht in der Praxis, S. 137 (150 f.); Wertenbruch, ZIP 2004, 1525 (1529); Medicus, Gutachten und Vorschläge zur Überarbeitung des Schuldrechts I, S. 479 (497 ff.).

309 BGH, NJW-RR 2001, 381 (382); BeckOGKBGB/Herresthal, § 311 Rn. 365; Erman/Dieckmann, § 311 Rn. 39.

grundlegende Wertung, dass jede Partei das Risiko ihrer im Vorfeld eines Vertragsschlusses getätigten Aufwendungen im Ausgangspunkt selbst zu tragen hat.[310] Aus diesem Grund darf auch nicht bereits der bloße Abbruch von Vertragsverhandlungen für sich allein zu einer Haftung nach den Grundsätzen der c. i. c. führen. Vielmehr müssen dazu noch weitere Umstände hinzutreten, die es rechtfertigen, der negativen Vertragsfreiheit eine Grenze zu setzen und im Fall des endgültigen Verhandlungsabbruchs ausnahmsweise eine vorvertragliche Haftung nach den Grundsätzen der c. i. c. anzunehmen. Hiervon ist gerade dann auszugehen, wenn aufseiten einer Verhandlungspartei ein besonderes Vertrauen in das Zustandekommen des beabsichtigten Vertrages erweckt wurde und der andere Teil die Vertragsverhandlungen anschließend ohne triftigen Grund abbricht.[311]

Erforderlich ist damit zunächst ein über das gewöhnliche Verhandlungsvertrauen hinausgehender qualifizierter Vertrauenstatbestand. Ein solcher ist regelmäßig anzunehmen, wenn die betroffene Partei bei objektiver Betrachtung der konkreten Umstände des Einzelfalles, insbesondere des Inhalts der laufenden Vertragsverhandlungen, berechtigterweise davon ausging, dass der in Anbahnung befindliche Vertragsschluss sicher zustande kommt und sich dieser damit nur noch als reine Formsache erweist.[312] Eine Besonderheit ist insoweit zu beachten, wenn für den angebahnten Vertrag besondere Zustimmungs- oder Formerfordernisse gelten, wie die notarielle Beurkundung im Fall des § 311b Abs. 1 BGB. In diesen Fällen kann ein besonderes schutzwürdiges Vertrauen in den entsprechenden Vertragsschluss regelmäßig nicht anerkannt werden, da anderenfalls der spezifische Schutzzweck der jeweiligen Zustimmungs- bzw. Formvorschrift konterkariert würde. Lediglich bei einer groben bzw. vorsätzlichen Treuepflichtverletzung, wie einer arglistigen Täuschung, kann auch insoweit eine ausnahmsweise Schadensersatzhaftung aus c. i. c. in Betracht kommen.[313]

Schließlich muss hinzukommen, dass derjenige, der in dem anderen Teil das qualifizierte Vertrauen in das Zustandekommen des entsprechenden Vertrages geweckt hat, die Vertragsverhandlungen ohne einen triftigen Grund abbricht. Vor dem Hintergrund der grundsätzlich stets vorrangig zu wahrenden negativen Vertragsfreiheit dürfen an das Vorhandensein triftiger Gründe da-

310 BGH, NJW 2013, 928 (929); Lorenz, JuS 2015, 398 (399); Schwab, JuS 2002, 773 (776); MüKoBGB/Emmerich, § 311 Rn. 176.

311 BGHZ 76, 343 (349) = NJW 1980, 1683 (1684); BGHZ 92, 164 (175 f.) = NJW 1985, 1778 (1781); BGH, NJW 2004, 3779 (3781); BGH, NJW 2006, 1963 (1964); BeckOGKBGB/Herresthal, § 311 Rn. 368; Staudinger/Feldmann, § 311 Rn. 143.

312 BGHZ 76, 343 (349) = NJW 1980, 1683 (1684); BGH, DNotZ 2018, 279 (280); BGH, DStR 2001, 803; BeckOGKBGB/Herresthal, § 311 Rn. 369; MüKoBGB/Emmerich, § 311 Rn. 176.

313 BGH, DNotZ 2018, 279 (280 f.); BGH, NJW 2013, 928 (929); BeckOGKBGB/Herresthal, § 311 Rn. 371; Erman/Dieckmann, § 311 Rn. 41.

bei aber keine allzu hohen Anforderungen gestellt werden.[314] Ausreichend ist insoweit bereits irgendein objektiv nachvollziehbarer Grund von nicht völlig untergeordnetem Gewicht, wie z. B. die zwischenzeitliche Unmöglichkeit oder Unzumutbarkeit der eigenen Leistung, die Veränderung der tatsächlichen oder wirtschaftlichen Verhältnisse sowie der jeweiligen Interessenlage oder eine unverhältnismäßig lange Bedenkzeit des anderen Teils.[315]

Die haftungsbegründende Pflichtverletzung i. S. d. §§ 280 Abs. 1, 241 Abs. 2, 311 Abs. 2 Nr. 1 BGB liegt in den Fällen dieser Gruppe daher nie in der Abstandnahme von den Vertragsverhandlungen allein, sondern diese ist vielmehr stets in der Kombination aus der Begründung eines besonderen Vertrauenstatbestands aufseiten des Geschäftsgegners und dem anschließenden grundlosen Verhandlungsabbruch zu erblicken.[316] Weitere klassische Konstellationen in diesem Zusammenhang sind u. a. auch die schuldhafte Vermittlung des Eindrucks einer in Wahrheit nicht bestehenden Abschlussbereitschaft bzw. Abschlussfähigkeit, das schuldhafte Unterlassen der rechtzeitigen Aufklärung der anderen Partei über von dieser nicht erkannte Hindernisse für den Vertragsschluss bzw. über einen zwischenzeitlichen Wegfall der Abschlussbereitschaft oder das schuldhafte Aufrechterhalten eines erkannten Irrtums der Gegenseite über für den Vertragsschluss relevante Tatsachen.[317]

3. Abschluss unwirksamer Verträge

Auch in den Fällen des Abschlusses eines unwirksamen Vertrages wird letztlich, ähnlich wie in den soeben dargestellten Konstellationen des Abbruchs der Vertragsverhandlungen, das Vertrauen in das (wirksame) Zustandekommen des entsprechenden Vertrages enttäuscht, nur dass die Vertragsverhandlungen in dieser Fallgruppe dem äußeren Anschein nach tatsächlich zu einem Vertragsschluss führen und sich dieser daraufhin als unwirksam erweist. Insoweit ist jedoch zu beachten, dass die Parteien im Ausgangspunkt gleichermaßen dafür verantwortlich sind, für die Einhaltung der für den beabsichtigten Vertrag geltenden Wirksamkeitsvoraussetzungen zu sorgen.[318] Eine Haftung nach den Grundsätzen der c. i. c. gem. §§ 280 Abs. 1,

---

314 BGH, DtZ 1996, 113 (114) = WM 1996, 738.

315 BeckOGKBGB/Herresthal, § 311 Rn. 372 ff.; MüKoBGB/Emmerich, § 311 Rn. 177; Staudinger/Feldmann, § 311 Rn. 147; Erman/Dieckmann, § 311 Rn. 40.

316 In diese Richtung auch Lorenz, JuS 2015, 398 (399); Wertenbruch, ZIP 2004, 1525 (1528 f.); Schwab, JuS 2002, 773 (776).

317 BeckOGKBGB/Herresthal, § 311 Rn. 367; insbesondere zum Fehlen bzw. Wegfall der Abschlussbereitschaft vgl. auch BGH, DNotZ 2018, 279 (280); BGH, DStR 2001, 803; BGH, DtZ 1996, 113 (114) = WM 1996, 738; Wertenbruch, ZIP 2004, 1525 (1528 f.).

318 Erman/Dieckmann, § 311 Rn. 16, 34, 37; vgl. insoweit auch Fn. 230.

241 Abs. 2, 311 Abs. 2 Nr. 1 BGB kommt in derartigen Fällen der Vertragsunwirksamkeit daher überhaupt nur dann in Betracht, wenn der zugrunde liegende Unwirksamkeitsgrund in die Risikosphäre einer Partei fällt, da diese das berechtigte Vertrauen des anderen Teils in die Vertragswirksamkeit geweckt und damit letztlich die Unwirksamkeit des Vertrages schuldhaft verursacht hat.[319] Bekannte Beispiele hierfür sind u. a. die schuldhafte Veranlassung eines versteckten Totaldissenses, die bewusste Veranlassung des geschäftsunerfahrenen Verhandlungspartners zum Abschluss eines formnichtigen Vertrages oder die zu vertretende Herbeiführung einer sittenwidrigen Benachteiligung des anderen Teils gem. § 138 BGB bzw. eines Verstoßes gegen ein Verbotsgesetz gem. § 134 BGB.[320]

4. Abschluss inhaltlich nachteiliger Verträge

Schließlich kommt eine Haftung nach den Grundsätzen der c. i. c. auch dann in Betracht, wenn zwar ein wirksamer Vertrag abgeschlossen wird, dessen Inhalt jedoch für eine Vertragspartei benachteiligend wirkt bzw. negativ von deren ursprünglichen Vorstellungen, die sich insbesondere auf der Basis der vorherigen Vertragsverhandlungen herausgebildet haben, abweicht.[321] Diese Fälle, in denen letztlich das berechtigte Vertrauen in den Abschluss eines interessengerechten Vertrages bzw. eines Vertrages mit dem gewünschten Inhalt enttäuscht wird, bilden einen weiteren bedeutenden Anwendungsbereich der c. i. c. und sind insbesondere auch hinsichtlich der entsprechenden Verjährungsfrage – wie sich noch zeigen wird – von großer Relevanz. Haftungsbegründend ist in der Regel die schuldhafte Verletzung einer Aufklärungs-, Informations- oder Beratungspflicht durch eine Partei, wodurch in dem anderen Teil letztlich ein schutzwürdiges Vertrauen in einen inhaltlich seinen Interessen bzw. bisherigen Vorstellungen entsprechenden Vertragsschluss geweckt wird.[322] Dies ist z. B. im Fall des Abschlusses eines

---

319 BeckOGKBGB/Herresthal, § 311 Rn. 377; Staudinger/Feldmann, § 311 Rn. 151 f.

320 BGHZ 99, 101 (106 f.) = NJW 1987, 639 (640); BeckOGKBGB/Herresthal, § 311 Rn. 378, 384; Erman/Dieckmann, § 311 Rn. 35, 37.

321 Vgl. Fn. 225.

322 Vgl. BGH, NJW 1998, 2900; Lorenz, JuS 2015, 398 (400); Erman/Dieckmann, § 311 Rn. 46, 48; unter diese Fallgruppe sind grundsätzlich auch die zahlreichen Konstellationen des Abschlusses unerwünschter Verträge bzw. des generell unerwünschten Vertragsschlusses zu fassen, bei denen aufgrund einer noch im vorvertraglichen Stadium erfolgten (ggf. „nur“ fahrlässigen) Nicht- bzw. Falschinformation (keine arglistige Täuschung i. S. d. § 123 BGB nötig) bereits der Vertragsschluss an sich einen (Vermögens) Schaden darstellt, der nach den Grundsätzen der c. i. c. durch die Loslösung vom Vertrag bzw. durch eine aus den Grundsätzen von Treu und Glauben gem. § 242 BGB abgeleitete Einrede (dolo agit) geltend gemacht wird, vgl. dazu Staudinger/Feldmann, § 311 Rn. 154 ff.; Erman/Dieckmann, § 311 Rn. 46 ff., 79 f.; BGHZ 205, 117 (135 ff.) Rn. 47 ff. = NJW 2015, 2248 (2253).

Versicherungsvertrages anzunehmen, der bestimmte Risiken nicht erfasst, auf deren Bedeutung der Versicherungsnehmer im Rahmen der Vertragsverhandlungen jedoch besonders hingewiesen hatte und von deren vertraglicher Einbeziehung dieser, aufgrund des ihm im Rahmen der weiteren Vertragsverhandlungen vermittelten Eindrucks, berechtigterweise auch ausging. In diesen Konstellationen wird der Umfang des zu ersetzenden Vertrauensschadens regelmäßig dem positiven Interesse des Geschädigten gleichkommen, soweit diesem der Nachweis gelingt, dass es ohne die entsprechende Pflichtverletzung zu einem inhaltlich seinen Interessen bzw. ursprünglichen Vorstellungen entsprechenden Vertragsschluss gekommen wäre. Übertragen auf das vorhergehende Beispiel des inhaltlich nachteiligen Versicherungsvertrages bedeutet dies, dass im Schadensfall der Haftungsanspruch aus c. i. c. dann gerade auf den Ersatz der tatsächlich nicht mitversicherten Rechte, Rechtsgüter und Interessen gerichtet sein wird, hinsichtlich derer der geschädigte Versicherungsnehmer berechtigterweise auf einen entsprechenden Versicherungsschutz vertraut hatte.[323] Wie bereits im Rahmen der Rechtsfolgen der Haftung dargestellt, sind insbesondere diese Fälle durch eine spezielle Vertragsakzessorietät gekennzeichnet, da der Schadensersatzanspruch aus c. i. c. bei wirtschaftlicher Betrachtung letztlich als Ersatzwert die Position des eigentlich begehrten vertraglichen Anspruchs einnimmt, im o. g. Beispielsfall also die Position des nach der berechtigten Vorstellung des geschädigten Versicherungsnehmers bestehenden Anspruchs aus dem Versicherungsvertrag. Zu diesem weist der Schadensersatzanspruch aus c. i. c. daher einen besonders engen, sowohl rechtlichen als auch wirtschaftlichen, Bezug auf.

D. Zusammenfassung

Zum Ende dieses allgemeinen Überblicks über die quasivertragliche Schadensersatzhaftung kann zusammenfassend eine wertungsmäßige Verwandtschaft festgestellt werden zwischen den für die vorliegende Untersuchung relevanten Tatbeständen der Haftung des Vertreters ohne Vertretungsmacht gem. § 179 BGB, des Irrenden gem. § 122 BGB und nach den Grundsätzen der heutigen c. i. c. gem. §§ 280 Abs. 1, 241 Abs. 2, 311 Abs. 2, Abs. 3 BGB. Diese finden ihren gemeinsamen Ursprung schließlich allesamt in dem von *Jhering* im Jahr 1861 entwickelten Ansatz einer vertragsähnlichen Vertrauenshaftung und beruhen daher gleichermaßen auf der zentralen Wertungsgrundlage des Vertrauensschutzes. Die daraus resultierenden Schadensersatzansprüche treten dabei meist als eine Art wirtschaftlicher Ersatzwert an

323 Vgl. hierzu BGHZ 108, 200 (207 f.) = NJW 1989, 3095 (3096 f.); BGH, NJW 2004, 1161; BGH, NJW-RR 2010, 606.

die Stelle der Ansprüche aus dem eigentlich beabsichtigten Vertrag und sind damit überwiegend von einer besonderen rechtlichen sowie wirtschaftlichen Verbindung zu diesen geprägt, sodass insoweit eine gewisse Vertragsakzessorietät besteht, wenngleich diese je nach konkreter Fallgestaltung mehr oder weniger stark ausgeprägt sein kann.

Dennoch bestehen zwischen den quasivertraglichen Haftungstatbeständen auch ganz wesentliche Unterschiede. So liegen den Haftungsansprüchen aus §§ 122, 179 BGB einerseits und aus c. i. c. andererseits zwei verschiedene gesetzliche Haftungssysteme zugrunde. Während sich der Gesetzgeber im Rahmen der §§ 122, 179 BGB für eine verschuldensunabhängige gesetzliche Garantiehaftung nach dem Risikoprinzip und damit für eine Vertrauenshaftung im engeren Sinne entschieden hat, gründet die c. i. c. auf einer aus den Grundsätzen des allgemeinen Leistungsstörungsrechts folgenden Schadensersatzhaftung gem. § 280 Abs. 1 BGB für die schuldhafte Verletzung einer Rücksichtnahmepflicht i. S. d. § 241 Abs. 2 BGB, die auf einem zuvor geschaffenen Vertrauenstatbestand beruht, und damit auf einer Vertrauenshaftung im weiteren Sinne. Dadurch wird schließlich dem Umstand Rechnung getragen, dass die Parteien im Vorfeld eines Vertragsschlusses grundsätzlich gleichermaßen für die Herbeiführung einer übereinstimmenden sowie störungsfreien Willensbildung verantwortlich sind und daher das Schadensereignis bei der Haftung aus c. i. c. im Gegensatz zu den Fällen der §§ 122, 179 BGB gerade nicht typischerweise in die Risikosphäre nur einer Partei fällt. Bezüglich der noch zu klärenden Verjährungsfrage ist zudem zu beachten, dass bei der Haftung aus §§ 122, 179 BGB gerade kein wirksamer Vertrag vorliegt und daher stets ein Ausschließlichkeitsverhältnis mit den vom Geschädigten ursprünglich begehrten vertraglichen Ansprüchen anzunehmen ist, wohingegen eine Haftung nach den Grundsätzen der c. i. c. auch neben einem wirksamen Vertragsschluss, d. h. kumulativ zu den entsprechenden vertraglichen Ansprüchen in Betracht kommen kann. Insbesondere mit Blick auf den ebenfalls noch zu untersuchenden Verjährungsfristlauf darf zudem nicht außer Acht gelassen werden, dass das letztlich zum Schadensersatz nach §§ 122, 179 BGB führende Ereignis, jedenfalls was die Anfechtung des Vertrages gem. §§ 119, 120 BGB bzw. die Verweigerung der Genehmigung i. S. d. § 177 Abs. 1 BGB anbelangt, erst zeitlich nach Vertragsschluss eintritt, während die haftungsbegründende Pflichtverletzung im Rahmen der c. i. c. in der Regel zeitlich vor dem eigentlich beabsichtigten bzw. tatsächlichen Vertragsschluss liegt.

Teil III
Verjährung der quasivertraglichen Haftungsansprüche

Dogmatisch betrachtet, handelt es sich bei den dieser Untersuchung zugrunde gelegten Tatbeständen der quasivertraglichen Haftung nach §§ 122, 179 BGB sowie nach den Grundsätzen der c. i. c. gem. §§ 280 Abs. 1, 241 Abs. 2, 311 Abs. 2, Abs. 3 BGB um jeweils eigenständige und grundsätzlich unabhängige gesetzliche Schadensersatzansprüche, die im Prinzip aufgrund der Abstraktheit der diesbezüglich begründeten gesetzlichen Schuldverhältnisse auch nach ihren eigenen Regeln bzw. innerhalb einer eigenständigen Frist verjähren müssten.[324] Da insoweit keine speziellen und damit vorrangigen Verjährungsregelungen ersichtlich sind, wäre demnach auf die Grundsätze der regelmäßigen Verjährung gem. §§ 195, 199 BGB zurückzugreifen.[325] Jedoch darf dabei die für die quasivertragliche Haftung prägende Vertragsakzessorietät, die letztlich aus dem besonderen rechtlichen und wirtschaftlichen Bezug der vertragsähnlichen Schadensersatzansprüche zu den vom Geschädigten eigentlich begehrten vertraglichen Ansprüchen folgt, nicht außer Acht gelassen werden. Vor diesem Hintergrund stellt sich die für die vorliegende Untersuchung entscheidende Frage, ob und ggf. auf welche Art und Weise die im Fall des wirksamen Abschlusses des vom Geschädigten eigentlich beabsichtigten Vertrages geltenden Verjährungsregelungen auch in Ansehung der ersatzweise bestehenden quasivertraglichen Haftungsansprüche berücksichtigt werden müssen. Dies gilt insbesondere dann, wenn für die entsprechenden vertraglichen Ansprüche von der Regelverjährung abweichende Sonderverjährungsregelungen gegolten hätten.

Der Gesetzgeber jedenfalls hat die Folgen einer Kollision verschiedener Verjährungsregimes nicht explizit geregelt. In einem ersten Schritt ist somit zunächst zu untersuchen, welche Verjährungsfrist für die quasivertraglichen Schadensersatzansprüche überhaupt zur Anwendung zu gelangen hat, bevor in einem zweiten Schritt der konkrete Verjährungsfristlauf im Zentrum der Betrachtung steht, da erst mit dem Beginn und dem Ende der entsprechenden Verjährungsfrist der tatsächliche Zeitraum bis zum Verjährungseintritt, mithin die Länge der faktischen Verjährungsfrist, endgültig feststeht. Das primäre Ziel dabei ist, etwaige kollidierende gesetzliche Wertungen zu identifizieren und die insoweit bestehenden Spannungsverhältnisse bzw. Widersprüche durch einen angemessenen und harmonischen Ausgleich der widerstreitenden Interessen möglichst umfassend aufzulösen. Auf dieser

324 Vgl. BGHZ 116, 297 (300) = NJW 1992, 1679 (1680); Erman/Schmidt-Räntsch, § 194 Rn. 9; Staudinger/Peters/Jacoby, § 195 Rn. 33; Grüneberg/Ellenberger, § 195 Rn. 17.

325 Vgl. Fn. 8.

Grundlage soll schließlich ein Vorschlag für die Aufstellung allgemeiner Regeln herausgearbeitet werden, anhand derer eine einheitliche Antwort auf die Frage der Verjährung der im Ursprung miteinander verwandten quasivertraglichen Haftungsansprüche aus § 122 BGB, § 179 BGB und c.i.c. gem. §§ 280 Abs. 1, 241 Abs. 2, 311 Abs. 2, Abs. 3 BGB gefunden werden kann.

A. Verjährung der Ansprüche aus § 179 BGB

Die vorliegende verjährungsrechtliche Untersuchung widmet sich zunächst den Haftungsansprüchen aus § 179 Abs. 1 und 2 BGB. Bei der Frage nach der Anwendbarkeit der für den eigentlich beabsichtigten Vertrag geltenden (Sonder-)Verjährungsregelungen ist insbesondere zu beachten, dass diese Schadensersatzansprüche erst mit der Verweigerung der Genehmigung i.S.d. § 177 Abs. 1 BGB bzw. mit der diesbezüglichen Fiktion gem. § 177 Abs. 2 S. 2 BGB und damit häufig erst deutlich nach dem vermeintlichen Vertragsschluss entstehen,[326] was nicht unerhebliche Auswirkungen auf den entsprechenden Verjährungsbeginn haben kann. Zunächst ist jedoch näher auf die Frage nach der grundsätzlich anwendbaren Verjährungsfrist einzugehen.

I. Anwendbare Verjährungsfrist

Die Frage nach der auf die Ansprüche aus § 179 Abs. 1 und 2 BGB anwendbaren Verjährungsfrist betrifft insbesondere die Fallgestaltungen, in denen für bestimmte Ansprüche aus dem eigentlich beabsichtigten Vertrag besondere Verjährungsfristen gegolten hätten. Diese Problematik hat sich zwar durch die im Zuge der Modernisierung des Schuldrechts im Jahr 2002 erfolgte grundlegende Neuordnung des Verjährungsrechts sowie die weitere Verjährungsanpassung aus dem Jahr 2004 etwas entschärft, da die regelmäßige Verjährung gem. §§ 195, 199 BGB seitdem für den Großteil der privatrechtlichen Ansprüche gilt, sodass sich Fristenkollisionen mittlerweile jedenfalls nicht mehr in dem vor der Schuldrechtsreform bestehenden Umfang ergeben.[327] Eine vollständige Erledigung dieser Kollisionsprobleme ist dabei aber keineswegs eingetreten, da das deutsche Zivilrecht – wie schon dargestellt – noch heute zahlreiche von der Regelverjährung nach unten oder oben abweichende gesetzliche Sonderverjährungsfristen vorsieht.[328]

---

326 Vgl. unter „*Teil II A. III. 3. Verweigerung der Genehmigung*“ sowie Fn. 140, 141.
327 Vgl. unter „*Teil I. C. Die historische Entwicklung des Verjährungsrechts*“.
328 Vgl. unter „*Teil I. D. I. 2. Die besonderen Verjährungsfristen*“.

1. Anknüpfung an den vertraglichen Erfüllungsanspruch

Das Reichsgericht wie auch ein Teil der Literatur lehnte zunächst eine Anwendung der für die Ansprüche aus dem gescheiterten Vertrag geltenden Verjährungsfristen auf die aus § 179 BGB resultierenden Schadensersatzansprüche ab und sprach sich insoweit für eine eigenständige und unabhängige Verjährung innerhalb der früheren Regelverjährungsfrist von 30 Jahren gem. § 195 BGB a. F. aus. Begründet wurde dieser Ansatz im Wesentlichen damit, dass die Ansprüche aus § 179 BGB erheblich von denjenigen Ansprüchen abweichen, die im täglichen Leben massenhaft vorkommen und für die in den §§ 196, 197 BGB a. F. daher besondere Verjährungsfristen vorgesehen waren. Schließlich dauere die Geltendmachung der eher seltenen Ansprüche gegen den Vertreter als einen an dem ursprünglich angestrebten Vertrag nicht beteiligten Dritten typischerweise länger, sodass bei einer Anwendung der kurzen Sonderverjährungsfristen die Gefahr einer Vereitlung der Ansprüche aus § 179 BGB aufgrund eines Verjährungseintritts vor Kenntnis des entsprechenden Haftungstatbestands oder gar der Person des Vertreters als Anspruchsgegner bestehe.[329]

Daneben hatten sich auch noch verschiedene Literaturansichten mit zum Teil differenzierenden Lösungsansätzen herausgebildet. Ein Teil bejahte dabei die Anwendung der für den Erfüllungsanspruch aus dem gescheiterten Vertrag geltenden Verjährungsfrist jedenfalls für die Erfüllungswahl i. S. d. § 179 Abs. 1 BGB. Ein weiterer Teil wollte die vertragliche Sonderverjährung auch auf die beschränkte Vertrauenshaftung gem. § 179 Abs. 2 BGB erstrecken und wieder andere vertraten eine generelle Übertragung der für den vertraglichen Erfüllungsanspruch einschlägigen Verjährungsfrist auf sämtliche aus § 179 Abs. 1 und 2 BGB resultierenden Ansprüche.[330]

Die Vielzahl verschiedener Ansichten führte letztlich zu einem Zustand der Rechtsunsicherheit und damit zu dem gesteigerten Bedürfnis nach einer höchstrichterlichen Positionierung zur Herstellung der gebotenen Übersichtlichkeit und Einheitlichkeit. Jedoch ließ zunächst auch der BGH in seiner zur c. i. c. ergangenen Grundsatzentscheidung, in der er für den Fall des schuldhaften Abbruchs der Vertragsverhandlungen eine Anwendbarkeit der für den Erfüllungsanspruch aus dem angebahnten Vertrag geltenden Verjährungsfrist bejaht hatte, die Frage nach der Rechtslage bei § 179 BGB mangels Entscheidungserheblichkeit bewusst offen.[331] Die vom BGH hierbei angestellten Erwägungen waren für diesen aber letztlich auch im Rahmen

329 RGZ 145, 40 (41 f.); zu den damaligen Literaturansichten vgl. die entsprechenden Nachweise in BGHZ 73, 266 (268) = NJW 1979, 1161.

330 Vgl. ebenfalls BGHZ 73, 266 (268 f.) = NJW 1979, 1161 f.

331 Vgl. BGHZ 57, 191 (196) = NJW 1972, 95 (97).

seiner erst später zu § 179 BGB ergangenen Grundsatzentscheidung[332] richtungsweisend. Mit diesem Urteil wurde schließlich auch die unterschiedslose Anwendung der Verjährungsfrist, die für den Erfüllungsanspruch aus dem gescheiterten Vertrag gegolten hätte, auf sämtliche Ansprüche aus § 179 Abs. 1 und 2 BGB bejaht, d.h. egal, ob sie auf Erfüllung oder Schadensersatz, auf den Ausgleich des positiven oder des negativen Interesses gerichtet sind. Der BGH betonte dabei gerade die besondere Stellung bzw. den besonderen Charakter der auf dem enttäuschten Vertrauen in die Wirksamkeit des entsprechenden Vertrages beruhenden Haftungsansprüche aus § 179 BGB, die allesamt durch einen besonders engen tatsächlichen und wirtschaftlichen Zusammenhang mit den Ansprüchen aus dem letztlich gescheiterten Vertrag gekennzeichnet seien und bei wirtschaftlicher Betrachtung quasi als Ersatzwert an deren Stelle träten. Schließlich sei für andere vertragliche oder gesetzliche Ansprüche mit entsprechendem wirtschaftlichen Ersatzwertcharakter, wie eben aus c. i. c. oder § 122 BGB, schon seit längerem anerkannt worden, dass die für den vertraglichen Erfüllungsanspruch geltende Verjährungsfrist auch in Ansehung dieser Ansprüche zur Anwendung zu gelangen habe. Eine abweichende Behandlung der mit diesen quasivertraglichen Haftungsansprüchen verwandten Ansprüche aus § 179 BGB sei daher nicht gerechtfertigt. Auch eine Differenzierung nach den einzelnen Ansprüchen innerhalb des § 179 Abs. 1 und 2 BGB sei nicht sachgerecht, da es sich insoweit lediglich um Fragen des Schadensumfangs bzw. der Schadensberechnung handle und dies keinen entscheidenden Einfluss auf die im Einzelfall maßgebliche Verjährungsfrist haben könne. Im Kern seien vielmehr sämtliche aus § 179 BGB resultierenden Ansprüche als wesensmäßig gleich zu betrachten, da diese unterschiedslos von der engen tatsächlichen und wirtschaftlichen Verbindung zu dem gescheiterten Vertrag und damit von einem entsprechenden wirtschaftlichen Ersatzwertcharakter geprägt seien. Ebenso wenig könne über die anzuwendende Verjährungsfrist die vom Reichsgericht vorgebrachte Tatsache entscheiden, dass es sich bei der Haftung aus § 179 BGB im Gegensatz zu den von den Sonderverjährungsregelungen gem. §§ 196, 197 BGB a. F. erfassten Ansprüchen um keine alltägliche Erscheinung handle. Maßgeblich sei schließlich allein die wirtschaftliche Qualität des zugrunde liegenden Rechtsgeschäfts und gerade nicht die Art und Weise seines Zustandekommens. Daher müsse die für den jeweiligen vertraglichen Erfüllungsanspruch geltende Sonderverjährungsfrist auch die als wirtschaftlicher Ersatzwert an seine Stelle tretenden Ansprüche aus § 179 BGB erfassen. Auch die vom Reichsgericht hinsichtlich der Unkenntnis des Haftungstatbestands des § 179 BGB bzw. der Person des Vertreters als Anspruchsgegner vorgebrachten Bedenken können nach Auffassung des BGH nicht überzeugen. Zum einen entstünden die Ansprüche aus § 179 BGB erst

332 BGHZ 73, 266 = NJW 1979, 1161.

mit der Verweigerung der Genehmigung i. S. d. § 177 Abs. 1 BGB bzw. der entsprechenden Fiktion gem. § 177 Abs. 2 S. 2 BGB, mit der Folge, dass auch die Verjährung erst zu diesem Zeitpunkt, der dem anderen Teil in aller Regel bekannt sein müsse, beginne. Zum anderen bestehe für den Anspruchsinhaber stets auch die Möglichkeit der Streitverkündung zur vorsorglichen Verjährungshemmung i. S. d. heutigen § 204 Abs. 1 Nr. 6 BGB. Den – wie sich noch zeigen wird – in der Praxis wohl nicht von der Hand zu weisenden Problemfall der Unkenntnis der Person des Vertreters löst der BGH, indem er das damit verbundene Verjährungsrisiko grundsätzlich, wie im Fall des unmittelbaren Vertragsschlusses, mit einer unbekannten Person vollständig der eigenen Sphäre des Geschädigten zuweist, da sich dieser stets der Identität des unmittelbaren Verhandlungspartners vergewissern müsse. Für die Fälle der schuldhaften Verhinderung einer potenziellen Inanspruchnahme des falsus procurator verweist der BGH auf die dann ohnehin bestehende Schadensersatzpflicht und für im Übrigen unbillige Ergebnisse auf die Möglichkeit einer Korrektur nach den Grundsätzen von Treu und Glauben gem. § 242 BGB.[333]

2. Anknüpfung an sonstige vertragliche Ansprüche

Damit bleibt jedoch weiterhin die Frage offen, wie es sich auf die Verjährung der Haftungsansprüche aus § 179 BGB auswirkt, wenn für bestimmte Ansprüche aus und im Zusammenhang mit dem gescheiterten Vertrag, wie einzelne Sekundär- bzw. Ersatzansprüche, eine besondere Verjährungsfrist gelten würde, die von derjenigen des vertraglichen Erfüllungsanspruchs abweicht. In einer Entscheidung im Zusammenhang mit der fünfjährigen Sonderverjährungsfrist bei Bauwerkmängeln gem. § 634a Abs. 1 Nr. 2 BGB (§ 638 Abs. 1 S. 1 BGB a. F.) hat der BGH diese Frage zwar mangels Entscheidungserheblichkeit bewusst offengelassen.[334] Jedoch hatte er bereits zuvor zu der kurzen sechsmonatigen Verjährungsfrist für Ersatzansprüche des Vermieters gem. § 548 Abs. 1 BGB (§ 558 Abs. 1 BGB a. F.) unter konsequenter Anwendung und Weiterentwicklung der von ihm zur Verjährung quasivertraglicher Schadensersatzansprüche aufgestellten Grundsätze entschieden, diese kurze Sonderverjährungsfrist müsse genauso Anwendung finden auf die infolge der Erfüllungswahl gem. § 179 Abs. 1 BGB gegenüber dem falsus procurator bestehenden Ersatzansprüche aufgrund einer Veränderung oder Verschlechterung der vermeintlichen Mietsache, die inhaltlich und wirtschaftlich gerade den von § 548 Abs. 1 BGB in Bezug genommenen Ansprüchen des Vermieters entsprechen. Der gutgläubige Anspruchsinhaber solle schließlich nach der Ratio der Vertreterhaftung nach § 179 Abs. 1 BGB

333 Zur gesamten Argumentation vgl. BGHZ 73, 266 (269 ff.) = NJW 1979, 1161 (1162).
334 BGH, NJW 2017, 2673 (2674).

keine schlechtere, aber eben auch keine bessere Stellung als bei einem erfolgreichen Vertragsschluss erhalten, sondern vielmehr gerade genauso gestellt werden, wie er stünde, wenn der an der mangelnden Vertretungsmacht gescheiterte Vertrag wirksam wäre. Da der entsprechende Ersatzanspruch des Vermieters in diesem Fall innerhalb der kurzen Frist des § 548 Abs. 1 BGB verjähre, müsse dies ebenso für den damit korrespondierenden Ersatzanspruch aus § 179 Abs. 1 BGB gelten.[335]

3. Stellungnahme und Fazit

In Anbetracht der für die quasivertragliche Haftung aus § 179 BGB prägenden Vertragsakzessorietät bzw. des wirtschaftlichen Ersatzwertcharakters der Ansprüche gegen den Vertreter ohne Vertretungsmacht sowie aufgrund der gebotenen Gleichbehandlung mit den historisch und wertungsmäßig eng verwandten quasivertraglichen Haftungsansprüchen aus c. i. c. und § 122 BGB erweist sich die bisherige Rechtsprechung des BGH zur Anwendbarkeit der für die Ansprüche aus dem gescheiterten Vertrag geltenden Verjährungsfristen im Ergebnis als dogmatisch überzeugend bzw. zwingend.

Durchaus diskutabel und wohl etwas zu undifferenziert erscheint aber die Behandlung des in der Praxis nicht zu vernachlässigenden Problemfalles der Unkenntnis der Person des Vertreters, wie sich im weiteren Verlauf der verjährungsrechtlichen Analyse der Haftung aus § 179 BGB noch zeigen wird. Im Grundsatz können derartige Kenntnisprobleme jedoch nicht über die auf die Ansprüche aus § 179 BGB anzuwendende Verjährungsfrist entscheiden, sondern sind vorzugswürdig bei der Frage nach dem Beginn und dem Ende der jeweils einschlägigen Verjährungsfrist und damit bei dem maßgeblichen Verjährungsfristlauf zu verorten, sodass darauf an dieser Stelle noch nicht näher einzugehen ist.

Zweifel könnten sich auf den ersten Blick zudem hinsichtlich der Frage ergeben, ob die vom BGH aufgestellten Grundsätze zur Anwendbarkeit der im Fall der Vertragswirksamkeit geltenden Verjährungsfristen tatsächlich auch in Ansehung der auf das negative Interesse beschränkten Vertrauenshaftung gem. § 179 Abs. 2 BGB durchgreifen. Schließlich liegen den Entscheidungen des BGH ausschließlich Fälle der auf das positive Interesse gerichteten Erfüllungshaftung gem. § 179 Abs. 1 BGB zugrunde, bei der die besonders enge rechtliche und wirtschaftliche Verknüpfung mit den entsprechenden vertraglichen Ansprüchen, mithin die charakteristische Vertragsakzessorietät, aufgrund des weitgehenden Gleichlaufs mit der Rechtslage bei unterstellter Wirksamkeit des gescheiterten Vertrages sehr viel deutlicher im Vordergrund steht. Ungeachtet dessen, dass der BGH in seiner Grundsatzentscheidung die Erstreckung der vertraglichen Sonderverjährung für

335 BGH, NJW 2004, 774.

sämtliche Ansprüche aus § 179 BGB unterschiedslos bejaht hat,[336] treffen insbesondere die Erwägungen im Zusammenhang mit der im Falle des schuldhaften Verhandlungsabbruchs auf die c. i. c. anwendbaren Verjährungsfrist[337] gerade auch auf die Haftung nach § 179 Abs. 2 BGB zu, die letztlich gemeinsam mit der Haftung aus § 122 BGB in der von *Jhering* entwickelten Grundidee einer Haftung aus c. i. c. ihren Ursprung hat und aus der die heutigen Grundsätze der c. i. c. schließlich erst entwickelt wurden.[338] Auch die Haftung aus § 179 Abs. 2 BGB beruht im Wesentlichen auf dem enttäuschten Vertrauen in einen wirksamen Vertragsschluss und bildet damit genauso wie die aus § 179 Abs. 1 BGB resultierenden Ansprüche einen wirtschaftlichen Ersatzwert für den eigentlich ausbedungenen Vertragsinhalt.[339] Im Vergleich zu § 179 Abs. 1 BGB handelt es sich in den Fällen von § 179 Abs. 2 BGB letztlich nur um einen abweichenden, d. h. eingeschränkten Anspruchsumfang zum Schutz des gutgläubigen Anspruchsgegners und damit lediglich um eine andere Art der Schadensberechnung, die mit der Frage der anwendbaren Verjährungsfrist in keinerlei Zusammenhang steht und daher auch nicht maßgeblich darüber entscheiden kann.[340] Ausschlaggebend ist vielmehr ausschließlich die wirtschaftliche Qualität des zugrunde liegenden Rechtsgeschäfts bzw. Anspruchs, die in sämtlichen Fällen des § 179 Abs. 1 und 2 BGB identisch ist, sodass die Ratio der für die vertraglichen Ansprüche geltenden Sonderverjährungsvorschriften, die beispielsweise bei den kurzen Verjährungsfristen wie § 548 Abs. 1 BGB überwiegend in der möglichst zügigen Klärung der Sach- und Rechtslage im Interesse des Schuldners bzw. des Wirtschaftsverkehrs an der Schaffung von Rechtssicherheit liegt,[341] auf diese unterschiedslos durchschlägt und daher zwingend eine verjährungsrechtliche Gleichbehandlung zu erfolgen hat. Schließlich enthalten die Sonderverjährungsvorschriften für die konkrete Art des Falles fach- bzw. sachnähere und damit zweckmäßigere Spezialregelungen, deren Anwendungsbereich letztlich losgelöst von der einzelnen Anspruchsgrundlage und vorrangig nach der wirtschaftlichen Natur der zugrunde liegenden Ansprüche zu beurteilen ist, auf welche die dahinterstehenden Wertungen und gesetzgeberischen Intentionen gleichermaßen zutreffen. Im Übrigen ist insoweit auch zu bedenken, dass das negative Interesse der Höhe nach durchaus dem positiven Interesse entsprechen kann und dass es mit den gesetzlichen Wertungen nicht zu vereinbaren wäre, wenn der vom Gesetzgeber ausdrücklich auf das Erfüllungsinteresse begrenzte Haftungsanspruch

---

336 Vgl. BGHZ 73, 266 (269) = NJW 1979, 1161 (1162).

337 Vgl. BGHZ 57, 191 (194 ff.) = NJW 1972, 95 (96 f.).

338 Vgl. unter „*Teil II C. II. Historische Entwicklung*“ sowie Fn. 244 und 247.

339 Vgl. unter „*Teil II A. I. Rechtsnatur und Ratio der Haftung*“ sowie Fn. 120.

340 Vgl. dazu insbesondere BGHZ 57, 191 (194 f.) = NJW 1972, 95 (96).

341 Vgl. Abschnitte b)–d) unter „*Teil I D. I. 2. Die besonderen Verjährungsfristen*“ sowie Fn. 52, 60, 64.

aus § 179 Abs. 2 BGB in seiner Intensität über den entsprechenden vertraglichen Erfüllungsanspruch hinausginge, indem für diesen eine deutlich längere Verjährungsfrist zur Anwendung käme.[342] Dies hätte im Ergebnis schließlich eine unbillige Bevorzugung des Anspruchsinhabers zur Folge, der allenfalls auf die bei Wirksamkeit des intendierten Vertrages geltenden Verjährungsfristen vertrauen kann und dem darüber hinaus daher keinerlei Schutzwürdigkeit zukommt.

Vor diesem Hintergrund ist im Vergleich zu den bisherigen Feststellungen des BGH sogar noch ein Schritt weiter zu gehen und zu erkennen, dass die von diesem bislang zur Verjährung quasivertraglicher Haftungsansprüche aufgestellten Grundsätze auf sämtliche aus § 179 BGB resultierenden Haftungsansprüche, d. h. egal, ob auf Erfüllung oder Schadensersatz, ob auf das positive oder negative Interesse gerichtet, zu übertragen sind. Im Rahmen der Haftung aus § 179 BGB ist folglich stets diejenige Verjährungsfrist anzuwenden, die bei unterstellter Wirksamkeit des gescheiterten Vertrages für den Anspruch gegen den Vertretenen gelten würde, der wirtschaftlich und inhaltlich dem Anspruch aus § 179 Abs. 1 oder Abs. 2 BGB entspricht. Im Grundsatz sind damit die sowohl für vertragliche Erfüllungsansprüche als auch für sonstige vertragliche (Sekundär-)Ansprüche geltenden Sonderverjährungsfristen gleichermaßen auf die jeweils wirtschaftlich bzw. inhaltlich identischen Ansprüche aus § 179 Abs. 1 und 2 BGB anzuwenden. Auch spielt es dabei keine Rolle, ob es sich um im Vergleich zur dreijährigen Regelverjährungsfrist des § 195 BGB längere oder kürzere Sonderverjährungsfristen handelt, da sich die insoweit zugrunde liegenden gesetzlichen Wertungen aus den bereits dargestellten Gründen des wirtschaftlichen Ersatzwertcharakters und der Vertragsakzessorietät unabhängig von der jeweiligen Fristlänge stets auch im gescheiterten Vertragsverhältnis i. S. d. § 179 BGB durchsetzen müssen.

Als allgemeine Regel ist damit zusammenfassend festzuhalten, dass es für die auf § 179 BGB anzuwendende Verjährungsfrist zunächst maßgeblich darauf ankommt, ob zu dem im jeweiligen Einzelfall bestehenden Anspruch aus § 179 Abs. 1 oder 2 BGB bei unterstellter Wirksamkeit des gescheiterten Vertrages ein inhaltlich identischer Anspruch existieren würde, mithin ein wirtschaftliches Äquivalent. Ist dies der Fall, so findet auf den entsprechenden Haftungsanspruch aus § 179 BGB die für dieses wirtschaftliche Äquivalent geltende Verjährungsfrist gleichermaßen Anwendung. Existiert hingegen kein derartiges wirtschaftliches Äquivalent, wie es wohl überwiegend bei der beschränkten Vertrauenshaftung nach § 179 Abs. 2 BGB der Fall sein wird, ist nach den vorangegangenen Erwägungen vorzugswürdig auf die für den vertraglichen Erfüllungsanspruch geltende Verjährungsfrist abzustel-

342 Vgl. dazu insbesondere BGHZ 49, 77 (83) = NJW 1968, 547 (548) m. w. N.

len, da die Haftung nach § 179 BGB in ihrer Intensität in keinem Fall über das entsprechende Erfüllungsinteresse hinausgehen darf. Etwa auftretende Problemstellungen, was die Aufklärung des der Haftung aus § 179 BGB zugrunde liegenden Sachverhalts bzw. der Person des Vertreters anbelangt, in rein tatsächlicher Hinsicht oder im Hinblick auf kollidierende gesetzliche Wertungen bzw. einen angemessenen Ausgleich der beteiligten Interessen, können nicht maßgeblich über die im jeweiligen Einzelfall anzuwendende Verjährungsfrist entscheiden. Diese sind vielmehr im Rahmen der anschließenden Frage nach dem maßgeblichen Verjährungsfristlauf aufzulösen, mithin nach dem Beginn und dem Ende der einschlägigen Verjährungsfrist und damit dem tatsächlichen Verjährungszeitraum. Schließlich stehen dabei flexiblere und damit dogmatisch vorzugswürdigere Instrumente, wie das Rechtsinstitut der Verjährungshemmung, zur Korrektur sich möglicherweise als unbillig erweisender Ergebnisse zur Verfügung.

II. Beginn, Ende und Lauf der Verjährungsfrist

Der Verjährungsfristlauf hängt entscheidend von der Frage nach dem Beginn und dem Ende der jeweils einschlägigen Verjährungsfrist ab. Erst mit diesen Zeitpunkten steht auch der tatsächliche Zeitraum bis zum Verjährungseintritt und damit die faktische Verjährungsfrist, die schließlich durch Verzögerungen beim Fristbeginn oder Fristende zum Teil ganz erheblich von der gesetzlichen Verjährungsfrist abweichen kann, endgültig fest. Wie bereits dargestellt, setzt der Verjährungsbeginn gem. §§ 199 Abs. 1 Nr. 1, 200 BGB grundsätzlich die Entstehung des betreffenden Anspruchs voraus.[343] In diesem Zusammenhang ist jedoch zu beachten, dass der Zeitpunkt der Entstehung der Ansprüche aus § 179 BGB durch die Verweigerung der Genehmigung i. S. d. § 177 Abs. 1 BGB bzw. die diesbezügliche Fiktion gem. § 177 Abs. 2 S. 2 BGB[344] ganz wesentlich vom Zeitpunkt der Entstehung der wirtschaftlich bzw. inhaltlich korrespondierenden Ansprüche aus und im Zusammenhang mit dem gescheiterten Vertrag abweichen kann, mit der Folge, dass sich insoweit ein erheblich divergierender Verjährungsfristlauf und damit eine faktisch ganz andere Verjährungsfrist ergeben kann. Dieses Problem gilt umso mehr in Ansehung des Verjährungsbeginns gem. § 199 Abs. 1 BGB, der zusätzlich auf die subjektive Kenntnis bzw. das Kennenmüssen der anspruchsbegründenden Umstände bzw. der Person des Schuldners sowie entsprechend dem Ultimo-Prinzip auf den Schluss des jeweiligen

343 Vgl. dazu ausführlich die Abschnitte 1. und 2. unter „*Teil I D. II. Beginn und Ende der Verjährung*".

344 Zur Entstehung der Ansprüche aus § 179 BGB vgl. nochmals ausführlich unter „*Teil II A. III. 3. Verweigerung der Genehmigung*" sowie Fn. 140, 141.

Jahres abstellt.[345] Überdies ist der Verjährungsbeginn in diversen Sonderverjährungsregelungen ebenfalls gesondert und unabhängig von der jeweiligen Anspruchsentstehung geregelt,[346] sodass sich insoweit erst recht die Frage nach dem im Rahmen der Haftung nach § 179 BGB maßgeblichen Zeitpunkt stellt.

1. Besondere Regelung des Verjährungsbeginns

Wenn die bei Wirksamkeit des gescheiterten Vertrages einschlägige Sonderverjährungsregelung, deren Frist nach den vorstehenden Erwägungen auch im Rahmen der Haftung nach § 179 BGB zur Anwendung kommt, zusätzlich den Verjährungsbeginn besonders regelt, wie beispielsweise §§ 438 Abs. 2, 634a Abs. 2 oder 548 Abs. 1 BGB, dann stellt sich die Frage, in welchem Zeitpunkt die Verjährung der Haftungsansprüche aus § 179 BGB zu laufen beginnt. Der wesentliche Kern des Problems liegt insbesondere darin, ob dabei auf die allgemeinen Regeln über den Verjährungsbeginn gem. §§ 199, 200 BGB oder ausschließlich auf die Voraussetzungen der Sonderverjährungsregelung zurückzugreifen ist. Diese Entscheidung ist schließlich mit erheblichen Auswirkungen auf den maßgeblichen Verjährungsfristlauf verbunden, da die allgemeinen Regelungen der §§ 199, 200 BGB – wie bereits dargestellt – für den Verjährungsbeginn grundsätzlich auf die Anspruchsentstehung abstellen bzw. die Ultimo-Regelung des § 199 Abs. 1 BGB darüber hinaus auf das jeweilige Jahresende und der in den Sonderverjährungsvorschriften geregelte Zeitpunkt des Verjährungsbeginns hiervon ganz gravierend abweichen kann. Je nach Lösungsansatz können sich im Einzelfall daher wesentlich divergierende faktische Verjährungsfristen ergeben, was grundsätzlich mit der Gefahr von nicht unerheblichen Interessenkollisionen und Wertungswidersprüchen einhergeht. Entscheidend wird in diesem Zusammenhang nicht zuletzt die Frage sein, ob die Verjährung der Haftungsansprüche aus § 179 BGB auch schon vor deren Entstehung durch die Verweigerung der entsprechenden Genehmigung beginnen kann und welche allgemeinen rechtlichen Mittel für die Entwicklung eines möglichst einheitlichen Lösungsansatzes zur Verfügung stehen, der die beteiligten Interessen in einen angemessenen Ausgleich bringt und die Entstehung unbilliger Ergebnisse grundsätzlich vermeidet.

a) Mögliche Lösungsansätze

Der BGH ist in seiner zu § 548 Abs. 1 BGB im Kontext der Haftung nach § 179 BGB ergangenen Entscheidung ohne nähere Begründung und offen-

345 Vgl. dazu ausführlich unter „*Teil I D. II. 1. Regelverjährung gem. § 199 BGB*“.

346 Vgl. dazu ausführlich unter „*Teil I D. II. 3. Besondere Regelung des Verjährungsbeginns*“.

sichtlich ohne sich mit der diesbezüglichen Problematik eingehender auseinandergesetzt zu haben unter Verweis auf seine frühere Rechtsprechung einfach davon ausgegangen, dass die Verjährung eines Anspruchs frühestens ab dem Zeitpunkt seiner Entstehung beginnen könne, im Fall der Haftung nach § 179 BGB daher erst in dem Zeitpunkt der Verweigerung der Genehmigung.[347] Jedoch zeigt gerade die gesetzgeberische Ausgestaltung zahlreicher Sonderverjährungsregelungen, wie §§ 438 Abs. 2, 634a Abs. 2 BGB und eben auch § 548 Abs. 1 BGB, dass der Beginn des Verjährungsfristlaufs nicht zwingend die Anspruchsentstehung erfordert und damit grundsätzlich auch schon vor dieser in Betracht kommt, wie selbst auch der BGH in späteren Entscheidungen bestätigt hat.[348] Insofern liegt die Vermutung nahe, dass sich der BGH die Probleme und Konflikte, die mit der Frage des Verjährungsbeginns im Rahmen der quasivertraglichen Haftung nach § 179 BGB verbundenen sind, bislang nicht hinreichend bewusst gemacht hat. Auch die juristische Literatur hat sich damit offensichtlich bislang nicht tiefergehender beschäftigt. Die Aufgabe der nachfolgenden Ausführungen ist daher, gerade das in diesem Zusammenhang erforderliche Problembewusstsein zu schärfen und einen möglichst einheitlichen, wertungskonsistenten und interessengerechten Lösungsansatz zu entwickeln. Insoweit kommen im Wesentlichen die vorliegend als Trennungs-, Spezialitäts-, Gesamt- und Alternativlösung bezeichneten Ansätze in Betracht, die zunächst kurz vorgestellt und einer ersten Plausibilitätskontrolle unterzogen werden sollen, bevor in einem nächsten Schritt schließlich eine kritische Bewertung sowie eine detaillierte Analyse der dann noch verbleibenden und rechtlich grundsätzlich rechtfertigungsfähigen Theorien bis hin zur Entwicklung einer ganzheitlichen Lösung erfolgt. Vorab ist jedoch zuerst noch ein kurzer *Ausgangsfall* zu § 548 Abs. 1 BGB zu bilden, an dem sich die nachfolgende Untersuchung stets orientieren kann und der schließlich als abwandlungsfähiges Beispiel zur besseren Veranschaulichung der verschiedenen Problemstellungen und Lösungsansätze dienen soll:

Nach Gründung der M-GmbH mit Gesellschaftsvertrag vom 10.01.2017 hat der Geschäftsführer dem Mitarbeiter V eine Vollmachtsurkunde ausgehändigt, wonach dieser ab dem Tag der Eintragung der Gesellschaft in das Handelsregister zur umfassenden Vertretung der M-GmbH gegenüber Ämtern, Behörden und sonstigen Dienststellen bevollmächtigt wurde. Am 01.08.2017 schloss V in seiner Eigenschaft als Vertreter der M-GmbH mit dem Vermieter A einen Mietvertrag über neue Büroräumlichkeiten am Standort X. Am 01.12.2017 wurde die M-GmbH schließlich in das Handelsregister eingetragen. Nach „Kündigung" des vermeintlichen Mietverhält-

347 BGH, NJW 2004, 774 m. w. N.

348 Zu § 548 Abs. 1 BGB vgl. BGHZ 162, 30 = NJW 2005, 739 sowie BGH, NJW 2006, 1588; vgl. zudem amtl. Begründung BT-Drs. 14/4553, S. 45.

nisses wurden die Mietflächen am 01.09.2020 wieder an A zurückgegeben. Hierbei stellte A diverse Schäden und Umbauten fest, die nicht ordnungsgemäß beseitigt wurden. Nachdem die M-GmbH von A zum Ersatz der für die Wiederherstellung des vertragsgemäßen Zustands erforderlichen Aufwendungen aufgefordert wurde, hat diese am 01.02.2021 sämtliche in diesem Zusammenhang in Betracht kommenden Ansprüche von A unter Verweis auf ein Handeln des V ohne ordnungsgemäße Vertretungsmacht zurückgewiesen und sich im Übrigen ausdrücklich auf die Verweigerung der Genehmigung des entsprechenden Vertrages berufen. A beabsichtigt nun, den V als Vertreter ohne Vertretungsmacht i. S. d. § 179 BGB persönlich auf Ersatz des ihm entstandenen Schadens in Höhe von insgesamt € 50.000,00 in Anspruch zu nehmen.

aa) Trennungslösung

Eine Möglichkeit besteht darin, den Verjährungsbeginn im Rahmen der Haftung nach § 179 BGB vollständig isoliert und damit ohne Rücksicht auf eine etwaige Sonderregelung durch die bei Vertragswirksamkeit einschlägige Verjährungsvorschrift zu betrachten. Dieser Ansatz wird vorliegend als Trennungslösung bezeichnet und hat zur Folge, dass ausschließlich die in Ansehung des wirtschaftlich bzw. inhaltlich korrespondierenden vertraglichen Anspruchs geltende Verjährungsfrist auf den quasivertraglichen Ersatzanspruch aus § 179 BGB übertragen wird, nicht hingegen die besondere Bestimmung des Verjährungsbeginns. Für diesen ist dabei vielmehr auf die allgemeinen Regeln der §§ 199, 200 BGB zurückzugreifen. Soweit demnach also auch in Ansehung der Haftung aus § 179 BGB eine besondere Verjährungsfrist zur Anwendung kommt, wie im obigen Beispielsfall die für entsprechende Ersatzansprüche des Vermieters geltende sechsmonatige Sonderverjährungsfrist gem. § 548 Abs. 1 S. 1 BGB, richtet sich der diesbezügliche Verjährungsbeginn allein nach § 200 BGB und damit ausschließlich nach der Entstehung der Haftungsansprüche aus § 179 BGB durch die Verweigerung der Genehmigung des Vertretergeschäfts. Soweit im Rahmen der Haftung aus § 179 BGB nach den vorstehenden Grundsätzen hingegen die regelmäßige Verjährungsfrist gem. § 195 BGB anzuwenden ist, bestimmt sich der diesbezügliche Verjährungsbeginn grundsätzlich allein nach der allgemeinen Ultimo-Regelung des § 199 Abs. 1 BGB, sodass es maßgeblich auf den Schluss des Jahres der Entstehung der persönlichen Vertreterhaftung nach § 179 BGB und der Kenntniserlangung des Anspruchsinhabers von den anspruchsbegründenden Umständen sowie der Person des Vertreters als Anspruchsgegner ankommt.

Im vorliegenden Beispielsfall, in dem schließlich auf die besondere Verjährungsfrist des § 548 Abs. 1 S. 1 BGB abzustellen ist, hätte die Verjährung der Schadensersatzansprüche des A gem. § 179 BGB somit erst mit der am 01.02.2021 erfolgten Genehmigungsverweigerung zu laufen begonnen und wäre letztlich unabhängig vom Zeitpunkt der Rückgabe der Mietsache mit dem Ablauf des 01.08.2021 endgültig eingetreten.

bb) Spezialitätslösung

Nach dem Ansatz der Spezialitätslösung ist bei der Haftung nach § 179 BGB auch in Ansehung des Verjährungsbeginns maßgeblich auf die Rechtslage bei unterstellter Wirksamkeit des gescheiterten Vertrages und damit ausschließlich auf die Voraussetzungen der insoweit einschlägigen Sonderverjährungsregelung abzustellen, die nach den bisherigen Erwägungen schließlich auch schon über die Frage der auf die Haftungsansprüche aus § 179 BGB anzuwendenden Verjährungsfrist zu entscheiden hat. Auf den Zeitpunkt der Verweigerung der Genehmigung des zugrunde liegenden Geschäfts und damit einhergehend der tatsächlichen Entstehung der Haftungsansprüche gegen den Vertreter persönlich gem. § 179 BGB kommt es nach diesem Ansatz hingegen gerade nicht an.

Übertragen auf den obigen Beispielsfall bedeutet dies, dass es für den Verjährungsbeginn nach der insoweit einschlägigen Sonderregelung des § 548 Abs. 1 S. 2 BGB allein auf die Rückgabe der Mieträumlichkeiten am 01.09.2020 angekommen wäre und damit gerade nicht auf die erst später durch die Genehmigungsverweigerung vom 01.02.2021 erfolgte Entstehung der Haftungsansprüche gegen den V aus § 179 BGB. Dies wiederum hätte zur Folge, dass die Verjährung der Schadensersatzansprüche des A bereits mit dem Ablauf des 01.03.2021 und damit fünf Monate früher als nach der Trennungslösung eingetreten wäre.

cc) Gesamtlösung

Zudem bleibt noch ein vermittelnder Ansatz zwischen den beiden vorherigen Theorien, der vorliegend als Gesamtlösung bezeichnet wird. Demnach ist für den Verjährungsbeginn im Rahmen der Haftung nach § 179 BGB in erster Linie ebenfalls auf die Voraussetzungen der Sonderverjährungsregelung abzustellen, nach der sich bereits die Bestimmung der für die Haftungsansprüche aus § 179 BGB maßgeblichen Verjährungsfrist entsprechend den insoweit schon dargestellten Grundsätzen zu richten hat. Einschränkend kommt bei diesem Lösungsansatz jedoch hinzu, dass ein Verjährungsbeginn frühestens ab dem Zeitpunkt in Betracht kommt, in dem auch die Haftungsansprüche gegen den Vertreter aus § 179 BGB infolge der Verweigerung der Genehmigung des zugrunde liegenden Vertrages tatsächlich entstanden sind. Insofern stellt die Gesamtlösung eine Verbindung zwischen den beiden Extrempositionen der Trennungs- und Spezialitätslösung durch eine Kumulation ihrer wesentlichen Merkmale dar und steht zu keinem dieser Ansätze in einem direkten Widerspruch.

Im vorliegenden Beispielsfall würde die für die Haftungsansprüche aus § 179 BGB einschlägige sechsmonatige Verjährungsfrist des § 548 Abs. 1 S. 1 BGB demnach erst dann zu laufen beginnen, wenn die Rückgabe der Mietsache i. S. d. § 548 Abs. 1 S. 2 BGB und die Verweigerung der Genehmigung des entsprechenden Vertretergeschäfts kumulativ vorliegen. Dies wäre mit der zuletzt erfolgten Genehmigungsverweigerung vom 01.02.2021 der Fall, sodass die Verjährung der gegen den V gerichteten Schadensersatzansprüche des A aus § 179 BGB wie bei der Trennungslösung mit dem Ablauf des 01.08.2021 eingetreten wäre.

dd) Alternativlösung

Am Ende könnte man schließlich noch an den vorliegend als Alternativlösung bezeichneten Ansatz denken. Demnach sollte es für den Verjährungsbeginn im Rahmen der quasivertraglichen Vertreterhaftung gem. § 179 BGB ausreichen, wenn alternativ entweder die Voraussetzungen für die Entstehung der Haftungsansprüche aus § 179 BGB – in Form der Verweigerung der Genehmigung des Vertretergeschäfts i. S. d. § 177 Abs. 1 BGB bzw. der diesbezüglichen Fiktion gem. § 177 Abs. 2 S. 2 BGB – oder die für den Verjährungsbeginn maßgeblichen Voraussetzungen der bei unterstellter Vertragswirksamkeit einschlägigen Sonderverjährungsregelung vorliegen. Insoweit würde somit stets der jeweils frühere Zeitpunkt über den Beginn des entsprechenden Verjährungsfristlaufs entscheiden.

Übertragen auf den vorliegenden Beispielsfall hätte dieser Lösungsansatz letztlich dasselbe Ergebnis zur Folge wie das Modell der Spezialitätslösung. Da die bei Wirksamkeit des eigentlich beabsichtigten Mietvertrages für den Beginn der sechsmonatigen Sonderverjährungsfrist des § 548 Abs. 1 S. 1 BGB maßgebliche Rückgabe der Mietsache i. S. d. § 548 Abs. 1 S. 2 BGB bereits am 01.09.2020 erfolgte und damit zeitlich vor der zur Entstehung der quasivertraglichen Schadensersatzansprüche aus § 179 BGB führenden Verweigerung der Genehmigung des Vertretergeschäfts am 01.02.2021, wäre allein diese auch im Rahmen der Haftung aus § 179 BGB entscheidend für den entsprechenden Verjährungsbeginn. In der Folge wäre daher auch nach diesem Ansatz mit dem Ablauf des 01.03.2021 die Verjährung eingetreten.

b) Grundsätzliche Plausibilitätskontrolle

Die dargestellten Lösungsansätze sind zunächst auf ihre grundsätzliche rechtliche Plausibilität bzw. Rechtfertigungsfähigkeit hin zu untersuchen.

Zu prüfen ist dabei insbesondere, ob diese Theorien grundsätzlich auch dogmatisch hinreichend begründet und mit der besonderen Rechtsnatur der quasivertraglichen Vertreterhaftung nach § 179 BGB sowie der Ratio der gesetzlichen Verjährungsregelungen in Einklang gebracht werden können oder ob ihnen bereits fundamentale rechtliche oder systematische Erwägungen entgegenstehen.

aa) Trennungslösung

Für den Ansatz der Trennungslösung kann zum einen angeführt werden, dass es sich bei § 179 BGB um einen eigenständigen Anspruch handelt, mit der Folge, dass grundsätzlich auch dessen Verjährungsbeginn gesondert zu bestimmen ist.[349] Da für die Haftungsansprüche aus § 179 BGB keine spezielle Regelung existiert, bleibt demnach lediglich der Rückgriff auf die allgemeinen Vorschriften der §§ 199, 200 BGB. Durch das grundsätzliche Erfordernis der Anspruchsentstehung wird hierbei insbesondere sichergestellt, dass der Gläubiger stets eine angemessene und zumutbare Möglichkeit zur Realisierung seiner Ansprüche erhält. Zudem ist in entgegengesetzter Richtung zu beachten, dass es ohne eine einheitliche und isolierte Anwendung der allgemeinen Regelungen über den Verjährungsbeginn gem. §§ 199, 200 BGB auf sämtliche potenziell aus § 179 BGB resultierenden Ansprüche möglicherweise zu einer zeitlichen Ausuferung der Vertreterhaftung kommt, durch sukzessives Auftreten von Schäden bzw. Haftungstatbeständen auch noch lange Zeit nach Verweigerung der Genehmigung des Vertretergeschäfts und damit nach originärer Anspruchsentstehung i. S. d. § 179 BGB. Im obigen Beispiel wäre dies etwa der Fall, wenn die Rückgabe der Mietsache i. S. d. § 548 Abs. 1 S. 2 BGB – aus welchen Gründen auch immer – erst mehrere Monate oder gar Jahre nach der Genehmigungsverweigerung vom 01.02.2021 erfolgen würde. Vor diesem Hintergrund erscheint daher im Interesse der Rechtssicherheit und des Rechtsfriedens eine zeitliche Eingrenzung der persönlichen Vertreterhaftung nach § 179 BGB geboten, wozu eine entsprechend einheitliche und isolierte Bestimmung des Verjährungsbeginns ausschließlich nach den allgemeinen Regeln der §§ 199, 200 BGB grundsätzlich geeignet wäre.

Jedoch steht die Trennungslösung letztlich in einem massiven Widerspruch zu den bereits dargestellten Grundsätzen im Zusammenhang mit der Frage nach der auf § 179 BGB anzuwendenden Verjährungsfrist und der insoweit auch dogmatisch überzeugenden höchstrichterlichen Rechtsprechung des BGH.[350] Die isolierte und von der fristbestimmenden Sonderverjährungsregelung völlig losgelöste Betrachtung missachtet die besondere Rechtsnatur

349 Zu diesem Rechtsgedanken vgl. auch Fn. 324.
350 Vgl. BGHZ 73, 266 = NJW 1979, 1161; BGH, NJW 2004, 774.

der quasivertraglichen Haftungsansprüche aus § 179 BGB, insbesondere deren wirtschaftlichen Ersatzwertcharakter und die dafür prägende Vertragsakzessorietät, wie auch die Ratio der einschlägigen Sonderverjährungsregelungen, die für die konkrete Art des Falles schließlich eine zweckmäßigere und daher vorzugswürdige Spezialregelung darstellen.[351] Dadurch vermischt die Trennungslösung nicht nur zwei letztlich völlig konträre rechtliche Modelle zur verjährungsrechtlichen Behandlung der Haftungsansprüche aus § 179 BGB. Sie führt auch zu einer unnatürlichen Trennung der in ihrer wirtschaftlichen Qualität eng miteinander verbundenen und daher auch in verjährungsrechtlicher Hinsicht gleich zu behandelnden Ansprüche aus dem gescheiterten Vertrag und der wirtschaftlich damit korrespondierenden Haftung nach § 179 BGB. Schließlich kann der Zeitpunkt der Entstehung der Ansprüche gem. § 179 BGB und damit einhergehend des diesbezüglichen Verjährungsbeginns nach den allgemeinen Vorschriften der §§ 199, 200 BGB ganz erheblich von dem insoweit maßgeblichen Zeitpunkt der einschlägigen Sonderverjährungsregelung abweichen, sodass es zu teils völlig unterschiedlichen faktischen Verjährungsfristen kommen kann.

Des Weiteren besteht bei der Trennungslösung die Gefahr, dass die Verjährung von sämtlichen potenziellen Haftungsansprüchen nach § 179 BGB eintritt, bevor überhaupt die vollständigen gesetzlichen Haftungsvoraussetzungen, z. B. der Eintritt eines Schadens, vorliegen und damit der konkrete Anspruch aus § 179 BGB dem Grunde und der Höhe nach auch tatsächlich entstanden ist. Das gilt insbesondere in den Fällen der Erfüllungswahl gem. § 179 Abs. 1 BGB, in denen es nach diesem Ansatz schließlich zur einheitlichen Verjährung sämtlicher Ansprüche aus § 179 BGB kommen könnte, auch wenn die entsprechende Erfüllungsphase noch andauert. Im obigen Beispielsfall zeigt sich das Problem etwa dann, wenn die Rückgabe der Mietsache i. S. d. § 548 Abs. 1 S. 2 BGB erst sechs Monate nach der Genehmigungsverweigerung vom 01.02.2021 erfolgen würde, z. B. weil die Mietflächen infolge der Erfüllungswahl gem. § 179 Abs. 1 BGB zunächst noch weiter genutzt werden bzw. weil die Kündigungsfrist ausgeschöpft wird oder weil der Räumungs- und Rückgabeanspruch des A erst gerichtlich gegen V durchgesetzt werden muss. In diesem Fall wäre bei Rückgabe der veränderten bzw. verschlechterten Mietsache und damit im Zeitpunkt des endgültigen Schadenseintritts schließlich bereits die Verjährung sämtlicher Ersatzansprüche des A eingetreten, obwohl die entsprechende Verjährungsfrist bei Wirksamkeit des gescheiterten Vertrages in diesem Moment erst zu laufen begonnen hätte. Gerade daran wird ersichtlich, dass der Ansatz der Trennungslösung letztlich auch zu einer schwerwiegenden Benachteiligung des Anspruchsinhabers im Vergleich zur Rechtslage bei Wirksamkeit des beabsichtigten Vertrages führen kann.

---

351 Vgl. dazu ausführlich unter „*Teil III A. I. Anwendbare Verjährungsfrist*“.

Zu dem Gedanken der im Sinne der Rechtssicherheit und des Rechtsfriedens gebotenen zeitlichen Begrenzung der Haftung aus § 179 BGB lässt sich zudem festhalten, dass eine Einstandspflicht des Vertreters ohne Vertretungsmacht gerade gerechtfertigt erscheint, solange die Erfüllung i. S. d. § 179 Abs. 1 BGB andauert bzw. wenn im obigen Beispiel die Rückgabe der Mietsache i. S. d. § 548 Abs. 1 S. 2 BGB – warum auch immer – erst erheblich später als die Verweigerung der Genehmigung des Vertretergeschäfts erfolgen würde. Schließlich bezweckt § 179 Abs. 1 BGB gerade die Gleichstellung des Vertreters ohne Vertretungsmacht mit dem Vertragspartner im Fall des erfolgreichen Vertragsschlusses[352] und auch im Übrigen fällt eine potenzielle Inanspruchnahme aus § 179 BGB richtigerweise solange in die Risikosphäre des falsus procurator, wie nicht sämtliche Umstände bzw. Folgen der Vertretung ohne Vertretungsmacht und alle damit zusammenhängenden Ansprüche i. S. d. § 179 BGB vollständig aufgeklärt bzw. erledigt sind.

Auf der anderen Seite kann der Ansatz der Trennungslösung, im Vergleich zur Lage bei Wirksamkeit des gescheiterten Vertrages, auch zu einem erheblich verzögerten Verjährungsbeginn und damit zu einer faktisch viel längeren Verjährungsfrist führen, mit der Folge, dass in Ansehung der Ansprüche bei unterstellter Vertragswirksamkeit möglicherweise bereits die Verjährung eingetreten wäre, wenn die für die Haftungsansprüche aus § 179 BGB einschlägige Verjährungsfrist erst zu laufen beginnt. Dieses Problem stellt sich immer dann, wenn das für den Verjährungsbeginn maßgebliche Ereignis im Sinne der einschlägigen Sonderverjährungsregelung, wie beispielsweise die Rückgabe der Mietsache i. S. d. § 548 Abs. 1 S. 2 BGB, viel früher eintritt als die mit der entsprechenden Genehmigungsverweigerung einhergehende und von den allgemeinen Regelungen über den Verjährungsbeginn gem. §§ 199, 200 BGB grundsätzlich vorausgesetzte Entstehung der Haftungsansprüche aus § 179 BGB. In derartigen Fällen bewirkt die Trennungslösung damit eine sachlich nicht zu rechtfertigende Besserstellung des Anspruchsinhabers, für den es schließlich ein „Geschenk des Himmels“ darstellt, wenn ihm auf einmal eine im Vergleich zu den eigentlich begehrten vertraglichen Ansprüchen faktisch möglicherweise um ein Vielfaches längere Verjährungsfrist zur Verfügung steht, nur weil ein Vertreter ohne hinreichende Vertretungsmacht gehandelt hat. Besonders deutlich wird dies auch, wenn nach der Trennungslösung im Rahmen der Haftung gem. § 179 BGB für den Verjährungsbeginn auf die Ultimo-Regelung des § 199 Abs. 1 BGB abzustellen ist und der zugrunde liegende Anspruch aus § 179 BGB wenige Tage nach dem Jahreswechsel entsteht, wohingegen das fristauslösende Ereignis nach der bei Vertragswirksamkeit einschlägigen Sonderverjährungsregelung noch kurz vor dem Jahreswechsel stattfand. Es ist schließlich schwer einzusehen, weshalb

352 Vgl. dazu ausführlich unter „*Teil II A. IV. 1. Haftungsfolgen gem. § 179 Abs. 1 BGB*“ sowie Fn. 157, 158.

die für die Haftungsansprüche aus § 179 BGB geltende Verjährungsfrist in diesem Fall bei konsequenter Anwendung der Trennungslösung – ohne ersichtlichen Grund – faktisch um nahezu ein ganzes Jahr länger laufen soll als bei Wirksamkeit des gescheiterten Vertrages.

Zusammenfassend ist daher festzustellen, dass die Trennungslösung sowohl die besondere Rechtsnatur der quasivertraglichen Haftungsansprüche gem. § 179 BGB als auch die Ratio der bei Vertragswirksamkeit anzuwendenden Sonderverjährungsregelungen gänzlich missachtet und damit zu wertungsmäßig inkonsistenten bzw. dogmatisch nicht haltbaren Ergebnissen führt. Ein derartiger Lösungsansatz kann somit nicht einmal einer ersten Plausibilitätskontrolle standhalten und ist daher bereits grundsätzlich abzulehnen.

bb) Alternativlösung

Für den Ansatz der Alternativlösung kann ins Feld geführt werden, dass dadurch ebenfalls einer zeitlichen Ausuferung der persönlichen Vertreterhaftung aus § 179 BGB entgegengewirkt wird. Durch die alternative Anknüpfung entweder an die zur Anspruchsentstehung gem. § 179 BGB führende Verweigerung der Genehmigung des zugrunde liegenden Vertretergeschäfts i. S. d. § 177 Abs. 1 BGB bzw. die Verweigerungsfiktion gem. § 177 Abs. 2 S. 2 BGB oder – entscheidend ist stets das zeitlich früher eintretende Ereignis – den bei unterstellter Vertragswirksamkeit für den Verjährungsbeginn maßgeblichen Zeitpunkt entsprechend der insoweit einschlägigen Sonderverjährungsregelung wird schließlich einer sachlich nicht gerechtfertigten Verzögerung des Verjährungsfristlaufs und damit faktisch erheblich auseinanderfallenden Verjährungsfristen vorgebeugt. Im Übrigen besteht für den Anspruchsinhaber ab dem Zeitpunkt der Anspruchsentstehung grundsätzlich auch die angemessene und zumutbare Möglichkeit zur Verfolgung seiner Rechte sowie zur Vornahme verjährungshemmender Maßnahmen. Insoweit kann dieser Lösungsansatz daher für sich in Anspruch nehmen, dass in diesem Fall ein weiteres Hinausschieben des Verjährungsbeginns mangels Schutzwürdigkeit des Anspruchsinhabers nicht angezeigt ist, auch wenn die besonderen Voraussetzungen der bei unterstellter Vertragswirksamkeit anwendbaren Verjährungsregelung noch nicht eingetreten sind.

Im Ergebnis muss der Ansatz der Alternativlösung jedoch schon von vornherein und aus weitgehend denselben Gründen wie der Ansatz der Trennungslösung ausscheiden. Insbesondere wird auch dabei die besondere vertragsakzessorische Rechtsnatur sowie der wirtschaftliche Ersatzwertcharakter der quasivertraglichen Vertreterhaftung aus § 179 BGB missachtet und damit einhergehend den auch auf diese durchschlagenden gesetzgeberischen Intentionen und Wertungen hinter der jeweils einschlägigen Sonderverjährungsregelung, die bei Wirksamkeit des eigentlich beabsichtigten

Vertrages anzuwenden wäre und für das konkrete Geschehen eine fach- und sachnähere Spezialregelung darstellt, nicht hinreichend Rechnung getragen. Im Übrigen kollidiert dieser Ansatz auch mit dem grundsätzlichen Gebot von Rechtssicherheit und Rechtsklarheit, da die alternativen Anknüpfungspunkte im Einzelfall zu nicht unerheblichen Zweifeln an dem für den Verjährungsbeginn maßgeblichen Zeitpunkt führen können. Auch der Ansatz der Alternativlösung hält daher einer grundsätzlichen Plausibilitätskontrolle nicht stand und ist somit – wie auch der Ansatz der Trennungslösung – schon aus grundlegenden dogmatischen und wertungsmäßigen Erwägungen abzulehnen.

cc) Spezialitätslösung

Für die Spezialitätslösung spricht im Grundsatz, dass es für die Verjährung der quasivertraglichen Haftungsansprüche aus § 179 BGB nach der Rechtsprechung des BGH sowie den im Kontext der insoweit anwendbaren Verjährungsfrist herausgearbeiteten Grundsätzen und Wertungen, insbesondere der insoweit prägenden Vertragsakzessorietät sowie dem wirtschaftlichen Ersatzwertcharakter der Haftung aus § 179 BGB, gerade entscheidend auf diejenigen (Sonder-)Verjährungsregelungen ankommt, die im Fall der Wirksamkeit des gescheiterten Vertrages für die wirtschaftlich bzw. inhaltlich korrespondierenden vertraglichen Ansprüche gegolten hätten.[353] Vor diesem Hintergrund erscheint es nur konsequent, nicht lediglich isoliert auf die (besondere) Verjährungsfrist, sondern vielmehr auf die einschlägige Sonderverjährungsregelung im Ganzen und damit auch im Hinblick auf einen darin besonders geregelten Verjährungsbeginn abzustellen.

Auch im Übrigen können für diesen Lösungsansatz dogmatisch überzeugende Gründe ins Feld geführt werden. In teleologischer Hinsicht streitet für die Spezialitätslösung, dass sie der umfassenden Verwirklichung der Ratio der bei Vertragswirksamkeit einschlägigen Sonderverjährungsregelungen dient, die – wie schon bei der Frage nach der maßgeblichen Verjährungsfrist erwähnt – richtigerweise nicht streng formalistisch auf einzelne Anspruchsgrundlagen beschränkt werden dürfen, sondern hinsichtlich derer auf ein umfassenderes wirtschaftliches Anspruchsverständnis abzustellen ist. Diese beziehen sich schließlich in erster Linie auf die allgemeine wirtschaftliche Qualität bzw. Identität eines Anspruchs. Der beispielsweise mit den kurzen und rein objektiv angeknüpften Sonderverjährungsfristen, wie derjenigen des § 548 Abs. 1 S. 1 BGB, verfolgte Zweck der möglichst raschen Klärung der zugrunde liegenden Sach- und Rechtslage zur Erleichterung des Rechtsverkehrs und zum Schutz vor den mit dem zunehmenden Zeitablauf

353 Vgl. dazu Fn. 350, 351.

einhergehenden Beweisnöten[354] trifft schließlich auf die quasivertraglichen Haftungsansprüche gem. § 179 BGB genauso zu, wie auf die im Fall der Wirksamkeit des gescheiterten Geschäfts bestehenden vertraglichen Ansprüche, an deren Stelle die Haftung aus § 179 BGB ja gerade als entsprechender wirtschaftlicher Ersatzwert tritt.[355]

Zudem kann für den Ansatz der Spezialitätslösung aus systematischer Sicht angeführt werden, dass die verschiedenen Sonderverjährungsregelungen nach der Intention des Gesetzgebers für den jeweiligen Einzelfall fach- bzw. sachnähere Spezialregelungen darstellen. Somit kommen die allgemeinen Regeln der §§ 199, 200 BGB schon gar nicht zur Anwendung, soweit der Normzweck besonderer Vorschriften über den Verjährungsbeginn eingreift, da insoweit gerade „*ein anderer Verjährungsbeginn*" i. S. d. §§ 199 Abs. 1, 200 BGB bestimmt ist und diese daher als *lex specialis* vorgehen.[356]

Die Spezialitätslösung erscheint damit dogmatisch grundsätzlich vertretbar. Im Ausgangspunkt sind jedenfalls keine elementaren Hinderungsgründe ersichtlich. In einem nächsten Schritt ist dieser Ansatz daher tiefergehend zu analysieren und im Einzelnen auf seine Vereinbarkeit mit den betroffenen gesetzlichen Wertungen sowie den Interessen der Beteiligten zu untersuchen.

dd) Gesamtlösung

Soweit der vermittelnde Ansatz der Gesamtlösung für den Verjährungsbeginn ebenfalls primär auf die Voraussetzungen der auch für die anzuwendende Verjährungsfrist maßgeblichen Sonderverjährungsregelung abstellt, sprechen dafür letztlich dieselben Gründe wie für die Spezialitätslösung. Auf diese Weise wird schließlich sowohl dem besonderen wirtschaftlichen Ersatzwertcharakter der quasivertraglichen Haftung aus § 179 BGB und der für sie prägenden Vertragsakzessorietät als auch der *ratio legis* der besonderen Verjährungsregelungen Rechnung getragen.

Soweit dieser Lösungsansatz aber ergänzend bestimmt, dass die einschlägige Verjährungsfrist jedenfalls nicht vor der grundsätzlichen Verwirklichung des Haftungstatbestands des § 179 BGB durch die Verweigerung der Genehmigung des zugrunde liegenden Vertrages i. S. d. § 177 Abs. 1 BGB bzw. die diesbezügliche Fiktion gem. § 177 Abs. 2 S. 2 BGB zu laufen beginnt, ist zu erkennen, dass es sich dabei eigentlich um den Regelfall bzw. einen dem

---

354 Zur Ratio der kurzen Sonderverjährungsfristen vgl. Abschnitte b) – d) unter „*Teil I D. I. 2. Besondere Verjährungsfristen*" sowie Fn. 52, 60, 64.

355 Zu diesen teleologischen Erwägungen vgl. auch BGHZ 73, 266 = NJW 1979, 1161 sowie die Ausführungen unter „*Teil III A. I. 3. Stellungnahme und Fazit*".

356 Vgl. dazu Abschnitte 2. und 3. unter „*Teil I D. II. Beginn und Ende der Verjährung*" sowie Fn. 70, 71, 75, 76.

geltenden Verjährungsrecht immanenten Grundsatz handelt. Diesem liegt auf der einen Seite zwar der allgemeine Rechtsgedanke zugrunde, dass die Geltendmachung von Ansprüchen im Sinne der Rechtssicherheit bzw. des Rechtsfriedens und des Schuldnerschutzes zeitlich begrenzt werden muss.[357] Auf der anderen Seite haben die gesetzlichen Verjährungsregelungen dabei aber im Grundsatz auch die Aufgabe, den betroffenen Gläubigerinteressen hinreichend Rechnung zu tragen. Vor diesem Hintergrund basiert das Rechtsinstitut der Verjährung daher zugleich auf der grundlegenden Wertung, dass der Rechtsverlust durch Zeitablauf – jedenfalls faktisch in Form der dauernden Verjährungseinrede i. S. d. § 214 Abs. 1 BGB – erst dann in Betracht kommt, wenn das entsprechende Recht auch tatsächlich entstanden ist – denn nur dann kann es auch infolge des Zeitablaufs wieder verloren gehen – und für den Gläubiger zudem die angemessene und zumutbare Möglichkeit bestand, von seinen Rechten Gebrauch zu machen und dadurch auf den faktischen Anspruchsverlust Einfluss zu nehmen bzw. ihn zu verhindern.[358] Im Grundsatz muss daher von der generellen Regel ausgegangen werden, dass der Verjährungsbeginn stets auch die Entstehung des zugrunde liegenden Anspruchs erfordert, denn nur dann erhält der Gläubiger auch tatsächlich die Möglichkeit der Anspruchsverfolgung innerhalb der ihm vom Gesetzgeber dafür zur Verfügung gestellten Zeit. Wäre dies hingegen nicht der Fall, würde schließlich eine faktische Unterwanderung der gesetzlichen Verjährungsfristen und der damit verbundenen gesetzgeberischen Intentionen drohen. Insoweit kann auch ein Vergleich zu Fällen gezogen werden, in denen ein Anspruch von der Erteilung einer Genehmigung abhängt, wie gerade auch der vertragliche Anspruch gegen den Vertretenen bei der Vertretung ohne Vertretungsmacht gem. § 177 Abs. 1 BGB. Schließlich kommt auch der Verweigerung der Genehmigung des Vertretergeschäfts i. S. d. § 182 Abs. 1 BGB durch die damit einhergehende Beendigung der bis dahin bestehenden Schwebelage und Feststellung der endgültigen Unwirksamkeit des entsprechenden Vertrages von Anfang an eine gewisse Rückwirkung zu.[359] Auch in den klassischen Genehmigungsfällen beginnt der Verjährungsfristlauf schließlich entgegen der in § 184 Abs. 1 BGB angeordneten Rückwirkung der Genehmigung nicht bereits in dem früheren Zeitpunkt der Anspruchsentstehung *ex tunc*, sondern vielmehr erst mit der endgültigen Genehmigungserteilung, da erst ab diesem Zeitpunkt die tatsächliche

357 Vgl. dazu ausführlich Abschnitte I. und II. unter „*Teil I B. Sinn und Zweck der Verjährung*“ sowie Fn. 12, 13.

358 BGHZ 208, 210 (225) Rn. 40 = NJW 2016, 629 (633); BGH, NJW 2015, 3299 (3300); vgl. dazu auch unter „*Teil I B. III. Interessen des Gläubigers*“ sowie Fn. 18, 19.

359 Vgl. Staudinger/Schilken, § 177 Rn. 12; BeckOGKBGB/Ulrici, § 177 Rn. 201; MüKo-BGB/Schubert, § 177 Rn. 59.

Möglichkeit der Geltendmachung des zugrunde liegenden vertraglichen Anspruchs besteht.[360]

Freilich sind auch Ausnahmen von dem Grundsatz, dass der Verjährungsbeginn stets auch die Anspruchsentstehung voraussetzt, anerkannt bzw. sogar gesetzlich geregelt. Hierbei handelt es sich jedoch gerade um eng umgrenzte Einzelfälle, die in der Regel einem übergeordneten Ziel dienen bzw. den in bestimmten Bereichen bestehenden besonderen Umständen Rechnung tragen und die daher einer Erweiterung oder Ausdehnung auf andere Ansprüche grundsätzlich nicht ohne Weiteres bzw. nicht ohne nähere Begutachtung der zugrunde liegenden Interessenlage zugänglich sind. Eine ausdrückliche Ausnahme vom Erfordernis der Anspruchsentstehung enthält § 199 Abs. 2, Abs. 3 S. 1 Nr. 2 BGB, der in Form einer Verjährungshöchstfrist eine im Interesse der Rechtssicherheit und des Rechtsfriedens gebotene Haftungsbeschränkung durch Zeitablauf normiert.[361] Insoweit wird bereits der absolute Ausnahme- bzw. Auffangcharakter dieser Regelung deutlich, die insbesondere in den Fällen zu einer Deckelung der Schadensersatzhaftung führen soll, in denen das schädigende Ereignis und der Schadenseintritt ganz gravierend auseinanderfallen.[362] Auch die kurzen Verjährungsfristen mit besonderer Bestimmung des Verjährungsbeginns, wie §§ 438 Abs. 2, 634a Abs. 2 und 548 Abs. 1 S. 2 BGB, knüpfen grundsätzlich nicht an die Anspruchsentstehung an, da es diesen in erster Linie darum geht, den Geschäftsverkehr zu entlasten bzw. zu beschleunigen und der gerade in diesen Bereichen besonders großen Gefahr von Beweisnöten entgegenzuwirken.[363] Auch hierbei bestehen die zugrunde liegenden Ansprüche aber im absoluten Regelfall bereits bei Verjährungsbeginn. Es handelt sich um eher seltene Ausnahmefälle, in denen es aufgrund des übergeordneten Interesses an der Herstellung von Rechtssicherheit und Rechtsklarheit tatsächlich einmal bereits vor der Anspruchsentstehung zum Verjährungseintritt kommen kann. Das verdeutlichen auch die Entscheidungen des BGH zur Verjährung gem. § 548 Abs. 1 BGB in Fällen, in denen die Ersatzansprüche des Vermieters erst nach der Rückgabe der Mieträumlichkeiten i. S. d. § 548 Abs. 1 S. 2 BGB entstehen, etwa weil eine von ihm gesetzte Nachfrist noch nicht abgelaufen war oder die entsprechende Rückgabe bereits vor dem Vertragsende erfolgte. In diesem Zusammenhang hat der BGH schließlich festgestellt, dass es für den Verjährungsbeginn ausschließlich auf den Zeitpunkt der Rückgabe der Mietsache i. S. d. § 548 Abs. 1 S. 2 BGB ankomme und damit gerade nicht auf

360 BeckOGKBGB/Piekenbrock, § 199 Rn. 23; Staudinger/Klumpp, § 184 Rn. 95; MüKo-BGB/Grothe, § 199 Rn. 5.

361 Vgl. BeckOGKBGB/Piekenbrock, § 199 Rn. 162 f. sowie Fn. 69.

362 Vgl. BT-Drs. 14/6040, S. 108 f.; BeckOGKBGB/Piekenbrock, § 199 Rn. 162 f.

363 Vgl. dazu ausführlich Abschnitte b) – d) unter „*Teil I D. I. 2. Besondere Verjährungsfristen*" sowie Fn. 52, 60, 64.

eine möglicherweise erst später erfolgende Anspruchsentstehung.[364] Zu beachten ist insoweit aber, dass die Rückgabe der Mietsache in den meisten Fällen ohnehin erst nach oder zumindest bei Vertragsende und daher mit der Anspruchsentstehung erfolgen wird,[365] zumal dabei in der Regel auch eine Nachfristsetzung gem. § 281 Abs. 2 BGB entbehrlich ist. Aber auch in den wohl eher seltenen Ausnahmesituationen, in denen dies gerade nicht der Fall ist und die Rückgabe i. S. d. § 548 Abs. 1 S. 2 BGB tatsächlich deutlich vor der Anspruchsentstehung erfolgt, wird den schutzwürdigen Interessen des Vermieters grundsätzlich hinreichend Rechnung getragen. Schließlich hat er es mit Rückerhalt der Mietsache in der Regel selbst in der Hand, diese umfassend auf mögliche Veränderungen oder Verschlechterungen zu untersuchen, um anschließend entweder zunächst die Voraussetzungen für einen Schadensersatzanspruch, etwa durch eine Fristsetzung i. S. d. § 281 Abs. 1 BGB, zu schaffen[366] oder bereits direkt gegen den (künftigen) Anspruchsgegner vorzugehen, der im Gegensatz zu den Fällen des § 179 BGB auch bereits vor der endgültigen Anspruchsentstehung feststeht. So besteht auch schon vor der Entstehung der Schadensersatzansprüche des Vermieters aufgrund einer Veränderung oder Verschlechterung der Mietsache, wie im Fall der vorzeitigen Rückgabe i. S. d. § 548 Abs. 1 S. 2 BGB, die Möglichkeit der Geltendmachung von Vorschusszahlungen oder der Erhebung einer Leistungs- bzw. Feststellungsklage zum Zwecke der umfassenden Verjährungshemmung gem. §§ 204 Abs. 1 Nr. 1, 213 BGB.[367] Abgesehen davon besteht für den Vermieter dabei grundsätzlich stets auch die Option der vertraglichen Vereinbarung eines Verjährungsverzichts bzw. insbesondere in den Fällen der vorzeitigen Rückgabe der Mietsache direkt eines Mietaufhebungsvertrages.[368] Zudem ist in derartigen Fällen vermieterseits auch stets eine etwaige Verweigerung der vorzeitigen Rücknahme der Mieträumlichkeiten entgegen der ursprünglichen vertraglichen Abrede und damit letztlich das Abwarten der Entstehung der potenziellen Ersatzansprüche mit Vertragsbeendigung in Betracht zu ziehen.[369]

Die den dargestellten Ausnahmefällen zugrunde liegenden Rechtsgedanken treffen auf die Konstellationen der quasivertraglichen Haftung aus § 179 BGB und die Frage nach dem diesbezüglichen Verjährungsbeginn jedoch nicht gleichermaßen zu und können insoweit daher auch nicht übertragen werden. Vielmehr bestätigen diese gerade die allgemeine Regel, wonach der Verjährungsbeginn grundsätzlich auch die Entstehung des zugrunde liegen-

364 BGHZ 162, 30 (35 ff.) = NJW 2005, 739 (740 f.); BGH, NJW 2006, 1588.
365 In diese Richtung auch BGH, NJW 2006, 1588.
366 Vgl. BGHZ 162, 30 (39) = NJW 2005, 739 (741).
367 So auch BGH, NJW 2006, 1588 f.
368 Vgl. dazu auch BGH, NJW 2006, 1589.
369 Vgl. dazu insbesondere Schmidt-Futterer/Streyl, § 546 Rn. 77.

den Anspruchs erfordert. Insbesondere besteht bei der Haftung nach § 179 BGB vor der Anspruchsentstehung durch Verweigerung der Genehmigung des Vertretergeschäfts eine gänzlich andere Ausgangssituation als beispielsweise bei der verfrühten Rückgabe einer Mietsache i. S. d. § 548 Abs. 1 S. 2 BGB. Hier gibt es gerade keine vergleichbare Möglichkeit des Vorgehens gegen den Anspruchsgegner im Hinblick auf die künftigen Schadensersatzansprüche. Ungeachtet dessen, dass der Gläubiger des Haftungsanspruchs gem. § 179 BGB aufgrund der Unkenntnis der fehlenden Vertretungsmacht bzw. der Person des Vertreters häufig schon rein praktisch keine Möglichkeit bzw. keinen Anlass zu einem entsprechenden frühzeitigen Vorgehen gegen den Vertreter hat, besteht schließlich vor der Genehmigungsverweigerung überhaupt keine rechtliche Handhabe gegen den Vertreter persönlich. Die Schutzwürdigkeit des Anspruchsinhabers ist im Rahmen der Vertreterhaftung nach § 179 BGB daher wesentlich schwerer zu gewichten als in den Fällen des wirksamen Vertragsschlusses.

Schließlich kann die Gesamtlösung für sich in Anspruch nehmen, dass ihr Gedanke im Grundsatz wohl auch der Linie des BGH und der herrschenden Literaturmeinung entspricht,[370] wenngleich sich bislang – soweit ersichtlich – weder Rechtsprechung noch Lehre tiefergehend mit der Problemstellung des im Rahmen der quasivertraglichen Vertreterhaftung gem. § 179 BGB maßgeblichen Verjährungsbeginns beschäftigt haben.[371]

Auch für die Gesamtlösung sprechen somit gute Gründe, sodass diese im Grundsatz ebenfalls dogmatisch vertretbar erscheint. Auch insoweit sind jedenfalls keine grundsätzlichen Ausschlussgründe ersichtlich, sodass dieser Ansatz ebenso einer detaillierteren Betrachtung unter der Berücksichtigung von Schutzwürdigkeitserwägungen und Wertungsaspekten unterzogen werden muss, um abschließend feststellen zu können, welchem Lösungsansatz im Rahmen der Frage nach der Verjährung der quasivertraglichen Vertreterhaftung gem. § 179 BGB im Ergebnis der Vorzug zu geben ist.

c) Analyse und Bewertung von Spezialitäts- und Gesamtlösung

Nach den vorstehenden Erwägungen kommt für die Bestimmung des Verjährungsbeginns im Rahmen der quasivertraglichen Vertreterhaftung gem. § 179 BGB somit grundsätzlich sowohl die Spezialitätslösung als auch die Gesamtlösung in Betracht. Nachfolgend sind daher zunächst im Detail die jeweiligen Schwächen dieser Lösungsansätze zu analysieren, bevor schließlich der Frage nachgegangen wird, welche Theorie zu einem einheitlichen und dogmatisch stimmigen Konzept geformt werden kann, das grundsätz-

370 Vgl. BGHZ 73, 266 (271) = NJW 1979, 1161 (1162); BGH, NJW 2004, 774; Staudinger/Schilken, § 179 Rn. 15 a. E.; MüKoBGB/Schubert, § 179 Rn. 49, 54.

371 Dazu bislang einzig BeckOGKBGB/Piekenbrock, § 195 Rn. 40.

lich dazu geeignet ist, die jeweils bestehenden Schwächen zu korrigieren und dadurch zu wertungskonsistenten Ergebnissen sowie einem angemessenen Ausgleich der beteiligten Interessen zu führen.

aa) Spezialitätslösung

Da die Spezialitätslösung den Verjährungsbeginn ausschließlich an die Voraussetzungen der einschlägigen Sonderverjährungsregelung anknüpft, wie an die Rückgabe i. S. d. § 548 Abs. 1 S. 2 BGB, ist danach zu fragen, inwieweit sie zu sach- und interessengerechten Ergebnissen führt und dabei insbesondere auch dem von der Haftung nach § 179 BGB bezweckten Vertrauensschutz hinreichend Rechnung trägt. Unter Berücksichtigung allgemeiner Schutzwürdigkeitserwägungen sind daher zunächst diejenigen Sachverhaltskonstellationen zu identifizieren, in denen es aufgrund von Wertungswidersprüchen bzw. einer unbilligen Benachteiligung des Anspruchsinhabers eigentlich einer entsprechenden Ergebniskorrektur bedürfte.

(1) Verjährung vor Anspruchsentstehung

Problematisch erscheint zunächst, dass im Rahmen der Spezialitätslösung aufgrund der ausschließlichen Anknüpfung des Verjährungsbeginns an die Voraussetzungen der auch im Fall der Vertragswirksamkeit einschlägigen Sonderverjährungsregelung stets die Gefahr besteht, dass es bereits vor der endgültigen Entstehung der Haftungsansprüche aus § 179 BGB zum Verjährungseintritt kommt. Dies wäre im obigen Mietbeispiel der Fall, wenn die M-GmbH die Genehmigung des von V abgeschlossenen Mietvertrages erst am 02.03.2021 verweigert hätte, mithin über sechs Monate nach der gem. § 548 Abs. 1 S. 2 BGB für den Verjährungsbeginn entscheidenden Rückgabe der Mieträumlichkeiten am 01.09.2020. Dann wäre die sechsmonatige Verjährungsfrist des § 548 Abs. 1 S. 1 BGB im Zeitpunkt der endgültigen Entstehung der gegen V gerichteten Schadensersatzansprüche des A aus § 179 BGB bereits abgelaufen gewesen.

Wie bereits dargestellt, lehnt sowohl die höchstrichterliche Rechtsprechung als auch die wohl herrschende Literaturmeinung einen Verjährungsbeginn vor der Anspruchsentstehung jedenfalls im Zusammenhang mit der Vertreterhaftung gem. § 179 BGB allgemein ab, wenn auch ohne ersichtliche tiefergehende Begründung bzw. Auseinandersetzung.[372] Allerdings kann einem derart pauschalen Ansatz nicht gefolgt werden. Insoweit ist vielmehr eine differenziertere Betrachtung unter Berücksichtigung der konkreten Umstände des jeweiligen Einzelfalles und der Schutzwürdigkeit der Beteiligten erforderlich. Schließlich zeigen gerade die Verjährungshöchstfristen

372 Vgl. Fn. 370.

gem. § 199 Abs. 2, Abs. 3 S. 1 Nr. 2 BGB sowie die verschiedenen besonderen Verjährungsregelungen, die den Verjährungsbeginn als andere und damit vorrangige Bestimmung i. S. d. §§ 199 Abs. 1, 200 BGB ausdrücklich von der Anspruchsentstehung abkoppeln und einen anderweitigen – rein objektiven – Anknüpfungspunkt – wie die Übergabe eines Grundstücks bzw. die Ablieferung einer beweglichen Sache i. S. d. § 438 Abs. 2 BGB, die Abnahme eines Werks i. S. d. § 634a Abs. 2 BGB oder die Rückgabe der Mietsache i. S. d. § 548 Abs. 1 S. 2 BGB – statuieren, dass dem geltenden Recht ein Verjährungsbeginn bzw. sogar ein Verjährungseintritt noch vor der endgültigen Anspruchsentstehung im Grundsatz nicht fremd ist und damit auch nicht schlechthin ausgeschlossen werden darf.[373]

Zudem muss dabei auch die besondere vertragsakzessorische Rechtsnatur der quasivertraglichen Ersatzansprüche gem. § 179 BGB und damit ihre besondere tatsächliche, wirtschaftliche und rechtliche Nähe zu den Ansprüchen aus dem eigentlich beabsichtigten Vertrag berücksichtigt werden, die letztlich dazu führt, dass die im Fall der Vertragswirksamkeit einschlägigen Sonderverjährungsregelungen auch auf die Haftung nach § 179 BGB durchschlagen. Aufgrund dieser besonders engen Beziehung zu dem vertraglichen Verjährungsregime darf aber gerade auch die Zeit nicht völlig außer Acht gelassen werden, die vom Zeitpunkt des Verjährungsbeginns bei unterstellter Wirksamkeit des gescheiterten Vertrages bis zur finalen Entstehung der Haftungsansprüche aus § 179 BGB durch die Verweigerung der Genehmigung des Vertretergeschäfts verstrichen ist. Dies wäre schließlich mit dem wirtschaftlichen Ersatzwertcharakter der Ansprüche aus § 179 BGB und der sie prägenden Vertragsakzessorietät nicht zu vereinbaren.

Im Übrigen ist bei der Spezialitätslösung auch von einer deutlich anderen Ausgangslage als bei der Trennungs- und/oder Alternativlösung auszugehen, die unter anderem gerade mit dem Hinweis auf einen potenziellen Verjährungseintritt vor Anspruchsentstehung abzulehnen sind.[374] Der insoweit entscheidende Punkt liegt darin, dass es ein bedeutender Unterschied ist, ob lediglich der Haftungsanspruch gegen den Vertreter persönlich aus § 179 BGB mangels Verweigerung der Genehmigung durch den vermeintlich Vertretenen noch nicht in seiner finalen Ausprägung entstanden ist oder ob noch nicht einmal die grundlegenden Voraussetzungen vorliegen, an die das Gesetz einen Anspruch bzw. eine Haftung knüpft, wie z. B. der Eintritt eines Schadens. Bei Letzterem ist schließlich weitgehend unklar, welche Ansprü-

373 Insbesondere zu den kurzen Sonderverjährungsfristen vgl. auch unter „*Teil I D. II. 3. Besondere Regelung des Verjährungsbeginns*“ sowie Fn. 72, 76; zum direkten Anwendungsfall des § 548 BGB vgl. auch BGHZ 162, 30 (35 ff.) = NJW 2005, 739 (740 f.); BGH, NJW 2006, 1588.

374 Vgl. hierzu die vorhergehenden Ausführungen unter „*Teil III A. II. 1. b) aa) Trennungslösung*“.

che zu welchem Zeitpunkt in welcher Höhe entstehen werden bzw. ob überhaupt noch Ansprüche in Betracht kommen. In dem Beispielsfall zu § 548 BGB wäre hiervon etwa dann auszugehen, wenn es noch zu keiner Rückgabe der Mieträumlichkeiten i. S. d. § 548 Abs. 1 S. 2 BGB gekommen wäre und damit nicht feststünde, ob bzw. welche Veränderungen und Verschlechterungen der Mietsache bestehen bzw. noch entstehen und nicht beseitigt werden. In diesem Fall wäre nicht hinreichend absehbar, inwiefern es im Zusammenhang mit dem Zustand der Mietsache tatsächlich noch zu Schadensersatzansprüchen des A gegenüber V kommt. Bei Ersterem ist hingegen bereits ein an sich anspruchsbegründendes Ereignis eingetreten, mit der Folge, dass dem Grunde nach auch bereits feststeht, dass daraus ein Anspruch resultiert. Dem entspricht grundsätzlich die Ausgangslage im obigen Mietbeispiel, bei dem letztlich bereits mit der Rückgabe der Mieträumlichkeiten am 01.09.2020 feststeht, dass dem A Schadensersatzansprüche aufgrund der bestehenden Veränderungen und Verschlechterungen der Mietsache zustehen. Bis zur Verweigerung der Genehmigung am 01.02.2021 war lediglich unklar, ob sich diese Ansprüche gegen die M-GmbH als Vertretene und damit Vertragspartnerin oder vielmehr ausschließlich gegen den V persönlich als falsus procurator i. S. d. § 179 BGB zu richten haben. In derartigen Sachverhaltskonstellationen ist der Rechtsboden des zugrunde liegenden Anspruchs daher auch schon vor der endgültigen Verwirklichung des Haftungstatbestands gem. § 179 BGB hinreichend bereitet und die Entscheidung über die Genehmigung des Vertretergeschäfts i. S. d. § 177 Abs. 1 BGB im Ergebnis nur noch maßgeblich für die Frage der Anspruchsgegnerschaft. Im Rahmen der Spezialitätslösung ist demnach stets die Besonderheit zu beachten, dass der Haftungsanspruch auch schon vor der Verweigerung der Genehmigung des zugrunde liegenden Vertrages und damit der endgültigen Entstehung der Vertreterhaftung gem. § 179 BGB latent existiert, wenn das anspruchsbegründende Ereignis, auf das sich die einschlägige Sonderverjährungsregelung bezieht, bereits eingetreten ist und bei unterstellter Wirksamkeit des Vertrages daher schon vom Vorliegen der entsprechenden Anspruchsvoraussetzungen auszugehen wäre. Für den Anspruchsinhaber besteht somit bereits ab diesem frühen Zeitpunkt der latenten Anspruchsentstehung grundsätzlich die Möglichkeit bzw. der Anlass, Maßnahmen zur Verfolgung und Durchsetzung seiner Rechte bzw. zur Hemmung der drohenden Verjährung in die Wege zu leiten, auch wenn das möglicherweise zunächst gegenüber dem falschen Anspruchsgegner erfolgen wird. Ist jedoch, wie in den problematischen Fällen der Trennungs- und/oder Alternativlösung, noch nicht einmal der Rechtsboden eines Anspruchs hinreichend bereitet, z. B. weil es noch zu keinem Schadenseintritt bzw. im obigen Beispielsfall zu keiner Rückgabe i. S. d. § 548 Abs. 1 S. 2 BGB und damit zu keiner endgültigen Feststellung einer Veränderung oder Verschlechterung der Mietsache gekommen ist, dann besteht für den potenziellen Anspruchsinhaber weder ein Anlass noch eine rechtlich zulässige bzw. erfolgversprechende Möglichkeit, zur Verfolgung etwaiger Schadensersatzansprüche im Zusammenhang mit dem Zustand der Mietsache tätig zu werden.

Zusammenfassend ist daher festzustellen, dass allein die Möglichkeit des Verjährungsbeginns bzw. des Verjährungseintritts vor der endgültigen Entstehung der Haftungsansprüche gem. § 179 BGB de jure noch nicht zu unbilligen und daher korrekturbedürftigen Ergebnissen führt. Vielmehr muss dabei differenziert und geprüft werden, ob die Schutzwürdigkeit des Anspruchsinhabers im jeweiligen Einzelfall die mit der einschlägigen Sonderverjährungsregelung verfolgten Ziele wesentlich überwiegt und daher eine wertungsmäßige Korrektur des Verjährungseintritts erforderlich macht.

(2) Keine Möglichkeit der Abwendung der Verjährung

Wesentlich problematischer als ein potenzieller Verjährungseintritt vor der endgültigen Anspruchsentstehung erscheinen die in Teilen eng damit verbundenen Sachverhaltskonstellationen, in denen es zum Verjährungseintritt kommt, obwohl für den Anspruchsinhaber bis dahin keine Möglichkeit und kein Anlass bestand, den Vertreter ohne Vertretungsmacht rechtzeitig aus § 179 BGB in Anspruch zu nehmen und dadurch die drohende Verjährung abzuwenden bzw. zu hemmen. Einen Grund hierfür können insbesondere aufseiten des Anspruchsinhabers bestehende Wissensdefizite darstellen, etwa wenn er vom Haftungstatbestand des § 179 BGB oder der Person des Vertreters keine rechtzeitige Kenntnis erlangt. Hierunter ist auch der Fall einzuordnen, dass der Vertretene erst sehr spät reagiert und die Haftungsansprüche gegen den Vertreter gem. § 179 BGB infolge der Verweigerung der Genehmigung des zugrunde liegenden Geschäfts daher erheblich verzögert bzw. erst nach Ablauf der Verjährungsfrist entstehen. An dieser Stelle werden daher die seinerzeit schon vom Reichsgericht gegen die Anwendung der bei Vertragswirksamkeit geltenden kurzen Sonderverjährungsfristen geäußerten Bedenken tatsächlich wieder relevant. Wie bereits dargestellt, hatte das Reichsgericht schon darauf hingewiesen, dass eine Übertragung des vertraglichen Verjährungsregimes auf die quasivertragliche Vertreterhaftung aus § 179 BGB zu einem Verjährungseintritt führen könne, bevor der Anspruchsinhaber von den anspruchsbegründenden Umständen i. S. d. § 179 BGB bzw. der Person des Vertreters überhaupt Kenntnis erlange.[375] Freilich hatte das Reichsgericht dieses Problem fälschlicherweise bereits bei der Frage nach der einschlägigen Verjährungsfrist verortet und nicht dort, wo es eigentlich hingehört, nämlich im Rahmen der Bestimmung des maßgeblichen Verjährungsfristlaufs. Im Kern hat das Reichsgericht dabei aber einen we-

---

375 RGZ 145, 40 (41).

sentlichen Problempunkt der verjährungsrechtlichen Behandlung der quasivertraglichen Haftungsansprüche aus § 179 BGB getroffen, der keinesfalls außer Acht gelassen werden darf und dem daher im Folgenden unter der Fallgruppe der fehlenden Möglichkeit der Verhinderung des Verjährungseintritts weiter nachzugehen ist.

(a) Generelle Ablehnung einer Verjährungskorrektur

Unter Berufung auf den besonderen wirtschaftlichen Ersatzwertcharakter der vertragsakzessorischen Vertreterhaftung gem. § 179 BGB könnte jedoch auch in derartigen Fällen den mit der jeweiligen Sonderverjährungsvorschrift verfolgten gesetzgeberischen Intentionen und damit einer strikten Anwendung des Spezialitätsgrundsatzes der Vorzug zu geben sowie in der Folge einer potenziellen Korrektur des Verjährungseintritts bereits generell eine Absage zu erteilen sein. Hierfür könnte grundsätzlich angeführt werden, dass dem Anspruchsinhaber vom Gesetzgeber bereits durch die jeweilige Verjährungsfrist ausreichend Zeit zur Aufklärung des entsprechenden Sachverhalts gegeben wurde und dass es dadurch in den eigenen Risikobereich des Anspruchsinhabers fällt, wenn er die Fristen derart ausreizt, dass er von der Vertretung ohne Vertretungsmacht eben nicht mehr rechtzeitig Kenntnis erlangt und es daher auch in Ansehung der quasivertraglichen Vertreterhaftung aus § 179 BGB zum Verjährungseintritt kommt. In Anlehnung an die Argumentation des BGH in seiner zur Verjährung der Haftungsansprüche aus § 179 BGB ergangenen Grundsatzentscheidung könnte man einer Schutzwürdigkeit des Anspruchsinhabers in derartigen Fallgestaltungen auch noch entgegenhalten, dass er bei einem Vertretergeschäft grundsätzlich mit der Möglichkeit einer mangelnden Vertretungsmacht rechnen und sich daher auch stets der persönlichen Daten des Vertreters vergewissern muss. Dann hat es dieser schließlich selbst in der Hand, zur Abwendung eines überraschenden Verjährungseintritts hinsichtlich seiner potenziellen Haftungsansprüche aus § 179 BGB vorsorglich zumindest auch gegen den Vertreter persönlich vorzugehen – notfalls auch im Wege der Streitverkündung.[376]

Jedoch wird ein derart starrer und strenger Lösungsansatz den besonderen Umständen des jeweiligen Einzelfalles sowie dem Bedürfnis des Wirtschaftsverkehrs nach einer möglichst unkomplizierten und zügigen Abwicklung von Geschäften nicht hinreichend gerecht. Schließlich wäre es gerade im Geschäftsverkehr und dabei insbesondere im Zuge der Abwicklung von Massengeschäften, wo nahezu immer Vertreter involviert sind, höchst unzweckmäßig, wenn sich die Geschäftspartner zunächst immer der Identität des jeweiligen Vertreters vergewissern und im Haftungsfall stets vorsorglich

376 Vgl. BGHZ 73, 266 (271) = NJW 1979, 1161 (1162).

auch ihm gegenüber Maßnahmen zur Verjährungshemmung ergreifen müssten. In dieser absoluten Form wäre die Spezialitätslösung daher nicht geeignet, um in sämtlichen Fällen zu interessengerechten und wertungskonsistenten Ergebnissen zu führen. Schließlich sind verschiedene Fallgestaltungen denkbar, die sich hinsichtlich der konkreten Ursachen und Hintergründe für die nicht rechtzeitige Geltendmachung der Haftungsansprüche aus § 179 BGB bzw. für das Unterbleiben einer diesbezüglichen Hemmungsmaßnahme und damit in Bezug auf die Schutzwürdigkeit des Anspruchsinhabers zum Teil erheblich unterscheiden. Aus diesem Grund ist vielmehr eine hinreichend flexible und differenzierte Verjährungslösung erforderlich, die grundsätzlich dazu in der Lage ist, durch eine entsprechende Verjährungskorrektur auf die insoweit bestehenden Besonderheiten zu reagieren. Eine Ausnahme von dem grundsätzlichen Vorrang der jeweils einschlägigen Sonderverjährungsregelungen entsprechend dem Ansatz der Spezialitätslösung ist demnach immer dann zu machen, wenn sich der Verjährungseintritt für den Anspruchsinhaber im Einzelfall als unbillig erweist und dadurch letztlich den von § 179 BGB intendierten Vertrauensschutz vereiteln würde. In welchen Fällen grundsätzlich von einer entsprechend gesteigerten Schutzwürdigkeit des Anspruchsinhabers auszugehen und daher eine derartige wertungsmäßige Korrektur des sich aus der strikten Anwendung der Spezialitätslösung ergebenden Verjährungseintritts in Betracht zu ziehen ist, soll nachfolgend anhand einer Untersuchung verschiedener Sachverhaltskonstellationen herausgearbeitet werden.

(b) Verjährung auch bei Wirksamkeit des Vertrages

Eine Gruppe bilden dabei die Fälle, in denen der wirtschaftlich korrespondierende Anspruch gegen den Vertretenen bei unterstellter Wirksamkeit des gescheiterten Vertrages ebenfalls verjährt wäre. Hiervon ist grundsätzlich auszugehen, wenn der Anspruchsinhaber auch nicht rechtzeitig gegen den vermeintlich Vertretenen zur Realisierung seiner Ansprüche vorgeht. Im obigen Mietbeispiel wäre dies der Fall, wenn der A die M-GmbH nach der am 01.09.2020 erfolgten Rückgabe der Mieträumlichkeiten i. S. d. § 548 Abs. 1 S. 2 BGB nicht zum Ersatz der für die Wiederherstellung des vertragsgemäßen Zustands erforderlichen Aufwendungen aufgefordert hätte, sondern vielmehr zunächst bis zum Ablauf der sechsmonatigen Verjährungsfrist des § 548 Abs. 1 S. 1 BGB am 01.03.2021 untätig geblieben wäre.

In derartigen Fällen beruht der Verjährungseintritt im Ergebnis ausschließlich auf der eigenen Untätigkeit bzw. Nachlässigkeit des Anspruchsinhabers und damit gerade nicht auf dem Umstand, dass es sich um einen Fall der Vertretung ohne Vertretungsmacht i. S. d. §§ 177 ff. BGB handelt. In der Folge konnte sich auch kein schutzwürdiges Vertrauen des Anspruchsinhabers in das Bestehen eines nicht verjährten und damit durchsetzbaren vertraglichen Anspruchs gegen den vermeintlich Vertretenen herausbilden, sodass der besondere Schutzzweck des § 179 BGB nicht eingreift und der Verjährungseintritt in die eigene Risikosphäre des Anspruchsinhabers fällt. Im Einklang mit dem für die quasivertragliche Vertreterhaftung gem. § 179 BGB prägenden Grundsatz der Vertragsakzessorietät erfolgt insoweit daher zu Recht ein Gleichlauf mit der hypothetischen Rechtslage bei Wirksamkeit des eigentlich beabsichtigten Vertrages.[377] Vor diesem Hintergrund spielt es in den Sachverhaltskonstellationen, in denen aufgrund der Untätigkeit bzw. Nachlässigkeit des Anspruchsinhabers auch bei Vertragswirksamkeit kein durchsetzbarer Anspruch gegen den Vertretenen bestünde, schließlich keine Rolle, ob für den Anspruchsinhaber überhaupt die Möglichkeit der Geltendmachung seiner Haftungsansprüche gegen den Vertreter aus § 179 BGB bestand oder ob diese Ansprüche im Zeitpunkt des Verjährungseintritts durch die Verweigerung der Genehmigung des Vertretergeschäfts schon entstanden waren.

(c) Keine Verjährung bei Wirksamkeit des Vertrages

Die Frage nach der Schutzwürdigkeit des Anspruchsinhabers bzw. seines Vertrauens in einen wirksamen Vertragsschluss und damit einhergehend in einen durchsetzbaren vertraglichen Anspruch gegen den Vertretenen erscheint jedoch in einem ganz anderen Licht, wenn bei unterstellter Wirksamkeit des gescheiterten Vertrages aufgrund eines rechtzeitigen Tätigwerdens des Anspruchsinhabers gegenüber dem vermeintlich Vertretenen gerade keine Verjährung eingetreten wäre. Wenn der Anspruchsinhaber in derartigen Fällen keine hinreichende Gelegenheit mehr hatte, den Vertreter rechtzeitig aus § 179 BGB in Anspruch zu nehmen bzw. eine fristgerechte Hemmungsmaßnahme ihm gegenüber zu ergreifen und dadurch die Verjährung der Haftungsansprüche aus § 179 BGB abzuwenden, dann beruht der Ablauf der entsprechenden Verjährungsfrist schließlich nicht auf seiner eigenen Untätigkeit bzw. Nachlässigkeit, sondern vielmehr auf dem Handeln eines Vertreters ohne Vertretungsmacht und der erst deutlich späteren Kenntnis davon. Vor diesem Hintergrund stellt sich die berechtigte Frage, ob der Ansatz der Spezialitätslösung auch in solchen Sachverhaltskonstellationen uneingeschränkt Bestand haben kann. Möglicherweise führt die ausschließliche Anknüpfung des Verjährungsbeginns an die Voraussetzungen der einschlägigen Sonderverjährungsregelung und ohne Rücksicht auf den Zeitpunkt der Entstehung der Haftungsansprüche aus § 179 BGB bzw. der Kenntniserlangung der sie begründenden Umstände insoweit zu einer unangemessenen Benachteiligung des Anspruchsinhabers, sodass die Ratio der

377 Vgl. dazu auch BeckOGKBGB/Piekenbrock, § 195 Rn. 40.1.

besonderen Verjährungsregelungen hinter der überwiegenden Schutzwürdigkeit des Anspruchsinhabers zugunsten einer wertungsmäßigen Korrektur des Verjährungseintritts zurückstehen muss. Für diese Beurteilung hat eine differenzierte Betrachtung der genauen Umstände des Verstreichens der entsprechenden Verjährungsfrist zu erfolgen, die sich im Folgenden zum besseren Verständnis wiederum am vorherigen Fallbeispiel zur mietrechtlichen Verjährung gem. § 548 Abs. 1 BGB orientiert.

Zunächst ist aber ergänzend noch darauf hinzuweisen, dass an dieser Stelle noch nicht die für die Annahme einer überwiegenden Schutzwürdigkeit des Anspruchsinhabers erforderliche Form bzw. Qualität des Vorgehens gegen den vermeintlich Vertretenen zu behandeln ist, genauer gesagt, ob insoweit beispielsweise die Verwirklichung eines gesetzlich anerkannten Hemmungstatbestands i. S. d. §§ 203 ff. BGB erforderlich ist oder ob auch eine einfache Inanspruchnahme ausreichen kann. Dies ist vielmehr Aufgabe der erst in einem nächsten Schritt darzustellenden Erwägungen zur Ausgestaltung bzw. zu den konkreten Voraussetzungen eines potenziellen Lösungsansatzes zur Korrektur des Verjährungseintritts.

(aa) Keine rechtzeitige Kenntnis vom Mangel der Vertretungsmacht

Fallvariante 1:

Wie im vorherigen Ausgangsfall nimmt der A die M-GmbH unmittelbar nach der Rückgabe der Mieträumlichkeiten am 01.09.2020 aufgrund der bestehenden Veränderungen bzw. Verschlechterungen in Anspruch. Jedoch erfährt der A erst am 02.03.2021, dass es sich um einen Fall der Vertretung ohne Vertretungsmacht handelt und die M-GmbH die Genehmigung des entsprechenden Mietvertrages verweigert.

In diesem Fall hat der A zwar die M-GmbH als vermeintlich Vertretene rechtzeitig in Anspruch genommen, jedoch besteht kein durchsetzbarer Haftungsanspruch mehr gegenüber dem Vertreter V aus § 179 BGB. Bei konsequenter Anwendung der Spezialitätslösung war die sechsmonatige Verjährungsfrist des § 548 Abs. 1 S. 1 BGB schließlich bereits zum 01.03.2021 abgelaufen, sodass in Ansehung der persönlichen Vertreterhaftung des V gem. § 179 BGB unmittelbar mit deren Entstehung und der entsprechenden Kenntniserlangung durch A infolge der Genehmigungsverweigerung der M-GmbH vom 02.03.2021 Verjährung eingetreten ist.

In derartigen Konstellationen muss davon ausgegangen werden, dass es bei unterstellter Wirksamkeit des gescheiterten Vertrages aufgrund des rechtzeitigen Tätigwerdens des Anspruchsinhabers möglicherweise nicht zum Verjährungseintritt gekommen wäre. Dieser beruht daher maßgeblich auf dem Umstand der Vertretung ohne Vertretungsmacht bzw. auf der Unkenntnis des

Anspruchsinhabers hiervon, wodurch eine gewisse gesteigerte Schutzwürdigkeit des Anspruchsinhabers nicht von der Hand gewiesen werden kann, wenngleich diese in ihrer Intensität je nach Einzelfall und konkreter Vorgehensweise des Anspruchsinhabers durchaus variieren kann. Schließlich kommt es bei der Spezialitätslösung vor dem Hintergrund des besonderen vertragsähnlichen Charakters der Haftungsansprüche aus § 179 BGB ja gerade auf die hypothetische Rechtslage bei angenommener Wirksamkeit des gescheiterten Vertrages an, sodass es im Einklang mit dem Grundsatz der Vertragsakzessorietät nur konsequent ist, wenn ein rechtzeitiges Vorgehen gegen den vermeintlich Vertretenen und damit eine potenzielle Verhinderung des Verjährungseintritts bei Vertragswirksamkeit auch in Ansehung des wirtschaftlichen Ersatzwerts aus § 179 BGB hinreichende Berücksichtigung findet.

Im Übrigen ist zu beachten, dass es insbesondere im unmittelbaren Anwendungsbereich der kurzen Sonderverjährungsfristen mit besonderer Bestimmung des Verjährungsbeginns grundsätzlich um Ansprüche gegen den eigentlichen Vertragspartner geht und dieser in der Regel auch von Anfang an als richtiger Anspruchsgegner bekannt ist.[378] Hierin liegt gerade ein entscheidender Unterschied zur Vertreterhaftung gem. § 179 BGB, hinsichtlich derer es typischerweise zu einer deutlich verzögerten Anspruchsentstehung durch die Verweigerung der Genehmigung des Vertretergeschäfts und damit aufgrund der in der Regel bis dahin bestehenden Wissensdefizite des Anspruchsinhabers auch zu einer erst entsprechend späteren Kenntniserlangung kommt.

Im Ergebnis verwirklicht sich damit in derartigen Fällen ein typisches Risiko der Vertretung ohne Vertretungsmacht, das nach der Intention des Gesetzgebers sowie der Systematik der gesetzlichen Regelungen der §§ 177 ff. BGB grundsätzlich dem falsus procurator persönlich zugewiesen werden soll und gerade nicht dem Anspruchsinhaber, jedenfalls soweit dieser keinerlei Zweifel an der ordnungsgemäßen Stellvertretung hatte bzw. haben musste und ihm auch im Übrigen kein Verschuldensvorwurf gemacht werden kann.[379] Wie sich aus dem Schutzzweck des § 179 BGB ergibt, ist der gutgläubige Anspruchsinhaber somit im Grundsatz auch zu keinen weitergehenden Nachforschungen hinsichtlich des Vorliegens einer ordnungsgemäßen Vertretungsmacht verpflichtet, sondern dieser darf gerade auf die Wirksamkeit der Stellvertretung und damit einhergehend des entsprechenden Vertragsschlusses vertrauen.[380] Vor diesem Hintergrund kann vom

---

378 Vgl. dazu auch BeckOGKBGB/Piekenbrock, § 195 Rn. 40.1 sowie die leitenden Erwägungen von RGZ 145, 40 (41).

379 Vgl. Fn. 119, 122.

380 BGHZ 147, 381 (385) = NJW 2001, 2626 (2627); Staudinger/Schilken, § 179 Rn. 19; MüKoBGB/Schubert, § 179 Rn. 56.

gutgläubigen Anspruchsinhaber auch nicht verlangt werden, dass er ohne hinreichende Veranlassung vorsorglich immer auch gegen den jeweiligen Vertreter persönlich vorgeht, um für den hypothetischen Fall einer Haftung nach § 179 BGB eine Verjährungshemmung i. S. d. §§ 203 ff. BGB zu erreichen und damit einem sonst drohenden sofortigen Verjährungseintritt mit Anspruchsentstehung vorzubeugen. Schließlich ist zu bedenken, dass insbesondere im allgemeinen Geschäftsverkehr überwiegend Vertreter handeln und es gerade bei Massengeschäften weder praktikabel noch zumutbar wäre, wenn ein Gläubiger stets auch den Vertreter des eigentlichen Geschäftspartners zur vorsorglichen Verjährungshemmung in Anspruch nehmen müsste, sobald die für den behaupteten vertraglichen Anspruch einschlägige Verjährungsfrist abzulaufen droht.

Hinzu kommt, dass es auch die Aufgabe des Verjährungsrechts ist, dem Anspruchsinhaber eine angemessene und zumutbare Möglichkeit zur Verfolgung seiner Rechte und damit zur Abwendung des entsprechenden Verjährungseintritts einzuräumen. Anderenfalls würde ihm die Verjährung vom Gesetzgeber faktisch aufgezwungen, was nicht zuletzt einen unzulässigen Eingriff in sein Eigentumsrecht aus Art. 14 Abs. 1 GG darstellen würde und damit auch verfassungsrechtlich grundsätzlich nicht zu rechtfertigen wäre.[381] Übertragen auf die Fälle der quasivertraglichen Vertreterhaftung gem. § 179 BGB bedeutet dies, dass dem Anspruchsinhaber stets eine den Umständen angemessene Zeit zur Aufklärung des zugrunde liegenden Sachverhalts sowie zur Ermittlung und Geltendmachung seiner Ansprüche aus § 179 BGB zur Verfügung stehen muss. Die Beurteilung einer angemessenen Zeitspanne kann jedoch grundsätzlich erst ab dem Zeitpunkt der Kenntnis bzw. des Kennenmüssens der anspruchsbegründenden Umstände i. S. d. § 179 BGB ansetzen, da ein früheres Tätigwerden – wie soeben dargestellt – eine überobligatorische Anstrengung des Anspruchsinhabers darstellen würde, die von ihm grundsätzlich nicht verlangt werden kann. Da die Spezialitätslösung aber diesen eigentlich entscheidenden Zeitpunkt gänzlich unberücksichtigt lässt, kann sie auch in den Fällen, in denen der Anspruchsinhaber von der fehlenden Vertretungsmacht keine Kenntnis hat bzw. haben muss und in der Folge ausschließlich gegenüber dem vermeintlich Vertretenen rechtzeitig tätig wird, zu einem Verjährungseintritt noch vor der Entstehung der Haftungsansprüche aus § 179 BGB und damit zu einem Verstoß gegen das grundsätzliche Verbot einer Zwangsverjährung führen. In derartigen Sachverhaltskonstellationen muss daher zwingend von einer überwiegenden Schutzwürdigkeit des Anspruchsinhabers ausgegangen werden, mit der Folge, dass die Ratio der einschlägigen Sonderverjährungsregelung zurück-

---

381 BGHZ 208, 210 (225) Rn. 40 = NJW 2016, 629 (633); vgl. dazu auch unter „*Teil I B. III. Interessen des Gläubigers*“ sowie Fn. 18, 19.

zustehen und eine Korrektur des Verjährungseintritts bzw. Verjährungsfristlaufs nach der Spezialitätslösung zu erfolgen hat.

(bb) Ausreizen der Verjährungsfrist

Ein besonderes Problem ergibt sich, wenn der gutgläubige Anspruchsinhaber die einschlägige Verjährungsfrist in den Fällen der Variante 1 derart ausreizt und den vermeintlich Vertretenen erst so spät in Anspruch nimmt, dass eine rechtzeitige Entstehung der Haftungsansprüche aus § 179 BGB bzw. eine rechtzeitige Kenntniserlangung der insoweit maßgeblichen Umstände und damit auch eine fristgerechte Inanspruchnahme des Vertreters faktisch schon gar nicht mehr möglich wäre. Im obigen Beispielsfall müsste hiervon etwa dann ausgegangen werden, wenn der A die M-GmbH als vermeintlich Vertretene erstmals am 01.03.2021 in Anspruch nimmt, mithin am Tag des Ablaufs der sechsmonatigen Verjährungsfrist des § 548 Abs. 1 S. 1 BGB.

In derartigen Fällen stellt sich die Frage, ob der Anspruchsinhaber tatsächlich in dem gleichen Maße als schutzwürdig angesehen werden kann wie in dem Ausgangsfall des frühzeitigen Vorgehens gegen den vermeintlich Vertretenen. Schließlich beruht die verzögerte Verwirklichung bzw. Kenntnis des Haftungstatbestands gem. § 179 BGB insoweit auch maßgeblich auf dem erst sehr späten Tätigwerden des Anspruchsinhabers, sodass ihm möglicherweise der Vorwurf eines Sorgfaltsverstoßes gemacht werden und der Verjährungseintritt damit seiner eigenen Risikosphäre zugeordnet werden könnte.

Nach den vorangegangenen Erwägungen kann jedoch auch das Ausreizen der laufenden Verjährungsfrist durch den gutgläubigen Anspruchsinhaber keine abweichende Beurteilung seiner Schutzwürdigkeit rechtfertigen, wenn bei unterstellter Vertragswirksamkeit keine Verjährung eingetreten wäre. Wie zuvor ausgeführt, kann vom Anspruchsinhaber schließlich kein früheres Tätigwerden bzw. kein vorsorgliches Vorgehen gegen den Vertreter verlangt werden, soweit für diesen kein hinreichender Anlass für Zweifel an einer ordnungsgemäßen Stellvertretung besteht.[382] Dem Anspruchsinhaber, der auf einen wirksamen Vertragsschluss mit dem Vertretenen vertraut und auch vertrauen darf, muss es daher unbenommen bleiben, die ihm vom Gesetzgeber zur Verfolgung und Geltendmachung seiner Rechte eingeräumte gesetzliche Verjährungsfrist vollständig auszureizen, ohne dass ihm dies später in Ansehung einer etwaigen persönlichen Haftung des Vertreters aus § 179 BGB zum Nachteil gereicht. Anderenfalls würde sowohl der von der Vertreterhaftung gem. § 179 BGB intendierte Vertrauensschutz als auch die im

382 Vgl. dazu insbesondere Fn. 380.

jeweiligen Einzelfall geltende Verjährungsfrist faktisch konterkariert. Auch in derartigen Fällen des Ausreizens der zugrunde liegenden Verjährungsfrist muss somit von einer überwiegenden Schutzwürdigkeit des Anspruchsinhabers und damit von einer entsprechenden Korrekturbedürftigkeit des aus dem Ansatz der Spezialitätslösung folgenden Verjährungseintritts ausgegangen werden.

(cc) Keine rechtzeitige Anspruchsentstehung i. S. d. § 179 BGB

<u>*Fallvariante 2:*</u>

Wie im vorherigen Ausgangsfall nimmt der A die M-GmbH unmittelbar nach der Rückgabe der Mieträumlichkeiten am 01.09.2020 aufgrund der bestehenden Veränderungen bzw. Verschlechterungen in Anspruch. Jedoch behauptet V gegenüber A nun bereits kurze Zeit nach dieser Inanspruchnahme der M-GmbH, dass ein Fall der Vertretung ohne hinreichende Vertretungsmacht vorliege. Dabei meinte V, dass die M-GmbH den Vertrag doch noch genehmigen könne und dieser dann ja ohnehin als von Anfang an wirksam zu betrachten sei. Nachdem eine Rückmeldung der M-GmbH zunächst ausbleibt, macht der A seine Ersatzansprüche ihr gegenüber am 01.12.2020 nochmals geltend, ohne jedoch auf die von V behauptete Vertretung ohne Vertretungsmacht einzugehen bzw. die M-GmbH zur Erklärung über die Genehmigung des entsprechenden Mietvertrages aufzufordern. Erst am 02.03.2021 weist die M-GmbH sämtliche Ansprüche zurück und verweigert im Übrigen die Genehmigung des von V vorgenommenen Geschäfts.

Wie bei Variante 1 erfolgt die Genehmigungsverweigerung der M-GmbH auch in diesem Fall erst nach dem Ablauf der sechsmonatigen Verjährungsfrist des § 548 Abs. 1 S. 1 BGB zum 01.03.2021, sodass die Haftungsansprüche aus § 179 BGB nach dem Ansatz der Spezialitätslösung im Zeitpunkt ihrer Entstehung ebenfalls bereits verjährt waren, obwohl der A die M-GmbH als vermeintlich Vertretene noch deutlich innerhalb der entsprechenden Verjährungsfrist in Anspruch genommen hat. Der wesentliche Unterschied zur Variante 1 besteht im vorliegenden Fall jedoch darin, dass der A durch die Mitteilung des V bereits frühzeitig Kenntnis von dem Umstand der Vertretung ohne Vertretungsmacht erlangt und dennoch nichts in diese Richtung unternimmt, z. B. in Form einer forcierten Sachverhaltsaufklärung, einer ausdrücklichen Aufforderung der M-GmbH zur Erklärung über die Genehmigung des Vertretergeschäfts oder einer hilfsweisen Inanspruchnahme auch des Vertreters V bzw. einer vorsorglichen Hemmungsmaßnahme ihm gegenüber.

Da der Anspruchsinhaber ab Kenntnis von der Vertretung ohne Vertretungsmacht im Einklang mit der hinter dem Haftungsausschluss des § 179 Abs. 3

S. 1 BGB stehenden Wertung[383] nicht mehr auf einen wirksamen Vertragsschluss bzw. einen vertraglichen Anspruch gegen den Vertretenen vertrauen darf und damit einen hinreichenden Anlass für ein Vorgehen gegen den Vertreter persönlich hat, fällt es ab diesem Zeitpunkt grundsätzlich auch in seinen eigenen Verantwortungs- und Risikobereich, für die rechtzeitige Verfolgung und Geltendmachung der Haftungsansprüche aus § 179 BGB Sorge zu tragen. Schließlich hat er es bereits mit entsprechender Kenntniserlangung in der Hand, durch die Aufforderung i. S. d. § 177 Abs. 2 S. 1 BGB und damit notfalls über das Auslösen der Fiktion gem. § 177 Abs. 2 S. 2 BGB die rechtzeitige Anspruchsentstehung i. S. d. § 179 BGB herbeizuführen oder den Vertreter direkt in Anspruch zu nehmen bzw. zumindest auch ihm gegenüber eine vorsorgliche Maßnahme zur Verjährungshemmung i. S. d. §§ 203 ff. BGB zu ergreifen – ggf. in Form der Streitverkündung gem. § 204 Abs. 1 Nr. 6 BGB. Unterlässt der Anspruchsinhaber jedoch derartige Schritte, so beruhen sämtliche Verzögerungen ab dem Zeitpunkt der Kenntnis von der Vertretung ohne Vertretungsmacht grundsätzlich auf seiner eigenen Untätigkeit bzw. Nachlässigkeit, mit der Folge, dass ein damit einhergehender Ablauf der Verjährungsfrist vollständig zu seinen Lasten zu gehen hat und zwar ungeachtet dessen, ob ein rechtzeitiges Tätigwerden gegenüber dem vermeintlich Vertretenen erfolgt ist und daher im Fall der Vertragswirksamkeit möglicherweise keine Verjährung eingetreten wäre.

Dies gilt insbesondere auch für den Fall, dass die Aufforderung zur Genehmigung des Vertretergeschäfts i. S. d. § 177 Abs. 2 S. 1 BGB zwar noch rechtzeitig innerhalb der laufenden Verjährungsfrist erfolgt, die dadurch ausgelöste Fiktion der Genehmigungsverweigerung i. S. d. § 177 Abs. 2 S. 2 BGB aber erst nach dem Fristablauf eintritt. Zum einen handelt es sich hierbei um ein allgemeines Risiko der Anspruchsverfolgung, das vom jeweiligen Anspruchsinhaber stets einkalkuliert werden muss. Anderenfalls käme es schließlich zu dem wertungsmäßig untragbaren Ergebnis, dass der Anspruchsinhaber den Verjährungseintritt dadurch ganz bewusst verzögern könnte, indem er die Aufforderung zur Erklärung über die Genehmigung i. S. d. § 177 Abs. 2 S. 1 BGB vorerst noch zurückhält und dadurch die endgültige Entstehung der Haftungsansprüche aus § 179 BGB blockiert. Zum anderen ist es dem Anspruchsinhaber ab Kenntnis der fehlenden Vertretungsmacht eben auch zumutbar, direkt gegenüber dem Vertreter vorzugehen und die Verjährung vorsorglich auch diesem gegenüber zu hemmen. Hierfür spielt es schließlich keine Rolle, ob der konkrete Haftungsanspruch aus § 179 BGB bereits tatsächlich in seiner finalen Ausprägung durch die Genehmigungsverweigerung des vermeintlich Vertretenen entstanden ist, da es insbesondere für die Hemmungswirkung gem. §§ 203, 204 Abs. 1 BGB in

383 Vgl. hierzu unter „*Teil II A. III. 5. a) Haftungsausschluss gem. § 179 Abs. 3 S. 1 BGB*“ sowie Fn. 147.

erster Linie nur darauf ankommt, dass der Anspruchsgegner vom Rechtsverfolgungswillen des Anspruchsinhabers Kenntnis nimmt bzw. sich in Form von Verhandlungen sogar darauf einlässt, sodass dieser gerade nicht auf das Ausbleiben der Anspruchsverfolgung vertrauen kann und daher der Schutzzweck der Verjährung insoweit nicht eingreift.[384]

In derartigen Fällen der rechtzeitigen Kenntniserlangung von der Vertretung ohne Vertretungsmacht muss dem Anspruchsinhaber somit im Grundsatz jegliche Schutzwürdigkeit abgesprochen werden und eine etwaige wertungsmäßige Korrektur des Verjährungseintritts bzw. Verjährungsfristlaufs nach dem Ansatz der Spezialitätslösung ausscheiden, auch wenn letztendlich die Haftungsansprüche aus § 179 BGB durch die endgültige Verweigerung der Genehmigung des Vertretergeschäfts i. S. d. § 177 Abs. 1 BGB erst nach dem Ablauf der einschlägigen Verjährungsfrist entstehen.

(d) Geschäftsunfähigkeit des Vertretenen gem. § 104 Nr. 2 BGB

Eine gänzlich andere Beurteilung ist jedoch in den besonderen Fällen geboten, in denen der Anspruchsinhaber zwar ebenfalls rechtzeitig von der mangelnden Vertretungsmacht erfährt, der entscheidende Grund für die erheblich verzögerte Entstehung der Haftungsansprüche aus § 179 BGB erst nach Ablauf der entsprechenden Verjährungsfrist aber ausschließlich aus der Sphäre des vermeintlich Vertretenen stammt, da sich dieser etwa nach Vertragsschluss als bislang unerkannt geschäftsunfähig i. S. d. § 104 Nr. 2 BGB erweist. Dies soll an dem nachfolgenden Fallbeispiel verdeutlicht werden:

Im Gegensatz zu den vorherigen Fällen handelt V nicht im Namen der M-GmbH, sondern vielmehr als Vertreter der Einzelperson B und schließt in dieser Eigenschaft den entsprechenden Mietvertrag mit A, der sich aufgrund einer insoweit unzureichenden Vertretungsmacht ebenfalls als schwebend unwirksam erweist. Wie zuvor erfährt A hiervon kurz nach der Inanspruchnahme des B als vermeintlich Vertretenem aufgrund der bestehenden Veränderungen und Verschlechterungen des Mietobjekts, die er im Zuge der am 01.09.2020 erfolgten Rückgabe i. S. d. § 548 Abs. 1 S. 2 BGB festgestellt hatte. Darüber hinaus offenbart sich in diesem Zusammenhang, dass B schon seit längerer Zeit geschäftsunfähig i. S. d. § 104 Nr. 2 BGB ist, was aber zunächst unerkannt blieb. Aus diesem Grund wird für ihn auch erst am 02.03.2021 ein Betreuer bestellt, der schließlich die Genehmigung des entsprechenden Mietvertrages umgehend verweigert.

In diesem Fall kann B als vermeintlich Vertretener aufgrund seiner Geschäftsunfähigkeit i. S. d. § 104 Nr. 2 BGB schon überhaupt keine wirksa-

384 Vgl. dazu Fn. 83 und 85; vgl. insoweit auch die Erwägungen von Staudinger/Peters/Jacoby, § 204 Rn. 38 sowie BeckOGKBGB/Meller-Hannich, § 204 Rn. 17.

me Entscheidung mehr über die Genehmigung des von V abgeschlossenen Mietvertrages treffen, da die Genehmigung eine empfangsbedürftige Willenserklärung darstellt und daher gem. § 105 Abs. 1 BGB nichtig wäre.[385] Auch hat der A keine Möglichkeit, die Entstehung der Haftungsansprüche aus § 179 BGB über die Fiktion des § 177 Abs. 2 S. 2 BGB rechtzeitig herbeizuführen, da er den geschäftsunfähigen B auch nicht wirksam gem. § 177 Abs. 2 S. 1 BGB zur Erklärung über die Genehmigung des Vertretergeschäfts auffordern kann. Schließlich stellt diese Aufforderung eine einseitige empfangsbedürftige geschäftsähnliche Handlung dar, auf welche die Vorschriften über Willenserklärungen entsprechende Anwendung finden und die daher grundsätzlich nur mit Zugang i. S. d. § 130 Abs. 1 BGB wirksam wird.[386] Gegenüber einem Geschäftsunfähigen i. S. d. § 104 Nr. 2 BGB kann ein entsprechender Zugang jedoch gem. § 131 Abs. 1 BGB nicht wirksam erfolgen, mit der Konsequenz, dass dadurch auch die Fiktion des § 177 Abs. 2 S. 2 BGB nicht wirksam ausgelöst werden kann.[387] Die verzögerte Entstehung der Haftungsansprüche aus § 179 BGB erst nach Ablauf der sechsmonatigen Verjährungsfrist des § 548 Abs. 1 S. 1 BGB beruht in diesem Fall somit entscheidend auf der unerkannten Geschäftsunfähigkeit des B i. S. d. § 104 Nr. 2 BGB und fällt damit grundsätzlich nicht in die eigene Verantwortungs- bzw. Risikosphäre des A.

In derartigen Sachverhaltskonstellationen, in denen sich der vermeintlich Vertretene als unerkannt geschäftsunfähig i. S. d. § 104 Nr. 2 BGB herausstellt und daher in der Regel auch noch keinen gesetzlichen Vertreter hat, ist schließlich zunächst die Bestellung eines Betreuers gem. §§ 1814 ff. BGB (§§ 1896 ff. BGB in der bis zum 31.12.2022 geltenden Fassung) erforderlich. Erst der Betreuer kann dann für den Geschäftsunfähigen die Genehmigung des entsprechenden Vertretergeschäfts wirksam verweigern bzw. nur durch Zugang bei diesem kann gem. § 131 Abs. 1 BGB eine wirksame Aufforderung zur Erklärung über die Genehmigung i. S. d. § 177 Abs. 2 S. 1 BGB als das die Fiktion gem. § 177 Abs. 2 S. 2 BGB auslösende Ereignis erfolgen.[388] Die Betreuerbestellung kann dabei auch kein potenziell entgegenstehender Wille des vermeintlich Vertretenen gem. § 1814 Abs. 2 BGB verhindern, da davon ausgegangen wird, dass der Geschäftsunfähige schon keinen berücksichtigungsfähigen freien Willen bilden kann, wie sich bereits aus dem Wortlaut des § 104 Nr. 2 BGB ergibt.[389] Die Bestellung eines Betreuers kann gem. § 1814 Abs. 4 BGB jedoch nur auf Antrag des Betroffenen, d. h. des

385 MüKoBGB/Schubert, § 177 Rn. 36; BeckOGKBGB/Ulrici, § 177 Rn. 147.
386 Staudinger/Schilken, § 177 Rn. 13; MüKoBGB/Schubert, § 177 Rn. 27.
387 Vgl. dazu auch BeckOGKBGB/Piekenbrock, § 199 Rn. 66.1.
388 Vgl. dazu auch BeckOGKBGB/Piekenbrock, § 199 Rn. 66.1.
389 BGH, NJW-RR 2012, 773; BGH, NJW-RR 2012, 964 (965); Staudinger/Klumpp, Vor. § 104 Rn. 54.

nach § 104 Nr. 2 BGB geschäftsunfähigen Vertretenen, oder von Amts wegen durch das zuständige Betreuungsgericht erfolgen, hingegen nicht auf Antrag des Anspruchsinhabers. Dieser kann die entsprechende Betreuung allenfalls unverbindlich beim Betreuungsgericht anregen,[390] hat damit aber keine rechtlich hinreichend fundierte Möglichkeit, selbst für die Entstehung der Haftungsansprüche aus § 179 BGB wie im Regelfall der Herbeiführung der Fiktion gem. § 177 Abs. 2 BGB zu sorgen und dadurch den Verjährungseintritt im Wege einer rechtzeitigen Inanspruchnahme des Vertreters persönlich bzw. einer entsprechenden Hemmungsmaßnahme ihm gegenüber i. S. d. §§ 203 ff. BGB abzuwenden. Aufgrund dieser besonderen Ausgangssituation droht in derartigen Fällen nach dem Ansatz der Spezialitätslösung im Ergebnis wiederum eine rechtlich unzulässige Zwangsverjährung, sodass im Grundsatz eine überwiegende Schutzwürdigkeit des Anspruchsinhabers und damit eine entsprechende Korrekturbedürftigkeit des Verjährungseintritts anzuerkennen ist. Dies wird insbesondere auch durch die Ratio des gesetzlichen Hemmungstatbestands gem. § 210 BGB gestützt, der für die wertungsmäßig vergleichbaren Fälle der Geschäftsunfähigkeit des tatsächlichen Anspruchsgegners eine gesetzliche Mindestfrist für die Verfolgung von Ansprüchen in der Form einer Ablaufhemmung von grundsätzlich sechs Monaten ab dem Zeitpunkt der Beseitigung des Vertretungsmangels vorsieht, um eine angemessene bzw. zumutbare Möglichkeit der Abwendung des Verjährungseintritts sicherzustellen und den Anspruchsinhaber dadurch gerade von einer entsprechenden Zwangsverjährung zu schützen.[391]

Problem: Tätigkeitsobliegenheit des Anspruchsinhabers?

Allerdings drängt sich in diesem Zusammenhang die Frage auf, ob der Anspruchsinhaber möglicherweise nur dann als schutzwürdig erachtet werden kann, wenn er sich aktiv um die Beseitigung des für die Entstehung der Haftungsansprüche aus § 179 BGB bestehenden rechtlichen Hindernisses bemüht bzw. die Beseitigung fördert, etwa indem er gegenüber dem zuständigen Betreuungsgericht anregt, für den gem. § 104 Nr. 2 BGB geschäftsunfähigen Vertretenen von Amts wegen einen Betreuer als gesetzlichen Vertreter zu bestellen. Zudem erscheint problematisch, wie es sich auswirkt, wenn der Anspruchsinhaber in derartigen Fällen zunächst gänzlich untätig bleibt und den vermeintlich Vertretenen erstmals nach dem Ablauf der entsprechenden Verjährungsfrist in Anspruch nimmt, sodass er erst im Anschluss an dieses eigentlich ohnehin schon verspätete Tätigwerden von dem rechtlichen Hindernis der Geschäftsunfähigkeit i. S. d. § 104 Nr. 2 BGB hinreichende Kenntnis erlangt. Zusammengefasst geht es insoweit daher um die Frage, ob den Anspruchsinhaber auch in den Fällen der unerkannten

390 Grüneberg/Götz, § 1814 Rn. 22; vgl. auch BeckOGKBGB/Piekenbrock, § 199 Rn. 66.1.

391 Vgl. dazu ausführlich unter „*Teil I D. III. 1. a) bb) Ablaufhemmung gem. §§ 210, 211 BGB*“ sowie Fn. 89.

Geschäftsunfähigkeit des vermeintlich Vertretenen i. S. d. § 104 Nr. 2 BGB eine Tätigkeitsobliegenheit trifft. Unter Zugrundelegung der bisherigen Erwägungen, insbesondere im Zusammenhang mit den Fällen des Verjährungseintritts auch bei Wirksamkeit des gescheiterten Vertrages, sprechen gute Gründe dafür, eine entsprechende Verjährungskorrektur nur dann in Erwägung zu ziehen, wenn der Anspruchsinhaber zumindest gegenüber dem vermeintlich Vertretenen rechtzeitig zur Verfolgung seiner Ansprüche tätig wird und auch in Ansehung seiner Haftungsansprüche aus § 179 BGB alles ihm Mögliche und Zumutbare zur Wahrung der einschlägigen Verjährungsfrist unternimmt. Schließlich ist von dem allgemeinen Grundsatz auszugehen, dass der untätige bzw. nachlässige Anspruchsinhaber im Hinblick auf einen drohenden Verjährungseintritt nicht als schutzwürdig angesehen werden kann.[392]

Allerdings kann dieser Grundsatz nicht gleichermaßen Geltung für die vorliegenden Fälle beanspruchen, in denen eine rechtzeitige Entstehung der Haftungsansprüche aus § 179 BGB aufgrund der unerkannten Geschäftsunfähigkeit des vermeintlich Vertretenen gem. § 104 Nr. 2 BGB und der daher zunächst erforderlichen Betreuerbestellung ohnehin nicht möglich wäre. Schließlich besteht hierbei bereits ein rechtliches Hindernis für die endgültige Verwirklichung des Tatbestands der Vertreterhaftung gem. § 179 BGB, das ausschließlich der Sphäre des vermeintlich Vertretenen zuzuordnen ist und welches der Anspruchsinhaber auch nicht rechtsverbindlich beeinflussen kann bzw. das grundsätzlich auch durch ein rechtzeitiges Tätigwerden des Anspruchsinhabers nicht unmittelbar beseitigt werden kann. Im Gegensatz zu den bereits behandelten Fällen der mangelnden Schutzwürdigkeit des Anspruchsinhabers, in denen es auch bei unterstellter Wirksamkeit des gescheiterten Vertrages zum Verjährungseintritt gekommen wäre bzw. in denen der Anspruchsinhaber infolge seiner rechtzeitigen Kenntniserlangung von dem Umstand der Vertretung ohne Vertretungsmacht noch ohne Weiteres für die Abwendung der Verjährung seiner Haftungsansprüche gegen den Vertreter aus § 179 BGB hätte sorgen können,[393] ist dessen Untätigkeit bzw. Nachlässigkeit in den vorliegenden Konstellationen der Geschäftsunfähigkeit des vermeintlich Vertretenen i. S. d. § 104 Nr. 2 BGB daher schon nicht kausal für das Verstreichen der entsprechenden Verjährungsfrist. Zwar ist es theoretisch möglich, dass eine frühzeitige Anregung der Bestellung eines Betreuers von Amts wegen i. S. d. § 1814 Abs. 1, Abs. 4 S. 1 BGB durch den Anspruchsinhaber tatsächlich dazu führt, dass die Haftungsansprüche aus § 179 BGB noch rechtzeitig innerhalb der laufenden Verjährungsfrist zur

392 Vgl. hierzu die Erwägungen unter „*Teil III A. II. 1. c) aa) (2) (b) Verjährung auch bei Wirksamkeit des Vertrages*“ und unter „*Teil III A. II. 1. c) aa) (2) (c) (cc) Keine rechtzeitige Anspruchsentstehung i. S. d. § 179 BGB*“ sowie Fn. 377.

393 Vgl. hierzu die Verweise in Fn. 392.

Entstehung gelangen und der diesbezügliche Verjährungseintritt damit abgewendet werden kann. Jedoch besteht für den Anspruchsinhaber in dieser Hinsicht keine rechtlich hinreichend verfestigte Rechtsposition, aufgrund derer er es selbst in der Hand hätte, das betreffende Geschehen zu steuern und die Vertreterhaftung gem. § 179 BGB durch die rechtzeitige Betreuungsanordnung i. S. d. § 1814 Abs. 1, Abs. 4 S. 1 BGB noch innerhalb der laufenden Verjährungsfrist zur Entstehung zu bringen. Der tatsächliche Entstehungszeitpunkt der Ansprüche aus § 179 BGB hängt für den Anspruchsinhaber in derartigen Fällen somit weitgehend vom Zufall ab, sodass auch ein Lösungsansatz ausscheiden muss, der für die Beurteilung der Schutzwürdigkeit des Anspruchsinhabers im jeweiligen Einzelfall danach differenziert, ob die Verjährungsfrist durch eine möglichst frühzeitige Anregung der Betreuung von Amts wegen gem. § 1814 Abs. 1, Abs. 4 S. 1 BGB hätte gewahrt werden können. Abgesehen davon, dass die dabei drohenden Zufallsergebnisse schon nicht mit der grundsätzlich gebotenen Rechtssicherheit und Rechtsklarheit zu vereinbaren wären, wäre in der Praxis wohl schon der insoweit erforderliche Nachweis der Kausalität des Unterlassens der rechtlich lediglich unverbindlichen Betreuungsanregung für den fruchtlosen Ablauf der Verjährungsfrist kaum zu führen. Zudem hätte die Annahme der Obliegenheit zu einem derart frühzeitigen Tätigwerden eine faktische Unterwanderung der gesetzlichen Verjährungsfristen zur Folge, da dem Anspruchsinhaber dann dieser zur Anspruchsverfolgung gesetzlich vorgesehene Zeitraum tatsächlich nicht mehr zur Verfügung stünde bzw. er diesen nicht mehr vollständig ausreizen könnte.

Die uneingeschränkte Annahme einer überwiegenden Schutzwürdigkeit des Anspruchsinhabers und damit einhergehend einer wertungsmäßigen Korrektur des aus der Spezialitätslösung folgenden Verjährungseintritts in den Fällen der unerkannten Geschäftsunfähigkeit des vermeintlich Vertretenen i. S. d. § 104 Nr. 2 BGB bedeutet zwar, dass der untätige bzw. nachlässige Anspruchsinhaber dann ausnahmsweise eine entsprechende Privilegierung erfährt, die ihm im Regelfall der Vertreterhaftung gem. § 179 BGB gerade nicht zukommen würde. Dieses Ergebnis ist jedoch aus Gründen der Rechtssicherheit und Einheitlichkeit sowie unter Berücksichtigung der gesetzlichen Grundwertung des Tatbestands der Ablaufhemmung gem. § 210 BGB zwingend geboten. Wie bereits dargestellt, statuiert § 210 BGB gerade für die Fälle, in denen eine nicht voll geschäftsfähige Person ohne einen gesetzlichen Vertreter ist und damit ein rechtliches Hindernis für die Geltendmachung und Durchsetzung von Ansprüchen gegenüber dieser Person besteht, eine Ablaufhemmung und zwar ohne irgendwelche Einschränkungen in Bezug auf die Kenntnis bzw. das Kennenmüssen und das Handeln des jeweiligen Anspruchsinhabers zu machen. Nach dem ausdrücklichen Willen des Gesetzgebers soll die Ablaufhemmung des § 210 BGB schließlich völlig unabhängig davon eingreifen, ob der Anspruchsinhaber in irgendeiner Form aktiv zur Beseitigung des entsprechenden rechtlichen Hindernisses beiträgt bzw. sich zumindest darum bemüht oder ob dieser überhaupt Kenntnis von der fehlenden bzw. nur eingeschränkten Geschäftsfähigkeit des Anspruchsgegners hat.[394] Hier zeigt sich somit zugleich der eigentlich gewichtigste Grund für die Annahme einer überwiegenden Schutzwürdigkeit des Anspruchsinhabers in den vorliegenden Fällen der Vertretung ohne Vertretungsmacht, in denen die rechtzeitige Entstehung der Haftungsansprüche gegen den Vertreter persönlich aus § 179 BGB letztlich an der zunächst unerkannten Geschäftsunfähigkeit des vermeintlich Vertretenen i. S. d. § 104 Nr. 2 BGB scheitert. Insoweit würde nämlich bei unterstellter Wirksamkeit des gescheiterten Vertrages bereits unmittelbar die Hemmungswirkung des § 210 BGB eingreifen, mit der Folge, dass unabhängig von einem frühzeitigen Tätigwerden des Anspruchsinhabers keine Verjährung eingetreten wäre. Dies ist nach dem im Rahmen der quasivertraglichen Schadensersatzhaftung stets zu beachtenden Prinzip der Vertragsakzessorietät zwingend auch in Ansehung der persönlichen Vertreterhaftung gem. § 179 BGB zu berücksichtigen, die schließlich als korrespondierender Ersatzwert an die Stelle der Ansprüche aus dem eigentlich beabsichtigten Vertrag tritt und daher durch eine besonders enge tatsächliche, wirtschaftliche und rechtliche Verbindung zu diesen geprägt ist. Ohne einen entsprechenden verjährungsrechtlichen Gleichlauf würde der Anspruchsinhaber im Rahmen der quasivertraglichen Ersatzhaftung nach § 179 BGB erheblich schlechter gestellt als im Fall der Vertragswirksamkeit, was mit dem von § 179 BGB intendierten Vertrauensschutz nicht zu vereinbaren wäre und für den Vertreter eine sachlich nicht gerechtfertigte Privilegierung zur Folge hätte. In den besagten Fällen der unerkannten Geschäftsunfähigkeit des vermeintlich Vertretenen i. S. d. § 104 Nr. 2 BGB ist daher ebenfalls eine überwiegende Schutzwürdigkeit des Anspruchsinhabers und damit einhergehend das Erfordernis einer entsprechenden Korrektur des aus dem Spezialitätsprinzip resultierenden Verjährungseintritts anzunehmen.

Im Übrigen tritt in Bezug auf eine etwaige Besserstellung untätiger bzw. nachlässiger Anspruchsinhaber im Vergleich zum Regelfall der Haftung nach § 179 BGB ohnehin auch eine gewisse Relativierung über die Verteilung der zugrunde liegenden Darlegungs- und Beweislast ein. Schließlich muss der jeweilige Anspruchsinhaber stets die für ihn günstigen Umstände darlegen und beweisen, in den hier in Rede stehenden Fällen also letztlich die Voraussetzungen des Hemmungstatbestands gem. § 210 BGB im Verhältnis zu dem vermeintlich Vertretenen, genauer gesagt, dass aufgrund von dessen unerkannter Geschäftsunfähigkeit i. S. d. § 104 Nr. 2 BGB innerhalb

394 BT-Drs. 14/6040, S. 120; MüKoBGB/Grothe, § 210 Rn. 5; Staudinger/Peters/Jacoby, § 210 Rn. 1 und 6; Erman/Schmidt-Räntsch, § 210 Rn. 2.

der noch laufenden Verjährungsfrist ein rechtliches Hindernis für die Herbeiführung der Anspruchsentstehung i. S. d. § 179 BGB bestand.[395] Um dem hinreichend gerecht werden zu können, benötigt der Anspruchsinhaber aber Kenntnisse im Hinblick auf die Umstände der im maßgeblichen Zeitpunkt bestehenden Geschäftsunfähigkeit des vermeintlich Vertretenen i. S. d. § 104 Nr. 2 BGB, die er in der Regel nur durch ein rechtzeitiges Tätigwerden diesem gegenüber erlangen wird. Anderenfalls wäre ein entsprechender Nachweis für die Vergangenheit nur schwer zu führen, soweit die Geschäftsunfähigkeit des anderen Teils gem. § 104 Nr. 2 BGB nicht ohnehin schon allgemein bekannt war.

Sonderproblem: Keine Kenntnis von der Betreuung

Ein besonderes Problem im Zusammenhang mit den Fällen der unerkannten Geschäftsunfähigkeit des vermeintlich Vertretenen i. S. d. § 104 Nr. 2 BGB kann sich zudem daraus ergeben, dass für diesen bereits ein Betreuer gem. § 1814 Abs. 1 BGB als gesetzlicher Vertreter i. S. d. § 1823 BGB (§ 1902 BGB in der bis zum 31.12.2022 geltenden Fassung) bestellt wurde, der Anspruchsinhaber hiervon aber nicht rechtzeitig Kenntnis erlangt und deshalb die Entstehung der gegen den Vertreter gerichteten Haftungsansprüche aus § 179 BGB nicht mehr innerhalb der laufenden Verjährungsfrist durch die Aufforderung des Betreuers zur Erklärung über die Genehmigung des Vertretergeschäfts i. S. d. § 177 Abs. 2 S. 1 BGB herbeiführen kann. Zugegebenermaßen wird es sich dabei um absolute Ausnahmefälle handeln, in denen es trotz Anordnung der rechtlichen Betreuung i. S. d. §§ 1814 ff. BGB noch zu einem Fall der Vertretung ohne Vertretungsmacht kommt und der Anspruchsinhaber zunächst auch keine Kenntnis von der gesetzlichen Vertretung des vermeintlich Vertretenen hat. Jedoch ist dennoch denkbar, dass der Geschäftsunfähige i. S. d. § 104 Nr. 2 BGB an seinem gesetzlichen Vertreter vorbei handelt und daneben einen rechtsgeschäftlichen Vertreter i. S. d. § 167 BGB einsetzt, dessen Vollmacht sich aber gem. § 105 BGB als nichtig erweist. Schließlich lässt die Anordnung der Betreuung eine etwaige Geschäftsunfähigkeit des Betreuten i. S. d. § 104 Nr. 2 BGB unberührt.[396] Insofern lässt sich das vorherige *Fallbeispiel* wie folgt abwandeln:

A erfährt von der Vertretung ohne Vertretungsmacht kurz nachdem er den B als vermeintlich Vertretenen aufgrund der bestehenden Veränderungen und Verschlechterungen des Mietobjekts, die im Zuge der am 01.09.2020 erfolgten Rückgabe i. S. d. § 548 Abs. 1 S. 2 BGB festgestellt wurden, in Anspruch genommen hatte. Von der Tatsache, dass der B schon seit längerer Zeit geschäftsunfähig i. S. d. § 104 Nr. 2 BGB ist und für ihn daher ein Betreuer bestellt wurde, erlangt A jedoch zunächst keine Kenntnis. Aus diesem Grund

395 Vgl. dazu MüKoBGB/Grothe, § 210 Rn. 1; Erman/Schmidt-Räntsch, § 210 Rn. 2.
396 Grüneberg/Ellenberger, Vor. § 104 Rn. 2a; Grüneberg/Götz, Vor. § 1814 Rn. 4.

fordert der A den B am 01.10.2020 zur Erklärung über die Genehmigung des Mietvertrages i. S. d. § 177 Abs. 2 S. 1 BGB auf. Nachdem hierauf trotz zwischenzeitlicher Erinnerung keine Rückmeldung erfolgte, macht A seine Ersatzansprüche am 01.12.2020 gestützt auf § 179 BGB gegenüber dem Vertreter V geltend und beruft sich dabei auf den Eintritt der Fiktion gem. § 177 Abs. 2 S. 2 BGB. Hierauf erwiderte V, dass doch der B geisteskrank und deshalb sowieso alles nichtig sei. Jedenfalls sehe er sich aktuell keinen Ansprüchen ausgesetzt. Nach weiterer Recherche erfährt A schließlich erst am 02.03.2021, dass der G als Betreuer für den gem. § 104 Nr. 2 BGB geschäftsunfähigen B bestellt wurde.

Auch in derartigen Fällen der Unkenntnis der gesetzlichen Vertretung bzw. Betreuung des vermeintlich Vertretenen ist der ergebnislose Ablauf der Verjährungsfrist im Kern auf dessen Geschäftsunfähigkeit i. S. d. § 104 Nr. 2 BGB zurückzuführen und beruht damit ebenfalls auf Gründen, die nicht aus der eigenen Sphäre des Anspruchsinhabers stammen. Auch insoweit können daher die grundlegenden Wertungen des Hemmungstatbestands gem. § 210 BGB sowie die bereits im Zusammenhang mit dem vorhergehenden Ausgangsfall des gänzlichen Fehlens eines gesetzlichen Vertreters angestellten Erwägungen fruchtbar gemacht werden, sodass von einer vergleichbaren Interessenlage und damit gleichermaßen von einer zur Verjährungskorrektur führenden überwiegenden Schutzwürdigkeit des Anspruchsinhabers ausgegangen werden muss. Zwar stellt die Ablaufhemmung gem. § 210 BGB ausschließlich auf das Fehlen eines gesetzlichen Vertreters ab und lässt die subjektiven Gesichtspunkte, wie die Kenntnis des Anspruchsinhabers von der gesetzlichen Vertretung bzw. der Person des gesetzlichen Vertreters, damit vollends außer Betracht,[397] mit der Folge, dass bei unterstellter Vertragswirksamkeit im Gegensatz zu dem vorherigen Ausgangsfall der unerkannten Geschäftsunfähigkeit des vermeintlich Vertretenen gem. § 104 Nr. 2 BGB gerade keine Hemmungswirkung i. S. d. § 210 BGB eingegriffen hätte. Jedoch ist insoweit auch zu beachten, dass bei einem wirksamen Vertragsschluss der Fall der Unkenntnis des gesetzlichen Vertreters kaum vorstellbar ist. Schließlich kann mit dem Geschäftsunfähigen i. S. d. § 104 Nr. 2 BGB ein Vertrag überhaupt nur dann wirksam zustande kommen, wenn der Betreuer hierbei in seiner Eigenschaft als gesetzlicher Vertreter i. S. d. § 1823 BGB ordnungsgemäß mitwirkt. Ist dies der Fall, muss dem Anspruchsinhaber aber denknotwendig auch die rechtliche Betreuung seines Vertragspartners genauso wie die Person des Betreuers bekannt sein. Aufgrund dieser besonderen Ausgangssituation, die letztlich in dem Umstand der Vertretung ohne Vertretungsmacht wurzelt, ist ein direkter Vergleich mit der hypothetischen Rechtslage bei Wirksamkeit des gescheiterten Vertrages nicht möglich. Folglich kann diese einer Schutzwürdigkeit des Anspruchs-

397 Vgl. hierzu Fn. 394.

inhabers unter Rückgriff auf die Rechtsgedanken der Vertragsakzessorietät und des wirtschaftlichen Ersatzwertcharakters der quasivertraglichen Vertreterhaftung nach § 179 BGB auch nicht entgegengehalten werden. Insoweit zeigt sich, dass sich in solchen Sonderfällen gerade ein Risiko realisiert, das ausschließlich bei einem Zusammentreffen der rechtsgeschäftlichen Vertretung ohne Vertretungsmacht mit der Geschäftsunfähigkeit des vermeintlich Vertretenen i. S. d. § 104 Nr. 2 BGB besteht. Wie in dem bereits behandelten Fall der überwiegenden Schutzwürdigkeit des Anspruchsinhabers aufgrund der nicht rechtzeitigen Kenntniserlangung vom Mangel der Vertretungsmacht greift somit auch in diesen Sachverhaltskonstellationen der verspäteten Kenntnis von der gesetzlichen Vertretung bzw. Betreuung des vermeintlich Vertretenen der Schutzzweck der persönlichen Vertreterhaftung gem. § 179 BGB ein. Danach soll der Anspruchsinhaber, der auf einen wirksamen Vertragsschluss vertraut bzw. vertrauen darf und daher als schutzwürdig zu erachten ist, gerade vor derartigen Nachteilen im Zusammenhang mit der Vertretung ohne Vertretungsmacht bewahrt und sämtliche damit einhergehenden Risiken im Grundsatz ausschließlich dem falsus procurator zugewiesen werden.[398]

(e) Versterben des vermeintlich Vertretenen

Ein mit der unerkannten Geschäftsunfähigkeit des vermeintlich Vertretenen i. S. d. § 104 Nr. 2 BGB vergleichbares rechtliches Hindernis für die rechtzeitige Entstehung und Durchsetzung der Haftungsansprüche aus § 179 BGB besteht auch dann, wenn der vermeintlich Vertretene verstirbt, noch bevor er die Genehmigung des entsprechenden Vertretergeschäfts verweigern bzw. ihm die diesbezügliche Aufforderung i. S. d. § 177 Abs. 2 S. 1 BGB zur Herbeiführung der Fiktion gem. § 177 Abs. 2 S. 2 BGB wirksam zugehen und damit der Tatbestand der persönlichen Vertreterhaftung gem. § 179 BGB verwirklicht werden kann. Zur Veranschaulichung dient wiederum das folgende <u>*Fallbeispiel:*</u>

Wie zuvor erfährt A von der Vertretung ohne Vertretungsmacht kurz nachdem er den B als vermeintlich Vertretenen aufgrund der bestehenden Veränderungen und Verschlechterungen des Mietobjekts, die im Zuge der am 01.09.2020 erfolgten Rückgabe i. S. d. § 548 Abs. 1 S. 2 BGB festgestellt wurden, in Anspruch genommen hatte. Am 05.11.2020 erreicht A die Nachricht, dass B zwischenzeitlich verstorben ist. Etwaige Erben des B sind dem A zunächst nicht bekannt. Nach weiteren Nachforschungen erhält A die Mitteilung, dass E das Erbe des B am 02.03.2021 angenommen hat und nunmehr die Genehmigung des entsprechenden Mietvertrages verweigert.

---

398 Vgl. dazu auch die Erwägungen unter „*Teil III A. II. 1. c) aa) (2) (c) (aa) Keine rechtzeitige Kenntniserlangung vom Mangel der Vertretungsmacht*“ sowie Fn. 119, 122.

In diesem Fall beruht das fruchtlose Verstreichen der sechsmonatigen Verjährungsfrist des § 548 Abs. 1 S. 1 BGB entscheidend auf dem Versterben des B als vermeintlich Vertretenen, da für A in der Folge keine Möglichkeit mehr bestand, die Anspruchsentstehung i. S. d. § 179 BGB noch rechtzeitig vor dem Ablauf des 01.03.2021 und damit vor dem Verjährungseintritt nach dem Ansatz der Spezialitätslösung herbeizuführen. Wie in den wertungsmäßig vergleichbaren Konstellationen der unerkannten Geschäftsunfähigkeit des vermeintlich Vertretenen i. S. d. § 104 Nr. 2 BGB handelt es sich auch hierbei um einen Umstand, der nicht aus der Sphäre des A als Anspruchsinhaber stammt und auf den dieser rechtlich auch keinerlei Einfluss nehmen kann, sodass in gleicher Weise von seiner überwiegenden Schutzwürdigkeit und damit vom Erfordernis einer entsprechenden Verjährungskorrektur ausgegangen werden muss.

Mit dem Versterben des vermeintlich Vertretenen geht dessen Genehmigungsrecht i. S. d. § 177 Abs. 1 BGB schließlich im Grundsatz auf seine Erben über.[399] Erst diese können dann die Genehmigung des entsprechenden Vertretergeschäfts endgültig verweigern bzw. sind der richtige Adressat für die diesbezügliche Aufforderung i. S. d. § 177 Abs. 2 S. 1 BGB, um die Verweigerungsfiktion gem. § 177 Abs. 2 S. 2 BGB auszulösen und dadurch die gegen den Vertreter gerichteten Haftungsansprüche aus § 179 BGB final zur Entstehung zu bringen. Wie in dem obigen Beispielsfall kann es hierbei aber zu teils gravierenden Verzögerungen kommen, da die potenziellen Erben des vermeintlich Vertretenen das Erbe erst einmal annehmen müssen. Auch ist es denkbar, dass die Erben ursprünglich gar nicht bekannt sind und daher zunächst ermittelt und von dem Erbfall bzw. einer letztwilligen Verfügung des Erblassers in Kenntnis gesetzt werden müssen. Möglicherweise ist auch zuerst ein Nachlass- oder Abwesenheitspfleger gem. §§ 1960 ff. BGB bzw. § 1911 BGB als gesetzlicher Vertreter der Erben zu bestellen, eine Nachlassverwaltung gem. §§ 1981 ff. BGB anzuordnen, ein Nachlassinsolvenzverfahren gem. § 1980 BGB i. V. m. §§ 315 ff. InsO zu eröffnen oder eine zum Testamentsvollstrecker gem. §§ 2197 ff. BGB bestimmte Person muss zunächst das entsprechende Amt annehmen, bevor eine Erklärung über die Genehmigung i. S. d. § 177 Abs. 1 BGB bzw. eine Aufforderung hierzu i. S. d. § 177 Abs. 2 S. 1 BGB erfolgen kann.[400] Der Anspruchsinhaber hat insoweit jedoch keine hinreichende rechtliche Möglichkeit, selbst für eine Klärung der zugrunde liegenden Sach- und Rechtslage sowie die Verwirklichung der Voraussetzungen der Vertreterhaftung gem. § 179 BGB zu sorgen bzw. sie zumindest zu beschleunigen, sodass es auch nicht zu seinen Lasten gehen

399 Staudinger/Schilken, § 177 Rn. 10a; BeckOGKBGB/Ulrici, § 177 Rn. 138; MüKoBGB/Schubert, § 177 Rn. 33.

400 Zu diesen in Betracht kommenden Möglichkeiten vgl. Staudinger/Peters/Jacoby, § 211 Rn. 4 f.; MüKoBGB/Grothe, § 211 Rn. 3 ff.

darf, wenn es zu entsprechenden Verzögerungen und dadurch wiederum zu einer Anspruchsentstehung i. S. d. § 179 BGB erst nach dem Ablauf der einschlägigen Verjährungsfrist kommt. Dieses Ergebnis wird insbesondere auch gestützt durch die Ratio des gesetzlichen Hemmungstatbestands gem. § 211 BGB, der letztlich auf derselben rechtlichen Grundwertung wie die Regelung des § 210 BGB beruht[401] und in derartigen Nachlassfällen eine Ablaufhemmung von grundsätzlich sechs Monaten ab dem Zeitpunkt der Annahme der Erbschaft, der Eröffnung eines Nachlassinsolvenzverfahrens oder der Bestellung eines sonstigen Vertreters für den Nachlass oder die Erben vorsieht, um eine angemessene und zumutbare Möglichkeit der Anspruchsverfolgung sicherzustellen und dadurch den Anspruchsinhaber gerade vor einer faktischen Zwangsverjährung zu schützen.[402]

Wie in dem vorherigen Fall der unerkannten Geschäftsunfähigkeit des vermeintlich Vertretenen i. S. d. § 104 Nr. 2 BGB ist auch bei seinem Versterben vor endgültiger Verwirklichung des Haftungstatbestands gem. § 179 BGB eine Tätigkeitsobliegenheit des Anspruchsinhabers abzulehnen. Schließlich hat er es auch insoweit nicht in der Hand, das rechtliche Hindernis für die Entstehung und Durchsetzung der Haftungsansprüche aus § 179 BGB durch ein rechtzeitiges Tätigwerden selbst zu beseitigen und dadurch den Verjährungseintritt abzuwenden, sodass dieser schon gar nicht kausal auf der Untätigkeit bzw. Nachlässigkeit des Anspruchsinhabers beruhen kann.[403] Zwar könnte man sich die Frage stellen, ob der Anspruchsinhaber möglicherweise einen frühzeitigen Antrag auf Anordnung der Nachlasspflegschaft gem. § 1961 BGB stellen müsste, um daraufhin den vom zuständigen Nachlassgericht bestellten Nachlasspfleger zur Erklärung über die Genehmigung des Vertretergeschäfts i. S. d. § 177 Abs. 2 S. 1 BGB auffordern und so die Anspruchsentstehung i. S. d. § 179 BGB herbeiführen zu können, notfalls über die Verweigerungsfiktion des § 177 Abs. 2 S. 2 BGB. Jedoch ist hierbei zu berücksichtigen, dass die Nachlasspflegschaft in erster Linie der Sicherung des Nachlasses zugunsten der Erben zu dienen bestimmt ist[404] und die Regelung des § 1961 BGB in Korrelation mit den §§ 1960 Abs. 3, 1958 BGB nur den Fall der gerichtlichen Geltendmachung eines Anspruchs gegen den Nachlass erfassen soll.[405] Ein derartiges Vorgehen wird daher wohl ohnehin nur dann in Betracht kommen, wenn der Anspruchsinhaber von einer

---

401 Staudinger/Peters/Jacoby, § 211 Rn. 1; MüKoBGB/Grothe, § 211 Rn. 1; BeckOGK-BGB/Piekenbrock, § 195 Rn. 40.2.

402 Vgl. dazu ausführlich unter „*Teil I D. III. 1. a) bb) Ablaufhemmung gem. §§ 210, 211 BGB*“ sowie Fn. 89.

403 Vgl. MüKoBGB/Grothe, § 211 Rn. 1; BeckOGKBGB/Meller-Hannich, § 211 Rn. 2.1.

404 Grüneberg/Weidlich, § 1960 Rn. 1, 11; MüKoBGB/Leipold, § 1960 Rn. 1; Staudinger/Mesina, § 1960 Rn. 1.

405 Grüneberg/Weidlich, § 1961 Rn. 1; MüKoBGB/Leipold, § 1961 Rn. 1; Staudinger/Mesina, § 1961 Rn. 1.

wirksamen Stellvertretung bzw. von einem gegen den Nachlass bestehenden Anspruch ausgeht und gerade diesen gerichtlich durchsetzen will. Ist dem Anspruchsinhaber allerdings der Umstand der Vertretung ohne Vertretungsmacht bereits hinreichend bewusst und begehrt er daher lediglich die erst zu einem wirksamen Anspruch führende Entscheidung über die Genehmigung des entsprechenden Vertretergeschäfts i. S. d. § 177 Abs. 1 BGB, wie im vorliegenden Beispielsfall, dann sind die für eine gerichtliche Anordnung der Nachlasspflegschaft gem. § 1961 BGB erforderlichen Voraussetzungen schon gar nicht erfüllt, insbesondere wird es dem Anspruchsinhaber dabei an dem insoweit unabdingbaren Rechtsschutzbedürfnis fehlen.[406]

Freilich könnte man noch über eine analoge Anwendung des § 1961 BGB diskutieren. Allerdings braucht hierauf an dieser Stelle mangels Entscheidungserheblichkeit nicht näher eingegangen zu werden, da eine Obliegenheit des Anspruchsinhabers zu einem derartigen Vorgehen wie in dem Fall der unerkannten Geschäftsunfähigkeit des vermeintlich Vertretenen i. S. d. § 104 Nr. 2 BGB ohnehin bereits aus Wertungsgründen ausscheiden muss. Schließlich normiert der Hemmungstatbestand des § 211 BGB in den wertungsmäßig identischen Fällen des Versterbens des eigentlichen Anspruchsgegners genauso wie § 210 BGB keine weiteren Voraussetzungen oder Einschränkungen. Damit soll § 211 BGB nach der Intention des Gesetzgebers völlig unabhängig davon eingreifen, ob der Anspruchsinhaber in irgendeiner Weise bei der Beseitigung des für die Anspruchsverfolgung bestehenden rechtlichen Hindernisses mitwirkt bzw. sich darum bemüht oder ob er von dem entsprechenden Erbfall überhaupt Kenntnis hat.[407] Letztendlich wäre es in derartigen Fällen wohl schon nicht sach- und interessengerecht, wenn der Anspruchsinhaber ausschließlich zum Zweck der Verjährungshemmung stets zur Beantragung einer Nachlasspflegschaft gezwungen wäre.[408] Im Übrigen kommt hinzu, dass gerade auch die gerichtliche Bestellung eines Nachlasspflegers aufgrund der damit einhergehenden Nachforschungen und Erörterungen durch das zuständige Nachlassgericht ein erhebliches Maß an Zeit in Anspruch nehmen kann und damit dennoch die Gefahr des Verjährungseintritts besteht, mit der Folge, dass durch ein derartiges Vorgehen letztlich auch nichts gewonnen wäre.[409] Da somit auch in den vorliegenden Fällen, in denen der vermeintlich Vertretene noch vor Herbeiführung der endgültigen Entstehung der Haftungsansprüche aus § 179 BGB verstirbt, bei unterstellter Wirksamkeit des gescheiterten Vertrages aufgrund der Ablaufhemmung gem. § 211 BGB keine Verjährung eingetreten wäre, muss der

406 Vgl. dazu Grüneberg/Weidlich, § 1961 Rn. 2; MüKoBGB/Leipold, § 1961 Rn. 7 ff.; Staudinger/Mesina, § 1961 Rn. 6 ff.

407 Vgl. auch Erman/Schmidt-Räntsch, § 211 Rn. 4.

408 Vgl. dazu auch Mot. I, S. 323 = Mugdan I, S. 530.

409 Vgl. dazu auch Mot. I, S. 323 = Mugdan I, S. 530.

Anspruchsinhaber nach dem Grundsatz der Vertragsakzessorietät in dem gescheiterten Vertragsverhältnis der Vertretung ohne Vertretungsmacht, in dem die Haftungsansprüche aus § 179 BGB als wirtschaftlich bzw. inhaltlich korrespondierender Ersatzwert gerade an die Stelle der eigentlich begehrten vertraglichen Ansprüche treten, ebenfalls zwingend vor einem diesbezüglichen Verjährungseintritt geschützt werden. Die Annahme einer allgemeinen Tätigkeitsobliegenheit, insbesondere im Hinblick auf die Beantragung einer entsprechenden Nachlasspflegschaft i. S. d. § 1961 BGB (analog), wäre demnach auch mit den grundlegenden Wertungen des Hemmungstatbestands gem. § 211 BGB nicht zu vereinbaren und würde vielmehr wie im vorhergehenden Fall der unerkannten Geschäftsunfähigkeit des vermeintlich Vertretenen i. S. d. § 104 Nr. 2 BGB zu einer unangemessenen Belastung des Anspruchsinhabers führen.

Ein mit der Vertretung ohne Vertretungsmacht bei gleichzeitiger Unkenntnis der gesetzlichen Vertretung des gem. § 104 Nr. 2 BGB geschäftsunfähigen Vertretenen vergleichbarer Problemfall ist im Rahmen der vorliegenden Nachlassfälle hingegen kaum denkbar und spielt daher auch keine besondere Rolle. Schließlich geht eine vermeintliche Stellvertretung gänzlich ins Leere, wenn der vermeintlich Vertretene bereits verstorben ist. In einem solchen Fall entsteht schon kein Genehmigungsrecht i. S. d. § 177 Abs. 1 BGB, das noch auf etwaige Erben übergehen könnte, mit der Folge, dass ein derartiges Geschehen weitgehend wirkungslos bleibt bzw. der Vertreter allenfalls unabhängig von einer Erklärung über die Genehmigung des von ihm abgeschlossenen Geschäfts analog § 179 BGB haftet.[410]

(f) Keine rechtzeitige Kenntnis der Person des Vertreters

Fallbeispiel:

Wie im Ausgangsfall nimmt der A die M-GmbH als vermeintlich Vertretene wiederum unmittelbar nach Rückgabe der Mieträumlichkeiten am 01.09.2020 aufgrund der bestehenden Veränderungen bzw. Verschlechterungen in Anspruch. Am 05.11.2020 erfährt der A schließlich von der Vertretung ohne Vertretungsmacht sowie von der Tatsache, dass die M-GmbH eine Genehmigung des entsprechenden Mietvertrages verweigert. Allerdings hat A keine Kenntnis von der Person bzw. den persönlichen Daten des bei Vertragsschluss für die M-GmbH aufgetretenen Vertreters und damit des richtigen Anspruchsgegners seiner Ersatzansprüche aus § 179 BGB. Erst nach weiteren Recherchen erfährt der A am 02.03.2021, dass es sich dabei um den V handelt.

410 Vgl. dazu auch BGHZ 63, 45 (48 f.) = NJW 1974, 1905; BGHZ 105, 283 (285) = NJW 1989, 894; BGHZ 178, 307 (311) Rn. 10 = NJW 2009, 215; Staudinger/Schilken, § 179 Rn. 22; MüKoBGB/Schubert, § 179 Rn. 10.

Auch in diesem Fall ist der A bereits frühzeitig gegenüber der vermeintlich vertretenen M-GmbH tätig geworden, sodass angenommen werden kann, dass bei unterstellter Wirksamkeit des gescheiterten Vertrages wohl gerade keine Verjährung eingetreten wäre. Soweit ersichtlich, hatte er allerdings aufgrund seiner Wissensdefizite im Hinblick auf die Personalie des Vertreters V rein faktisch keine hinreichende Möglichkeit, rechtzeitig auch ihm gegenüber als seinem eigentlichen Anspruchsgegner vorzugehen und damit seine Haftungsansprüche aus § 179 BGB noch innerhalb der sechsmonatigen Verjährungsfrist des § 548 Abs. 1 S. 1 BGB geltend zu machen oder fristwahrend eine diesbezügliche Hemmungsmaßnahme zu ergreifen und dadurch den Verjährungseintritt nach der Spezialitätslösung zu verhindern.

In derartigen Fällen der Unkenntnis des richtigen Anspruchsgegners stellt sich die Frage, ob der Anspruchsinhaber wie in den Sachverhaltskonstellationen der nicht rechtzeitigen Kenntniserlangung vom Mangel der Vertretungsmacht vor einem im Wesentlichen auf seinen Wissensdefiziten beruhenden Verjährungseintritt geschützt werden muss[411] oder ob er die Person des Vertreters vielmehr grundsätzlich zu kennen hat und der Ablauf der einschlägigen Verjährungsfrist daher vorzugswürdig seiner eigenen Verantwortungs- bzw. Risikosphäre zuzuweisen ist. Wie bereits dargestellt, hatte dieses mit der Vertreterhaftung gem. § 179 BGB typischerweise einhergehende und gerade in der Praxis des Geschäftsverkehrs nicht zu vernachlässigende Problem bereits das Reichsgericht in seiner Entscheidung zur Anwendbarkeit der langen Regelverjährungsfrist des § 195 BGB a. F. auf die Haftungsansprüche aus § 179 BGB erkannt,[412] jedoch erfolgte damit insbesondere durch den BGH in seiner späteren Grundsatzentscheidung zur Verjährung der quasivertraglichen Ersatzansprüche gem. § 179 BGB keine tiefergehende Auseinandersetzung mehr bzw. er hat insoweit wohl schon kein ernsthaftes Problem erkannt.[413]

Nach den bisherigen Erwägungen kann an dieser Stelle jedenfalls festgehalten werden, dass ein schutzwürdiges Vertrauen des Anspruchsinhabers in einen wirksamen Vertragsschluss mit dem Vertretenen korrespondierend mit dem Rechtsgedanken des Haftungsausschlusses gem. § 179 Abs. 3 S. 1 BGB spätestens ab dem Zeitpunkt seiner Kenntniserlangung von der Vertretung ohne Vertretungsmacht zerstört wird,[414] mit der Folge, dass ab diesem Zeitpunkt auch besondere Anforderungen an sein Verhalten im Sinne einer grundsätzlichen Tätigkeitsobliegenheit zu stellen sind. Das bedeutet, dass der Anspruchsinhaber das Geschehen dann nicht einfach so weiterlau-

411 Vgl. dazu unter „*Teil III A. II. 1. c) aa) (2) (c) (aa) Keine rechtzeitige Kenntniserlangung vom Mangel der Vertretungsmacht*“.

412 Vgl. RGZ 145, 40 (41 f.).

413 Vgl. BGHZ 73, 266 (271) = NJW 1979, 1161 (1162).

414 Vgl. insoweit auch Fn. 383.

fen bzw. auf sich beruhen lassen darf, sondern vielmehr ohne schuldhaftes Zögern alles ihm Mögliche, Erforderliche und Zumutbare zur Aufklärung der maßgeblichen Umstände tun muss. Soweit es hierbei aufgrund einer Untätigkeit bzw. Nachlässigkeit des Anspruchsinhabers zu Verzögerungen kommen sollte, finden diese ihren Grund ausschließlich in seiner eigenen Sphäre und müssen daher auch vollständig zu seinen Lasten gehen.[415] Es bleibt jedoch noch die Frage nach der Beurteilung der Schutzwürdigkeit des Anspruchsinhabers in solchen Fällen, in denen sich die genaue Person des Vertreters trotz Vornahme aller insoweit gebotenen Maßnahmen nicht rechtzeitig innerhalb der laufenden Verjährungsfrist aufklären lässt.

(aa) Grundsätzliche Ablehnung der Schutzwürdigkeit

Eine Möglichkeit besteht darin, eine Schutzwürdigkeit des Anspruchsinhabers in den Fällen der Unkenntnis der Person bzw. der persönlichen Daten des Vertreters bereits generell zu verneinen und diesen Umstand vollständig seinem eigenen Risikobereich zuzuschreiben bzw. jedenfalls den hinter der jeweils einschlägigen Sonderverjährungsregelung stehenden Wertungen den Vorrang einzuräumen. Das entspricht wohl auch der grundsätzlichen Linie des BGH, der in seiner zur verjährungsrechtlichen Behandlung des § 179 BGB ergangenen Grundsatzentscheidung maßgeblich darauf abgestellt hat, dass der Anspruchsinhaber denjenigen, mit dem er unmittelbar kontrahiert, stets zu kennen und sich daher seiner Person bzw. persönlichen Daten zu vergewissern habe, unabhängig davon, ob es sich direkt um den Vertragspartner oder nur um dessen Vertreter handle. Insoweit bestehe schließlich kein derart wesentlicher Unterschied, dass eine abweichende Beurteilung dieser Fälle gerechtfertigt sei. Für den Anspruchsinhaber im Einzelfall unbillige Ergebnisse werden dabei nach der Auffassung des BGH bereits dadurch vermieden, dass ihm bei einer arglistigen Täuschung über die wahre Identität des Vertreters ohnehin schon ein Schadensersatzanspruch zustehe und im Übrigen auch eine Korrektur über die Grundsätze von Treu und Glauben gem. § 242 BGB in Betracht gezogen werden könne.[416]

(bb) Differenzierte Beurteilung

Zudem kann ein vermittelnder Ansatz in Betracht gezogen werden, der für die Beurteilung der Schutzwürdigkeit des Anspruchsinhabers im jeweiligen Einzelfall danach differenziert, ob diesem noch ein objektiv angemessener Zeitraum zur vollständigen Aufklärung der zugrunde liegenden Sach- und

---

415 Vgl. dazu die Erwägungen unter „*Teil III A. II. 1. c) aa) (2) (c) (cc) Keine rechtzeitige Anspruchsentstehung i. S. d. § 179 BGB*“.

416 Zu der gesamten Argumentation vgl. BGHZ 73, 266 (271) = NJW 1979, 1161 (1162).

Rechtslage zur Verfügung stand. Hierbei soll allerdings noch nicht näher auf die Frage eingegangen werden, wann genau der dem Anspruchsinhaber verbleibende Zeitraum nach objektiven Gesichtspunkten noch als angemessen angesehen werden kann.

Variante 1: Objektiv angemessener Zeitraum zur Aufklärung

Verbleibt dem Anspruchsinhaber nach Kenntniserlangung von der Vertretung ohne Vertretungsmacht noch ein nach objektiven Maßstäben grundsätzlich als angemessen anzusehender Zeitraum zur Ermittlung der Person des Vertreters, dann muss nach diesem differenzierenden Lösungsansatz eine überwiegende Schutzwürdigkeit ausscheiden und die letztendliche Nichtaufklärbarkeit der richtigen Anspruchsgegnerschaft i. S. d. § 179 BGB gewissermaßen als ein Teil des allgemeinen Lebensrisikos seiner eigenen Risikosphäre zugeordnet werden. Hierfür ließe sich anführen, dass den schutzwürdigen Interessen des Anspruchsinhabers schon durch die Einräumung eines objektiv angemessenen Zeitraums zur Aufklärung sämtlicher für die Geltendmachung und Durchsetzung seiner Haftungsansprüche gem. § 179 BGB relevanten Umstände hinreichend Rechnung getragen wird. Schließlich soll der Anspruchsinhaber auch im Rahmen der quasivertraglichen Vertreterhaftung gem. § 179 BGB nicht vollständig von den typischerweise allen Ansprüchen innewohnenden Durchsetzungsrisiken befreit sein, die gerade auch auf entsprechenden Wissensdefiziten beruhen können und grundsätzlich von allen Gläubigern einkalkuliert werden müssen, da dies der vom Gesetzgeber vorgesehenen allgemeinen Risikoverteilung zuwiderlaufen und damit zu einem überschießenden Schutz des jeweiligen Anspruchsinhabers führen würde. Zudem bestünde durch ein zeitlich völlig unbegrenztes Hinausschieben des Verjährungseintritts die Gefahr einer Ausuferung der Haftung nach § 179 BGB und damit einhergehend einer weitgehenden Entwertung der Ratio der besonderen Verjährungsregelungen, die bei unterstellter Wirksamkeit des gescheiterten Vertrages einschlägig wären und daher nach dem Grundsatz der Vertragsakzessorietät auch auf den aus § 179 BGB resultierenden wirtschaftlichen Ersatzwert anzuwenden sind.

Variante 2: Kein objektiv angemessener Zeitraum zur Aufklärung

Eine gänzlich andere Beurteilung ist nach dieser differenzierten Betrachtung jedoch geboten, wenn der Anspruchsinhaber zunächst auf einen wirksamen Vertragsschluss mit dem Vertretenen vertraut bzw. vertrauen darf und erst so spät von dem Umstand der Vertretung ohne Vertretungsmacht erfährt, dass ihm auch bei objektiver Betrachtung kein angemessener und zumutbarer Zeitraum mehr zur rechtzeitigen Aufklärung der Person des Vertreters noch innerhalb der laufenden Verjährungsfrist verbleibt.

Im zugrunde liegenden Fallbeispiel müsste hiervon etwa dann ausgegangen werden, wenn der A von der mangelnden Vertretungsmacht bzw. der Verweigerung der Genehmigung des entsprechenden Mietvertrages durch die M-GmbH i. S. d. § 177 Abs. 1 BGB erst am 22.02.2021, mithin eine Woche vor dem Ablauf der sechsmonatigen Verjährungsfrist des § 548 Abs. 1 S. 1 BGB zum 01.03.2021, Kenntnis erlangt. In diesem Fall hätte A infolge seines grundsätzlich schutzwürdigen Vertrauens in die Vertragswirksamkeit bzw. einen entsprechenden vertraglichen Anspruch gegen die M-GmbH als vermeintlich Vertretene bereits so viel Zeit verloren, dass seine Möglichkeiten zur rechtzeitigen Ermittlung der Person des Vertreters V und damit zur Einleitung verjährungshemmender Maßnahmen gegenüber dem richtigen Anspruchsgegner i. S. d. § 179 BGB erheblich eingeschränkt bzw. sogar faktisch vereitelt wären. Schließlich kann hierfür ein Zeitraum von nur einer Woche in keinem Fall als ausreichend bzw. objektiv angemessen betrachtet werden. In der Folge wäre die Verjährung der gegen den V gerichteten Haftungsansprüche aus § 179 BGB in diesem abgewandelten Beispiel in erster Linie wiederum auf den Umstand der Vertretung ohne Vertretungsmacht zurückzuführen und könnte damit nicht mehr der eigenen Verantwortungs- und Risikosphäre des A zugeordnet werden, sodass dieser grundsätzlich davor geschützt werden müsste.

Hierfür spricht, dass dem Anspruchsinhaber stets eine angemessene und zumutbare Möglichkeit zur Durchsetzung seiner Rechte bzw. zur Abwendung der diesbezüglichen Verjährung und damit auch zur Aufklärung der insoweit relevanten Umstände zur Verfügung stehen muss, da der Verjährungseintritt für den Anspruchsinhaber ansonsten eine unbillige Härte darstellen und letztlich auf eine rechtlich missbilligte Zwangsverjährung hinauslaufen würde.[417] Wie zuvor bereits dargestellt, führt zwar die Kenntniserlangung von der Vertretung ohne Vertretungsmacht dazu, dass ein schutzwürdiges Vertrauen in einen wirksamen Vertragsschluss zerstört und eine grundsätzliche Obliegenheit des Anspruchsinhabers dazu begründet wird, ohne schuldhaftes Zögern alles Mögliche, Erforderliche und Zumutbare zur vollständigen Aufklärung der zugrunde liegenden Sach- und Rechtslage sowie zur rechtzeitigen Durchsetzung der gegen den Vertreter gerichteten Ersatzansprüche aus § 179 BGB bzw. zumindest zur diesbezüglichen Verjährungshemmung zu tun. Um dabei jedoch auch den Interessen des Anspruchsinhabers hinreichend Rechnung zu tragen und diese in einen angemessenen Ausgleich mit dem Interesse des Anspruchsgegners und der Allgemeinheit an der Schaffung von Rechtssicherheit und Rechtsklarheit zu bringen, muss dem Anspruchsinhaber hierfür ab entsprechender Kenntniserlangung von der Vertretung ohne Vertretungsmacht in jedem Fall auch ein objektiv angemessener Zeitraum zugestanden werden. Schließlich erfährt der Anspruchsinhaber dabei auf einmal von einer gänzlich veränderten Ausgangssituation,

417 Vgl. dazu die Erwägungen unter „*Teil III A. II. 1. c) aa) (2) (c) (aa) Keine rechtzeitige Kenntniserlangung vom Mangel der Vertretungsmacht*“ sowie Fn. 381.

wonach sich der abgeschlossene Vertrag entgegen seiner ursprünglichen Vorstellungen als (schwebend) unwirksam erweist und sich dieser daher nur noch bei dem Vertreter persönlich als einem für ihn unbekannten Dritten schadlos halten kann. Da sich der Anspruchsinhaber auf die gravierende Veränderung der Umstände erst einstellen und möglicherweise noch bestimmte Maßnahmen, wie z. B. die Einholung von Rechtsrat, in die Wege leiten bzw. entsprechende Nachforschungen anstellen muss, erfordert die Geltendmachung der Vertreterhaftung gem. § 179 BGB typischerweise schon aus rein praktischen Gründen ein gewisses Mindestmaß an Zeit. Steht dieses dem jeweiligen Anspruchsinhaber jedoch bis zum Ablauf der maßgeblichen Verjährungsfrist nicht mehr zur Verfügung, muss davon ausgegangen werden, dass sich mit dem entsprechenden Verjährungseintritt weniger ein allgemeines Durchsetzungsrisiko als vielmehr ein spezifisches Risiko der Vertretung ohne Vertretungsmacht bzw. der Unkenntnis davon realisiert, das nach der gesetzgeberischen Intention grundsätzlich nicht der Sphäre des Anspruchsinhabers zugewiesen, sondern vor dem er nach der Ratio des § 179 BGB gerade geschützt werden soll.[418] In derartigen Fällen muss somit davon ausgegangen werden, dass die Schutzwürdigkeit des Anspruchsinhabers die hinter der jeweils einschlägigen Verjährungsregelung stehenden Wertungen überwiegt, mit der Folge, dass der Verjährungseintritt unter strikter Anwendung der Spezialitätslösung keine sach- und interessengerechten Ergebnisse zu begründen vermag und daher zwingend einer wertungsmäßigen Korrektur bedarf.

(cc) Grundsätzliche Annahme der Schutzwürdigkeit

Schließlich bleibt noch der Ansatz, wonach in den Fällen der Unkenntnis der Person bzw. persönlichen Daten des Vertreters stets von einer zur Verjährungskorrektur führenden Schutzwürdigkeit des Anspruchsinhabers auszugehen ist, soweit diesem im Hinblick auf das fruchtlose Verstreichen der einschlägigen Verjährungsfrist kein Verschuldens- bzw. Nachlässigkeitsvorwurf gemacht werden kann. Wie eingangs bereits dargestellt, ist dies zum einen immer dann anzunehmen, wenn eine rechtzeitige Aufklärung der maßgeblichen Sach- und Rechtslage trotz unmittelbarer Vornahme aller insoweit möglichen, erforderlichen und zumutbaren Maßnahmen nicht erreicht werden kann und zwar auch dann, wenn dem Anspruchsinhaber hierzu ab Kenntniserlangung von dem Haftungsfall i. S. d. § 179 BGB noch ein objektiv grundsätzlich als angemessen anzusehender Zeitraum zur Verfügung

---

418 Vgl. dazu ebenfalls die Erwägungen unter „*Teil III A. II. 1. c) aa) (2) (c) (aa) Keine rechtzeitige Kenntniserlangung vom Mangel der Vertretungsmacht*“ sowie Fn. 119, 122.

stand.[419] Zum anderen ist das entsprechend den bereits zuvor im Zuge des differenzierenden Lösungsansatzes angestellten Erwägungen unabhängig von etwaigen Aufklärungsmaßnahmen aber immer auch schon dann zu bejahen, wenn dem Anspruchsinhaber ab dem Zeitpunkt seiner Kenntnis von der mangelnden Vertretungsmacht kein objektiv angemessener Zeitraum mehr verbleibt, um seinen Anspruchsgegner i. S. d. § 179 BGB rechtzeitig innerhalb der noch laufenden Verjährungsfrist ausfindig machen und eine Maßnahme der Verjährungshemmung i. S. d. §§ 203 ff. BGB in die Wege leiten zu können. Schließlich kann dem Anspruchsinhaber eine entsprechende Aufklärung der zugrunde liegenden Sach- und Rechtslage sowie die anschließende Verfolgung seiner Ersatzansprüche i. S. d. § 179 BGB in derartigen Fällen, in denen ihm nur noch ein objektiv unangemessen kurzer Zeitraum zur Verfügung steht, nicht zugemutet werden. Folglich sind für ihn insoweit auch schon keine möglichen bzw. zumutbaren Rechtsverfolgungsmaßnahmen ersichtlich und daher kann auch nicht von einer entsprechenden Tätigkeitsobliegenheit ausgegangen werden.[420]

Für einen derart umfassenden Schutz des Anspruchsinhabers ganz unabhängig von der Frage, wie viel Zeit diesem ab dem Zeitpunkt seiner Kenntnis vom Haftungstatbestand des § 179 BGB bis zum Ablauf der einschlägigen Verjährungsfrist noch verbleibt, spricht in den Fällen der Unkenntnis der Person des Vertreters, dass der fruchtlose Ablauf der einschlägigen Verjährungsfrist dabei letztlich allein darauf beruht, dass der Anspruchsinhaber ursprünglich zu Recht auf einen wirksamen Vertragsschluss mit dem vermeintlich Vertretenen vertraut und den persönlichen Daten des Vertreters als dem richtigen Anspruchsgegner i. S. d. § 179 BGB aus diesem Grund keine hinreichende Bedeutung beigemessen hatte. Die wesentliche Ursache für den Verjährungseintritt ist insoweit daher wie in den Fällen der verspäteten Kenntnis vom Mangel der Vertretungsmacht in dem Umstand zu erblicken, dass aufseiten des vermeintlichen Geschäftsgegners ein Vertreter ohne Vertretungsmacht tätig geworden ist. Damit müsste der Schutzzweck des § 179 BGB aber konsequenterweise in sämtlichen Fällen der Nichtaufklärbarkeit der Person des Vertreters gleichermaßen eingreifen und zu einer grundsätzlichen Risikoverlagerung zulasten des falsus procurator führen,[421] mit der Folge, dass der aus dem Spezialitätsgrundsatz resultierende Verjährungseintritt zugunsten des demnach als überwiegend schutzwürdig zu erachtenden Anspruchsinhabers zu korrigieren wäre.

---

419 Vgl. dazu auch Fn. 415.
420 Vgl. dazu auch Fn. 417.
421 Vgl. dazu auch Fn. 418.

(dd) Stellungnahme

Um den schutzwürdigen Interessen des Anspruchsinhabers hinreichend Rechnung zu tragen, ist richtigerweise dem letztgenannten Lösungsansatz zu folgen, wonach der sich aus der strikten Anwendung des Spezialitätsprinzips ergebende Ablauf der einschlägigen Verjährungsfrist stets wertungsmäßig korrigiert werden muss, wenn dieser ausschließlich auf der Nichtaufklärbarkeit der Person des Vertreters beruht und dem jeweiligen Anspruchsinhaber in diesem Zusammenhang keine Mitverantwortlichkeit bzw. Obliegenheitsverletzung zur Last fällt. Gegen den differenzierenden Ansatz spricht, dass dieser sowohl mit der Ratio des § 179 BGB als auch mit dem grundsätzlichen Verbot der Zwangsverjährung in Konflikt steht. Auch in den Fällen, in denen die Person des Vertreters innerhalb eines objektiv angemessenen Zeitraums ab Kenntnis vom Vorliegen eines Falles der Vertreterhaftung i. S. d. § 179 BGB trotz Vornahme aller insoweit gebotenen Maßnahmen schlicht nicht mehr rechtzeitig aufgeklärt werden kann, realisiert sich schließlich ein typisches Risiko der Vertretung ohne Vertretungsmacht, vor dem der Anspruchsinhaber gem. § 179 BGB gerade geschützt und welches daher nach der Intention des Gesetzgebers grundsätzlich dem entsprechenden Vertreter persönlich zugewiesen werden soll.[422] Zudem besteht während der ganzen Zeit der Unkenntnis des richtigen Anspruchsgegners i. S. d. § 179 BGB keinerlei Möglichkeit, auf den Verjährungsfristlauf durch eine Hemmungsmaßnahme aktiv Einfluss zu nehmen bzw. den entsprechenden Verjährungseintritt abzuwenden. Insoweit muss bereits ein entscheidender Unterschied zu der Ausgangslage bei den kurzen und rein objektiv angeknüpften Verjährungsfristen, wie §§ 438 Abs. 2, 634a Abs. 2 und 548 Abs. 1 BGB, gesehen werden, die dem im Geschäftsverkehr gesteigerten Bedürfnis nach Rechtssicherheit und Rechtsklarheit durch die mit einer eindeutigen zeitlichen Haftungsbegrenzung einhergehende Verteilung des Mängel- bzw. Schadensrisikos Rechnung tragen.[423] Schließlich hat der Anspruchsinhaber dabei grundsätzlich stets die Möglichkeit, etwaige Mängel oder Schäden durch eine entsprechende Untersuchung des Vertragsgegenstands festzustellen und den von Anfang an bekannten Vertragspartner rechtzeitig in Anspruch zu nehmen bzw. die Verjährung ihm gegenüber zu hemmen und zwar prinzipiell auch in Bezug auf künftige oder noch nicht zutage getretene Mängel bzw. Schäden.[424] In den vorliegenden Fällen der Unkenntnis des Vertreters als richtiger Anspruchsgegner i. S. d. § 179 BGB ist dies aber gerade nicht der Fall. Hierbei versagt sogar das in entsprechenden Kenntnis- bzw. Zweifelsfällen grundsätzlich heranzuziehende Instrument der

---

422 Vgl. dazu auch Fn. 418.

423 Vgl. Abschnitte b) – d) unter „*Teil I D. I. 2. Besondere Verjährungsfristen*“ sowie Fn. 52, 60, 64.

424 Vgl. nur BGH, NJW 2006, 1588 f.

vorsorglichen Streitverkündung gem. §§ 72 ff. ZPO.[425] Auch wenn dem Anspruchsinhaber ab Kenntnis vom Vorliegen eines Falles der Vertreterhaftung i. S. d. § 179 BGB noch ein objektiv angemessener Zeitraum zur Aufklärung der zugrunde liegenden Sach- und Rechtslage zur Verfügung steht, würde ihm der Verjährungseintritt somit faktisch aufgezwungen und hätte daher eine nicht hinnehmbare Härte zur Folge. Schließlich kann der an sich aus Gründen der Rechtssicherheit und des Rechtsfriedens durchaus berechtigte Ansatz einer haftungsbegrenzenden Risikoverteilung nur dann zu sach- und interessengerechten Ergebnissen führen, wenn für die insoweit betroffene Partei auch die angemessene und zumutbare Möglichkeit bestand, auf das entsprechende Risiko Einfluss zu nehmen bzw. dieses abzuwenden. Dieser Rechtsgedanke liegt auch dem geltenden Verjährungsrecht zugrunde. Wie bereits dargestellt, kann auch der Eingriff in eine bestehende Rechtsposition des jeweiligen Gläubigers, der mit dem infolge der Verjährung jedenfalls faktisch bewirkten Rechtsverlust durch Zeitablauf einhergeht, im Grundsatz nur gerechtfertigt werden, wenn der Gläubiger von seinen Rechten auch in angemessener und zumutbarer Art und Weise hätte Gebrauch machen und dadurch deren Untergang verhindern können.[426]

Gegen die scheinbare Linie des BGH und damit die grundsätzliche Ablehnung der Schutzwürdigkeit des Anspruchsinhabers in den Fällen der Unkenntnis der Person bzw. persönlichen Daten des Vertreters spricht, dass insoweit gerade keine Vergleichbarkeit mit den Sachverhaltskonstellationen besteht, in denen der Anspruchsinhaber von der Person des eigentlichen Vertragspartners keine Kenntnis (mehr) hat bzw. einen Vertrag mit einer für ihn von vornherein unbekannten Person schließt. Im Gegensatz dazu kennt der Anspruchsinhaber in den vorliegenden Problemfällen in der Regel ja gerade die Person des Vertretenen als vermeintlichen Vertragspartner und damit Anspruchsgegner, da er zunächst auf einen wirksamen Vertragsschluss und damit auch auf einen entsprechenden vertraglichen Anspruch ihm gegenüber vertraut bzw. auch vertrauen darf. Insoweit besteht daher ein gravierender Unterschied zu den vom BGH in Bezug genommenen Fällen der Unkenntnis des eigentlichen Vertragspartners, in denen gerade kein vergleichbarer Vertrauenstatbestand als wesentliche Ursache für die bestehenden Wissensdefizite ersichtlich ist, aufgrund dessen der gutgläubige Anspruchsinhaber letztlich wie im Rahmen des § 179 BGB vor etwaigen Nachteilen geschützt werden muss.[427] Wie bereits dargestellt, darf der gutgläubige Anspruchsinhaber schließlich grundsätzlich auf eine ordnungsgemäße Stellvertretung und damit auf einen wirksamen Vertragsschluss mit dem Vertretenen ver-

425 Vgl. dazu auch bereits die Erwägungen von RGZ 145, 40 (41).
426 Vgl. BGHZ 208, 210 (225) Rn. 40 = NJW 2016, 629 (633); BGH, NJW 2015, 3299 (3300); vgl. dazu auch unter „*Teil I B. III. Interessen des Gläubigers*" sowie Fn. 18, 19.
427 Zur Ratio des § 179 BGB vgl. insbesondere Fn. 119.

trauen, solange sich für diesen keine anderweitigen Anhaltspunkte ergeben. In der Folge ist er bei Vertragsschluss auch nicht generell gehalten, in diesem Zusammenhang weitere Nachforschungen anzustellen und sich der Identität des Vertreters zu vergewissern.[428] Insbesondere im üblichen Geschäftsverkehr wäre dies auch kaum praktikabel, da im Wirtschaftsleben Geschäfte im absoluten Regelfall durch Vertreter abgeschlossen werden.

Zudem kann zwischen dem Vertragsschluss und der Kenntniserlangung des Anspruchsinhabers vom Handeln eines Vertreters ohne hinreichende Vertretungsmacht bereits ein nicht unerheblicher Zeitraum verstrichen sein, sodass die Person bzw. die zu einer verjährungshemmenden Maßnahme erforderlichen persönlichen Daten des damals handelnden Vertreters nur noch schwer zu ermitteln sind und möglicherweise auch aufseiten des vermeintlich Vertretenen nicht mehr ohne Weiteres nachvollzogen bzw. ausfindig gemacht werden können, z. B. weil keine hinreichende Dokumentation (mehr) vorhanden ist oder weil der frühere Vertreter zwischenzeitlich aus dem Unternehmen ausgeschieden oder gar unbekannt verzogen ist. Dies wäre grundsätzlich auch in dem vorangegangenen Ausgangsfall zur Verjährung nach § 548 Abs. 1 BGB denkbar, in dem der entsprechende Mietvertrag schließlich bereits am 01.08.2017 abgeschlossen wurde und der A von der mangelnden Vertretungsmacht des V erst dreieinhalb Jahre später am 01.02.2021 erfuhr.

Hinzu kommt ferner, dass der Vertretene dem scheinbar für ihn handelnden Vertreter in aller Regel viel näher bzw. mit ihm sogar in demselben Lager steht und von ihm daher eine entsprechende Aufklärung über die zur Geltendmachung der Haftungsansprüche aus § 179 BGB noch erforderlichen Informationen noch am ehesten erwartet werden kann. Vor diesem Hintergrund ist grundsätzlich auch von einem aus dem Grundsatz von Treu und Glauben gem. § 242 BGB abzuleitenden Auskunftsanspruch diesem gegenüber auszugehen.[429] Je nach konkreter Fallgestaltung, insbesondere abhängig von Kenntnisstand und Kooperationsbereitschaft des vermeintlich Vertretenen, kann die vollständige Sachverhaltsaufklärung somit ein erhebliches Maß an Zeit in Anspruch nehmen, zumal gegen den vermeintlich Vertretenen möglicherweise zunächst noch der Auskunftsanspruch aus § 242 BGB gerichtlich durchgesetzt werden muss. Da es für den Anspruchsinhaber währenddessen aber keinerlei anderweitige Möglichkeiten gibt, die aus

428 Vgl. dazu unter „*Teil III A. II. 1. c) aa) (2) (c) (aa) Keine rechtzeitige Kenntniserlangung vom Mangel der Vertretungsmacht*“ sowie insbesondere Fn. 380.

429 Zum Auskunftsanspruch aus § 242 BGB nach den Grundsätzen der ständigen Rechtsprechung vgl. u. a. BGHZ 10, 385 (387) = NJW 1954, 70 (71); BGHZ 81, 21 (24) = NJW 1981, 2000; BGHZ 95, 285 (287 f.) = NJW 1986, 1247; BGHZ 148, 26 (30) = GRUR 2001, 841 (842); BGHZ 152, 307 (316) = NJW 2003, 582 (584); Grüneberg/Grüneberg, § 260 Rn. 4; MüKoBGB/Krüger, § 260 Rn. 12.

§ 179 BGB resultierenden Haftungsansprüche zu verfolgen, muss er auch schlechthin vor einem diesbezüglichen Verjährungseintritt geschützt werden.

Die Fälle der Unkenntnis der Person des Vertreters und damit des richtigen Anspruchsgegners i. S. d. § 179 BGB sind somit wertungsmäßig durchaus mit den Sachverhaltskonstellationen der nicht rechtzeitigen Kenntniserlangung vom Mangel der Vertretungsmacht vergleichbar,[430] mit der Folge, dass eine unterschiedliche Behandlung sachlich nicht gerechtfertigt wäre. Insoweit ist daher vorzugswürdig von einer die Interessen des Vertreters und der Allgemeinheit an Rechtssicherheit und Rechtsklarheit sowie die Ratio der besonderen Verjährungsregelungen überwiegenden Schutzwürdigkeit des Anspruchsinhabers und somit von dem Erfordernis einer dementsprechenden Verjährungskorrektur auszugehen.

(3) Keine angemessene Zeit zur Anspruchsverfolgung

In Anknüpfung an die Ausführungen zur Nichtaufklärbarkeit der Person des Vertreters ergibt sich ein weiterer Problemfall, wenn der Anspruchsinhaber ab dem Zeitpunkt seiner Kenntniserlangung von dem Umstand der Vertretung ohne Vertretungsmacht zwar grundsätzlich die Möglichkeit zur rechtzeitigen Inanspruchnahme des Vertreters aus § 179 BGB bzw. zu einer entsprechenden Hemmungsmaßnahme diesem gegenüber noch vor dem Verjährungseintritt nach der Spezialitätslösung hätte, die ihm zur Verfügung stehende Restverjährungsfrist unter objektiven Gesichtspunkten jedoch nicht mehr als angemessen betrachtet werden kann. Insofern kann das vorherige Fallbeispiel einfach wie folgt abgewandelt werden:

Wie im Ausgangsfall nimmt der A die M-GmbH unmittelbar nach Rückgabe der Mieträumlichkeiten am 01.09.2020 aufgrund der bestehenden Veränderungen bzw. Verschlechterungen in Anspruch. Jedoch erfährt der A erst am 22.02.2021, mithin eine Woche vor dem Ablauf der sechsmonatigen Verjährungsfrist des § 548 Abs. 1 S. 1 BGB zum 01.03.2021, dass es sich um einen Fall der Vertretung ohne Vertretungsmacht handelt und die M-GmbH die Genehmigung des entsprechenden Mietvertrages verweigert.

In diesem Fall hat der A noch ein Woche Zeit, um seine Ersatzansprüche aus § 179 BGB gegenüber dem Vertreter V geltend zu machen bzw. den Verjährungseintritt abzuwenden. Im Grundsatz erscheint dies aufseiten des A praktisch auch durchaus noch umsetzbar. Jedoch kann aus objektiver Sicht kaum davon ausgegangen werden, dass zur Durchsetzung von Ansprüchen ein Zeitraum von nur einer Woche ab Kenntnis sämtlicher anspruchsbegrün-

430 Vgl. hierzu unter „*Teil III A. II. 1. c) aa) (2) (c) (aa) Keine rechtzeitige Kenntniserlangung vom Mangel der Vertretungsmacht*".

dender Umstände allgemein noch angemessen ist. Aufgrund dieser äußerst knappen Zeitspanne ist der A letztlich zur sofortigen Einleitung einer förmlichen Rechtsverfolgungsmaßnahme i. S. d. § 204 Abs. 1 BGB zum Zwecke der Verjährungshemmung gezwungen, wenn er eine hinreichend rechtssichere Hemmungswirkung erreichen möchte und sich der V im Übrigen nicht auf die Vereinbarung eines Verjährungsverzichts einlässt. Die Möglichkeiten einer einvernehmlichen außergerichtlichen Erledigung der Angelegenheit sind in diesem Fall somit nahezu gänzlich vereitelt bzw. zumindest mit erheblichen Risiken und Rechtsunsicherheiten behaftet. Insoweit ist zu bedenken, dass dem Anspruchsinhaber nach der Intention des Gesetzgebers zur Verfolgung der im vorliegenden Fall in Rede stehenden Ersatzansprüche gerade ein Zeitraum von mindestens sechs Monaten gewährt werden soll, wie durch die hier auch in Ansehung der Haftungsansprüche aus § 179 BGB einschlägige Sonderverjährungsregelung des § 548 Abs. 1 BGB zum Ausdruck kommt. Der Gesetzgeber ging bei der Schaffung der besonderen Verjährungsregelung ersichtlich davon aus, dass die entsprechenden Ersatzansprüche des Vermieters im Zeitpunkt der für den Beginn der sechsmonatigen Verjährungsfrist gem. § 548 Abs. 1 S. 2 BGB maßgeblichen Rückgabe der Mietsache im absoluten Regelfall bereits entstanden bzw. zumindest einer verjährungshemmenden Rechtsverfolgungsmaßnahme i. S. d. § 204 Abs. 1 BGB zugänglich und die insoweit maßgeblichen Umstände dem Anspruchsinhaber auch bekannt sind.[431] Vor diesem Hintergrund muss der A grundsätzlich davor geschützt werden, dass die Anwendung der Spezialitätslösung, gerechnet ab seiner Kenntnis vom Haftungsfall i. S. d. § 179 BGB, zu einem bei objektiver Betrachtung unangemessen frühen Ablauf der sechsmonatigen Verjährungsfrist des § 548 Abs. 1 S. 1 BGB führt.

Ein schutzwürdiges Vertrauen des Anspruchsinhabers in einen wirksamen Vertragsschluss mit dem vermeintlich Vertretenen muss, wie dargestellt, entsprechend der Wertung des Ausschlusstatbestands gem. § 179 Abs. 3 S. 1 BGB spätestens ab dem Zeitpunkt der Kenntnis von der Vertretung ohne Vertretungsmacht ausscheiden.[432] Die Folge ist die grundsätzliche Obliegenheit, die Haftungsansprüche aus § 179 BGB ohne schuldhaftes Zögern zunächst durch die Aufforderung des vermeintlich Vertretenen zur Erklärung über die Genehmigung des Vertretergeschäfts i. S. d. § 177 Abs. 2 S. 1 BGB zur Entstehung zu bringen – notfalls über das Eingreifen der Fiktion gem. § 177 Abs. 2 S. 2 BGB – sowie anschließend alle möglichen, erforderlichen und zumutbaren Maßnahmen zur Wahrung bzw. Hemmung der diesbezüglichen Verjährungsfrist gegenüber dem Vertreter als richtigem Anspruchsgegner i. S. d. § 179 BGB zu ergreifen. Die ab dem Zeitpunkt der

431 Vgl. Mugdan II, S. 842; in diese Richtung auch BGHZ 162, 30 (39) = NJW 2005, 739 (741) sowie BGH, NJW 2006, 1588.

432 Vgl. dazu auch Fn. 383.

Kenntniserlangung vom Mangel der Vertretungsmacht eintretenden Verzögerungen sind daher im Wesentlichen auf die Untätigkeit bzw. Nachlässigkeit des Anspruchsinhabers zurückzuführen und von ihm daher selbst zu vertreten, sodass ein darauf beruhender Verjährungseintritt grundsätzlich ebenfalls in seinen eigenen Verantwortungs- bzw. Risikobereich fallen und eine etwaige Schutzwürdigkeit seinerseits damit ausscheiden muss.[433] Dies gilt jedenfalls, soweit dem Anspruchsinhaber bis zum Ablauf der einschlägigen Verjährungsfrist noch ein nach objektiven Maßstäben angemessener Zeitraum zur Verfügung stand. Seinen Interessen wird in diesem Fall bereits durch die angemessene und zumutbare Möglichkeit der Kompensation etwaiger Nachteile im Wege der persönlichen Inanspruchnahme des Vertreters aus § 179 BGB hinreichend Rechnung getragen. Insoweit verwirklicht sich daher schon kein spezifisches Risiko der Vertretung ohne Vertretungsmacht. Gerade auch unter Berücksichtigung der nach dem Grundsatz der Vertragsakzessorietät im Rahmen der quasivertraglichen Vertreterhaftung gem. § 179 BGB stets maßgeblichen Rechtslage bei Wirksamkeit des gescheiterten Vertrages wäre ein darüberhinausgehender Schutz damit weder geboten noch in irgendeiner Weise sachlich gerechtfertigt.

Möglicherweise ist jedoch eine hiervon abweichende Beurteilung angezeigt, wenn dem Anspruchsinhaber ab Kenntnis von der unwirksamen Stellvertretung kein angemessener Zeitraum mehr verbleibt, um die Haftungsansprüche aus § 179 BGB gegenüber dem Vertreter als letztlich richtigem Anspruchsgegner geltend zu machen bzw. zu verfolgen, noch bevor die einschlägige Verjährungsfrist abläuft. Jedoch sind auch insoweit wiederum verschiedene Ursachen bzw. Auslöser für den fruchtlosen Ablauf der einschlägigen Verjährungsfrist denkbar. Dieser kann im Grunde ebenfalls entscheidend auf der eigenen Untätigkeit bzw. Nachlässigkeit des Anspruchsinhabers beruhen. Andererseits ist es jedoch auch möglich, dass der Anspruchsinhaber zunächst Dispositionen in dem vom falsus procurator hervorgerufenen schutzwürdigen Vertrauen auf einen wirksamen Vertragsschluss tätigt und letztlich deshalb wichtige Zeit verliert, die ihm am Ende in Ansehung der Durchsetzung seiner Haftungsansprüche gegen den Vertreter aus § 179 BGB fehlt und wodurch die Möglichkeiten zur Wahrung bzw. Verfolgung seiner Rechte möglicherweise zwar nicht gänzlich vereitelt, aber doch erheblich beeinträchtigt werden. Je nach Einzelfall muss daher eine wertungsmäßige Verjährungskorrektur aufgrund einer überwiegenden Schutzwürdigkeit des Anspruchsinhabers in Betracht gezogen werden, auch wenn dieser, wie im vorliegenden Beispielsfall, rein faktisch noch die Möglichkeit hätte, den aus dem Ansatz der Spezialitätslösung resultierenden Verjährungseintritt seiner Ersatzansprüche aus § 179 BGB durch eine rechtzeitige Hemmungsmaß-

---

433 Vgl. dazu nochmals die Erwägungen unter *„Teil III A. II. 1. c) aa) (2) (c) (cc) Keine rechtzeitige Anspruchsentstehung i. S. d. § 179 BGB“*.

nahme direkt gegenüber dem Vertreter abzuwenden. Insoweit hat eine differenzierte Betrachtung der Umstände des in derartigen Fällen eingetretenen Zeitverlusts und dabei insbesondere des Verhaltens des Anspruchsinhabers zu erfolgen.

(a) Anspruchsverfolgung im Vertrauen auf Vertragswirksamkeit

Wie in dem vorliegenden Beispiel sind Fälle denkbar, in denen der gutgläubige Anspruchsinhaber im Vertrauen auf eine ordnungsgemäße Stellvertretung zunächst den vermeintlich Vertretenen in Anspruch nimmt und dabei erst so spät von der fehlenden Vertretungsmacht erfährt, dass dieser innerhalb der laufenden Verjährungsfrist gegenüber dem Vertreter im Hinblick auf seine Haftungsansprüche aus § 179 BGB zwar möglicherweise gerade noch eine Hemmungsmaßnahme i. S. d. § 204 Abs. 1 BGB in die Wege leiten könnte, der in Gestalt der Restverjährungsfrist verbleibende Zeitraum für die allgemeine Verfolgung und Geltendmachung von Ansprüchen bei objektiver Betrachtung jedoch nicht mehr als angemessen bzw. zumutbar angesehen werden kann. Insoweit muss eine zur Verjährungskorrektur führende Schutzwürdigkeit des Anspruchsinhabers letztlich aus denselben Gründen angenommen werden wie in den bereits behandelten Sachverhaltskonstellationen, in denen der Anspruchsinhaber im Vertrauen auf einen wirksamen Vertragsschluss ebenfalls rechtzeitig gegen den vermeintlich Vertretenen vorgeht, von dem Haftungsfall i. S. d. § 179 BGB jedoch erst nach dem Ablauf der einschlägigen Verjährungsfrist erfährt.[434] Schließlich sind diese Fallgestaltungen wertungsmäßig identisch und unterscheiden sich nur dadurch, dass die Verjährungsfrist in dem einen Fall im Zeitpunkt der Kenntniserlangung von den anspruchsbegründenden Umständen i. S. d. § 179 BGB nach dem Ansatz der Spezialitätslösung bereits vollständig abgelaufen ist und in dem anderen Fall lediglich so weit, dass dem Anspruchsinhaber kein objektiv angemessener bzw. zumutbarer Zeitraum mehr zur Verfolgung seiner Ersatzansprüche aus § 179 BGB gegenüber dem Vertreter zur Verfügung steht. In beiden Konstellationen verliert der Anspruchsinhaber durch seine Dispositionen im grundsätzlich schutzwürdigen Vertrauen auf einen wirksamen Vertragsschluss und damit einen wirksamen vertraglichen Anspruch gegen den vermeintlich Vertretenen so viel Zeit, dass die rechtzeitige Durchsetzung seiner Haftungsansprüche aus § 179 BGB gegenüber dem falsus procurator erheblich eingeschränkt bzw. sogar gänzlich vereitelt wird. Hier wie dort muss daher davon ausgegangen werden, dass es bei unterstellter Wirksamkeit des gescheiterten Vertrages aufgrund des frühzeitigen Tätigwerdens des gutgläubigen Anspruchsinhabers gegenüber dem vermeintlich Vertrete-

434 Vgl. dazu die Erwägungen unter „*Teil III A. II. 1. c) aa) (2) (c) (aa) Keine rechtzeitige Kenntniserlangung vom Mangel der Vertretungsmacht*“.

nen zu keinen derartigen Zeit- bzw. Verjährungsproblemen gekommen wäre und der wirtschaftliche Ersatzwertcharakter der quasivertraglichen Vertreterhaftung gem. § 179 BGB bzw. der insoweit prägende Grundsatz der Vertragsakzessorietät somit gleichermaßen für eine entsprechende Schutzwürdigkeit streitet. In der Folge sind die im Ergebnis zum Verjährungseintritt führenden zeitlichen Verzögerungen in derartigen Fällen im Wesentlichen auf die hinsichtlich der Vertretung ohne Vertretungsmacht bestehenden Wissensdefizite des Anspruchsinhabers zurückzuführen, sodass sich letztlich ein spezifisches Risiko der Vertretung ohne Vertretungsmacht realisiert, das ausweislich des Schutzzwecks des § 179 BGB typischerweise dem Vertreter persönlich zugewiesen ist und damit gerade nicht zulasten des Anspruchsinhabers gehen darf.[435] Besonders deutlich wird die überwiegende Schutzwürdigkeit des Anspruchsinhabers dabei in Fallgestaltungen, in denen dieser von den anspruchsbegründenden Umständen i. S. d. § 179 BGB erst kurz vor dem Ablauf der entsprechenden Verjährungsfrist Kenntnis erlangt, sodass die ihm verbleibende Zeit nicht einmal mehr für eine verjährungshemmende Rechtsverfolgungsmaßnahme i. S. d. § 204 Abs. 1 BGB ausreicht und die Haftungsansprüche gem. § 179 BGB nach dem ursprünglichen Ansatz der Spezialitätslösung damit faktisch bereits gänzlich vereitelt werden. Schließlich benötigt auch die Einleitung einer Hemmungsmaßnahme i. S. d. § 204 Abs. 1 BGB in der Regel stets ein gewisses Mindestmaß an Zeit, da der Anspruchsinhaber beispielsweise zunächst noch rechtlichen Rat einholen bzw. einen anwaltlichen Vertreter mit der Einleitung der insoweit erforderlichen Schritte beauftragen muss. Wie im Rahmen der vorhergehenden Fallgruppen aufgezeigt, kann der durch den Verjährungseintritt faktisch bewirkte Rechtsverlust nur gerechtfertigt werden, wenn dem Anspruchsinhaber auch eine angemessene und zumutbare Möglichkeit zustand, diesen durch die rechtzeitige Verfolgung und Durchsetzung seiner Ansprüche abzuwenden. Anderenfalls würde dem Anspruchsinhaber die Verjährung quasi aufgezwungen, was eine unverhältnismäßige und damit sachlich nicht gerechtfertigte Beschneidung seiner Rechte bzw. Rechtspositionen zur Folge hätte.[436] Das grundsätzliche Verbot der Zwangsverjährung ist dabei aber nicht nur dann berührt, wenn der Anspruchsinhaber zumindest faktisch überhaupt keine Möglichkeit einer rechtzeitigen Anspruchsverfolgung bzw. Hemmungsmaßnahme mehr hat, sondern vielmehr bereits dann, wenn ihm dafür kein angemessener Zeitraum mehr verbleibt. Maßgeblich für diese Beurteilung ist grundsätzlich der Zeitpunkt der Kenntnis bzw. des Kennenmüssens von der Vertretung ohne Vertretungsmacht, da der gutgläubige Anspruchsinhaber zuvor auf einen wirksamen Vertragsschluss vertrauen darf und ihm daher ein früheres Tätigwerden gegenüber dem Vertreter bzw. im Hinblick auf

---

435 Vgl. insoweit auch Fn. 119, 122.

436 Vgl. dazu auch BGHZ 208, 210 (225) Rn. 40 = NJW 2016, 629 (633) sowie Fn. 18, 19.

die Haftung nach § 179 BGB nicht zugemutet werden kann.[437] Die Kenntnis bzw. das Kennenmüssen des Haftungsfalles i. S. d. § 179 BGB stellt für den Anspruchsinhaber sowohl in rechtlicher als auch in tatsächlicher Hinsicht eine erhebliche Zäsur dar, da sich für ihn dadurch ein letztlich neuer Anspruch gegen einen neuen Anspruchsgegner und damit eine gänzlich veränderte Ausgangslage ergibt bzw. ergeben muss, auf die er sich zuerst einmal einzustellen hat. Zudem muss im Grundsatz auch stets sichergestellt sein, dass die Parteien ausreichend Zeit für eine ökonomischere einvernehmliche Erledigung der im Raum stehenden Ansprüche haben und dadurch eine zeit- und kostenintensive gerichtliche Auseinandersetzung vermeiden können. Wäre der Anspruchsinhaber in derartigen Fällen, in denen ihm ab Kenntnis bzw. Kennenmüssen der anspruchsbegründenden Umstände i. S. d. § 179 BGB kein angemessener Zeitraum mehr verbleibt, immer zur unmittelbaren Einleitung einer förmlichen bzw. gerichtlichen Hemmungsmaßnahme i. S. d. § 204 Abs. 1 BGB gezwungen, obwohl bis dahin aufgrund der bestehenden Wissensdefizite noch kein Versuch einer gütlichen Einigung unternommen werden konnte, hätte dies zum einen eine unnötige sowie mit dem Grundsatz der Prozessökonomie nicht zu vereinbarende Belastung der Justiz zur Folge und würde zum anderen schon allein durch die damit einhergehende Kostenbelastung zu einer unangemessenen Belastung des Anspruchsinhabers führen. Das hat richtigerweise selbst bzw. gerade auch dann zu gelten, wenn gegen den vermeintlich Vertretenen im berechtigten Vertrauen auf einen entsprechenden vertraglichen Anspruch ihm gegenüber bereits eine gerichtliche Rechtsverfolgungsmaßnahme i. S. d. § 204 Abs. 1 BGB angestrengt wurde. Schließlich ist es gut möglich, dass sich der Vertreter im Hinblick auf seine Haftung gem. § 179 BGB einsichtig zeigt und damit einer einvernehmlichen Erledigung der Angelegenheit durchaus offen gegenübersteht, was jedoch naturgemäß ein gewisses Minimum an Zeit erfordert.

Problem: Welcher Zeitraum ist objektiv angemessen?

Dabei stellt sich jedoch die entscheidende Frage, wie viel Zeit dem in derartigen Fällen nach den soeben angestellten Erwägungen grundsätzlich als überwiegend schutzwürdig zu erachtenden Anspruchsinhaber ab Kenntnis bzw. Kennenmüssen der Vertretung ohne Vertretungsmacht mindestens zur Verfügung stehen muss, damit seinen Interessen durch die Einräumung einer angemessenen und zumutbaren Möglichkeit zur Anspruchsverfolgung hinreichend Rechnung getragen wird.

Zunächst ist festzustellen, dass die Frage des objektiv angemessenen Zeitraums aus Gründen der Rechtssicherheit und Rechtsklarheit für alle Fälle einheitlich und nicht einzelfallspezifisch nach den jeweiligen Gegebenheiten zu beantworten ist. Problematisch erscheint jedoch, wie ein solch ein-

437 Vgl. hierzu Fn. 380.

heitlich festzulegender Zeitraum zu bemessen bzw. zu ermitteln ist. Insoweit ist vorzugswürdig auf das geltende Verjährungsrecht zurückzugreifen und zu untersuchen, ob sich daraus ein allgemeiner Wille oder eine grundsätzliche Vorstellung des Gesetzgebers ableiten lässt, wonach einem Gläubiger zur Verfolgung und Geltendmachung seiner Ansprüche stets ein gewisser Mindestzeitraum zur Verfügung stehen soll. Insbesondere in Anbetracht der gesetzlichen Regelungen der Verjährungshemmung sowie der besonderen Verjährungsfristen drängen sich zwei Zeiträume auf, die als entsprechende Untergrenze der Angemessenheit in Betracht gezogen werden könnten. Zum einen betrifft das den Zeitraum von drei Monaten, der in der Ablaufhemmung des § 203 S. 2 BGB, in den Ausschlussfristen i. S. d. § 204 Abs. 1 Nr. 6a, Nr. 12, Nr. 13 BGB sowie in einzelnen Sonderverjährungsregelungen außerhalb des BGB, wie den §§ 61 Abs. 2, 113 Abs. 3 HGB und §§ 88 Abs. 3, 284 Abs. 3 AktG, finden. Zum anderen sticht der Zeitraum von sechs Monaten ins Auge, auf welchen diverse Sonderverjährungsregelungen, insbesondere im Zusammenhang mit Gebrauchsüberlassungsverhältnissen gem. § 548 Abs. 1 S. 1, Abs. 2 BGB i. V. m. §§ 581 Abs. 2, 591b Abs. 1, 606, 1057, 1226 BGB, die Ablaufhemmungen gem. §§ 210, 211 BGB, die Nachfrist der Hemmung gem. § 204 Abs. 2 BGB sowie der Hemmungstatbestand des § 206 BGB und letztendlich auch die Ablaufhemmungen außerhalb des BGB gem. §§ 19 Abs. 6 S. 2, 31 Abs. 5 S. 3 GmbHG abstellen.

Bei einer vergleichsweise wertenden Betrachtung der diesen gesetzlichen Fristenregelungen zugrunde liegenden Fälle sowie unter Berücksichtigung der dahinterstehenden Rechtsgedanken bzw. gesetzgeberischen Intentionen erscheint es in Ansehung der quasivertraglichen Vertreterhaftung gem. § 179 BGB sach- und interessengerecht, dem jeweiligen Gläubiger im Grundsatz ab Kenntnis bzw. Kennenmüssen der anspruchsbegründenden Umstände stets eine Mindestfrist von sechs Monaten zu gewähren. Schließlich wird an mehreren Stellen ersichtlich, dass wohl auch der Gesetzgeber davon ausging, dass zur Verfolgung von Ansprüchen mindestens ein Zeitraum von sechs Monaten sichergestellt werden muss.

Dies kommt bereits dadurch zum Ausdruck, dass der Sechsmonatszeitraum, wie bei § 548 Abs. 1 S. 1, Abs. 2 BGB, die kürzeste im BGB enthaltene Verjährungsfrist bildet. Eine Verjährungsfrist von nur drei Monaten ist dem BGB grundsätzlich fremd und auch im Übrigen nur in eng begrenzten Ausnahmefällen, wie im Rahmen gesellschaftsrechtlicher Ansprüche wegen Verstößen gegen ein Wettbewerbsverbot gem. §§ 61 Abs. 2, 113 Abs. 3 HGB und §§ 88 Abs. 3, 284 Abs. 3 AktG, anerkannt. Die insoweit tragende Wertung, derartige Ansprüche aufgrund des absoluten Ausnahmecharakters der die freie Marktwirtschaft erheblich einschränkenden und deshalb grundsätzlich gem. § 1 GWB untersagten Wettbewerbsverbote möglichst schnell zu erledigen,[438] kann jedoch auf die Haftungsansprüche aus § 179 BGB aufgrund der ganz anderen Ausgangsbedingungen nicht übertragen werden.

Zudem ist der Zeitraum von sechs Monaten auch maßgeblich in den Fällen der Ablaufhemmung gem. §§ 210, 211 BGB, in denen ein rechtliches Hindernis für die Verfolgung von Ansprüchen besteht und die – wie bereits dargestellt – wertungsmäßig jedenfalls mit gewissen Fallgestaltungen der Vertreterhaftung gem. § 179 BGB vergleichbar sind. Schließlich besteht schon in den zuvor behandelten Fällen der unerkannten Geschäftsunfähigkeit des vermeintlich Vertretenen i. S. d. § 104 Nr. 2 BGB bzw. im Fall seines Versterbens vor Herbeiführung der Anspruchsentstehung i. S. d. § 179 BGB i. V. m. § 177 Abs. 1, Abs. 2 BGB ein rechtliches Hindernis für die Geltendmachung der entsprechenden Haftungsansprüche aus § 179 BGB gegenüber dem Vertreter bzw. für eine diesbezügliche Hemmungsmaßnahme.[439] Selbst solange der Anspruchsinhaber die Umstände der Vertretung ohne Vertretungsmacht nicht kennt oder kennen muss und daher nach dem Schutzzweck des § 179 BGB auf einen wirksamen Vertragsschluss mit dem vermeintlich Vertretenen vertrauen darf, besteht für ihn jedenfalls ein faktisches Hindernis für ein Tätigwerden gegenüber bzw. überhaupt für eine Kontaktaufnahme zu dem Vertreter im Hinblick auf dessen Haftung nach § 179 BGB.[440] Insofern liegt die Ausgangssituation auch entscheidend anders als im Fall der kurzen dreimonatigen Ablaufhemmung des § 203 S. 2 BGB, die im Wesentlichen auf dem Rechtsgedanken beruht, dass der Anspruchsinhaber durch die Aufnahme der Verhandlungen mit dem letztlich richtigen Anspruchsgegner bereits aktiv mit der Anspruchsverfolgung begonnen hat und dementsprechend seinem Ziel schon deutlich näher gerückt ist.[441]

Für die Annahme einer dem jeweiligen Gläubiger stets zu gewährenden sechsmonatigen Mindestfrist spricht auch die Nachfristregelung in § 204 Abs. 2 BGB, wonach die Hemmungswirkung der förmlichen Rechtsverfolgungsmaßnahmen i. S. d. § 204 Abs. 1 BGB im Grundsatz erst sechs Monate nach der Beendigung oder dem Stillstand des zugrunde liegenden Verfahrens endet, um dem Anspruchsinhaber ausreichend Zeit zur Neuorientierung zu geben und diesen vor einem überraschenden bzw. faktisch möglicherweise nicht mehr abwendbaren Rechtsverlust zu schützen, insbesondere wenn

---

438 BT-Drs. 15/3653, S. 12, 18; vgl. dazu auch MüKoHGB/Thüsing, § 61 Rn. 28; MüKoHGB/Langhein, § 112 Rn. 32, § 113 Rn. 1, 20; MüKoAktG/Spindler, § 88 Rn. 6, 42; MüKoAktG/Perlitt, § 284 Rn. 25.

439 Vgl. dazu unter „*Teil III A. II. 1. c) aa) (2) (d) Geschäftsunfähigkeit des vermeintlich Vertretenen gem. § 104 Nr. 2 BGB*“ und unter „*Teil III A. II. 1. c) aa) (2) (e) Versterben des vermeintlich Vertretenen*“.

440 Vgl. dazu nochmals die Erwägungen unter „*Teil III A. II. 1. c) aa) (2) (c) (aa) Keine rechtzeitige Kenntniserlangung vom Mangel der Vertretungsmacht*“.

441 BT-Drs. 14/6040, S. 112.

den entsprechenden Verfahrensabschluss keine für ihn günstige rechtskräftige Entscheidung bzw. kein zu seinen Gunsten erwachsener Titel mit dem dadurch ausgelösten Verjährungsregime der §§ 197 Abs. 1, 201 BGB bildet.[442] Dabei vermögen auch die vereinzelten Ausschlussfristen von drei Monaten in § 204 Abs. 1 Nr. 6a, Nr. 12, Nr. 13 BGB keinen abweichenden Mindestzeitraum zu stützen. Schließlich handelt es sich insoweit um besondere Verfahrensarten, die lediglich der Vorbereitung einer prozessualen Durchsetzung von Ansprüchen zu dienen bestimmt sind, sodass im Ergebnis nur die Hemmungswirkung der in diesen Fällen ohnehin noch innerhalb der dreimonatigen Ausschlussfrist zu erhebenden Klage i. S. d. § 204 Abs. 1 Nr. 1 BGB auf das vorgeschaltete Verfahren erstreckt wird.[443] Dabei erscheint es auch sach- und interessengerecht, wenn der Anspruchsinhaber gehalten ist, die Angelegenheit möglichst zeitnah durch die von Anfang an intendierte Klageerhebung weiter zu verfolgen, da anderenfalls eine „heimliche" Hemmung drohen würde bzw. der Zweck des dienenden bzw. vorbereitenden Verfahrens verfehlt und damit eine entsprechende Vorverlagerung der Hemmungswirkung nicht mehr zu rechtfertigen wäre.[444]

Ein zur Anspruchsverfolgung grundsätzlich zu gewährleistender Mindestzeitraum von sechs Monaten wird ferner gestützt durch die für Einlagenansprüche von Gesellschaften geltenden Ablaufhemmungen gem. §§ 19 Abs. 6 S. 2, 31 Abs. 5 S. 3 GmbHG, deren Ratio ebenfalls darin liegt, dem Insolvenzverwalter ab dem Zeitpunkt der Insolvenzeröffnung und der damit einhergehenden Erlangung der Verwaltungs- und Verfügungsbefugnis über das Vermögen des Insolvenzschuldners gem. § 80 Abs. 1 InsO noch ausreichend Zeit zur Realisierung der entsprechenden Forderungen gegen die Gesellschafter einzuräumen.[445]

Auch in dem Hemmungstatbestand aufgrund höherer Gewalt gem. § 206 BGB kommt ähnlich wie bei den Tatbeständen der Ablaufhemmung gem. §§ 210, 211 BGB der grundsätzliche Wille des Gesetzgebers zum Ausdruck, dass dem Anspruchsinhaber zumindest die letzten sechs Monate seiner Verjährungsfrist uneingeschränkt zur Verfügung stehen sollen.[446]

Schließlich kann der Rechtsgedanke einer entsprechenden Mindestfrist von sechs Monaten auch aus Art. III – 7:303 DCFR[447] abgeleitet werden. Diese Regelung geht letztlich noch über § 206 BGB bzw. §§ 210, 211 BGB hinaus

---

442 BT-Drs. 14/6040, S. 117; Staudinger/Peters/Jacoby, § 204 Rn. 119, 141.

443 Staudinger/Peters/Jacoby, § 204 Rn. 85b, 104, 109; MüKoBGB/Grothe, § 204 Rn. 47, 62, 67.

444 Vgl. BT-Drs. 14/6040, S. 116 sowie BT-Drs. 17/10160, S. 28.

445 MüKoGmbHG/Schwandtner, § 19 Rn. 380; Altmeppen, § 19 Rn. 154.

446 Staudinger/Peters/Jacoby, § 206 Rn. 1 f.

447 v. Bar/Clive/Schulte-Nölke, Principles, Definitions and Model Rules of European Private Law – Draft Common Frame of Reference (DCFR), S. 272 f.

und sieht zum Schutz des Gläubigers, der innerhalb der letzten sechs Monate der jeweils einschlägigen Verjährungsfrist ohne sein Verschulden an der Anspruchsdurchsetzung gehindert ist, eine Verjährungshemmung in Kombination mit einer zusätzlichen Ablaufhemmung von sechs Monaten ab dem Wegfall des entsprechenden – nicht notwendigerweise rechtlichen – Hindernisses vor, soweit die dem Anspruchsinhaber nach dem Ende der Hemmung verbleibende Restverjährungsfrist unangemessen kurz ist und ihm daher nicht zugemutet werden kann.

Zusammenfassend ist daher festzuhalten, dass aus dem geltenden Verjährungsrecht die allgemeine Wertung abgeleitet werden kann, dass einem Gläubiger zur Verfolgung seiner Ansprüche grundsätzlich ein Zeitraum von mindestens sechs Monaten zur Verfügung stehen muss. Eine Ausnahme von diesem Grundsatz ist allenfalls in den im Kontext der quasivertraglichen Vertreterhaftung gem. § 179 BGB wohl ohnehin nur äußerst seltenen Einzelfällen geboten, in denen die einschlägige Verjährungsfrist kürzer als sechs Monate ist. Insoweit wäre entsprechend dem Rechtsgedanken der §§ 210 Abs. 1 S. 2, 211 S. 2 BGB vorzugswürdig auf die Länge der maßgeblichen Verjährungsfrist abzustellen.

(b) Anfängliche Untätigkeit des Anspruchsinhabers

Auf der anderen Seite wäre es in dem vorhergehenden Beispielsfall jedoch auch vorstellbar, dass der A erst am 22.02.2021, mithin eine Woche vor dem Ablauf der sechsmonatigen Verjährungsfrist des § 548 Abs. 1 S. 1 BGB zum 01.03.2021, von der Vertretung ohne Vertretungsmacht erfährt, ohne dass er zuvor bereits die M-GmbH als vermeintlich Vertretene im Vertrauen auf einen wirksamen Vertragsschluss in Anspruch genommen hat.

In derartigen Fällen, in denen der Anspruchsinhaber zunächst gänzlich untätig bleibt – wenn auch im grundsätzlich schutzwürdigen Vertrauen auf eine ordnungsgemäße Stellvertretung – und nach Kenntniserlangung von dem Haftungsfall i. S. d. § 179 BGB nicht mehr über ausreichend Zeit zur Geltendmachung und Verfolgung seiner Ersatzansprüche aus § 179 BGB verfügt, mithin über einen nach den vorstehenden Erwägungen als objektiv angemessen zu betrachtenden Zeitraum von mindestens sechs Monaten, muss ein auf Wertungsgesichtspunkten beruhender Eingriff in den sich aus der Anwendung der Spezialitätslösung ergebenden Verjährungsfristlauf mangels Schutzwürdigkeit des Anspruchsinhabers abgelehnt werden. Unter Rückgriff auf die Begründung zur Ablehnung einer entsprechenden Verjährungskorrektur in den wertungsmäßig identischen Fällen des Verjährungseintritts auch bei Wirksamkeit des gescheiterten Vertrages[448] und der infolge

448 Vgl. hierzu unter „*Teil III A. II. 1. c) aa) (2) (b) Verjährung auch bei Wirksamkeit des Vertrages*".

der Untätigkeit des Anspruchsinhabers nicht rechtzeitigen Herbeiführung der Anspruchsentstehung i. S. d. § 179 BGB[449] hat dies bereits zwingend aus dem besonderen wirtschaftlichen Ersatzwertcharakter der vertragsakzessorischen Vertreterhaftung gem. § 179 BGB zu folgen. Schließlich befindet sich der Anspruchsinhaber insoweit in keiner anderen – insbesondere keiner schlechteren – Ausgangslage als bei unterstellter Wirksamkeit des gescheiterten Rechtsgeschäfts, sodass schon kein Anlass für eine entsprechende verjährungsrechtliche Privilegierung ersichtlich ist. Auch im Fall einer ordnungsgemäßen Stellvertretung müsste der Anspruchsinhaber noch gegenüber dem Vertretenen als Vertragspartner tätig werden, um eine Verjährung seiner vertraglichen Ansprüche abzuwenden bzw. zu hemmen. Dem Anspruchsinhaber kann folglich ebenso im Rahmen des an der mangelnden Vertretungsmacht gescheiterten Vertragsverhältnisses zugemutet werden, den Vertreter rechtzeitig innerhalb der verbleibenden Restverjährungsfrist aus § 179 BGB in Anspruch zu nehmen und zwar unabhängig von der Frage ihrer objektiven Angemessenheit – ggf. auch erst nach der zunächst noch erforderlichen Aufforderung des vermeintlich Vertretenen zur Erklärung über die Genehmigung des Vertretergeschäfts i. S. d. § 177 Abs. 2 S. 1 BGB und dem Eintritt der dadurch ausgelösten Verweigerungsfiktion gem. § 177 Abs. 2 S. 2 BGB. In derartigen Fällen beruht der eingetretene Zeitverlust somit gerade nicht auf einem spezifischen Risiko der Vertretung ohne Vertretungsmacht, sondern vielmehr ausschließlich auf der vom Anspruchsinhaber selbst zu vertretenden Untätigkeit bzw. Nachlässigkeit, mit der Folge, dass dieser auch zu Recht in seinen eigenen Verantwortungs- bzw. Risikobereich fällt.[450]

(4) Begründete Zweifel an wirksamer Stellvertretung

Eine letzte zu untersuchende Fallgruppe erfasst schließlich diejenigen Sachverhaltskonstellationen, in denen der Anspruchsinhaber seine Haftungsansprüche aus § 179 BGB nicht rechtzeitig zur Entstehung bringt bzw. gegenüber dem Vertreter verfolgt und die insoweit einschlägige Verjährungsfrist nach dem Ansatz der Spezialitätslösung daher fruchtlos verstreicht, obwohl sich zu irgendeinem Zeitpunkt nach dem vermeintlichen Vertragsschluss, aber noch vor dem entsprechenden Verjährungseintritt, Umstände gezeigt haben, die dem Anspruchsinhaber Anlass für begründete Zweifel an einer ordnungsgemäßen Stellvertretung hätten geben müssen. Hiervon wäre etwa in dem nachfolgenden <u>*Fallbeispiel*</u> auszugehen:

---

449 Vgl. hierzu unter „*Teil III A. II. 1. c) aa) (2) (c) (cc) Keine rechtzeitige Anspruchsentstehung i. S. d. § 179 BGB*“.

450 Vgl. dazu auch BeckOGKBGB/Piekenbrock, § 195 Rn. 40.1.

Wie in dem eingangs geschilderten Ausgangsfall nimmt der A die M-GmbH als vermeintlich Vertretene wiederum unmittelbar nach Rückgabe der Mieträumlichkeiten am 01.09.2020 aufgrund der bestehenden Veränderungen bzw. Verschlechterungen in Anspruch. Am 04.01.2021 kann der A in Erfahrung bringen, dass die M-GmbH erst am 01.12.2017 in das Handelsregister eingetragen wurde und der bei dem Vertragsschluss vom 01.08.2017 handelnde Vertreter V dort eigentlich nur als Angestellter der allgemeinen Verwaltung tätig ist. Am 02.03.2021 erlangt der A schließlich positive Kenntnis von der fehlenden Vertretungsmacht des V sowie von der Tatsache, dass die M-GmbH eine Genehmigung des entsprechenden Mietvertrages endgültig verweigert.

In diesem Fall erlangt der A wiederum erst mit der Genehmigungsverweigerung der M-GmbH als vermeintlich Vertretener und damit nach dem Ablauf der sechsmonatigen Verjährungsfrist des § 548 Abs. 1 S. 1 BGB zum 01.03.2021 Kenntnis von der Vertretung ohne Vertretungsmacht, sodass er keine Möglichkeit mehr zur erfolgreichen Realisierung seiner Haftungsansprüche gem. § 179 BGB hat. Allerdings mussten sich dem A möglicherweise bereits zuvor ernstliche Zweifel an einer ordnungsgemäßen Stellvertretung aufdrängen, nachdem er am 04.01.2021 von der erst nach dem entsprechenden Mietvertragsschluss erfolgten Handelsregistereintragung der M-GmbH sowie der Position des V in der allgemeinen Verwaltung erfuhr. Vor dem Hintergrund stellt sich die Frage, ob bzw. unter welchen Voraussetzungen der Anspruchsinhaber auch in derartigen Zweifelsfällen als überwiegend schutzwürdig erachtet werden kann, mit der Folge, dass eine wertungsmäßige Verjährungskorrektur zu erfolgen hat.

Unter Berücksichtigung des Schutzzwecks der quasivertraglichen Vertreterhaftung gem. § 179 BGB sowie der tragenden Wertung des Haftungsausschlusses i. S. d. § 179 Abs. 3 S. 1 BGB müssen schließlich auch ernstliche bzw. begründete Zweifel in Bezug auf das Vorliegen einer hinreichenden Vertretungsmacht dazu führen, dass an das Verhalten des Anspruchsinhabers besondere Anforderungen im Sinne einer grundsätzlichen Tätigkeitsobliegenheit zu stellen sind und dieser daher ohne schuldhaftes Zögern alle möglichen, erforderlichen und zumutbaren Maßnahmen zur Aufklärung der zugrunde liegenden Sach- und Rechtslage sowie zur rechtzeitigen Geltendmachung und Verfolgung seiner Haftungsansprüche aus § 179 BGB ergreifen muss. Schließlich wird auch in diesen Fällen das durch den Vertreter ohne Vertretungsmacht hervorgerufene und durch § 179 BGB geschützte Vertrauen in einen wirksamen Vertragsschluss zerstört, sodass die ab dem Zeitpunkt der entsprechenden Zweifel eintretenden Nachteile bzw. Verzögerungen im Grundsatz der eigenen Verantwortungs- und Risikosphäre des Anspruchsinhabers zuzuordnen sind.[451]

In diesem Zusammenhang stellt sich jedoch zunächst die Frage, welche „Qualität" derartige Zweifel haben müssen, damit sie dem Anspruchsinhaber überhaupt „schaden" können. Konsequenterweise ist auch insoweit vorzugswürdig auf den Rechtsgedanken des Haftungsausschlusses gem. § 179 Abs. 3 S. 1 BGB abzustellen und zu verlangen, dass die Zweifel in ihrer Intensität die Stufe des Kennenmüssens im Sinne einer fahrlässigen Unkenntnis erreichen. Schließlich kommt durch den Ausschlusstatbestand des § 179 Abs. 3 S. 1 BGB zum Ausdruck, dass eine Schutzwürdigkeit des Anspruchsinhabers frühestens dann ausscheidet, wenn dieser den Mangel der Vertretungsmacht kennen muss.[452] Wie bereits dargestellt, sind an das Merkmal des Kennenmüssens bzw. der fahrlässigen Unkenntnis und in der Folge auch an das Vorliegen von insoweit „schädlichen" Zweifeln grundsätzlich strenge Anforderungen zu stellen, um den von § 179 BGB intendierten Vertrauensschutz nicht zu untergraben und damit den Rechtsverkehr nicht unzumutbar zu belasten.[453]

Für die Beurteilung der Schutzwürdigkeit des Anspruchsinhabers in derartigen Zweifelsfällen ist jedoch außerdem zwingend zu beachten, dass der fruchtlose Ablauf der Verjährungsfrist infolge der Nichtaufklärung der entsprechenden Zweifel letztlich auch hierbei auf unterschiedlichen Ursachen bzw. Auslösern beruhen kann. In Betracht kommt einerseits wiederum die eigene Untätigkeit bzw. Nachlässigkeit des Anspruchsinhabers. Andererseits ist aber denkbar, dass eine rechtzeitige Aufklärung der zugrunde liegenden Sach- und Rechtslage trotz Vornahme aller insoweit gebotenen Maßnahmen schlicht nicht möglich und vom Anspruchsinhaber daher grundsätzlich auch nicht zu vertreten ist. Daher muss an dieser Stelle eine differenzierte Betrachtung der verschiedenen Sachverhaltskonstellationen und dabei insbesondere der genauen Umstände des Verjährungseintritts unter besonderer Berücksichtigung einer etwaigen (Mit-)Verantwortlichkeit des Anspruchsinhabers erfolgen.

(a) Angemessener Zeitraum zur Aufklärung

Verbleibt dem Anspruchsinhaber ab dem Zeitpunkt des Auftretens der ernstlichen Zweifel an einer ordnungsgemäßen Stellvertretung noch ausreichend Zeit, d. h. ein nach den vorstehenden Erwägungen im Grundsatz als objektiv angemessen anzusehender Zeitraum von mindestens sechs Monaten, um die

451 Vgl. dazu die Erwägungen unter „*Teil III A. II. 1. c) aa) (2) (c) (cc) Keine rechtzeitige Anspruchsentstehung i. S. d. § 179 BGB*" sowie Fn. 383.

452 Vgl. Fn. 147.

453 Vgl. Fn. 149.

Zweifel auszuräumen und damit seine Ersatzansprüche aus § 179 BGB noch rechtzeitig vor dem Ablauf der entsprechenden Verjährungsfrist geltend zu machen bzw. eine diesbezügliche Hemmungsmaßnahme in die Wege zu leiten, dann muss eine zur wertungsmäßigen Verjährungskorrektur führende Schutzwürdigkeit ausscheiden. In dem Fall wird den Interessen des Anspruchsinhabers bereits dadurch hinreichend Rechnung getragen, dass er über eine angemessene und zumutbare Möglichkeit zur Aufklärung der zugrunde liegenden Sach- und Rechtslage sowie zur Abwendung des Verjährungseintritts durch die Inanspruchnahme des Vertreters aus § 179 BGB verfügt. Wenn die bestehenden Zweifel trotz des objektiv angemessenen Zeitraums nicht rechtzeitig aufgeklärt werden können, entspricht dies letztlich weniger einem spezifischen Risiko der Vertretung ohne Vertretungsmacht, als vielmehr einem allgemeinen Rechts- bzw. Durchsetzungsrisiko, das grundsätzlich mit sämtlichen Ansprüchen einhergeht und welches der Anspruchsinhaber damit auch bei Wirksamkeit des gescheiterten Vertrages zu tragen hätte. Im Einklang mit dem Grundsatz der Vertragsakzessorietät ist ein weitergehender Schutz des Anspruchsinhabers daher nicht angezeigt und das Risiko der Nichtaufklärbarkeit der ernstlichen Zweifel an dem Vorliegen einer hinreichenden Vertretungsmacht ist als ein Teil des allgemeinen Lebensrisikos zu Recht seiner eigenen Verantwortungs- bzw. Risikosphäre zugewiesen. Vor dem Hintergrund ist der Anspruchsinhaber in derartigen Fällen zur Verhinderung der Verjährung seiner Ersatzansprüche aus § 179 BGB konsequenterweise gehalten, vor dem Ablauf der einschlägigen Verjährungsfrist im Wege der Streitverkündung i. S. d. § 204 Abs. 1 Nr. 6 BGB i. V. m. §§ 72 ff. ZPO eine Hemmungsmaßnahme vorsorglich auch direkt gegenüber dem Vertreter zu ergreifen. Unterlässt der Anspruchsinhaber dies, hat er gerade noch nicht alles Mögliche, Erforderliche und Zumutbare zur Abwendung des entsprechenden Verjährungseintritts getan, mit der Folge, dass dieser im Ergebnis auf seiner Untätigkeit bzw. Nachlässigkeit beruht und eine Schutzwürdigkeit seinerseits damit aufgrund der eigenen Verantwortlichkeit nicht angenommen werden kann. Dass dieses Ergebnis auch der Intention des Gesetzgebers entspricht, zeigt sich nicht zuletzt daran, dass derartige Konstellationen nach der gesetzgeberischen Konzeption gerade einen klassischen Fall der Streitverkündung gem. §§ 72 ff. ZPO darstellen. Schließlich werden davon nicht nur die typischen Regress- und Gewährleistungsansprüche erfasst, sondern eben auch sämtliche Ansprüche aus Alternativverhältnissen, wie im vorliegenden Fall die Haftungsansprüche gegen den falsus procurator aus § 179 BGB.[454] Das Erfordernis der vorsorglichen Streitverkündung i. S. d. § 204 Abs. 1 Nr. 6 BGB i. V. m. §§ 72 ff. ZPO bedeutet dabei auch keine unzumutbare Belastung des Anspruchsinhabers.

---

454 Zöller/Althammer, § 72 Rn. 8; vgl. auch BGH, NJW 1982, 281 (282); OLG Köln, NJW-RR 1992, 119 (120); BGH, NJW-RR 2005, 1585.

Zum einen hatte dieser zuvor die hinreichende Gelegenheit, die bestehenden Zweifel aufzuklären und eine außergerichtliche Erledigung der in Rede stehenden Ansprüche herbeizuführen. Zum anderen müsste der Anspruchsinhaber in derartigen Fällen der nicht rechtzeitigen Aufklärbarkeit der zugrunde liegenden Sach- und Rechtslage innerhalb eines objektiv angemessenen Zeitraums in aller Regel ohnehin, d. h. auch gegenüber dem Vertretenen bei unterstellter Vertragswirksamkeit, noch eine verjährungshemmende Rechtsverfolgungsmaßnahme i. S. d. § 204 Abs. 1 BGB in die Wege leiten, um eine Verjährung seiner Ansprüche zu verhindern. Erhebt dieser daher ohnehin schon eine Klage gegen den vermeintlich Vertretenen i. S. d. § 204 Abs. 1 Nr. 1 BGB, kann von ihm aufgrund seiner anhaltenden Zweifel an einer ordnungsgemäßen Stellvertretung auch eine vorsorgliche Streitverkündung gegenüber dem Vertreter verlangt werden, mit der Folge, dass die Verjährung gem. § 204 Abs. 1 Nr. 6 BGB auch insoweit gehemmt wird. Ein solches Vorgehen ist für den Anspruchsinhaber auch nicht mit einem höheren Kostenrisiko verbunden, sondern führt für ihn vielmehr nicht zuletzt aufgrund der dadurch ausgelösten Interventionswirkung i. S. d. § 74 Abs. 3 ZPO i. V. m. § 68 ZPO zu einer vorteilhafteren Rechtsposition. Verliert er nämlich den Vorprozess gegen den vermeintlich Vertretenen aufgrund der Vertretung ohne Vertretungsmacht und obsiegt daher in dem Folgeprozess gegen den falsus procurator als Streitverkündungsempfänger, werden grundsätzlich auch die Kosten des verlorenen Vorprozesses von dem zu ersetzenden Schaden i. S. d. § 179 BGB erfasst.[455]

(b) Kein angemessener Zeitraum zur Aufklärung

Eine abweichende Beurteilung ist jedoch unter Umständen geboten, wenn dem Anspruchsinhaber ab dem Zeitpunkt der Kenntniserlangung von Umständen, die ihm Anlass für ernstliche Zweifel am Vorliegen einer hinreichenden Vertretungsmacht geben müssen, kein objektiv angemessener Zeitraum mehr bis zum Ablauf der entsprechenden Verjährungsfrist zur Verfügung steht. Hiervon muss etwa in dem zugrunde liegenden Fallbeispiel ausgegangen werden, da der A erst aufgrund seiner am 04.01.2021 erlangten Erkenntnisse, mithin nur knapp zwei Monate vor dem Ablauf der sechsmonatigen Verjährungsfrist des § 548 Abs. 1 S. 1 BGB zum 01.03.2021, an einer ordnungsgemäßen Stellvertretung der M-GmbH durch den V hätte zweifeln müssen. In derartigen Fällen einer objektiv nur noch unzureichenden Restverjährungsfrist kann grundsätzlich nicht mehr von einer hinreichenden Möglichkeit zur Aufklärung der zugrunde liegenden Sach- und Rechtslage sowie zur Verfolgung der Haftungsansprüche aus § 179 BGB ausgegangen

455 Staudinger/Schilken, § 179 Rn. 16; MüKoBGB/Schubert, § 179 Rn. 48; vgl. dazu auch OLG Düsseldorf, NJW 1992, 1176 (1177); OLG Karlsruhe, NJW-RR 2010, 675 (677).

werden, sodass die Frage nach einer angemessenen Wahrung der Interessen des Anspruchsinhabers und damit einhergehend einer überwiegenden Schutzwürdigkeit seinerseits in einem ganz anderen Licht erscheint.

Identische Sachverhaltskonstellationen wurden bereits zuvor für die Fälle der positiven Kenntnis des Anspruchsinhabers von dem Umstand der Vertretung ohne Vertretungsmacht untersucht.[456] Die dort herausgearbeiteten Ergebnisse müssen im Wege eines Erst-Recht-Schlusses grundsätzlich auch auf die vorliegenden Zweifelsfälle übertragen werden. Ist schließlich nach den angestellten Erwägungen selbst in den Fällen der positiven Kenntnis von der fehlenden Vertretungsmacht von einer zur wertungsmäßigen Verjährungskorrektur führenden Schutzwürdigkeit des Anspruchsinhabers auszugehen, hat dies konsequenterweise auch in Ansehung der Fälle zu gelten, in denen der Anspruchsinhaber aufgrund seiner Kenntnisse lediglich ernstliche Zweifel an einer ordnungsgemäßen Stellvertretung haben muss und daher schon im Ausgangspunkt deutlich schutzwürdiger als in den Fällen der positiven Kenntnis erscheint.

(aa) Anspruchsverfolgung im Vertrauen auf Vertragswirksamkeit

Unter Zugrundelegung der bisherigen Erwägungen muss daher in den vorliegenden Zweifelsfällen, in denen unter objektiven Gesichtspunkten kein angemessener Zeitraum mehr für entsprechende Aufklärungsmaßnahmen bzw. die Geltendmachung der Ersatzansprüche aus § 179 BGB verbleibt, von einer überwiegenden Schutzwürdigkeit des Anspruchsinhabers und dementsprechend von einer Anpassung des aus der Spezialitätslösung resultierenden Verjährungsfristlaufs ausgegangen werden, wenn der eingetretene Zeitverlust letztlich auf Dispositionen des Anspruchsinhabers in dem berechtigten und daher von § 179 BGB grundsätzlich geschützten Vertrauen auf einen wirksamen Vertragsschluss zurückgeht. Wie in dem vorhergehenden Fallbeispiel ist hiervon insbesondere dann auszugehen, wenn der gutgläubige Anspruchsinhaber zunächst ausschließlich gegen den vermeintlich Vertretenen vorgeht und in der Folge erst so spät Anlass für ernstliche Zweifel an einer hinreichenden Vertretungsmacht bekommt, dass ihm bis zum Ablauf der einschlägigen Verjährungsfrist kein objektiv angemessener Zeitraum mehr verbleibt und dadurch seine Möglichkeiten zur rechtzeitigen Verfolgung der Haftungsansprüche aus § 179 BGB jedenfalls faktisch erheblich eingeschränkt bzw. sogar gänzlich vereitelt werden.[457] Schließlich hat es im Rahmen der vertragsakzessorischen Vertreterhaftung gem. § 179 BGB, die

456 Vgl. dazu unter „*Teil III A. II. 1. c) aa) (3) Keine angemessene Zeit zur Anspruchsverfolgung*".

457 Vgl. hierzu ausführlich unter „*Teil III A. II. 1. c) aa) (3) (a) Inanspruchnahme des Vertretenen im Vertrauen auf Vertragswirksamkeit*".

als wirtschaftlicher Ersatzwert an die Stelle der eigentlich intendierten vertraglichen Ansprüche tritt, zwingend Berücksichtigung zu finden, wenn es bei Wirksamkeit des gescheiterten Vertrages aufgrund des frühzeitigen Tätigwerdens des Anspruchsinhabers gegenüber dem vermeintlich Vertretenen zu keinen vergleichbaren zeitlichen Engpässen bzw. zu keinem fruchtlosen Ablauf der Verjährungsfrist gekommen wäre. In derartigen Fällen realisiert sich somit ebenfalls ein typisches Risiko der Vertretung ohne Vertretungsmacht, vor dem der Anspruchsinhaber nach der grundlegenden Ratio des § 179 BGB gerade geschützt werden soll und das daher nicht zu seinen Lasten gehen darf.[458] Vor diesem Hintergrund kann vom Anspruchsinhaber auch nicht verlangt werden, innerhalb der objektiv nur noch unzureichenden Restverjährungsfrist für eine Aufklärung der zugrunde liegenden Sach- und Rechtslage oder eine Hemmungsmaßnahme direkt gegenüber dem Vertreter zu sorgen. Wie zuvor schon dargestellt, hat die grundsätzlich ab dem Zeitpunkt der Kenntnis bzw. des Kennenmüssens der Vertretung ohne Vertretungsmacht anzunehmende Tätigkeitsobliegenheit des Anspruchsinhabers letztlich dort ihre Grenzen zu finden, wo eben keine angemessene Möglichkeit mehr zur Abwendung des entsprechenden Verjährungseintritts besteht und damit gerade nicht mehr von zumutbaren Maßnahmen gesprochen werden kann bzw. eine faktische Zwangsverjährung droht.[459]

(bb) Anfängliche Untätigkeit des Anspruchsinhabers

Wenn der A in dem vorliegenden Fallbeispiel hingegen nicht gegen die MGmbH als vermeintlich Vertretene vorgegangen wäre, sondern zunächst gänzlich untätig geblieben, könnte er nach den bisherigen Erwägungen grundsätzlich nicht als schutzwürdig betrachtet werden.[460]

Die Frage ist jedoch, ob dies auch für die vorliegenden Zweifelsfälle gelten kann. Schließlich ist insoweit zu beachten, dass sich die Ausgangslage für den Anspruchsinhaber, der zunächst auf eine ordnungsgemäße Stellvertretung vertraut und auch vertrauen darf, durch das Auftreten diesbezüglicher Zweifel erheblich verändert. Entgegen seiner ursprünglichen Annahme benötigt er auf einmal deutlich mehr Zeit zur Verfolgung und Durchsetzung seiner Ansprüche, da er zunächst die bestehenden Sachverhaltsunklarheiten beseitigen muss. Darin besteht gerade auch ein durchaus relevanter Unterschied zu den Fällen der positiven Kenntnis, in denen zumindest der richtige Anspruchsgegner als Adressat der noch erforderlichen Hemmungsmaßnahme eindeutig feststeht und daher keine entsprechenden Aufklärungsmaßnah-

458 Vgl. dazu auch Fn. 119, 122.

459 Vgl. dazu auch BGHZ 208, 210 (225) Rn. 40 = NJW 2016, 629 (633) sowie Fn. 18, 19.

460 Vgl. unter „*Teil III A. II. 1. c) aa) (3) (b) Anfängliche Untätigkeit des Anspruchsinhabers*“.

men mehr nötig sind. Vor diesem Hintergrund könnte bei lediglich ernstlichen Zweifeln an einer hinreichenden Vertretungsmacht möglicherweise eine abweichende Beurteilung der Schutzwürdigkeit des Anspruchsinhabers angezeigt sein, wenn ihm nicht mehr genügend Zeit zur Verfügung steht, um sich ein klares Bild über die tatsächlichen Verhältnisse zu verschaffen.

Allerdings muss in den Sachverhaltskonstellationen der persönlichen Vertreterhaftung gem. § 179 BGB, in denen der Anspruchsinhaber im Vertrauen auf eine ordnungsgemäße Stellvertretung noch nicht in Form von aktiven Schritten zur Anspruchsverfolgung gegenüber dem vermeintlich Vertretenen disponiert hat, nach dem Grundsatz der Vertragsakzessorietät zwingend berücksichtigt werden, dass die verjährungsrechtliche Lage genau derjenigen bei unterstellter Wirksamkeit des gescheiterten Vertrages entspricht und sich in dieser Hinsicht aus der Vertretung ohne Vertretungsmacht daher gerade keine Nachteile ergeben. Entsprechend den grundlegenden Wertungen des § 179 BGB kann somit auch nicht von einer überwiegenden Schutzwürdigkeit des Anspruchsinhabers ausgegangen werden. Er müsste schließlich ohnehin, d. h. auch im Fall der Vertragswirksamkeit, noch innerhalb der verbleibenden Restverjährungsfrist zur Abwendung bzw. Hemmung der Verjährung seiner Ansprüche tätig werden, sodass der von § 179 BGB intendierte Vertrauensschutz schon nicht tangiert ist und ihm ein entsprechendes Vorgehen zur rechtzeitigen Verjährungshemmung damit auch direkt in Ansehung der wirtschaftlich mit den eigentlich begehrten vertraglichen Ansprüchen korrespondierenden Vertreterhaftung aus § 179 BGB zugemutet werden kann. Wenn dem Anspruchsinhaber am Ende bzw. ab dem Zeitpunkt der Kenntniserlangung von Umständen, die ihm Anlass für ernstliche Zweifel am Vorliegen einer hinreichenden Vertretungsmacht geben müssen, kein objektiv angemessener Zeitraum mehr zur rechtzeitigen Aufklärung der maßgeblichen Umstände sowie zur Geltendmachung der gegen den Vertreter gerichteten Ersatzansprüche aus § 179 BGB verbleibt, dann ist dies in erster Linie auf seine eigene Untätigkeit bzw. Nachlässigkeit und gerade nicht auf das von dem Vertreter hervorgerufene Vertrauen in einen wirksamen Vertragsschluss mit dem vermeintlich Vertretenen zurückzuführen. Somit ist in solchen Fällen der anfänglichen Untätigkeit des Anspruchsinhabers kein vernünftiger Grund ersichtlich, den nach dem Ansatz der Spezialitätslösung maßgeblichen Verjährungsfristlauf aus Wertungsgründen zu korrigieren. Der insoweit eingetretene Zeitverlust fällt schließlich zu Recht in die eigene Verantwortungs- bzw. Risikosphäre des Anspruchsinhabers, sodass sich dieser daran auch in dem gescheiterten Vertragsverhältnis der Vertretung ohne Vertretungsmacht festhalten lassen muss und eine Verjährung seiner Ersatzansprüche aus § 179 BGB eben nur durch eine rechtzeitige Hemmungsmaßnahme (auch) direkt gegenüber dem Vertreter abwenden kann.[461]

461 Zu diesen Erwägungen vgl. auch BeckOGKBGB/Piekenbrock, § 195 Rn. 40.1.

(5) Zusammenfassung und Fazit

Unter Berücksichtigung der soeben herausgearbeiteten allgemeinen Schutzwürdigkeitserwägungen im Zusammenhang mit der Verjährung der quasivertraglichen Haftungsansprüche aus § 179 BGB ist zusammenfassend festzustellen, dass die Spezialitätslösung nicht in sämtlichen Fällen geeignet ist, sach- und interessengerechte Ergebnisse zu erzielen. Wie aufgezeigt, muss der daraus folgende Verjährungseintritt in bestimmten Sachverhaltskonstellationen vielmehr wertungsmäßig zwingend angepasst werden, um die Gefahr einer faktischen Zwangsverjährung und damit einhergehend eines unverhältnismäßigen Eingriffs in die Rechte und Interessen des jeweiligen Anspruchsinhabers zu verhindern. Ausweislich der bislang gewonnenen Erkenntnisse lässt sich sagen, dass die Schutzwürdigkeit des Anspruchsinhabers die mit der jeweils einschlägigen Sonderverjährungsregelung verfolgten Ziele sowie die Interessen des Vertreters und der Allgemeinheit an der möglichst zügigen Schaffung von Rechtssicherheit und Rechtsklarheit überwiegt und dementsprechend zu einer ausnahmsweisen Korrekturbedürftigkeit des maßgeblichen Verjährungsfristlaufs führen muss, wenn

- der Anspruchsinhaber im berechtigten Vertrauen auf eine wirksame Stellvertretung rechtzeitig gegenüber dem vermeintlich Vertretenen zur Verfolgung seiner Ansprüche tätig wird, von dem Umstand der Vertretung ohne Vertretungsmacht jedoch erst nach dem Ablauf der Verjährungsfrist Kenntnis erlangt bzw. erlangen muss;
- ein rechtliches Hindernis für die rechtzeitige Herbeiführung der Entstehung der Haftungsansprüche aus § 179 BGB besteht, etwa weil sich der vermeintlich Vertretene als bislang unerkannt geschäftsunfähig i. S. d. § 104 Nr. 2 BGB erweist oder weil er verstirbt, noch bevor er die Genehmigung des Vertretergeschäfts verweigern bzw. zur Erklärung hierüber aufgefordert werden kann;
- der Anspruchsinhaber von der Person des Vertreters als Gegner seiner Ersatzansprüche aus § 179 BGB und Adressat einer diesbezüglichen Hemmungsmaßnahme trotz Vornahme aller insoweit möglichen, erforderlichen und zumutbaren Aufklärungsmaßnahmen keine rechtzeitige Kenntnis erlangt oder
- der Anspruchsinhaber im berechtigten Vertrauen auf einen wirksamen Vertragsschluss zunächst nur gegenüber dem vermeintlich Vertretenen zur Verfolgung seiner Ansprüche tätig wird und im Zuge dessen so viel Zeit verliert, dass ihm ab dem Zeitpunkt der Kenntnis bzw. des Kennenmüssens der mangelnden Vertretungsmacht bis zum Ablauf der einschlägigen Verjährungsfrist kein objektiv angemessener Zeitraum mehr zur Verfolgung seiner Ersatzansprüche aus § 179 BGB verbleibt.

Als Quintessenz lässt sich aus diesen Fallgruppen folgern, dass immer dann von einer überwiegenden und damit zu einer wertungsmäßigen Korrektur des Verjährungseintritts führenden Schutzwürdigkeit des Anspruchsinhabers ausgegangen werden muss, wenn bei unterstellter Wirksamkeit des gescheiterten Vertrages keine Verjährung eingetreten wäre und der Anspruchsinhaber trotz Vornahme aller möglichen, erforderlichen und zumutbaren Maßnahmen keine angemessene Möglichkeit mehr hatte, auch seine Haftungsansprüche aus § 179 BGB noch rechtzeitig gegenüber dem Vertreter geltend zu machen und dadurch den Verjährungseintritt abzuwenden.

Hingegen muss eine Schutzwürdigkeit des Anspruchsinhabers immer dann ausscheiden, wenn der in Ansehung der quasivertraglichen Vertreterhaftung gem. § 179 BGB eingetretene Zeitverlust im Ergebnis auf seiner eigenen Untätigkeit bzw. Nachlässigkeit beruht und damit gerade nicht auf von ihm getätigten Dispositionen im Vertrauen auf eine ordnungsgemäße Stellvertretung, mit der Folge, dass in verjährungsrechtlicher Hinsicht letztlich kein Unterschied zur Rechtslage bei unterstellter Wirksamkeit des gescheiterten Vertrages besteht.

(6) Hemmungslösung

Nachdem die Fallgestaltungen der Spezialitätslösung identifiziert wurden, in denen aufgrund einer überwiegenden Schutzwürdigkeit des Anspruchsinhabers das Bedürfnis nach einer wertungsmäßigen Anpassung des Verjährungsfristlaufs besteht, stellt sich nun die entscheidende Frage nach der praktischen Umsetzung einer entsprechenden Korrekturlösung. Klar ist jedenfalls, dass es im Sinne der Rechtssicherheit und Rechtsklarheit einer möglichst einheitlichen Lösung bedarf, die sicherstellt, dass dem Anspruchsinhaber auch in den besagten Problemfällen eine angemessene und zumutbare Möglichkeit zur Verfolgung seiner Ersatzansprüche aus § 179 BGB sowie zur Abwendung bzw. Hemmung der diesbezüglichen Verjährung zur Verfügung steht. Insoweit erscheint es vorzugswürdig, am Ende der jeweils einschlägigen Verjährungsfrist anzusetzen und dieses durch die Konstruktion einer Hemmung hinauszuschieben, was mit einem deutlich geringeren Eingriff in das maßgebliche Verjährungsregime verbunden ist als eine Anknüpfung an den Verjährungsbeginn und damit einhergehend eine Verschiebung der vollständigen Verjährungsfrist.[462] Problematisch erscheint jedoch zunächst die konkrete Ausgestaltung einer derartigen Hemmungslösung. Insoweit ist insbesondere zu untersuchen, welche qualitativen Anforderungen überhaupt daran zu stellen sind, d. h. ob im Verhältnis zu dem vermeintlich Vertretenen die gesetzlichen Voraussetzungen der Verjährungshemmung nach §§ 203 ff. BGB vorliegen müssen oder ob im Ergebnis die

462 So im Ansatz auch BeckOGKBGB/Piekenbrock, § 195 Rn. 40.2.

Annahme eines Hemmungstatbestands sui generis unterhalb dieser Schwelle ebenfalls in Betracht kommt. Abschließend muss zudem noch der Frage nachgegangen werden, ob der Ansatz der Spezialitätslösung in Kombination im einem solchen Hemmungsmodell auch dogmatisch hinreichend gerechtfertigt werden kann oder ob im Hinblick auf die Verjährung der quasivertraglichen Ersatzansprüche aus § 179 BGB nicht vielmehr einer gänzlich anderen Konstruktion der Vorzug zu geben ist.

(a) Weite Hemmungslösung

Als sog. weite Hemmungslösung wird vorliegend der Ansatz bezeichnet, wonach die sich nach dem Spezialitätsgrundsatz richtende Verjährung der Haftungsansprüche gegen den Vertreter aus § 179 BGB auch dann gehemmt wird, wenn im Verhältnis zu dem vermeintlich Vertretenen kein gesetzlich anerkannter Hemmungstatbestand i. S. d. §§ 203 ff. BGB verwirklicht ist. Zur Verdeutlichung dient das nachfolgende Fallbeispiel:

Der A stellt wiederum unmittelbar nach der Rückgabe der Mieträumlichkeiten i. S. d. § 548 Abs. 1 S. 2 BGB zum 01.09.2020 diverse Veränderungen bzw. Verschlechterungen fest und nimmt daher die M-GmbH am 12.10.2020 erstmals auf Ersatz seiner diesbezüglichen Aufwendungen in Anspruch. Nach Mahnung der M-GmbH zum 04.01.2021 erfährt der A erst am 22.02.2021, mithin eine Woche vor Ablauf der sechsmonatigen Verjährungsfrist des § 548 Abs. 1 S. 1 BGB zum 01.03.2021, dass es sich um einen Fall der Vertretung ohne Vertretungsmacht handelt und die M-GmbH die Genehmigung des entsprechenden Mietvertrages verweigert.

Die weite Hemmungslösung führt in dem Fall dazu, dass in Ansehung der gegen den V gerichteten Haftungsansprüche aus § 179 BGB bereits aufgrund der Inanspruchnahme der M-GmbH vom 12.10.2020 eine entsprechende Hemmungswirkung ausgelöst wird. Nach diesem Lösungsansatz reicht hierfür schließlich schon ein einfaches Tätigwerden bzw. eine einfache Inanspruchnahme, soweit die grundsätzliche Annahme einer Schutzwürdigkeit des Anspruchsinhabers nach den bereits dargestellten Erwägungen erfordert, dass er in dem berechtigten Vertrauen auf einen wirksamen Vertragsschluss zumindest rechtzeitig gegen den vermeintlich Vertretenen zur Verfolgung seiner Ansprüche vorgeht bzw. entsprechend seiner Tätigkeitsobliegenheit sämtliche zur Aufklärung gebotenen Maßnahmen ergreift. Im Übrigen genügt es für die Verjährungshemmung schon allein, dass der Anspruchsinhaber keine angemessene und zumutbare Möglichkeit zur Verfolgung seiner Ersatzansprüche aus § 179 BGB sowie zur Abwendung des diesbezüglichen Verjährungseintritts hat.

Fraglich erscheint dabei jedoch der exakte Zeitraum der Hemmung. Unter Beachtung der bisherigen Erkenntnisse hat sich diese im Grundsatz stets auf die Zeit zu erstrecken, die der Anspruchsinhaber durch seine Dispositionen im Vertrauen auf einen wirksamen Vertragsschluss verliert bzw. die bis zur Beseitigung eines für die Anspruchsverfolgung bestehenden Hindernisses verstreicht. In dem vorliegenden Beispielsfall beginnt der Hemmungszeitraum demnach mit der Inanspruchnahme der vermeintlich Vertretenen am 12.10.2020 und würde grundsätzlich mit der Zerstörung des schutzwürdigen Vertrauens in die Vertragswirksamkeit enden, mithin in dem Zeitpunkt der Kenntnis bzw. des Kennenmüssens der Vertretung ohne Vertretungsmacht am 22.02.2021. Eine Hemmung nur für den Zeitraum der aktiven Vertrauensbetätigung birgt jedoch das Problem, dass dem Anspruchsinhaber dadurch ein nach den vorhergehenden Schutzwürdigkeitserwägungen grundsätzlich gebotener Mindestzeitraum zur Verfolgung seiner Ersatzansprüche aus § 179 BGB gerade noch nicht garantiert wird. Besonders deutlich wird dies, wenn der A die M-GmbH beispielsweise erst am 20.02.2021 in Anspruch genommen und dennoch schon am 22.02.2021 von der mangelnden Vertretungsmacht des V erfahren hätte. Dann wäre der Verjährungsfristlauf schließlich nur für zwei Tage gehemmt, womit der Anspruchsinhaber so gut wie keine zusätzliche Zeit für eine Neuorientierung hätte.

In den Fällen, in denen der rechtzeitigen Entstehung bzw. Verfolgung der Haftungsansprüche aus § 179 BGB innerhalb der noch laufenden Verjährungsfrist zunächst ein Hindernis entgegensteht, kann die Annahme einer Verjährungshemmung bis zum Zeitpunkt der Beseitigung des bestehenden Hinderungsgrundes hingegen in entgegengesetzter Richtung gerade zu einer unverhältnismäßigen Ausweitung der Haftung führen und vermag damit ebenfalls keine sach- und interessengerechten Ergebnisse hervorzubringen. Soweit das entsprechende Hindernis schon von Anfang an existiert, hat eine derart umfassende Hemmungswirkung im Ergebnis eine Verschiebung der vollständigen Verjährungsfrist und damit einen faktischen Eingriff in den Fristbeginn zur Folge, was letztlich über das eigentliche Ziel hinausschießen und einen in dem Ausmaß überhaupt nicht gebotenen Schutz des Anspruchsinhabers statuieren würde. Dessen schutzwürdigen Interessen wird schließlich bereits dann hinreichend Rechnung getragen, wenn der Ansatz der weiten Hemmungslösung lediglich als reine Ablaufhemmung ausgestaltet wird. Unter Rückgriff auf die bisherigen Schutzwürdigkeitserwägungen erscheint insoweit eine Übertragung der Rechtsgedanken der §§ 210, 211 BGB, mithin eine Anknüpfung an einen Zeitraum von grundsätzlich sechs Monaten, als objektiv angemessen und damit vorzugswürdig.[463] Dies bedeutet, in Fällen der überwiegenden, zu dem Erfordernis einer entsprechenden Verjährungskorrektur führenden Schutzwürdigkeit des Anspruchsinhabers tritt eine Verjährung der Haftungsansprüche aus § 179 BGB nicht vor dem Ablauf von sechs Monaten ab dem Zeitpunkt ein, in dem der Anspruchsinhaber von der

463 In diese Richtung geht auch BeckOGKBGB/Piekenbrock, § 195 Rn. 40.2.

Vertretung ohne Vertretungsmacht sowie der Person des Vertreters Kenntnis erlangt bzw. erlangen muss oder eben das für die Anspruchsverfolgung bestehende Hindernis beseitigt wird. Dadurch wird sichergestellt, dass der Anspruchsinhaber stets über die angemessene und zumutbare Möglichkeit verfügt, sich an die neue Ausgangssituation anzupassen und die wirtschaftlich an die Stelle der von ihm eigentlich begehrten vertraglichen Ansprüche getretenen quasivertraglichen Ersatzansprüche aus § 179 BGB zu verfolgen. Die rechtliche Konstruktion einer Ablaufhemmung führt dabei auch zu einem deutlich weniger intensiven Eingriff in das einschlägige Verjährungsregime und die damit verfolgten gesetzgeberischen Intentionen als etwa die Kombination aus umfassender Hemmung und echter Nachfrist. Wie in dem klassischen Fall des § 204 Abs. 2 BGB lässt eine echte Nachfrist schließlich die nach dem Ende der Hemmungszeit noch verbleibende Verjährungsfrist völlig unberücksichtigt und kommt zu dieser daher noch ergänzend hinzu. Je nach Länge der Restverjährungsfrist würde dem Anspruchsinhaber in Widerspruch zur Ratio der besonderen Verjährungsregelungen möglicherweise in der Folge erheblich mehr Zeit eingeräumt, als seine Schutzwürdigkeit für eine entsprechende Neuorientierung gebietet. Die Ablaufhemmung kommt hingegen nur dann zum Tragen, wenn die verbleibende Restverjährungsfrist an den insoweit maßgeblichen Zeitraum nicht mehr heranreicht.[464] Durch diese Wechselwirkung ist das Modell der Ablaufhemmung grundsätzlich dazu in der Lage, einerseits hinreichend flexibel auf die Schutzwürdigkeit des Anspruchsinhabers zu reagieren und andererseits für die Gewährleistung eines einheitlichen und objektiv angemessenen Mindestzeitraums zu sorgen, der zur Anspruchsverfolgung erforderlich, aber auch ausreichend ist. Auf diese Weise kommen die hinter der jeweils einschlägigen Sonderverjährungsregelung stehenden Wertungen deutlich mehr zur Geltung und werden dadurch in ein ausgewogeneres Verhältnis zu den schutzwürdigen Interessen des Anspruchsinhabers gesetzt.

Für den Ansatz der weiten Hemmungslösung spricht zwar, dass der Anspruchsinhaber letztlich auch durch eine nur einfache Inanspruchnahme des vermeintlich Vertretenen im berechtigten Vertrauen auf einen wirksamen Vertragsschluss wichtige Zeit verliert, die er eigentlich benötigt, um sich auf die für ihn erheblich veränderten Gesamtumstände und dabei insbesondere den neuen Anspruchsgegner hinreichend einstellen und seine Ersatzansprüche aus § 179 BGB rechtzeitig geltend machen bzw. die Verjährung hemmen zu können. Insoweit erleidet der Anspruchsinhaber infolge der Betätigung seines schutzwürdigen Vertrauens in die Vertragswirksamkeit ebenfalls einen Nachteil, der typischerweise auf die Vertretung ohne Vertretungsmacht

464 Zu Ablaufhemmung und Nachfrist vgl. auch unter „*Teil I D. III. 1. a) aa) Klassische Verjährungshemmung gem. §§ 203 bis 209 BGB*“ sowie Fn. 81 und 82.

zurückgeht und vor dem dieser daher ausweislich der Ratio des § 179 BGB grundsätzlich geschützt werden soll.[465]

Allerdings ist in diesem Zusammenhang auch zwingend zu berücksichtigen, dass durch die einfache Inanspruchnahme des Vertragspartners beim Vorliegen einer ordnungsgemäßen Stellvertretung gerade noch keine Verjährungshemmung eingetreten wäre und sich in diesen Fällen damit schon kein schutzwürdiges Vertrauen des Anspruchsinhabers in die Wahrung bzw. Hemmung der zugrunde liegenden Verjährungsfrist herausbilden kann. Insoweit ist der von § 179 BGB bezweckte Vertrauensschutz daher schon gar nicht berührt, mit der Folge, dass er einer potenziellen Verjährung der daraus resultierenden Haftungsansprüche auch nicht entgegengehalten werden kann. Somit ist kein vernünftiger Grund dafür ersichtlich, dem Anspruchsinhaber durch einen wertungsmäßigen Eingriff in den nach der Spezialitätslösung einschlägigen Verjährungsfristlauf entsprechend mehr Zeit zur Anspruchsverfolgung bzw. Neuorientierung zu geben. Vielmehr würde dies die nach den bisherigen Erwägungen stets zu berücksichtigende hypothetische Rechtslage bei Wirksamkeit des eigentlich beabsichtigten Vertrages gänzlich missachten und in der Folge zu einem eklatanten Widerspruch gegen den wirtschaftlichen Ersatzwertcharakter der quasivertraglichen Vertreterhaftung gem. § 179 BGB sowie den für sie prägenden Grundsatz der Vertragsakzessorietät führen. Der Ansatz der weiten Hemmungslösung hätte damit im Ergebnis eine ungerechtfertigte Besserstellung des Anspruchsinhabers zur Folge und muss daher vorliegend abgelehnt werden.

(b) Strenge Hemmungslösung

Um die Schwächen der Spezialitätslösung auszugleichen ist somit vorzugswürdig dem vorliegend als sog. strenge Hemmungslösung bezeichneten Ansatz zu folgen, wonach im Rahmen der insoweit relevanten Fallkonstellationen der quasivertraglichen Vertreterhaftung gem. § 179 BGB nur dann von einer zur wertungsmäßigen Verjährungskorrektur führenden Schutzwürdigkeit des Anspruchsinhabers ausgegangen werden kann, wenn im Verhältnis zu dem vermeintlich Vertretenen die Voraussetzungen eines gesetzlich anerkannten Hemmungstatbestands i. S. d. §§ 203 ff. BGB erfüllt sind. Hierzu ist das vorhergehende <u>*Fallbeispiel*</u> wie folgt abzuwandeln:

Wiederum nimmt der A die M-GmbH erstmals mit Schreiben vom 12.10.2020 aufgrund der bestehenden Veränderungen und Verschlechterungen der Mieträumlichkeiten auf Ersatz seiner Aufwendungen in Anspruch. Nachdem eine Rückmeldung der M-GmbH hierauf trotz zwi-

465 Vgl. dazu unter „*Teil II A. I. Rechtsnatur und Ratio der Haftung*“ sowie Fn. 119 und 122.

schenzeitlicher Mahnung nicht erfolgt war, erhebt der A gegen diese am 22.02.2021 eine Zahlungsklage. Erst nach Ablauf der sechsmonatigen Verjährungsfrist des § 548 Abs. 1 S. 1 BGB zum 01.03.2021 erfährt der A schließlich, dass es sich um einen Fall der Vertretung ohne Vertretungsmacht handelt und die M-GmbH die Genehmigung des entsprechenden Mietvertrages verweigert.

In diesem Fall wäre es bei unterstellter Wirksamkeit des gescheiterten Vertrages aufgrund der im berechtigten Vertrauen auf eine ordnungsgemäße Stellvertretung erfolgten Klageerhebung des A vom 22.02.2021 gegenüber der M-GmbH als seiner Vertragspartnerin zu einer rechtzeitigen Verjährungshemmung gem. § 204 Abs. 1 Nr. 1 BGB gekommen. Nach dem Ansatz der strengen Hemmungslösung ist daher von einer überwiegenden Schutzwürdigkeit des A auszugehen und auch in Ansehung der gegen den V gerichteten Haftungsansprüche aus § 179 BGB eine entsprechende Hemmungswirkung zu bejahen. Nach diesem Lösungsansatz kann dem falsus procurator eine auf ihn durchschlagende Verjährungshemmung schließlich nur dann entgegengehalten werden, wenn der Anspruchsinhaber gegenüber dem vermeintlich Vertretenen im schutzwürdigen Vertrauen auf einen wirksamen Vertragsschluss rechtzeitig, d. h. innerhalb der noch laufenden Verjährungsfrist, eine der gesetzlich anerkannten Hemmungsmaßnahmen i. S. d. §§ 203 ff. BGB in die Wege leitet oder wenn im Verhältnis zu dem vermeintlich Vertretenen bei unterstellter Vertragswirksamkeit ein rechtsgültiger Hemmungstatbestand auch schon ohne ein diesbezügliches Tätigwerden des Anspruchsinhabers eingreifen würde, wie in den Fällen der §§ 210, 211 BGB bei einem der Anspruchsverfolgung entgegenstehenden rechtlichen Hindernis.

Im Rahmen der strengen Hemmungslösung gelten demnach die allgemeinen Hemmungsregelungen gem. §§ 203 ff. BGB. Die Einzelheiten der entsprechenden Hemmungswirkung richten sich dabei nach dem jeweils gegenüber dem vermeintlich Vertretenen verwirklichten Tatbestand. Damit bildet dieser Lösungsansatz in verjährungsrechtlicher Hinsicht exakt die bei hypothetischer Wirksamkeit des eigentlich beabsichtigten Vertragsschlusses geltende Rechtslage ab und steht daher vollständig im Einklang mit dem besonderen wirtschaftlichen Ersatzwertcharakter der quasivertraglichen Vertreterhaftung gem. § 179 BGB sowie dem für sie prägenden Grundsatz der Vertragsakzessorietät. Wenn nach den bisherigen Erwägungen schon für die Frage nach der auf die Haftungsansprüche aus § 179 BGB anzuwendenden Verjährungsfrist und dem Beginn des diesbezüglichen Fristlaufs auf die im Fall der Vertragswirksamkeit geltenden Regelungen abzustellen ist, dann ist es schließlich nur konsequent, wenn dies genauso in Ansehung einer etwaigen Verjährungshemmung zu gelten hat. Die Erstreckung der Hemmungswirkung auf das gescheiterte Vertragsverhältnis der Vertretung ohne

Vertretungsmacht entspricht letztlich dem Rechtsgedanken des § 213 BGB, der im Grunde ebenfalls darauf abstellt, dass ein Anspruch als eine Art wirtschaftlicher Ersatzwert an die Stelle eines anderen Anspruchs tritt,[466] wie es eben gerade auch bei den ersatzweise an die Stelle der eigentlich begehrten vertraglichen Ansprüche tretenden Haftungsansprüchen gegen den falsus procurator aus § 179 BGB der Fall ist.

Durch die Kombination mit der strengen Hemmungslösung scheint der Ansatz der Spezialitätslösung somit grundsätzlich dazu in der Lage zu sein, einen angemessenen Ausgleich zwischen den besonderen Zielen des jeweils einschlägigen Verjährungsregimes und dem von § 179 BGB intendierten Vertrauensschutz zu schaffen.

(c) Problemstellung und Kritik

Unter Berücksichtigung sämtlicher Sachverhaltskonstellationen, in denen die unter strikter Anwendung der Spezialitätslösung erzielten Ergebnisse aus Wertungsgründen einer Korrektur zugunsten des Anspruchsinhabers bedürfen, muss jedoch festgestellt werden, dass die strenge Hemmungslösung in den problematischen Fällen der Unkenntnis der Person bzw. der persönlichen Daten des Vertreters gerade nicht weiterhilft. Sofern nicht zugleich eine andere Fallgruppe der überwiegenden Schutzwürdigkeit des Anspruchsinhabers eingreift, ist hierbei im Verhältnis zu dem vermeintlich Vertretenen in aller Regel kein gesetzlicher Hemmungstatbestand i. S. d. §§ 203 ff. BGB erfüllt, mit der Folge, dass bei angenommener Vertragswirksamkeit keine Verjährungshemmung eingetreten wäre und damit nach der strengen Hemmungslösung auch nicht in Ansehung der quasivertraglichen Vertreterhaftung gem. § 179 BGB in Betracht kommt. Die nach der entsprechenden Tätigkeitsobliegenheit gebotenen Aufklärungsmaßnahmen des Anspruchsinhabers haben schließlich keine Hemmungsqualität i. S. d. §§ 203 ff. BGB und bleiben in verjährungsrechtlicher Hinsicht daher grundsätzlich ohne Auswirkung. Da aber der von § 179 BGB bezweckte Vertrauensschutz auch im Fall des unbekannten Vertreters ein wertungsmäßiges Korrektiv zu dem vertragsakzessorischen Verjährungsfristlauf nach dem Ansatz der Spezialitätslösung erfordert,[467] könnte insoweit als Ausnahme von der strengen Hemmungslösung eine Ablaufhemmung analog §§ 210, 211 BGB in Erwägung gezogen werden, die freilich nur bei Erfüllung der Obliegenheit zur Vornahme aller möglichen, erforderlichen und zumutbaren Ermittlungsmaßnahmen eingreift. Schließlich hat der Anspruchsinhaber auch im Hinblick

---

466 Vgl. dazu unter „*Teil I D. III. 1. c) Reichweite von Hemmung und Neubeginn gem. § 213 BGB*" sowie Fn. 100.

467 Vgl. unter „*Teil III A. II. 1. c) aa) (2) (f) Keine rechtzeitige Kenntniserlangung von der Person des Vertreters*".

auf die bezüglich des richtigen Anspruchsgegners bestehenden Wissensdefizite, die entscheidend auf seinem schutzwürdigen Vertrauen in einen wirksamen Vertragsschluss beruhen und in denen damit ein typisches Risiko der Vertretung ohne Vertretungsmacht zum Ausdruck kommt, keine angemessene und zumutbare Möglichkeit, seine Ersatzansprüche aus § 179 BGB geltend zu machen und den Verjährungseintritt abzuwenden. Ähnlich wie in den Fällen der §§210, 211 BGB ist er daher insoweit an der Anspruchsverfolgung im Ergebnis ebenfalls aus Gründen gehindert, die nicht aus seiner eigenen Sphäre stammen, sondern nach der Ratio des § 179 BGB vielmehr dem Verantwortungs- bzw. Risikobereich des falsus procurator zugewiesen sind.[468]

Die Frage, ob die schutzwürdigen Interessen des Anspruchsinhabers in den Fällen der Unkenntnis der Person bzw. der persönlichen Daten des Vertreters tatsächlich eine derartige Ausnahmeregelung in Gestalt einer Ablaufhemmung analog §§210, 211 BGB rechtfertigen bzw. wie diese im konkreten Einzelfall auszugestalten ist, muss an dieser Stelle allerdings noch nicht abschließend entschieden werden. Der Ansatz der Spezialitätslösung in Verbindung mit dem wertungsmäßigen Korrektiv der strengen Hemmungslösung muss schließlich ohnehin bereits aus anderen Gründen zugunsten eines dogmatisch vorzugswürdigeren Lösungsansatzes ausscheiden. Bei der vorliegenden Hemmungskonstruktion betrifft der einschlägige Hemmungstatbestand i. S. d. §§203 ff. BGB schließlich nur den vermeintlich Vertretenen, wohingegen die dadurch ausgelöste Hemmungswirkung ausschließlich gegenüber dem Vertreter persönlich eintreten soll. Im Ergebnis fallen damit tatsächlicher Hemmungs- und wahrer Anspruchsgegner auseinander, was insbesondere mit Blick auf die Hemmungstatbestände der §§203, 204 BGB zu dem grundlegenden Problem führt, dass die insoweit prägende bzw. rechtfertigende Warnfunktion der entsprechenden Hemmungsmaßnahmen nicht zum Tragen kommt. Wie bereits dargestellt, ist es der tragende Grund der Verjährungshemmung gem. §§203, 204 BGB, dass der Gläubiger dabei seinen Rechtsverfolgungswillen deutlich zum Ausdruck bringt und der Schuldner dadurch auch über die originäre Verjährungsfrist hinaus mit seiner Leistungsverpflichtung rechnen muss, insoweit also hinreichend gewarnt ist.[469] Vor diesem Hintergrund ist die Verjährungshemmung zwar nicht zwingend an einen bestimmten materiell-rechtlichen oder prozessualen Anspruch im Sinne der Streitgegenstandslehre geknüpft, wie sich bereits aus der Regelung des §213 BGB ergibt, jedoch kann sich diese im Grundsatz immer nur auf diejenige Person beziehen, gegenüber der auch

468 Vgl. dazu Fn. 465.

469 Vgl. dazu unter „*Teil I D. III. 1. a) aa) Klassische Verjährungshemmung gem. §§ 203 bis 209 BGB*“ sowie Fn. 83.

die gesetzlichen Voraussetzungen der §§ 203 ff. BGB erfüllt sind.[470] Gerade § 213 BGB, der den Umfang der Verjährungshemmung nochmals deutlich erweitert, stellt entscheidend auf eine schuldnerseits bestehende Personenidentität ab.[471] Abgesehen davon, dass diese Norm nur Fälle elektiver bzw. alternativer Anspruchskonkurrenz erfasst, mithin Ansprüche, die im Gegensatz zur Ausgangssituation bei § 179 BGB auf demselben Lebenssachverhalt beruhen und daher wahlweise nebeneinander bzw. alternativ geltend gemacht werden können,[472] kann der Ansatz der strengen Hemmungslösung schon allein aus diesem Grund nicht durch einen Rückgriff auf § 213 BGB begründet werden.

Weil davon ausgegangen werden muss, dass sich ohne entsprechende Warnung ein berechtigtes Vertrauen des Schuldners in das Ausbleiben der künftigen Anspruchsverfolgung herausbildet, kann eine Hemmungswirkung in derartigen Fällen aufgrund des damit verbundenen Eingriffs in die schutzwürdigen Interessen des Schuldners nur dann gerechtfertigt werden, wenn dies durch besondere Umstände zwingend geboten ist und eine gesetzliche Grundlage hierfür existiert, wie z. B. bei einem zunächst unüberwindbaren rechtlichen Hindernis für die Rechtsverfolgung i. S. d. §§ 210, 211 BGB. Das Durchschlagen der gesetzlichen Verjährungshemmung gem. §§ 203 ff. BGB auf eine andere Person hat daher absoluten Ausnahmecharakter und kann grundsätzlich nur in den vom Gesetzgeber dafür vorgesehenen Sonderfällen angenommen werden, wie z. B. mittelbar im Zuge der akzessorischen Einreden des Gesellschafters gem. § 129 Abs. 1 HGB bzw. des Bürgen gem. § 768 Abs. 1 BGB,[473] bei der aufgelösten Gesellschaft gem. § 159 Abs. 4 HGB oder ebenfalls mittelbar im Rahmen der Rechtsnachfolge gem. § 198 BGB.[474] Allerdings können diese Ausnahmefälle nicht mit den Sachverhaltskonstellationen verglichen werden, die in dem Verjährungsmodell der Spezialitäts- in Verbindung mit der strengen Hemmungslösung gegenständlich sind, sondern diese liegen schon im Ausgangspunkt gänzlich anders. Eine Übertragung bzw. analoge Anwendung einer derartigen Sonderregelung muss insoweit daher ausscheiden. Wie bereits ausführlich dargestellt, ist die Haftung des falsus procurator gem. § 179 BGB zwar von einer besonderen tatsächlichen, wirtschaftlichen und rechtlichen Nähe zu, mitunter sogar von einer gewissen Abhängigkeit von den Ansprüchen aus dem eigent-

---

470 BT-Drs. 14/6040, S. 121 f.; Staudinger/Peters/Jacoby, § 203 Rn. 6, 14 f., § 204 Rn. 12 f., 22; MüKoBGB/Grothe, § 203 Rn. 10 f., § 204 Rn. 3, 10; vgl. hierzu auch BGHZ 80, 222 = NJW 1981, 1953 (1954).

471 Staudinger/Peters/Jacoby, § 213 Rn. 2; MüKoBGB/Grothe, § 213 Rn. 3.

472 Jauß, JA 2018, 598 f.; Staudinger/Peters/Jacoby, § 213 Rn. 3, 6.

473 Staudinger/Peters/Jacoby, § 204 Rn. 12; MüKoHGB/Schmidt, § 129 Rn. 8; Grüneberg/Sprau, § 768 Rn. 6.

474 BeckOGKBGB/Piekenbrock, § 198 Rn. 4; BeckOKBGB/Henrich, § 198 Rn. 1; Staudinger/Peters/Jacoby, § 198 Rn. 9.

lich beabsichtigten Vertrag geprägt, was vorliegend unter dem Begriff der sog. Vertragsakzessorietät zusammengefasst wird. Freilich handelt es sich dabei nicht um eine echte akzessorische Haftung, die – wie in den Fällen der persönlichen Gesellschafterhaftung gem. § 128 HGB und der Bürgenhaftung gem. §§ 765 ff. BGB – nur neben die originäre Haftung des Hauptschuldners tritt, sondern vielmehr um eine grundsätzlich selbstständige gesetzliche Schadensersatzhaftung anstelle der entgangenen vertraglichen Ansprüche.[475] Darüber hinaus findet nach dem Ansatz der Spezialitätslösung in der Person des Vertreters gerade keine Anrechnung von bereits verstrichener Verjährungszeit wie bei einem Rechtsnachfolger i. S. d. § 198 BGB statt, sondern die Verjährung der quasivertraglichen Haftungsansprüche aus § 179 BGB beginnt nach diesem Modell schlichtweg mit dem auch für die korrespondierenden vertraglichen Ansprüche maßgeblichen Zeitpunkt, der eben auch schon vor der Genehmigungsverweigerung i. S. d. § 177 BGB und damit vor ihrer endgültigen Entstehung liegen kann und in den meisten Fällen der kurzen Sonderverjährungsfristen, wie bei §§ 438 Abs. 2, 634a Abs. 2, 548 Abs. 1 BGB, auch liegen wird.

Im Übrigen kann eine auf den Vertreter durchschlagende Hemmungswirkung nicht an die durch die höchstrichterliche Rechtsprechung im Zusammenhang mit der Versagung einer Berufung auf die Verjährungseinrede entwickelten Grundsätze der unzulässigen Rechtsausübung gem. § 242 BGB angeknüpft werden. Schließlich wäre hierfür die Schaffung eines besonderen Vertrauenstatbestands durch den Vertreter erforderlich, aufgrund dessen der Anspruchsinhaber von der Wahrung bzw. rechtzeitigen Hemmung der Verjährungsfrist ausgehen dürfte. Dies könnte allenfalls bei der Verletzung von ausnahmsweise bestehenden Aufklärungs- und Hinweispflichten oder der sonstigen treuwidrigen Verhinderung der rechtzeitigen Anspruchsverfolgung angenommen werden.[476] Das bloße Auftreten als Vertreter ohne Vertretungsmacht kann hierfür jedoch gerade nicht ausreichen, da das insoweit enttäuschte Vertrauen bereits durch die persönliche Haftung des falsus procurator aus § 179 BGB hinreichend kompensiert wird. Insbesondere mit Blick auf den Zweck der Verjährung sind an eine Berufung auf die Grundsätze von Treu und Glauben gem. § 242 BGB vielmehr strenge Anforderungen zu stellen und über das allgemeine Vertreterhandeln hinausgehende sowie besonders vertrauensbegründende Umstände zu fordern, die eine Berufung auf die Verjährungseinrede als sog. *venire contra factum proprium* und damit als treuwidrig erscheinen lassen.[477]

---

475 Vgl. dazu unter „*Teil II A. I. Rechtsnatur und Ratio der Haftung*".

476 MüKoBGB/Grothe, § 194 Rn. 18; Staudinger/Peters/Jacoby, § 204 Rn. 12, § 214 Rn. 18 ff.; vgl. dazu auch BGH, NJW-RR 1991, 1033 (1034).

477 Vgl. MüKoBGB/Grothe, § 194 Rn. 18; Staudinger/Peters/Jacoby, § 214 Rn. 18 ff.

Zusammenfassend ist festzuhalten, dass für die in den aufgezeigten Fällen einer überwiegenden Schutzwürdigkeit des Anspruchsinhabers wertungsmäßig gebotene Korrektur der Ergebnisse aus der Spezialitätslösung nach dem Ansatz der strengen Hemmungslösung somit gerade keine gesetzliche Grundlage ersichtlich ist. Zur Rechtfertigung dieser Konstruktion könnte daher nur auf den besonderen wirtschaftlichen Ersatzwertcharakter der quasivertraglichen Vertreterhaftung gem. § 179 BGB sowie die für sie prägende Vertragsakzessorietät abgestellt werden. Insbesondere im Lichte der aus dem Rechtsstaatsprinzip folgenden und verfassungsrechtlich zwingenden Grundsätze der Gewaltenteilung und des Gesetzesvorbehalts i. S. d. Art. 20 Abs. 2 S. 2, Abs. 3 GG erscheint es jedoch aufgrund der für den jeweiligen Schuldner belastenden Wirkung der Verjährungshemmung fraglich, ob dies für eine zulässige Rechtsfortbildung ausreichen kann. Dogmatisch vorzugswürdig ist für die verjährungsrechtliche Behandlung der Haftungsansprüche aus § 179 BGB daher ein Lösungsansatz heranzuziehen, der einerseits ausreichend Halt in den gesetzlichen Verjährungsregelungen findet und andererseits den bereits herausgearbeiteten Schutzwürdigkeitserwägungen sowie den spezifischen Besonderheiten im Zusammenhang mit der Vertretung ohne Vertretungsmacht in gleicher Weise Rechnung trägt wie der Ansatz von Spezialitäts- in Verbindung mit strenger Hemmungslösung.

bb) Gesamtlösung

Möglicherweise kann ein solches dogmatisch vorzugswürdiges Verjährungsmodell über den vermittelnden Ansatz der Gesamtlösung gefunden werden, der wohl auch der bisher lediglich andeutungsweise zum Ausdruck gekommenen Auffassung von höchstrichterlicher Rechtsprechung und herrschender Literaturmeinung entspricht.[478] Wie bereits dargestellt, verlangt die Gesamtlösung in Ansehung der quasivertraglichen Vertreterhaftung gem. § 179 BGB für den Verjährungsbeginn sowohl das Vorliegen der diesbezüglichen Voraussetzungen der bei unterstellter Wirksamkeit des gescheiterten Vertrages einschlägigen Sonderverjährungsregelung als auch die tatsächliche Entstehung der Haftungsansprüche aus § 179 BGB durch die Verweigerung der Genehmigung des zugrunde liegenden Vertretergeschäfts i. S. d. § 177 Abs. 1 BGB oder durch Eingreifen der entsprechenden Fiktion gem. § 177 Abs. 2 S. 2 BGB. Wie im Rahmen der Spezialitätslösung kann es jedoch auch hierbei zu teils gravierenden Problemen und Wertungswidersprüchen kommen, die wiederum die Frage nach einer einheitlichen Korrekturlösung aufwerfen, die dazu in der Lage ist, die beteiligten Interessen in einen angemessenen Ausgleich zu bringen.

478 Vgl. Fn. 370.

(1) Grundsätzliche Problemstellung

Durch das Erfordernis der finalen Anspruchsentstehung i. S. d. § 179 BGB gelingt es der vermittelnden Gesamtlösung zwar, die Schwächen der quasi streng vertragsakzessorischen Spezialitätslösung, die letztlich in der Gefahr eines Verjährungseintritts ohne die angemessene und zumutbare Möglichkeit der Abwendung bzw. Hemmung liegen, schon von vornherein zu vermeiden. Im Vergleich zur hypothetischen Rechtslage bei Vertragswirksamkeit führt dieser Lösungsansatz im Ergebnis jedoch zu einem Eingriff in den Verjährungsbeginn und damit gerade in entgegengesetzter Richtung zu dem grundsätzlichen Problem erheblicher Verzögerungen. Dies wird besonders deutlich, wenn man sich noch einmal das folgende Fallbeispiel zur Verjährung gem. § 548 Abs. 1 BGB vor Augen führt:

Wie in dem anfangs geschilderten Ausgangsfall kommt es am 01.09.2020 ebenfalls zur Rückgabe der Mieträumlichkeiten. Der A lässt sich daraufhin jedoch Zeit, diese zu untersuchen und stellt die bestehenden Veränderungen bzw. Verschlechterungen daher erst Anfang des Jahres 2021 fest. Nachdem er die M-GmbH erst am 02.03.2021 auf Ersatz seiner insoweit erforderlichen Aufwendungen in Anspruch genommen hat, erwidert diese am 10.03.2021, dass sie sämtliche Ansprüche unter Berufung auf die mangelnde Vertretungsmacht des V zurückweise und im Übrigen die Genehmigung des entsprechenden Mietvertrages ausdrücklich verweigere.

In diesem Fall hat der Ansatz der Gesamtlösung zur Folge, dass die sechsmonatige Verjährungsfrist des § 548 Abs. 1 S. 1 BGB, die nach den bereits dargestellten Grundsätzen auch für die gegen den V gerichteten Haftungsansprüche aus § 179 BGB gilt, erst mit der zur Anspruchsentstehung führenden Genehmigungsverweigerung der MGmbH vom 10.03.2021 zu laufen beginnt und daher auch erst mit dem Ablauf des 10.09.2021 endet. Hingegen hätte die Verjährung bei Annahme der Wirksamkeit des eigentlich beabsichtigten Mietvertrages gem. § 548 Abs. 1 S. 2 BGB schon mit der Rückgabe der Mietflächen am 01.09.2020 begonnen und wäre somit bereits mit dem Ablauf des 01.03.2021 eingetreten, mithin sogar noch vor dem Zeitpunkt des Verjährungsbeginns nach der Gesamtlösung.

Wie an diesem Beispielsfall deutlich zu sehen ist, kann die Gesamtlösung daher im Vergleich zur verjährungsrechtlichen Lage bei einem erfolgreichen Vertragsschluss, ähnlich wie in den Fällen der bereits gleich zu Beginn ausgeschlossenen Trennungslösung, zu einer wesentlichen Verschiebung des Verjährungsbeginns und damit einhergehend zu einer faktisch erheblich verlängerten Verjährungsfrist führen.[479] Schließlich wird in aller Regel insbesondere der für den Beginn der kurzen Sonderverjährungsfristen (wie

479 Vgl. dazu bereits die Erwägungen unter „*Teil III A. II. 1. b) aa) Trennungslösung*“.

gem. §§ 438 Abs. 2, 634a Abs. 2, 548 Abs. 1 BGB) maßgebliche Zeitpunkt, der bei Vertragswirksamkeit allein entscheidend ist, deutlich vor dem im Rahmen der Vertretung ohne Vertretungsmacht für den Verjährungsbeginn nach dem Modell der Gesamtlösung zusätzlich relevanten Zeitpunkt der Anspruchsentstehung i. S. d. § 179 BGB liegen. Aus diesem Grund steht dem Anspruchsinhaber de facto auch in dem vorliegenden Beispielsfall ein mehr als doppelt so langer Verjährungszeitraum zur Verfügung. Jedoch ist für eine derartige Besserstellung des Anspruchsinhabers kein sachlich rechtfertigender Grund ersichtlich. Gerade in solchen Fällen, in denen der Anspruchsinhaber zunächst keinerlei Maßnahmen zur Anspruchsverfolgung unternimmt, sondern vielmehr gänzlich untätig bleibt und die quasivertraglichen Ersatzansprüche aus § 179 BGB infolge der Verweigerung der Genehmigung des Vertretergeschäfts durch den vermeintlich Vertretenen erst so spät entstehen, dass es bei unterstellter Wirksamkeit des gescheiterten Vertrages bereits zum Eintritt der Verjährung gekommen wäre, darf der Anspruchsinhaber nicht auf einmal in den Genuss eines wirtschaftlich bzw. inhaltlich identischen Ersatzanspruchs mit einer vollständig aufgeladenen Verjährungsfrist kommen, nur weil bei dem Vertragsschluss ein Vertreter ohne Vertretungsmacht gehandelt hat.[480] Die konsequente Anwendung der Gesamtlösung würde für den Anspruchsinhaber insoweit zu einem „Geschenk des Himmels" führen und damit der für die quasivertragliche Vertreterhaftung gem. § 179 BGB prägenden Vertragsakzessorietät zuwiderlaufen. Wie bereits dargestellt, nehmen die Haftungsansprüche aus § 179 BGB schließlich in ihrer Eigenschaft als vertragsähnlicher Ersatzwert die Stellung der Ansprüche aus dem eigentlich beabsichtigten Vertrag ein und sind daher von einer engen wirtschaftlichen sowie rechtlichen Verbindung zu diesen gekennzeichnet. Dieser besondere vertragsakzessorische Ersatzwertcharakter der Haftungsansprüche aus § 179 BGB ist es auch, der die Berücksichtigung der bei einer ordnungsgemäßen Stellvertretung vorherrschenden Rechtslage zwingend erforderlich macht und zwar stets auch im Zusammenhang mit der gegenständlichen Verjährungsfrage. Dem würde es jedoch gerade entschieden widersprechen, wenn formell zwar die bei Vertragswirksamkeit einschlägige Verjährungsfrist übertragen wird, im Ergebnis aber über die Kumulation von Voraussetzungen für den entsprechenden Verjährungsbeginn die Fristlängen faktisch doch erheblich divergieren. Letztlich würden in diesem Fall die hinter der jeweils einschlägigen Sonderverjährungsregelung stehenden gesetzgeberischen Intentionen und Wertungen, die sich nach dem Grundsatz der Vertragsakzessorietät eben auch in dem an der mangelnden Vertretungsmacht gescheiterten Vertragsverhältnis i. S. d. § 179 BGB durchsetzen müssen, nahezu vollständig konterkariert. Im Übrigen birgt das kompromisslose

480 Vgl. hierzu bereits die Erwägungen unter „*Teil III A. II. 1. c) aa) (2) (b) Verjährung auch bei Wirksamkeit des Vertrages*" sowie Fn. 377.

Abstellen auf den Ansatz der Gesamtlösung zudem ein erhebliches Missbrauchspotenzial. Schließlich hätte es dabei der Anspruchsinhaber, der von dem Umstand der Vertretung ohne Vertretungsmacht schon vor der Verweigerung der Genehmigung des zugrunde liegenden Vertretergeschäfts durch den vermeintlich Vertretenen erfährt, grundsätzlich selbst in der Hand, die Entstehung seiner Haftungsansprüche aus § 179 BGB bewusst zu verzögern und damit einhergehend den diesbezüglichen Verjährungsbeginn durch das Zurückhalten der die Fiktion des § 177 Abs. 2 S. 2 BGB auslösenden Aufforderung zur Erklärung über die Genehmigung i. S. d. § 177 Abs. 2 S. 1 BGB. Dadurch könnte er die einschlägige Verjährungsfrist faktisch nach seinem Belieben verlängern.

Im Ergebnis ist somit festzuhalten, dass die isolierte Gesamtlösung in den Fällen der besonderen gesetzlichen Regelung des Verjährungsbeginns häufig zu einer unverhältnismäßigen Privilegierung des Anspruchsinhabers führen wird, die weit über das eigentlich schutzwürdige Vertrauen hinausgeht und damit in einem deutlichen Widerspruch zu der besonderen Rechtsnatur sowie dem Sinn und Zweck der quasivertraglichen Vertreterhaftung gem. § 179 BGB steht. Um dies zu verhindern und die schutzwürdigen Interessen des Anspruchsinhabers in einen angemessenen Ausgleich mit den Zielen des einschlägigen Verjährungsregimes zu bringen, müsste für die Gesamtlösung daher ein Korrektiv gefunden werden, das hinreichend flexibel auf die hypothetische Verjährungszeit zu reagieren vermag, die bei Wirksamkeit des beabsichtigten Vertragsschlusses bis zu dem für die Gesamtlösung maßgeblichen Zeitpunkt der Entstehung der Ersatzansprüche aus § 179 BGB bereits verstrichen wäre.

(2) Anrechnungslösung analog § 198 BGB

Ein Korrektiv könnte insoweit die grundsätzliche Verknüpfung der Gesamtlösung mit einer analogen Anwendung der für den Rechts- bzw. Besitznachfolger geltenden Anrechnungsvorschrift des § 198 BGB darstellen. Dieser hier als sog. Anrechnungslösung bezeichnete Ansatz führt schließlich dazu, dass sich der Anspruchsinhaber die bei unterstellter Vertragswirksamkeit im Verhältnis zu seinem vermeintlichen Vertragspartner bereits abgelaufene Verjährungszeit auf seine quasivertraglichen Ersatzansprüche aus § 179 BGB anrechnen lassen muss. In der Folge kommt es dann gerade nicht mehr zu dem Problem faktisch wesentlich auseinanderfallender Verjährungsfristen.

(a) Allgemeines zur Anrechnung gem. § 198 BGB

Wie im Zuge der allgemeinen Grundlagen des geltenden Verjährungsrechts bereits ausführlich dargestellt,[481] trägt die Regelung des § 198 BGB dem Umstand Rechnung, dass bei dinglichen Ansprüchen gegen den Besitzer einer Sache nicht von dem allgemeinen Grundsatz der verjährungsrechtlichen Unbeachtlichkeit eines Schuldnerwechsels ausgegangen werden kann. Schließlich entsteht der entsprechende dingliche Anspruch mit einem Besitzwechsel auf der Passivseite grundsätzlich neu, mit der Folge, dass streng genommen auch die insoweit einschlägige Verjährungsfrist von neuem zu laufen beginnen müsste.[482] Da aber eine derartige Besitznachfolge nichts an dem eigentlichen Wesen des dinglichen Anspruchs zu ändern vermag und dieser bei wirtschaftlicher Betrachtung daher genauso wie ein schuldrechtlicher Anspruch stets derselbe bzw. identisch bleibt, bestimmt § 198 BGB insbesondere für die Fälle des derivativen Besitzerwerbs zugunsten des Rechts- bzw. Besitznachfolgers eine Anrechnung der bis zu dem Besitzwechsel in der Person des Rechts- bzw. Besitzvorgängers bereits verstrichenen Verjährungszeit. Auf diese Weise soll verhindert werden, dass ein wirtschaftlich einheitlicher Anspruch im Wege einer streng formalistischen Betrachtung künstlich aufgeteilt wird und der Anspruchsinhaber dadurch ohne ersichtlichen Grund in verjährungsrechtlicher Hinsicht eine erhebliche Privilegierung erfährt.[483] Auch insoweit hätte es für ihn letztlich ein „Geschenk des Himmels" zur Folge, wenn sich die einschlägige Verjährungsfrist mit jedem Besitzerwerb auf der Schuldnerseite wieder vollständig aufladen würde und diese damit insbesondere bei mehrfachen Besitzwechseln um ein Vielfaches bzw. sogar bis hin zur faktischen Unverjährbarkeit verlängert werden könnte.[484]

(b) Analoge Anwendung auf die Fälle des § 179 BGB

Eine analoge Anwendung der Anrechnungsvorschrift des § 198 BGB auf die Fälle der quasivertraglichen Vertreterhaftung gem. § 179 BGB erfordert grundsätzlich, dass insoweit eine planwidrige Regelungslücke besteht und die zugrunde liegenden Interessenlagen wertungsmäßig vergleichbar sind.

Die Anrechnung der bei hypothetischer Betrachtung der Rechtslage bei Vertragswirksamkeit bereits abgelaufenen Verjährungszeit auf die wirtschaftlich ersatzweise an die Stelle der gescheiterten vertraglichen Ansprüche tretenden Haftungsansprüche gegen den Vertreter aus § 179 BGB ist gesetzlich an keiner Stelle geregelt. Auch muss davon ausgegangen werden, dass der

481 Vgl. unter „*Teil I D. III. 3. Rechtsnachfolge gem. § 198 BGB*".
482 Vgl. Fn. 106.
483 Mot. I, S. 340 f. = Mugdan I, S. 539 f.
484 Vgl. Fn. 110.

Gesetzgeber die aufgezeigten Probleme und Wertungswidersprüche im Zusammenhang mit der Verjährung der vertragsähnlichen Ersatzansprüche aus § 179 BGB bisher schlichtweg genauso wenig wie die Rechtsprechung und der Großteil der Literatur gesehen und deshalb keiner klärenden Regelung zugeführt hat. Eine planwidrige Regelungslücke ist insoweit daher gegeben.

Wie aus den bereits dargestellten Erwägungen zu dem besonderen vertragsakzessorischen Ersatzwertcharakter der Haftungsansprüche aus § 179 BGB und den daraus in verjährungsrechtlicher Hinsicht zu ziehenden Konsequenzen ersichtlich wird, sprechen für eine Berücksichtigung der bei unterstellter Vertragswirksamkeit bereits verstrichenen Verjährungszeit in dem an der mangelnden Vertretungsmacht gescheiterten Vertragsverhältnis i. S. d. § 179 BGB letztlich dieselben Grundwertungen wie für die Anrechnung der im Verhältnis zum Rechts- bzw. Besitzvorgänger schon verbrauchten Verjährungsfrist in den unmittelbaren Anwendungsfällen des § 198 BGB, sodass von einer vergleichbaren Interessenlage auszugehen ist. Schließlich kann der Regelung des § 198 BGB der grundlegende Rechtsgedanke entnommen werden, dass die in Ansehung eines untergegangenen Anspruchs bzw. Rechts bereits verstrichene Verjährungszeit nicht gänzlich außer Acht gelassen werden darf, wenn ein anderer Anspruch als Ersatzwert an dessen Stelle tritt und mit diesem daher eine wirtschaftliche bzw. rechtliche Einheit bildet, um den insoweit intendierten Schutz des Anspruchsinhabers aufrechtzuerhalten.[485]

Dieser Rechtsgedanke ist grundsätzlich einer Verallgemeinerung zugänglich und wird daher von Teilen der Literatur bereits auf die Fälle der Rechtsinhaltsänderungen übertragen. Dementsprechend wird eine analoge Anwendung der Anrechnungsregel des § 198 BGB sowohl für die bereicherungsrechtlichen Rechtsfortwirkungsansprüche gem. §§ 951 Abs. 1 S. 1, 812 Abs. 1 S. 1 Alt. 2 BGB und gem. § 816 Abs. 1 BGB als auch für die schuldrechtlichen Sekundäransprüche aus §§ 280 ff. BGB vertreten, die letztlich allesamt wie die Haftungsansprüche aus § 179 BGB zum Schutz des jeweiligen Anspruchsinhabers als wirtschaftlicher Ersatzwert an die Stelle des ursprünglichen subjektiven Rechts bzw. des vertraglichen Primäranspruchs treten.[486] Paradigmatisch ist insoweit insbesondere der sog. Jungbullenfall.[487] Hierbei wird der von einem Dieb gestohlene Bulle an einen gutgläubigen Dritten weiterveräußert, der das Eigentum daran aber nur im Wege der Ersitzung gem. § 937 Abs. 1 BGB erwerben kann, d. h. erst nach dem Ablauf von zehn Jahren ab der Begründung des Eigenbesitzes. Hierbei kommt es zu einem verjährungsrechtlichen Problem, wenn der Bulle noch

485 Vgl. dazu die Erwägungen in Mot. I, S. 340 f. = Mugdan I, S. 539 f. sowie BeckOGK-BGB/Piekenbrock, § 198 Rn. 17 ff.

486 Vgl. dazu BeckOGKBGB/Piekenbrock, § 198 Rn. 17 ff.

487 BGHZ 55, 176 = NJW 1971, 612.

kurz vor dem Ablauf der Zehnjahresfrist gem. § 950 Abs. 1 BGB im Wege der Schlachtung verarbeitet wird. In dem Moment entsteht schließlich ein bereicherungsrechtlicher Kondiktionsanspruch gem. §§ 951 Abs. 1 S. 1, 812 Abs. 1 S. 1 Alt. 2 BGB, in welchem das ehemals an dem Bullen bestehende und infolge der Verarbeitung gem. § 950 Abs. 2 BGB untergegangene Eigentumsrecht fortwirkt und der damit wirtschaftlich an die Stelle des vorherigen Vindikationsanspruchs des Eigentümers aus § 985 BGB tritt. Da für den neu entstandenen Bereicherungsanspruch aber konsequenterweise auch eine neue Verjährungsfrist zu laufen beginnt und sich diese nach der allgemeinen Regelverjährung gem. §§ 195, 199 Abs. 1 BGB richtet, hätte der Anspruchsinhaber in derartigen Fällen auf einmal wieder mindestens drei Jahre Zeit, um seine Rechte zu verfolgen, obwohl die zehnjährige Ersitzungsfrist gem. § 937 Abs. 1 BGB im Zeitpunkt der entsprechenden Rechtsinhaltsänderung schon fast vollständig abgelaufen war und das verfolgte Interesse nach wie vor wesensmäßig gleich ist. Um diesen Wertungswiderspruch aufzulösen und zu dem eigentlich gebotenen verjährungsrechtlichen Gleichlauf zu kommen, stellt ein Teil der Literatur daher auch insoweit analog § 198 BGB auf eine Anrechnung der bis zu der entsprechenden Rechtsinhaltsänderung bereits verstrichenen Zeit ab.[488]

Genauso verhält es sich letztlich in dem sog. Silvesternachtfall als Beispiel für die Fallgruppe der schuldrechtlichen Sekundäransprüche i. S. d. §§ 280 ff. BGB. Hierbei unterbleibt zunächst die nach § 433 Abs. 1 S. 1 BGB geschuldete Übereignung eines zuvor veräußerten Fahrzeugs. In der Silvesternacht vor dem Ablauf der dreijährigen Regelverjährungsfrist gem. §§ 195, 199 Abs. 1 BGB brennt das Fahrzeug durch das Verschulden des Verkäufers komplett aus, sodass ein Schadensersatzanspruch des Käufers statt der Leistung gem. §§ 280 Abs. 1, Abs. 3, 283 BGB entsteht. Für diesen Anspruch gilt ebenfalls die regelmäßige Verjährungsfrist des § 195 BGB, die nach Maßgabe des § 199 Abs. 1 BGB grundsätzlich wieder von vorn beginnt. Erfährt der Käufer von dem zerstörten Fahrzeug daher erst am Neujahrstag, beginnt die Verjährung des Schadensersatzanspruchs mit dem Ende des auf das entsprechende Schadensereignis folgenden Jahres und beträgt demnach sogar faktisch vier Jahre, obwohl der vertragliche Primäranspruch aus § 433 Abs. 1 S. 1 BGB bereits mit den Neujahrsglocken in der Schadensnacht verjährt wäre. Auch insoweit spricht sich ein Teil der Literatur für eine Anrechnung der zuvor bereits verbrauchten Verjährungsfrist analog § 198 BGB aus, um eine unbillige Besserstellung des Anspruchsinhabers zu verhindern und dafür Sorge zu tragen, dass es im Hinblick auf dasselbe wirtschaftliche Interesse stets zu dem wertungsmäßig gebotenen Gleichlauf der Verjährung kommt.[489]

---

488 BeckOGKBGB/Piekenbrock, § 198 Rn. 18.1.
489 BeckOGKBGB/Piekenbrock, § 198 Rn. 19.1.

Folgt man dem Ansatz der Gesamtlösung, so liegen die Dinge in den Fällen der quasivertraglichen Vertreterhaftung gem. § 179 BGB letztlich ähnlich. Zwar handelt es sich insoweit weder um eine Rechtsnachfolge noch um eine Rechtsinhaltsänderung im eigentlichen Sinn, da sich die vertraglichen Ansprüche gegen den vermeintlich Vertretenen mit der Verweigerung der Genehmigung des zugrunde liegenden Vertretergeschäfts i. S. d. § 177 Abs. 1 BGB als von Anfang an nichtig erweisen und daher zu keinem Zeitpunkt wirksam bestehen. Streng genommen kann ihnen somit auch kein anderer Anspruch nachfolgen und sie können inhaltlich auch nicht mehr verändert werden bzw. in einem anderweitigen Ersatzanspruch fortwirken. Schließlich würde dies denknotwendig einen – in den Fällen der Vertreterhaftung aus § 179 BGB gerade nicht existenten – Vorgängeranspruch voraussetzen. Jedoch ist die Ausgangssituation im Rahmen der Vertretung ohne Vertretungsmacht wertungsmäßig mit den soeben geschilderten Fällen der Rechtsinhaltsänderung bzw. der Rechtsnachfolge i. S. d. § 198 BGB vergleichbar. Wie bereits dargestellt, treten die Haftungsansprüche aus § 179 BGB schließlich zur Wahrung der schutzwürdigen Interessen des Anspruchsinhabers als wirtschaftlicher Ersatzwert an die Stelle der Ansprüche aus bzw. im Zusammenhang mit dem eigentlich beabsichtigten Vertrag und stehen zu diesen daher in einem besonders engen bzw. vertragsakzessorischen Näheverhältnis. Nach § 179 Abs. 1 BGB soll der Vertreter ohne Vertretungsmacht gerade in gleicher Weise haften wie der vermeintlich Vertretene bei einer ordnungsgemäßen Stellvertretung, mithin auf Erfüllung des eigentlich beabsichtigten Vertrages bzw. zumindest auf das Erfüllungsinteresse im Wege des Schadensersatzes. Seine rechtliche Stellung sowie die insoweit zugrundeliegende Interessenlage und Risikoverteilung sind daher wertungsmäßig mit einer Rechtsnachfolge in die Position des wirksam Vertretenen vergleichbar. Vor diesem Hintergrund ist es wertungsmäßig nur konsequent, wenn dem falsus procurator auch in verjährungsrechtlicher Hinsicht dieselbe Rechtslage verbleibt, wie sie bei einem wirksamen Vertragsschluss in der Person des Vertretenen bestanden hätte. Abgesehen davon, dass es sich bei der Vertrauenshaftung aus § 179 Abs. 2 BGB ohnehin nur um eine abweichende Art der Schadensberechnung handelt und damit gerade nicht um einen qualitativ anderen Anspruch,[490] hat dieser Grundsatz in den Fällen des § 179 Abs. 2 BGB gleichermaßen Geltung zu beanspruchen. Nicht zuletzt aufgrund der ausdrücklichen Begrenzung der Haftung auf das positive Interesse wäre es mit der Ratio des § 179 Abs. 2 BGB nicht zu vereinbaren, wenn dieser Haftungsanspruch in seiner Intensität über den wirtschaftlich korrespondierenden Anspruch aus dem beabsichtigten Vertrag ausgedehnt wird, indem der Anspruchsinhaber im Ergebnis in den Genuss eines faktisch

490 Vgl. dazu BGHZ 57, 191 (194 f.) = NJW 1972, 95 (96).

erheblich verlängerten Verjährungszeitraums kommt.[491] Diese Erwägungen korrelieren auch mit dem von § 179 BGB intendierten Vertrauensschutz. Schließlich soll der Anspruchsinhaber im Rahmen der quasivertraglichen Haftung aus § 179 BGB nicht bessergestellt, sondern diesem soll maximal die Rechtsposition verschafft werden, die ihm bei dem beabsichtigten Vertragsschluss zugestanden hätte – was wiederum durch die in § 179 Abs. 2 BGB geregelte Haftungsbegrenzung auf das Erfüllungsinteresse zum Ausdruck kommt. Somit entspricht es der Intention des Gesetzgebers, wenn sich der Anspruchsinhaber an der hypothetischen verjährungsrechtlichen Situation bei unterstellter Wirksamkeit des begehrten Vertrages festhalten und die insoweit bereits verstrichene Verjährungszeit gegen sich gelten lassen muss. In der Folge kann der mit der Anrechnung der bereits verstrichenen Verjährungszeit gem. § 198 BGB verbundene Rechtsgedanke daher in den gegenständlichen Fällen der Vertreterhaftung aus § 179 BGB in gleicher Weise fruchtbar gemacht werden.

Die Voraussetzungen für eine analoge Anwendung der Anrechnungsvorschrift des § 198 BGB auch auf die Fälle der quasivertraglichen Vertreterhaftung gem. § 179 BGB sind somit erfüllt. Insoweit besteht daher eine hinreichende gesetzliche Grundlage, um den Verjährungsfristlauf nach dem Ansatz der Gesamtlösung zu korrigieren und dadurch den nach den vorstehenden Erwägungen wertungsmäßig gebotenen Gleichlauf mit der Verjährung der korrespondierenden vertraglichen Ansprüche herzustellen. Dieses Ergebnis wird zusätzlich gestützt durch die Grundwertung des § 217 BGB sowie der §§ 548 Abs. 1 S. 3, 591b Abs. 3 BGB, die ebenfalls darauf abstellen, dass es in Bezug auf voneinander abhängige bzw. wirtschaftlich als Einheit zu betrachtende Ansprüche auch zu einem einheitlichen Verjährungseintritt zu kommen hat.[492]

(c) Praktische Umsetzung der Anrechnungslösung analog § 198 BGB

Durch die Kombination von Gesamt- und Anrechnungslösung beginnt die Verjährung der quasivertraglichen Haftungsansprüche aus § 179 BGB zwar nicht vor deren endgültiger Entstehung infolge der Verweigerung der Genehmigung des Vertretergeschäfts i. S. d. § 177 Abs. 1 BGB bzw. der diesbezüglichen Fiktion des § 177 Abs. 2 S. 2 BGB, es kommt über eine Analogie zu § 198 BGB jedoch zu einer Anrechnung der bei einer ordnungsgemäßen Stellvertretung bis zu diesem Zeitpunkt bereits verstrichenen Verjährungszeit.

Übertragen auf den vorherigen Beispielsfall bedeutet dies, dass die in Ansehung der gegen den V gerichteten Ersatzansprüche aus § 179 BGB ein-

491 Vgl. dazu BGHZ 49, 77 (83) = NJW 1968, 547 (548) m. w. N.
492 Vgl. dazu BeckOGKBGB/Piekenbrock, § 198 Rn. 17 und 19.1.

schlägige sechsmonatige Verjährungsfrist des § 548 Abs. 1 S. 1 BGB erst mit der Genehmigungsverweigerung der M-GmbH am 10.03.2021 zu laufen beginnt. Anschließend ist darauf analog § 198 BGB aber diejenige Zeit anzurechnen, die ab dem bei unterstellter Vertragswirksamkeit für den Verjährungsbeginn gem. § 548 Abs. 1 S. 2 BGB maßgeblichen Zeitpunkt der Rückgabe der Mieträumlichkeiten am 01.09.2020 bereits verstrichen ist. Da dieser Zeitraum vorliegend mehr als sechs Monate beträgt, führt die Anrechnungslösung analog § 198 BGB zu einer sofortigen Verjährung der Haftungsansprüche aus § 179 BGB bereits unmittelbar mit deren Entstehung. Unter Berücksichtigung der bereits umfassend dargestellten allgemeinen Schutzwürdigkeitserwägungen im Zusammenhang mit der Verjährung der vertragsähnlichen Ersatzansprüche aus § 179 BGB ist dieses Ergebnis auch sach- und interessengerecht. Schließlich wurde der A zur Verfolgung seiner Ersatzansprüche erst am 02.03.2021 tätig und hätte den Verjährungseintritt damit bei einem wirksamen Mietvertragsschluss ebenfalls nicht mehr abwenden können, mit der Folge, dass er im Rahmen der quasivertraglichen Vertreterhaftung gem. § 179 BGB nicht als schutzwürdig angesehen werden kann.[493]

Durch das Korrektiv der Anrechnungslösung analog § 198 BGB wird somit die im Rahmen der Gesamtlösung drohende Gefahr einer unbilligen Verzögerung des Verjährungsbeginns und damit einhergehend einer im Vergleich zur Rechtslage bei Vertragswirksamkeit faktisch erheblich divergierenden Verjährungsfrist vermieden. Zu untersuchen gilt es jedoch an dieser Stelle noch, ob die Kombination aus Gesamt- und Anrechnungslösung analog § 198 BGB im Übrigen auch dazu in der Lage ist, den aufgezeigten Schutzwürdigkeitserwägungen hinreichend Rechnung zu tragen. Wie an dem Beispielsfall deutlich wird, würde eine uneingeschränkte Anrechnung der Zeit zwischen dem hypothetischen Verjährungsbeginn bei einer wirksamen Stellvertretung und der Anspruchsentstehung i. S. d. § 179 BGB im Ergebnis zu einem Gleichlauf mit dem Ansatz der Spezialitätslösung führen, der für den Verjährungsbeginn ohne den Umweg über § 198 BGB analog schließlich gleich auf den in der Regel früheren Zeitpunkt nach der im Falle des wirksamen Vertragsschlusses einschlägigen Sonderverjährungsregelung abstellt. Vor dem Hintergrund stellt sich die Frage, ob sich über die Analogie zu § 198 BGB letztlich dieselben Probleme und Wertungswidersprüche wie im Rahmen der Spezialitätslösung ergeben oder ob dieser Lösungsansatz in den zuvor herausgearbeiteten Fällen der überwiegenden Schutzwürdigkeit des Anspruchsinhabers, in denen das Erfordernis einer wertungsmäßigen Korrektur des Verjährungsfristlaufs nach dem Ansatz der Spezialitätslösung festgestellt wurde, ohnehin bereits aus sich heraus zu einem angemessenen

493 Vgl. dazu insbesondere die Erwägungen unter „*Teil III A. II. 1. c) aa) (2) (b) Verjährung auch bei Wirksamkeit des Vertrages*“ sowie Fn. 377.

Ausgleich der widerstreitenden Interessen und damit zu wertungskonsistenten Ergebnissen führt.

(aa) Rechtzeitige Hemmungsmaßnahme gegenüber dem Vertretenen

Fallbeispiel:

Nach Rückgabe der Mieträumlichkeiten zum 01.09.2020 stellt der A die bestehenden Veränderungen und Verschlechterungen wiederum erst Anfang des Jahres 2021 fest. Nun erhebt er jedoch bereits am 22.02.2021 eine entsprechende Zahlungsklage gegen die M-GmbH, mit der er Ersatz seiner insoweit erforderlichen Aufwendungen begehrt. Erst am 10.03.2021 erfährt der A schließlich, dass es sich um einen Fall der Vertretung ohne Vertretungsmacht handelt und die M-GmbH die Genehmigung des entsprechenden Mietvertrages verweigert.

Nach dem Ansatz der Gesamtlösung beginnt die sechsmonatige Verjährungsfrist des § 548 Abs. 1 S. 1 BGB auch in diesem Fall erst mit der Entstehung der gegen den V gerichteten Haftungsansprüche aus § 179 BGB durch die Genehmigungsverweigerung der M-GmbH vom 10.03.2021. Würde man darauf nun analog § 198 BGB diejenige Zeitspanne uneingeschränkt anrechnen, die bis zu der bei unterstellter Vertragswirksamkeit für den Verjährungsbeginn maßgeblichen Rückgabe i. S. d. § 548 Abs. 1 S. 2 BGB am 01.09.2020 zurückreicht, hätte das ebenfalls einen Verjährungseintritt bereits unmittelbar mit der Anspruchsentstehung zur Folge. In der vorliegenden Fallkonstellation wäre dies allerdings gerade nicht sach- und interessengerecht. Schließlich ist insoweit zu beachten, dass der A die M-GmbH in dem berechtigten Vertrauen auf eine ordnungsgemäße Stellvertretung bereits am 22.02.2021 im Wege einer Zahlungsklage in Anspruch genommen hat, sodass die Verjährung seiner Ersatzansprüche im Falle eines wirksamen Mietvertragsschlusses noch rechtzeitig vor dem Fristablauf zum 01.03.2021 gem. § 204 Abs. 1 Nr. 1 BGB gehemmt worden wäre. Nach den bisherigen Erwägungen ist in derartigen Fällen somit von einer überwiegenden Schutzwürdigkeit des Anspruchsinhabers auszugehen, sodass dieser im Einklang mit dem besonderen wirtschaftlichen Ersatzwertcharakter der quasivertraglichen Vertreterhaftung gem. § 179 BGB sowie dem für diese prägenden Grundsatz der Vertragsakzessorietät auch in dem an der mangelnden Vertretungsmacht gescheiterten Vertragsverhältnis zwingend vor einer Verjährung seiner Ersatzansprüche aus § 179 BGB bewahrt werden muss.[494]

494 Vgl. dazu insbesondere die Erwägungen unter „*Teil III A. II. 1. c) aa) (2) (c) (aa) Keine rechtzeitige Kenntniserlangung vom Mangel der Vertretungsmacht*" sowie unter „*Teil III A. II. 1. c) aa) (3) (a) Inanspruchnahme des Vertretenen im Vertrauen auf Vertragswirksamkeit*".

Insoweit bedarf das Verjährungsmodell von Gesamt- und Anrechnungslösung jedoch keiner mit den Fällen der Spezialitätslösung vergleichbaren wertungsmäßigen Korrektur. Vielmehr wird den schutzwürdigen Interessen des Anspruchsinhabers bei der Vornahme einer rechtzeitigen Hemmungsmaßnahme i. S. d. §§ 203 ff. BGB gegenüber dem vermeintlich Vertretenen im berechtigten Vertrauen auf einen wirksamen Vertragsschluss bereits über die Analogie zu § 198 BGB hinreichend Rechnung getragen. Schließlich erfasst die Anrechnung der im Verhältnis zu dem Rechts- bzw. Besitzvorgänger bereits verstrichenen Verjährungszeit in den unmittelbaren Anwendungsfällen des § 198 BGB konsequenterweise auch eine etwaige Hemmung bzw. einen potenziellen Neubeginn der Verjährung i. S. d. §§ 203 ff. BGB.[495] Die Regelung des § 198 BGB stellt somit einen der gesetzlich anerkannten Ausnahmefälle dar, in denen auf das grundsätzliche Erfordernis der Warnfunktion der entsprechenden Hemmungsmaßnahme i. S. d. §§ 203 ff. BGB verzichtet wird und es folglich trotz Personenverschiedenheit auf der Passivseite, d. h. trotz des Auseinanderfallens des Adressaten der Hemmungsmaßnahme und des letztendlich von der Hemmungswirkung betroffenen Schuldners, zu einer übergreifenden Verjährungshemmung kommen kann. Im Einzelnen bedeutet das, dass ein gegenüber dem Rechts- bzw. Besitzvorgänger verwirklichter Hemmungstatbestand gem. §§ 203 ff. BGB über die Regelung des § 198 BGB auch auf den Rechts- bzw. Besitznachfolger durchschlägt und es somit in dem Umfang dieser Hemmung gem. § 209 BGB schon gar nicht zu einer entsprechenden Anrechnung der bereits abgelaufenen Zeit nach § 198 BGB kommt bzw. eine Anrechnung gem. § 198 BGB nur so weit erfolgt, wie der Verjährungsfristlauf gegenüber dem Rechtsbzw. Besitzvorgänger nicht i. S. d. § 209 BGB gehemmt wurde. Konsequenterweise muss dies genauso im Rahmen der analogen Anwendung der Anrechnungsregelung des § 198 BGB gelten, sodass es auf den gem. § 179 BGB vertragsakzessorisch haftenden Vertreter ohne Vertretungsmacht durchschlägt, wenn der Anspruchsinhaber im schutzwürdigen Vertrauen auf eine ordnungsgemäße Stellvertretung zur Anspruchsverfolgung zunächst nur gegenüber dem vermeintlich Vertretenen tätig geworden ist und dabei ihm gegenüber einen Hemmungstatbestand i. S. d. §§ 203 ff. BGB verwirklicht hat. Umfang, Dauer und konkrete Ausgestaltung der Hemmung richten sich dabei nach dem jeweils einschlägigen Tatbestand, wobei sich der Anspruchsinhaber gegenüber dem falsus procurator im Zuge der Analogie zu § 198 BGB selbstverständlich auch auf die Ablaufhemmung des § 203 S. 2 BGB und die Nachfrist gem. § 204 Abs. 2 BGB berufen kann. Die Ausnahme von dem grundsätzlichen Erfordernis der Warnfunktion der entsprechenden Hemmungsmaßnahme i. S. d. §§ 203 ff. BGB wird in diesen Fällen der

495 BeckOGKBGB/Piekenbrock, § 198 Rn. 4; BeckOKBGB/Henrich, § 198 Rn. 1; Staudinger/Peters/Jacoby, § 198 Rn. 9.

analogen Anwendung des § 198 BGB auf die quasivertragliche Vertreterhaftung aus § 179 BGB zusätzlich gestützt durch die insoweit zugrundeliegende gesetzliche Risikoverteilung. Verwirklicht der Anspruchsinhaber im berechtigten und damit schutzwürdigen Vertrauen auf einen wirksamen Vertragsschluss einen Hemmungstatbestand i. S. d. §§ 203 ff. BGB gegenüber dem vermeintlich Vertretenen und folglich falschen Adressaten, realisiert sich im Ergebnis ein typischerweise durch die Vertretung ohne Vertretungsmacht hervorgerufenes rechtliches Risiko. Derartige Risiken sind nach der Ratio des § 179 BGB ausschließlich dem Vertreter ohne Vertretungsmacht zugewiesen. Mit anderen Worten stellt der Zeitverlust, den der Anspruchsinhaber im berechtigten sowie schutzwürdigen Vertrauen auf die Vertragswirksamkeit infolge einer Hemmungsmaßnahme gegenüber dem vermeintlich Vertretenen als falschen Anspruchsgegner erleidet, ebenfalls eine Art Schaden dar, der kausal auf der Vertretung ohne Vertretungsmacht beruht und nach der Grundwertung des § 179 BGB zulasten des Vertreters ohne Vertretungsmacht gehen muss.[496] Darüber hinaus spricht in den gegenständlichen Fallgestaltungen sowohl die Systematik der quasivertraglichen Haftung aus § 179 BGB als auch der dadurch intendierte Vertrauensschutz für einen Verzicht auf das Erfordernis der Warnfunktion. Wie bereits dargestellt, orientiert sich die vertragsakzessorische Haftung des Vertreters ohne Vertretungsmacht aus § 179 BGB grundsätzlich an der Rechtslage bei unterstellter Wirksamkeit des gescheiterten Vertrages, mithin an den vom Anspruchsinhaber eigentlich begehrten vertraglichen Ansprüchen gegen den vermeintlich Vertretenen. Unter Wertungsgesichtspunkten ist die rechtliche Stellung des falsus procurator daher – jedenfalls bei der Haftung nach § 179 Abs. 1 BGB – mit derjenigen des Vertretenen bzw. des Rechtsnachfolgers des Vertretenen bei einem wirksamen Vertragsschluss vergleichbar und die insoweit zugrundeliegende Interessenlage folglich mit den unmittelbaren Anwendungsfällen der Anrechnungsregelung des § 198 BGB. Aber auch aus der Haftungsbegrenzung auf das Erfüllungsinteresse in § 179 Abs. 2 BGB – einem in seiner wirtschaftlichen Qualität mit § 179 Abs. 1 BGB identischen Anspruch, der zum Schutz des gutgläubigen Anspruchsgegners lediglich auf eine andere Art der Schadensberechnung und damit auf einen eingeschränkten Umfang abstellt[497] – folgt, dass die quasivertragliche Vertreterhaftung in Umfang und Intensität jedenfalls nicht über die Erfüllungshaftung des wirksam Vertretenen hinaus ausgedehnt und der Vertreter ohne Vertretungsmacht im Verhältnis zu diesem daher nicht schlechter gestellt werden darf.[498] Diese Grundsätze sind konsequenterweise auch im Rahmen der Verjährung der Haftungsansprüche aus § 179 BGB zu berücksichtigen. Aufgrund der engen

496 Vgl. zur Risikoverteilung auch Fn. 119, 122.
497 Vgl. dazu BGHZ 57, 191 (194 f.) = NJW 1972, 95 (96).
498 Vgl. dazu BGHZ 49, 77 (83) = NJW 1968, 547 (548) m. w. N.

Verbindung zu dem vertraglichen Anspruchs- und Haftungsregime hat der falsus procurator in die verjährungsrechtliche Stellung einzutreten, in der sich der Vertragspartner des Anspruchsinhabers bei einer wirksamen Stellvertretung befinden würde. Folglich darf der Vertreter ohne Vertretungsmacht auf der einen Seite im Vergleich zur hypothetischen Rechtslage bei Wirksamkeit des beabsichtigten Vertrages – wie bereits dargestellt – nicht durch einen (faktisch) längeren Verjährungszeitraum schlechter gestellt werden. Auf der anderen Seite wäre es mit der Systematik und Ratio des § 179 BGB aber ebenso wenig vereinbar, wenn der Vertreter ohne Vertretungsmacht im Vergleich zu dem wirksam Vertretenen durch einen (faktisch) kürzeren Verjährungszeitraum eine signifikante Besserstellung erfahren würde. Wie schon ausgeführt, ist vor dem Hintergrund des vertragsakzessorischen Ersatzwertcharakters der Haftung aus § 179 BGB wertungsmäßig vielmehr ein umfassender verjährungsrechtlicher Gleichlauf mit den wirtschaftlich korrespondierenden Ansprüchen aus dem beabsichtigten Vertrag geboten. Wenn der falsus procurator schon in den Genuss der bei unterstellter Vertragswirksamkeit bestehenden verjährungsrechtlichen Vorteile kommt, insbesondere in Gestalt der Anrechnung der in diesem Fall bereits abgelaufenen Verjährungszeit, dann muss er sich konsequenterweise auch entgegenhalten lassen, wenn der entsprechende Verjährungsfristlauf gegenüber dem Vertretenen bei einer ordnungsgemäßen Stellvertretung nach Maßgabe der §§ 203 ff. BGB wirksam gehemmt worden wäre oder gar gem. § 212 BGB neu begonnen hätte. Aus der Perspektive des Anspruchsinhabers wird dieses Ergebnis wiederum durch den von § 179 BGB intendierten Vertrauensschutz gestützt. Dessen konsequente und umfassende Verwirklichung erfordert schließlich, dass der Anspruchsinhaber, der nicht bessergestellt werden soll als bei unterstellter Wirksamkeit des beabsichtigten Vertrages und daher die in diesem Fall bereits verstrichene (hypothetische) Verjährungszeit gegen sich gelten lassen muss, ebenso in den Genuss der bei Vertragswirksamkeit bestehenden verjährungsrechtlichen Vorteile kommt. In der Folge müssen ihm die potenziellen Tatbestände der Verjährungshemmung gem. §§ 203 ff. BGB bzw. des Verjährungsneubeginns gem. § 212 BGB zugutekommen, die von ihm im berechtigten und damit schutzwürdigen Vertrauen auf eine ordnungsgemäße Stellvertretung verwirklicht werden.

Übertragen auf den vorliegenden Beispielsfall ist somit zu erkennen, dass die Hemmungswirkung der von A gegenüber der M-GmbH noch rechtzeitig erhobenen Zahlungsklage i. S. d. § 204 Abs. 1 Nr. 1 BGB über die analog § 198 BGB vorzunehmende Anrechnung der bei unterstellter Vertragswirksamkeit bereits verstrichenen Verjährungszeit auch auf den V durchschlägt und in Ansehung der gegen ihn gerichteten quasivertraglichen Haftungsansprüche aus § 179 BGB damit noch keine Verjährung eingetreten ist.

Problem: Kenntnis bzw. Kennenmüssen vor Anspruchsentstehung

Eine auf den Vertreter analog § 198 BGB durchschlagende Verjährungshemmung kommt freilich nur dann in Betracht, wenn der entsprechende Hemmungstatbestand i. S. d. §§ 203 ff. BGB gegenüber dem vermeintlich Vertretenen noch vor der Entstehung der Ersatzansprüche aus § 179 BGB verwirklicht wird. Nach diesem Zeitpunkt bleibt schließlich kein Raum mehr für eine analoge Anwendung der Anrechnungsregel des § 198 BGB, sodass selbst bei anhaltenden Zweifeln an einer Vertretung ohne hinreichende Vertretungsmacht eine Hemmungsmaßnahme zumindest auch direkt gegenüber dem falsus procurator erforderlich wird.

Problematisch erscheinen jedoch zudem die – zugegebenermaßen in der Praxis wohl eher seltenen bzw. schwer nachzuweisenden – Fälle, in denen der Anspruchsinhaber von der mangelnden Vertretungsmacht bereits vor der Anspruchsentstehung i. S. d. § 179 BGB Kenntnis erlangt bzw. infolge von sich ihm aufdrängenden Zweifeln erlangen muss und zu dem Zeitpunkt aber im Verhältnis zu dem vermeintlich Vertretenen noch keinen Hemmungstatbestand i. S. d. §§ 203 ff. BGB verwirklicht hat. Da § 198 BGB für die Anrechnung und das Durchschlagen etwaiger Hemmungsgründe ausschließlich auf den Zeitpunkt der Rechts- bzw. Besitznachfolge abstellt, hätte eine entsprechende Vollanalogie in den Fällen der Vertretung ohne Vertretungsmacht grundsätzlich zur Folge, dass es insoweit ausschließlich auf den Zeitpunkt der Entstehung der quasivertraglichen Ersatzansprüche aus § 179 BGB ankommt. Etwaige frühere Kenntnisse blieben somit außer Acht. Dies wiederum würde bedeuten, dass sich der Anspruchsinhaber gegenüber dem Vertreter auch dann auf eine analog § 198 BGB durchschlagende Verjährungshemmung berufen kann, wenn dieser die zugrunde liegende Hemmungsmaßnahme i. S. d. §§ 203 ff. BGB gegenüber dem vermeintlich Vertretenen erst nach dem Zeitpunkt der Kenntnis bzw. des Kennenmüssens der Vertretung ohne Vertretungsmacht ergriffen hat.

In Fällen der Vertretung ohne Vertretungsmacht sprechen die Rechtssicherheit und Rechtsklarheit zwar grundsätzlich für ein einheitliches Abstellen auf den Zeitpunkt der Anspruchsentstehung i. S. d. § 179 BGB als maßgebliche Zäsur für die Abgrenzung der richtigen Hemmungsrichtung, da so die typischerweise mit den subjektiven Merkmalen der Kenntnis bzw. des Kennenmüssens einhergehenden Beweisschwierigkeiten vermieden werden und sich damit ein in der Praxis einfach zu handhabender Lösungsansatz ergibt.

Allerdings stünde ein derart undifferenziertes Verständnis der Anrechnungslösung analog § 198 BGB in einem massiven Widerspruch zu den bereits im Kontext der Spezialitätslösung aufgezeigten Schutzwürdigkeitserwägungen und den tragenden Wertungen der verschuldensunabhängigen Vertrauenshaftung nach § 179 BGB. Wie bereits dargestellt, führt schließlich sowohl die Kenntniserlangung von dem Umstand der Vertretung ohne Vertretungsmacht als auch das durch diesbezügliche Zweifel ausgelöste Kennenmüssen im Sinne einer fahrlässigen Unkenntnis entsprechend dem Rechtsgedanken des § 179 Abs. 3 S. 1 BGB dazu, dass das von § 179 Abs. 1 und 2 BGB geschützte Vertrauen in einen wirksamen Vertragsschluss bzw. vertraglichen Anspruch gegen den vermeintlich Vertretenen zerstört wird. Von da an fällt es daher grundsätzlich in den eigenen Verantwortungs- bzw. Risikobereich des Anspruchsinhabers, die quasivertraglichen Ersatzansprüche aus § 179 BGB notfalls im Wege der Aufforderung zur Erklärung über die Genehmigung des Vertretergeschäfts i. S. d. § 177 Abs. 2 S. 1 BGB und die damit einhergehende Herbeiführung der Fiktion des § 177 Abs. 2 S. 2 BGB rechtzeitig zur Entstehung zu bringen sowie diese direkt gegenüber dem nunmehr als richtigen Anspruchsgegner bekannten Vertreter zur Abwendung bzw. Hemmung der Verjährung zu verfolgen.[499] Vor diesem Hintergrund bleibt schon ab dem Zeitpunkt der Kenntnis bzw. des Kennenmüssens der Vertretung ohne Vertretungsmacht kein Raum mehr für einen Schutz des Anspruchsinhabers über die auf den Vertreter analog § 198 BGB durchschlagende Verjährungshemmung, wenn dieser zur Verfolgung seiner Rechte dennoch gegen den sodann offenkundig nicht wirksam Vertretenen und damit falschen Anspruchsgegner vorgeht. In derartigen Fällen bedarf die Anrechnungslösung analog § 198 BGB daher einer normativen bzw. teleologischen Einschränkung, um eine unbillige Besserstellung des Anspruchsinhabers zu vermeiden und den Schutzzweck des § 179 BGB zu wahren. Insoweit wird gerade auch der entscheidende Unterschied zu den unmittelbaren Anwendungsfällen des § 198 BGB deutlich, in denen tatsächlich ein wirksamer und damit durchsetzbarer Anspruch gegen den Rechts- bzw. Besitzvorgänger besteht, der bis zu dem Zeitpunkt der Rechts- bzw. Besitznachfolge auch mit den üblichen Mitteln verfolgt und nach Maßgabe der §§ 203 ff. BGB gehemmt werden kann. In den Fällen der quasivertraglichen Vertreterhaftung gem. § 179 BGB muss hingegen berücksichtigt werden, dass ein wirksamer vertraglicher Anspruch gegen den vermeintlich Vertretenen vor der Entstehung der Haftungsansprüche aus § 179 BGB aufgrund der bis dahin schwebenden Unwirksamkeit des Vertretergeschäfts zu keinem Zeitpunkt besteht. Daher kann eine über die Anrechnung analog § 198 BGB auf den Vertreter durchschlagende Hemmungswirkung nur solange und soweit als sach- und interessengerecht erachtet werden, wie der Anspruchsinhaber den zugrunde liegenden Hemmungstatbestand i. S. d. §§ 203 ff. BGB im Verhältnis zu dem vermeintlich Vertretenen im berechtigten und damit schutzwürdigen Vertrauen auf einen infolge einer ordnungsgemäßen Stellvertretung wirksam zustande gekommenen Vertrag verwirklicht hat. Schließlich lässt sich nur

499 Vgl. dazu insbesondere die Erwägungen unter „*Teil III A. II. 1. c) aa) (2) (c) (cc) Keine rechtzeitige Anspruchsentstehung i. S. d. § 179 BGB*“ sowie Fn. 383.

dann eine unter Vertrauensschutzgesichtspunkten mit den direkten Anwendungsfällen der Anrechnung bei Rechts- bzw. Besitznachfolge gem. § 198 BGB wertungsmäßig vergleichbare Interessenlage annehmen.

Auch steht eine derartige Einschränkung nicht im Konflikt mit dem allgemeinen Interesse an Rechtssicherheit und Rechtsklarheit. Auf der einen Seite wird der Zeitpunkt der Kenntnis bzw. des Kennenmüssens der Vertretung ohne Vertretungsmacht in aller Regel ohnehin mit dem Zeitpunkt der Verweigerung der Genehmigung des Vertretergeschäfts i. S. d. § 177 Abs. 1 BGB und damit der für die Anrechnung analog § 198 BGB maßgeblichen Anspruchsentstehung i. S. d. § 179 BGB zusammenfallen bzw. mit diesem zumindest in einem sehr engen zeitlichen Zusammenhang stehen. Eine entsprechende normative bzw. teleologische Begrenzung der Anrechnungslösung analog § 198 BGB wird daher nur in den seltensten Fällen zum Gegenstand von Rechtsstreitigkeiten werden. Auf der anderen Seite wird es insbesondere in den Fällen der positiven Kenntnis des Anspruchsinhabers von der mangelnden Vertretungsmacht nur äußerst selten vorkommen, dass dieser zu Zwecken der Verjährungshemmung dennoch ausschließlich gegenüber dem vermeintlich Vertretenen und nicht direkt gegenüber dem falsus procurator vorgeht. Im Übrigen handelt es sich bei der Kenntnis bzw. fahrlässigen Unkenntnis von der Vertretung ohne Vertretungsmacht um eine vom Anspruchsgegner, mithin dem Vertreter, vorzubringende Einwendung, für welche dieser auch die entsprechende Darlegungs- und Beweislast zu tragen hat.[500] Da es sich insoweit aber ausschließlich um Umstände aus der persönlichen Sphäre des Anspruchsinhabers handelt, hinsichtlich derer wohl häufig schon keine taugliche Dokumentation vorliegen wird bzw. die in der Regel schon nicht zu der Person des Vertreters durchdringen werden, wird es in der Praxis schon allein deshalb nur äußerst selten zu Diskussionen bzw. einem hinreichend substantiierten Vortrag des Vertreters als Anspruchsgegner i. S. d. § 179 BGB kommen.

<u>*Sonderproblem: Angemessener Zeitraum zur Anspruchsverfolgung*</u>

Dem Anspruchsinhaber kommt die analog § 198 BGB auf die persönliche Haftung des Vertreters aus § 179 BGB durchschlagende Verjährungshemmung nach dem Verjährungsmodell von Gesamt- und Anrechnungslösung grundsätzlich auch dann zugute, wenn ihm im Zeitpunkt der Entstehung der Haftungsansprüche aus § 179 BGB eigentlich ohnehin noch ein objektiv angemessener Zeitraum verbleiben würde, um diese direkt gegenüber dem Vertreter als seinem richtigen Anspruchsgegner zu verfolgen und damit den diesbezüglichen Verjährungseintritt abzuwenden. Dies erscheint insofern problematisch, als dass im Zuge der vorhergehenden Ausführungen zur Spe-

---

500 Vgl. insoweit Staudinger/Schilken, § 179 Rn. 27; MüKoBGB/Schubert, § 179 Rn. 64; BeckOKBGB/Schäfer, § 179 Rn. 36; Erman/Maier-Reimer/Finkenauer, § 179 Rn. 29.

zialitätslösung festgestellt wurde, dass in derartigen Sachverhaltskonstellationen gerade keine faktische Zwangsverjährung droht bzw. die Möglichkeiten zur rechtzeitigen Anspruchsdurchsetzung nicht unzumutbar beschränkt sind und damit eigentlich keine besondere Schutzwürdigkeit des Anspruchsinhabers anzunehmen ist.[501]

Allerdings muss vorliegend zwingend die im Vergleich zur Spezialitätslösung bedeutend anders liegende bzw. gegensätzliche Ausgangssituation beachtet werden. Im Modell der Gesamt- und Anrechnungslösung ist schließlich bereits von dem Grundsatz auszugehen, dass eine vor dem Zeitpunkt der Entstehung der quasivertraglichen Haftungsansprüche aus § 179 BGB gegenüber dem vermeintlich Vertretenen vorgenommene Hemmungsmaßnahme i. S. d. §§ 203 ff. BGB über die Anrechnung analog § 198 BGB auch auf den falsus procurator durchschlägt. Nur soweit gewichtige Gründe gegen eine solche übergreifende Hemmungswirkung sprechen, wie in den soeben behandelten Fällen der Zerstörung des schutzwürdigen Vertrauens des Anspruchsinhabers in einen wirksamen Vertragsschluss infolge der Kenntniserlangung bzw. fahrlässigen Unkenntnis von der Vertretung ohne Vertretungsmacht, ist von diesem Grundsatz eine wertungsmäßige Ausnahme zu machen. Im Rahmen der ohnehin bereits abgelehnten Spezialitätslösung lagen die Dinge hingegen entscheidend anders. Wie zuvor ausführlich dargestellt, sollte hierbei für den Verjährungsbeginn schlichtweg bereits auf den bei unterstellter Wirksamkeit des gescheiterten Vertrages maßgeblichen Zeitpunkt abgestellt und der sich insoweit ergebende Verjährungsfristlauf unter Wertungsgesichtspunkten gerade nur dann nach Maßgabe der strengen Hemmungslösung korrigiert werden, wenn dies aufgrund einer überwiegenden Schutzwürdigkeit des Anspruchsinhabers als zwingend geboten erschien.

Der Umstand, dass dem Anspruchsinhaber eigentlich ohnehin noch ein objektiv angemessener Zeitraum zur Verfolgung der gegen den falsus procurator gerichteten Haftungsansprüche aus § 179 BGB zur Verfügung steht, rechtfertigt für sich keine weitere wertungsmäßige Einschränkung der Anrechnungslösung analog § 198 BGB. Zwar kann die einschlägige Verjährungsfrist dabei faktisch nochmals erheblich verlängert werden. Jedoch ist auch kein Grund dafür ersichtlich, dass der gutgläubige Anspruchsinhaber, der besonders sorgfältig ist und daher gegenüber dem vermeintlich Vertretenen im berechtigten Vertrauen auf eine ordnungsgemäße Stellvertretung schon sehr frühzeitig Schritte zur Verjährungshemmung i. S. d. §§ 203 ff. BGB in die Wege leitet, nicht in den Genuss einer analog § 198 BGB auf die quasivertragliche Vertreterhaftung gem. § 179 BGB durchgreifenden

---

501 Vgl. dazu unter „*Teil III A. II. 1. c) aa) (3) Keine angemessene Zeit zur Anspruchsverfolgung*".

Hemmungswirkung kommen soll. Schließlich verliert der Anspruchsinhaber hierbei infolge des von dem Vertreter ohne Vertretungsmacht geschaffenen Vertrauenstatbestands ebenfalls wichtige Zeit zur Geltendmachung und Verfolgung seiner Ersatzansprüche aus § 179 BGB, mit der Folge, dass sich insoweit letztlich genauso ein typisches Risiko der Vertretung ohne Vertretungsmacht realisiert, vor dem der Anspruchsinhaber ausweislich der Ratio des § 179 BGB gerade geschützt werden soll und das daher grundsätzlich dem falsus procurator zugewiesen ist.[502]

Im Übrigen hätte eine entsprechende Differenzierung nach der Länge der infolge der Anrechnung analog § 198 BGB ohne die Berücksichtigung einer etwaigen Hemmungswirkung verbleibenden Restverjährungsfrist für die Praxis zur Folge, dass die Beurteilung einer auf die quasivertragliche Vertreterhaftung gem. § 179 BGB durchschlagenden Verjährungshemmung aufgrund des dann bestehenden Erfordernisses einer stets an den konkreten Umständen orientierten Einzelfallentscheidung erheblich verkompliziert würde und es somit zu nicht hinnehmbaren Rechtsunsicherheiten käme. Dies wäre jedoch mit der hinter dem vorliegenden Verjährungsmodell der Gesamt- und Anrechnungslösung analog § 198 BGB stehenden Intention, nämlich gerade im Interesse der Rechtssicherheit und Rechtsklarheit einen möglichst einheitlichen sowie wertungskonsistenten Lösungsansatz im Umgang mit der Verjährung der quasivertraglichen Ersatzansprüche aus § 179 BGB zu entwickeln, nicht zu vereinbaren.

(bb) Keine Möglichkeit der rechtzeitigen Anspruchsentstehung

Wie ebenfalls im Zuge der Ausführungen zur Spezialitätslösung herausgestellt wurde, ist in den Fällen der Vertretung ohne Vertretungsmacht eine überwiegende Schutzwürdigkeit des Anspruchsinhabers stets auch dann anzunehmen, wenn er keine angemessene und zumutbare Möglichkeit hat, die Entstehung der gegen den Vertreter gerichteten Haftungsansprüche gem. § 179 BGB rechtzeitig herbeizuführen oder zumindest zu fördern, etwa weil sich der vermeintlich Vertretene als unerkannt geschäftsunfähig i. S. d. § 104 Nr. 2 BGB erweist oder verstirbt, noch bevor er die Genehmigung des schwebend unwirksamen Vertretergeschäfts i. S. d. § 177 Abs. 1 BGB verweigern bzw. die diesbezügliche Fiktion gem. § 177 Abs. 2 S. 2 BGB infolge der Aufforderung nach Maßgabe des § 177 Abs. 2 S. 1 BGB ausgelöst werden kann.[503] Dies verdeutlicht insbesondere das nachfolgende *Fallbeispiel*:

---

502 Vgl. dazu auch Fn. 119, 122.

503 Vgl. dazu die Erwägungen unter „*Teil III A. II. 1. c) aa) (2) (d) Geschäftsunfähigkeit des vermeintlich Vertretenen gem. § 104 Nr. 2 BGB*“ und unter „*Teil III A. II. 1. c) aa) (2) (e) Versterben des vermeintlich Vertretenen*“.

Der V schließt den entsprechenden Mietvertrag mit A in seiner Eigenschaft als Vertreter des B. Nachdem der A den B unmittelbar nach der Rückgabe der Mieträumlichkeiten am 01.09.2020 aufgrund der dabei festgestellten Veränderungen und Verschlechterungen in Anspruch genommen hat, stellt sich heraus, dass der V nicht über die für den Mietvertragsschluss erforderliche Vertretungsmacht verfügte und sich der B in einem bislang nicht erkannten Zustand der Geschäftsunfähigkeit i. S. d. § 104 Nr. 2 BGB befindet. Erst am 01.02.2021 wird für den B ein Betreuer als gesetzlicher Vertreter i. S. d. § 1823 BGB bestellt, der am 10.03.2021 schließlich sämtliche Ansprüche zurückweist und im Übrigen die Genehmigung des Mietvertrages verweigert.

Auch in diesem Fall führt der Ansatz der Gesamtlösung dazu, dass die in Ansehung der gegen den V gerichteten Ersatzansprüche aus § 179 BGB einschlägige Verjährungsfrist von sechs Monaten gem. § 548 Abs. 1 S. 1 BGB erst mit deren Entstehung infolge der Verweigerung der Genehmigung des Vertretergeschäfts durch den Betreuer des B am 10.03.2021 zu laufen beginnt. Da die Verjährung bei unterstellter Wirksamkeit des gescheiterten Mietvertrages aber bereits mit der am 01.09.2020 erfolgten Rückgabe der Mietflächen i. S. d. § 548 Abs. 1 S. 2 BGB begonnen hätte, würde eine analog § 198 BGB vorzunehmende Anrechnung der gesamten von da an vergangenen Zeit ebenfalls zu einem sofortigen Verjährungseintritt mit der Anspruchsentstehung i. S. d. § 179 BGB führen, obwohl der A jedenfalls bis zu dem Zeitpunkt der Betreuerbestellung am 01.02.2021 rechtlich daran gehindert war, sich über die quasivertragliche Vertreterhaftung gem. § 179 BGB schadlos zu halten. Schließlich kann der gem. § 104 Nr. 2 BGB Geschäftsunfähige aufgrund der Nichtigkeitsfolge des § 105 Abs. 1 BGB genauso wenig wie der bereits verstorbene und damit nicht mehr existente Vertretene eine wirksame Erklärung über die Genehmigung eines gem. § 177 Abs. 1 BGB schwebend unwirksamen Vertretergeschäfts abgeben.[504] Ebenso wenig kann er aufgrund der gem. §§ 130 Abs. 1, 131 Abs. 1 BGB fehlenden Zugangsmöglichkeit rechtswirksam hierzu gem. § 177 Abs. 2 S. 1 BGB zur Herbeiführung der Verweigerungsfiktion des § 177 Abs. 2 S. 2 BGB aufgefordert werden.[505] Das in derartigen Fällen bestehende rechtliche Hindernis für die rechtzeitige Entstehung und Verfolgung der quasivertraglichen Ersatzansprüche aus § 179 BGB hat ausweislich der bereits herausgestellten Schutzwürdigkeitserwägungen zwingend auch im Rahmen des diesbezüglichen Verjährungsfristlaufs hinreichende Berücksichtigung zu finden, da sonst im Ergebnis eine faktische Zwangsverjährung und damit einhergehend ein sachlich nicht zu rechtfertigender Eingriff in die schützenswerten Rechtspo-

504 Vgl. Fn. 385.
505 Vgl. Fn. 386, 387.

sitionen des Anspruchsinhabers droht, nicht zuletzt in sein verfassungsrechtlich garantiertes Eigentumsgrundrecht aus Art. 14 Abs. 1 S. 1 GG.[506]

Auch insoweit liefert das verjährungsrechtliche Modell von Gesamt- und Anrechnungslösung analog § 198 BGB bereits aus sich heraus sach- und interessengerechte Ergebnisse und führt damit zu einem angemessenen Ausgleich zwischen dem im Rahmen der quasivertraglichen Vertreterhaftung aus § 179 BGB grundsätzlich gebotenen Vertrauensschutz und dem insbesondere mit den kurzen Sonderverjährungsfristen verfolgten Interesse an der möglichst zügigen Schaffung von Rechtssicherheit bzw. Rechtsfrieden. Wie bereits dargestellt, würde schließlich in Fällen, in denen die rechtzeitige Herbeiführung der Anspruchsentstehung i. S. d. § 179 BGB letztlich an einem rechtlichen Hindernis aus der Sphäre des vermeintlich Vertretenen scheitert, bei unterstellter Vertragswirksamkeit im Verhältnis zu dem Vertragspartner die in der Regel sechsmonatige Ablaufhemmung der §§ 210 Abs. 1 S. 1, 211 S. 1 BGB ab dem Zeitpunkt der Beseitigung des entsprechenden Hinderungsgrunds eingreifen. Diese Tatbestände der Ablaufhemmung gem. §§ 210, 211 BGB müssen im Rahmen der Anrechnung gem. § 198 BGB entsprechend den insoweit herausgearbeiteten Grundsätzen und Erwägungen konsequenterweise genauso Berücksichtigung finden wie die übrigen Hemmungstatbestände gem. §§ 203 ff. BGB und daher auch in den Fällen der analogen Anwendung des § 198 BGB auf die quasivertragliche Vertreterhaftung aus § 179 BGB durchschlagen. Insoweit hat der Ansatz der Anrechnungslösung analog § 198 BGB somit zur Folge, dass dem Anspruchsinhaber in Ansehung der gegen den falsus procurator gerichteten Haftungsansprüche aus § 179 BGB noch derjenige Zeitraum als Verjährungsfrist zur Verfügung steht, der ihm auch bei unterstellter Wirksamkeit des gescheiterten Vertrages im Zeitpunkt der Verweigerung der Genehmigung des entsprechenden Vertretergeschäfts i. S. d. § 177 Abs. 1 BGB bzw. des Eintritts der diesbezüglichen Fiktion gem. § 177 Abs. 2 S. 2 BGB verbleiben würde. Im Ergebnis bedeutet dies, dass in derartigen Fällen für die Verjährung der aus § 179 BGB resultierenden Ersatzansprüche auf die Länge der jeweils einschlägigen Ablaufhemmung i. S. d. §§ 210, 211 BGB (bzw. der bei hypothetischer Vertragswirksamkeit im Zeitpunkt der Beseitigung des bestehenden Vertretungsmangels möglicherweise noch darüber hinausgehenden Restverjährungsfrist) abzustellen ist und darauf noch die von der Behebung des rechtlichen Hindernisses bis zur endgültigen Anspruchsentstehung i. S. d. § 179 BGB verstrichene Zeit angerechnet werden muss. So ist gewährleistet, dass der Anspruchsinhaber zur Verfolgung seiner quasivertraglichen Ersatzansprüche aus § 179 BGB gegenüber dem falsus procurator stets die Zeit erhält, die unter objektiven Wertungsgesichtspunkten zur ange-

506 Vgl. insoweit auch unter „*Teil I B. III. Interessen des Gläubigers*" sowie Fn. 18, 19.

messenen Wahrung seiner schutzwürdigen Rechtspositionen und Interessen erforderlich, aber auch ausreichend ist.

Über die Anrechnungslösung analog § 198 BGB wird für die auf den Vertreter durchschlagende Ablaufhemmung i. S. d. §§ 210, 211 BGB letztlich bereits auf den Zeitpunkt des Wegfalls des rechtlichen Hinderungsgrunds für die Herbeiführung der Anspruchsentstehung i. S. d. § 179 BGB abgestellt und nicht erst auf die unter Umständen erst deutlich spätere Verweigerung der Genehmigung des gem. § 177 Abs. 1 BGB schwebend unwirksamen Rechtsgeschäfts. Dadurch erfolgt eine angemessene Berücksichtigung der grundlegenden Wertungen und Intentionen des jeweils einschlägigen Verjährungsregimes sowie der Interessen des Anspruchsgegners bzw. des Rechtsverkehrs an der Herstellung von Rechtssicherheit und Rechtsfrieden. Schließlich muss sich der Anspruchsinhaber dabei auch die zwischen der Beseitigung des Vertretungsmangels i. S. d. §§ 210, 211 BGB und der Anspruchsentstehung i. S. d. § 179 BGB verstrichene Zeit anrechnen lassen, mit der Folge, dass die Gefahr unbilliger bzw. sogar bewusster Verzögerungen des Verjährungsfristlaufs und damit von der Rechtslage bei unterstellter Wirksamkeit des beabsichtigten Vertrages faktisch erheblich abweichender Verjährungsfristen verhindert wird. Der Anspruchsinhaber ist in diesen Fällen somit ab dem Zeitpunkt der Beseitigung des bestehenden rechtlichen Hindernisses gehalten, im Wege der Aufforderung zur Erklärung über die Genehmigung des entsprechenden Vertretergeschäfts i. S. d. § 177 Abs. 2 S. 1 BGB, etwa gegenüber dem nunmehr vorhandenen gesetzlichen Vertreter des gem. § 104 Nr. 2 BGB geschäftsunfähigen Vertretenen, für eine möglichst zeitnahe Entstehung der Haftungsansprüche aus § 179 BGB zu sorgen, notfalls über das Eingreifen der Fiktion des § 177 Abs. 2 S. 2 BGB, sowie diese rechtzeitig gegenüber dem Vertreter zur Abwendung bzw. Hemmung der Verjährung geltend zu machen. Unterlässt der Anspruchsinhaber dies und bleibt zunächst untätig, kann es auch nach dem Modell von Gesamt- und Anrechnungslösung analog § 198 BGB zu einem unmittelbaren Verjährungseintritt bereits mit der Anspruchsentstehung i. S. d. § 179 BGB kommen. Diese Rechtsfolge erscheint unter Berücksichtigung des besonderen wirtschaftlichen Ersatzwertcharakters der quasivertraglichen Vertreterhaftung gem. § 179 BGB sowie der insoweit prägenden Vertragsakzessorietät als sach- bzw. interessengerecht. Sie trägt der allgemeinen Wertung hinreichend Rechnung, wonach der untätige oder nachlässige Anspruchsinhaber in aller Regel nicht als schutzwürdig angesehen werden kann und damit über § 179 BGB auch keine in verjährungsrechtlicher Hinsicht günstigere Stellung als bei unterstellter Wirksamkeit des eigentlich beabsichtigten Vertragsschlusses erlangen darf.[507]

---

507 Vgl. dazu unter „*Teil III A. II. 1. c) aa) (2) (b) Verjährung auch bei Wirksamkeit des Vertrages*“ sowie Fn. 377.

Wenngleich für die Zeit der rechtlichen Verhinderung an der Herbeiführung der Entstehung der Haftungsansprüche aus § 179 BGB eine Obliegenheit zum Tätigwerden bzw. zur Förderung der Beseitigung des entsprechenden Hinderungsgrunds mit Blick auf die Voraussetzungen der bei einer wirksamen Stellvertretung im Verhältnis zu dem Vertragspartner einschlägigen Ablaufhemmung i. S. d. §§ 210, 211 BGB abzulehnen ist,[508] sollte der Anspruchsinhaber daher dennoch nicht zu nachlässig sein und sich zumindest stets auf dem Laufenden halten, wenn er nicht Gefahr laufen will, von der Behebung des entsprechenden Vertretungsmangels i. S. d. §§ 210, 211 BGB erst zu spät Kenntnis zu erlangen und damit die Verjährung seiner quasivertraglichen Ersatzansprüche aus § 179 BGB nicht mehr abwenden zu können. Insofern wird gerade auch die bereits angesprochene Relativierung im Hinblick auf eine potenzielle Begünstigung untätiger bzw. nachlässiger Gläubiger über die analog § 198 BGB auf den falsus procurator durchschlagenden Tatbestände der Ablaufhemmung i. S. d. §§ 210, 211 BGB deutlich. Schließlich werden diese daraus aus den soeben genannten Gründen häufig keinerlei Vorteile ziehen können.

Übertragen auf den vorliegenden Beispielsfall ist somit festzuhalten, dass bei unterstellter Wirksamkeit des gescheiterten Mietvertrages mit der Bestellung des Betreuers für den B am 01.02.2021 die sechsmonatige Ablaufhemmung des § 210 Abs. 1 S. 1 BGB zur Anwendung gekommen wäre, da die originäre Verjährungsfrist des § 548 Abs. 1 S. 1 BGB in diesem Zeitpunkt nur noch einen Monat betragen hätte. Nach dem Ansatz der Gesamt- und Anrechnungslösung schlägt die Ablaufhemmung nun analog § 198 BGB auch auf die quasivertragliche Haftung des Vertreters aus § 179 BGB durch, mit der Folge, dass sie dem A im Zeitpunkt der Genehmigungsverweigerung durch den Betreuer vom 10.03.2021 noch in dem Umfang zur Verfügung steht, wie er sich nach der Anrechnung der Zeit seit der Beseitigung des rechtlichen Entstehungshindernisses am 01.02.2021 darstellt, mithin im Umfang von fünf Monaten. Demnach ist in Ansehung der gegenständlichen Haftungsansprüche aus § 179 BGB von einem Verjährungseintritt frühestens zum Ablauf des 02.08.2021 auszugehen (da der 01.08.2021 auf einen Sonntag fällt, vgl. § 193 BGB).

Sonderfall: Keine Kenntnis von der Betreuung bzw. gesetzlichen Vertretung

Wie im Kontext der Spezialitätslösung dargestellt, ist in verjährungsrechtlicher Hinsicht eine Schutzwürdigkeit des Anspruchsinhabers grundsätzlich auch für den äußerst seltenen Sonderfall zu bejahen, dass er von der bereits angeordneten Betreuung des gem. § 104 Nr. 2 BGB geschäftsunfähigen Vertretenen keine Kenntnis hat und es letztlich nur aus diesem Grund zu einer erheblich verzögerten Entstehung der Haftungsansprüche aus § 179 BGB

508 Vgl. Fn. 394.

kommt.[509] Auch insoweit muss der Anspruchsinhaber davor bewahrt werden, dass es analog § 198 BGB zu einer uneingeschränkten Anrechnung der bis dato bei hypothetischer Vertragswirksamkeit bereits verstrichenen Zeit kommt und in der Folge zu der Gefahr eines Verjährungseintritts unmittelbar mit der Anspruchsentstehung i. S. d. § 179 BGB.

Allerdings stellt sich hierbei das Problem, dass der Tatbestand der Ablaufhemmung gem. § 210 BGB grundsätzlich keinerlei Rücksicht auf subjektive Gesichtspunkte nimmt und vielmehr ausschließlich auf das Fehlen eines gesetzlichen Vertreters abstellt,[510] sodass es bei unterstellter Wirksamkeit des gescheiterten Vertrages gerade zu keiner Verjährungshemmung kommen würde. Damit ist fraglich, auf welche Weise in Fällen der Unkenntnis der gesetzlichen Vertretung der grundsätzlich anzuerkennenden Schutzwürdigkeit des Anspruchsinhabers im Rahmen der Gesamt- und Anrechnungslösung analog § 198 BGB hinreichend Rechnung getragen werden kann. Zu beachten ist in dem Zusammenhang zunächst, dass es sich insoweit um ein spezifisches Problem der Vertretung ohne Vertretungsmacht handelt. Im Falle der Vertragswirksamkeit würde sich dieses Problem in der Form daher schon gar nicht stellen, da der Betreuer dann als gesetzlicher Vertreter des gem. § 104 Nr. 2 BGB Geschäftsunfähigen i. S. d. § 1823 BGB an dem Vertragsschluss bzw. an der Vertragsdurchführung mitwirken müsste und daher in aller Regel auch bekannt wäre. Im Übrigen wäre etwa die wirksame Erhebung einer die Verjährung gem. § 204 Abs. 1 Nr. 1 BGB hemmenden Zahlungsklage im Grundsatz ebenso möglich, wenn sie lediglich den nach einem wirksamen Vertragsschluss gem. § 104 Nr. 2 BGB geschäftsunfähig gewordenen Anspruchsgegner als beklagte Partei bezeichnet und nicht zusätzlich noch die eben gerade unbekannte Person des gesetzlichen Vertreters.[511] Die Aufforderung gegenüber dem gem. § 104 Nr. 2 BGB geschäftsunfähigen Vertretenen zur Erklärung über die Genehmigung des gem. § 177 Abs. 1 BGB schwebend unwirksamen Vertretergeschäfts i. S. d. § 177 Abs. 2 S. 1 BGB entfaltet hingegen keinerlei Wirkung und kann damit auch nicht die zur Anspruchsentstehung i. S. d. § 179 BGB führende Fiktion des § 177 Abs. 2 S. 2 BGB auslösen, jedenfalls solange diese nicht nachweislich dem unbekannten gesetzlichen Vertreter gem. § 131 Abs. 1 BGB zugeht.[512] Somit ist der Anspruchsinhaber auch in den hier in Rede stehenden Problemfällen der Unkenntnis der Betreuung des gem. § 104 Nr. 2 BGB geschäftsunfähigen Vertretenen zumindest tatsächlich bzw. subjektiv an der rechtzeitigen Her-

---

509 Zu diesem Problemfall vgl. ausführlich unter „*Teil III A. II. 1. c) aa) (2) (d) Geschäftsunfähigkeit des vermeintlich Vertretenen gem. § 104 Nr. 2 BGB*“.

510 Vgl. Fn. 394.

511 RGZ 149, 321 (326); BGH, MDR 1974, 388; Grüneberg/Ellenberger, § 204 Rn. 5; Staudinger/Peters/Jacoby, § 204 Rn. 26.

512 Vgl. Fn. 386, 387.

beiführung der Entstehung der quasivertraglichen Haftungsansprüche aus § 179 BGB gehindert. Da das insoweit bestehende Hindernis im Ergebnis ebenfalls in der zunächst unerkannten Geschäftsunfähigkeit des vermeintlich Vertretenen i. S. d. § 104 Nr. 2 BGB wurzelt und damit nicht der eigenen Verantwortungs- und Risikosphäre des Anspruchsinhabers zugewiesen werden kann,[513] ist auch in derartigen Fallgestaltungen eine mit dem gänzlichen Fehlen eines gesetzlichen Vertreters wertungsmäßig vergleichbare Interessenlage anzunehmen. In der Folge kann der Rechtsgedanke der Ablaufhemmung i. S. d. § 210 BGB an dieser Stelle in gleicher Weise fruchtbar gemacht werden und muss im Rahmen der Anrechnung analog § 198 BGB daher genauso Berücksichtigung finden, um den Anspruchsinhaber vor einer Verjährung seiner Ersatzansprüche aus § 179 BGB zu schützen. Letztlich ist somit analog §§ 210, 198 BGB auch in den vorliegenden Fällen der Unkenntnis der gesetzlichen Vertretung von einer auf den falsus procurator durchschlagenden Ablaufhemmung von grundsätzlich sechs Monaten auszugehen, mit der Besonderheit, dass insoweit maßgeblich auf den Zeitpunkt der Kenntniserlangung von den tatsächlichen Umständen, mithin von der Person des Betreuers, abzustellen ist. Darauf muss sich der Anspruchsinhaber sodann die von diesem Zeitpunkt an bis zur endgültigen Anspruchsentstehung i. S. d. § 179 BGB vergangene Zeit anrechnen lassen, genauso wie in dem vorhergehenden Grundfall des gänzlichen Vertretungsmangels i. S. d. § 210 BGB.

(cc) Zwischenergebnis

Über die analog § 198 BGB vorzunehmende Anrechnung der bei unterstellter Vertragswirksamkeit bis zum Zeitpunkt der Anspruchsentstehung i. S. d. § 179 BGB bereits verstrichenen Verjährungszeit werden auch etwaige im Verhältnis zu dem vermeintlich Vertretenen verwirklichte Hemmungstatbestände i. S. d. §§ 203 ff. BGB erfasst. Diese schlagen somit auf die quasivertragliche Haftung des falsus procurator aus § 179 BGB durch, sodass der nach den bisherigen Erwägungen in solchen Fällen in verjährungsrechtlicher Hinsicht grundsätzlich anzuerkennenden Schutzwürdigkeit des Anspruchsinhabers hinreichend Rechnung getragen und damit ein angemessener Ausgleich mit den grundlegenden Wertungen des jeweils einschlägigen Verjährungsregimes erzeugt wird. Über die Analogie zu § 198 BGB existiert auch eine hinreichende gesetzliche Anknüpfung für den vorliegenden Eingriff in die Verjährung der Haftungsansprüche aus § 179 BGB und die damit einhergehende Annahme einer ausnahmsweise durchschlagenden Verjährungshemmung bei Personenverschiedenheit auf der Passivseite. In der

513 Zu dieser tragenden Wertung der Ablaufhemmung gem. § 210 BGB vgl. unter „*Teil I D. III. 1. a) bb) Ablaufhemmung gem. §§ 210, 211 BGB*“ sowie Fn. 89.

Folge drohen in diesem Zusammenhang gerade nicht die im Rahmen der Spezialitäts- in Verbindung mit der strengen Hemmungslösung bestehenden Konflikte, insbesondere mit Blick auf die verfassungsrechtlich zwingenden Grundsätze der Gewaltenteilung und des Gesetzesvorbehalts i. S. d. Art. 20 Abs. 2 S. 2, Abs. 3 GG. Der Ansatz der Gesamt- und Anrechnungslösung analog § 198 BGB erscheint damit als ein in sich durchweg harmonisches und folglich dogmatisch vorzugswürdiges Modell zur verjährungsrechtlichen Behandlung der quasivertraglichen Vertreterhaftung gem. § 179 BGB.

(d) Sonderproblemfall der Unkenntnis der Person des Vertreters

Allerdings bleibt an dieser Stelle noch das Problem der Unkenntnis der Person bzw. persönlichen Daten des Vertreters als Anspruchsgegner i. S. d. § 179 BGB. Zur Verdeutlichung der Problematik und Entwicklung einer diesbezüglichen Lösung ist wiederum das folgende Fallbeispiel zu der besonderen mietrechtlichen Verjährung gem. § 548 Abs. 1 BGB heranzuziehen:

Der A nimmt die M-GmbH unmittelbar nach Rückgabe der Mieträumlichkeiten am 01.09.2020 aufgrund der bestehenden Veränderungen bzw. Verschlechterungen in Anspruch. Am 01.12.2020 erklärt die M-GmbH gegenüber dem A, dass sie sämtliche Ansprüche unter Berufung auf einen Fall der Vertretung ohne Vertretungsmacht zurückweise und im Übrigen eine Genehmigung des entsprechenden Mietvertrages ausdrücklich verweigere. Über die Person bzw. die persönlichen Daten des bei Vertragsschluss für die M-GmbH aufgetretenen Vertreters und damit des richtigen Anspruchsgegners der Haftungsansprüche aus § 179 BGB hat der A jedoch keine Kenntnis. Erst nach weiteren Recherchen erfährt er am 02.03.2021, dass es sich dabei um den V handelt.

In diesem Fall führt das Verjährungsmodell von Gesamt- und Anrechnungslösung dazu, dass die sechsmonatige Verjährungsfrist des § 548 Abs. 1 S. 1 BGB mit der Entstehung der quasivertraglichen Ersatzansprüche aus § 179 BGB infolge der Genehmigungsverweigerung durch die M-GmbH vom 01.12.2020 zu laufen beginnt. Darauf ist sodann analog § 198 BGB die bis dahin bei hypothetischer Vertragswirksamkeit, mithin seit der am 01.09.2020 erfolgten Rückgabe der Mieträumlichkeiten i. S. d. § 548 Abs. 1 S. 2 BGB, bereits abgelaufene Verjährungszeit anzurechnen. In der Folge hätte der A noch drei Monate Zeit gehabt, d. h. bis zum Ablauf des 01.03.2021, um die Person des Vertreters in Erfahrung zu bringen und dieser gegenüber die zur Abwendung der Verjährung seiner Haftungsansprüche aus § 179 BGB erforderlichen Schritte in die Wege zu leiten. Die Ermittlung des V zum 02.03.2021 wäre unter strikter Anwendung dieser Grundsätze somit zu spät erfolgt.

Ein derartiges Ergebnis ließe sich jedoch mit den bisherigen Erwägungen im Zusammenhang mit dem von § 179 BGB intendierten Vertrauensschutz nicht vereinbaren und wäre damit nicht sach- und interessengerecht. Wie bereits im Zuge der Ausführungen zur Spezialitätslösung herausgearbeitet, ist auch in diesen durchaus praxisrelevanten Fällen eine überwiegende Schutzwürdigkeit des Anspruchsinhabers anzunehmen, wenn er die im Hinblick auf die Personalie des Vertreters bestehenden Wissensdefizite trotz Vornahme aller insoweit möglichen, erforderlichen und zumutbaren Maßnahmen nicht mehr rechtzeitig ausräumen kann. In der Folge hätte er schließlich keine angemessene Möglichkeit mehr, um seine quasivertraglichen Ersatzansprüche aus § 179 BGB gegenüber dem falsus procurator noch innerhalb der nach ihrer Entstehung und der damit einhergehenden Anrechnung analog § 198 BGB verbleibenden Restverjährungsfrist zu verfolgen und auf diese Weise die insoweit drohende Verjährung abzuwenden bzw. nach Maßgabe der §§ 203 ff. BGB zu hemmen.[514] Jedoch liefert auch das Modell der Gesamt- und Anrechnungslösung analog § 198 BGB keine unmittelbare Antwort auf die Frage, wie die schutzwürdigen Interessen des Anspruchsinhabers in derartigen Problemfällen die wertungsmäßig gebotene Beachtung finden können. Schließlich ist hierbei weder im Verhältnis zu dem vermeintlich Vertretenen ein über die Anrechnung analog § 198 BGB durchgreifender gesetzlich anerkannter Hemmungstatbestand i. S. d. §§ 203 ff. BGB ersichtlich, noch greift ein solcher bereits direkt im Verhältnis zu dem Vertreter ein. Zum einen kommt den Aufklärungsmaßnahmen des Anspruchsinhabers, die ab positiver Kenntnis bzw. fahrlässiger Unkenntnis der Vertretung ohne Vertretungsmacht nach der ab dann anzunehmenden Tätigkeitsobliegenheit grundsätzlich geboten sind, schon keinerlei Hemmungsqualität i. S. d. §§ 203 ff. BGB zu. Zum anderen muss in diesem Zusammenhang auch zwingend berücksichtigt werden, dass der Zeitpunkt der Kenntniserlangung bzw. des Kennenmüssens von dem Umstand der mangelnden Vertretungsmacht in aller Regel mit dem Zeitpunkt der Anspruchsentstehung i. S. d. § 179 BGB zusammenfällt, mit der Folge, dass danach überhaupt kein Raum mehr für eine Anrechnung analog § 198 BGB verbleibt und ein etwaiges Vorgehen gegen den vermeintlich Vertretenen zur Aufklärung der zugrunde liegenden Sach- und Rechtslage daher mangels hinreichender gesetzlicher Grundlage ohnehin nicht mehr unter dem Aspekt der Verjährungshemmung auf den Vertreter durchschlagen könnte. Im Nachfolgenden gilt es daher zu untersuchen, ob durch Anknüpfung an das geltende Verjährungsrecht eine Lösung für die verjährungsrechtliche Behandlung dieser problematischen Fallgruppe der nicht rechtzeitigen Kenntniserlangung von der Person des falsus procurator gefunden werden kann. Möglicherweise lässt sich insoweit der

514 Vgl. dazu ausführlich unter „*Teil III A. II. 1. c) aa) (2) (f) Keine rechtzeitige Kenntniserlangung von der Person des Vertreters*“.

Rechtsgedanke einer gesetzlichen Verjährungsregelung fruchtbar machen und im Wege der Analogie auch auf die hier in Rede stehenden Sachverhaltskonstellationen übertragen.

(aa) Lösung über § 199 Abs. 1 Nr. 2 BGB analog

Soweit es um die mangelnde Kenntnis des richtigen Anspruchsgegners geht, ist zunächst an die für den Beginn der regelmäßigen Verjährungsfrist des § 195 BGB geltende Regelung des § 199 Abs. 1 Nr. 2 BGB zu denken. Der Sinn und Zweck der kombinierten subjektiv-objektiven Anknüpfung des Verjährungsbeginns in § 199 Abs. 1 BGB ist es gerade, auch auf die schutzwürdigen Interessen des Gläubigers in angemessener Weise Rücksicht zu nehmen und dafür Sorge zu tragen, dass diesem der vom Gesetzgeber in Gestalt der einschlägigen Verjährungsfrist zur Anspruchsverfolgung vorgesehene Zeitraum tatsächlich vollständig zugutekommt und dadurch die Gefahr einer rechtlich grundsätzlich nicht hinnehmbaren Zwangsverjährung zu unterbinden.[515] Vor diesem Hintergrund könnte daraus der allgemeine Rechtsgedanke gefolgert werden, dass der Verjährungsbeginn stets auch die Kenntnis der Person des richtigen Schuldners voraussetzt, da der Gläubiger überhaupt nur dann eine hinreichende Möglichkeit hat, seine Ansprüche zu verfolgen und damit dem in Gestalt der Verjährung drohenden faktischen Rechtsverlust entgegenzuwirken.[516] Auch den kurzen Sonderverjährungsfristen mit rein objektiv angeknüpftem Verjährungsbeginn, wie gem. §§ 438 Abs. 2, 634a Abs. 2 und 548 Abs. 1 BGB, liegt letztlich die Vorstellung des Gesetzgebers zugrunde, dass dem Anspruchsinhaber die Person des unmittelbaren Vertragspartners und damit des richtigen Anspruchsgegners bekannt ist.[517] Insoweit zeigt sich gerade der entscheidende Unterschied zu den Fällen der Vertreterhaftung aus § 179 BGB, in denen der Anspruchsgegner gerade nicht derjenigen Person entspricht, hinsichtlich derer der Anspruchsinhaber von einem wirksamen vertraglichen Anspruch ausging bzw. ausgehen durfte und die ihm daher als vermeintlicher Vertragspartner bekannt war.

Übertragen auf den Beispielsfall hätte ein derartiger Ansatz zur Folge, dass die sechsmonatige Verjährungsfrist des § 548 Abs. 1 S. 1 BGB nicht schon mit der Entstehung der Haftungsansprüche aus § 179 BGB am 01.12.2020 beginnt, sondern vielmehr erst mit der Kenntniserlangung der Person des V am 02.03.2021.

Dabei werden aber gerade auch die wesentlichen Probleme ersichtlich, die letztendlich zu einer Ablehnung einer analogen Anwendung des § 199

515 Vgl. dazu unter „*Teil I D. II. 1. Regelverjährung gem.* § 199 BGB“ sowie Fn. 67.

516 Vgl. Peters, NJW 2012, 2556; BeckOGKBGB/Piekenbrock, § 199 Rn. 79 f.

517 Vgl. BeckOGKBGB/Piekenbrock, § 195 Rn. 40.1 sowie die leitenden Erwägungen von RGZ 145, 40 (41).

Abs. 1 Nr. 2 BGB führen müssen. Schließlich bewirkt dieser Ansatz durch die Anknüpfung an den Verjährungsbeginn sowie die damit einhergehende Verschiebung der vollständigen Verjährungsfrist einen sehr weitgehenden Eingriff in das einschlägige Verjährungsregime und schießt damit letztlich über das Ziel hinaus. Der insoweit angestrebte Zweck der Sicherstellung eines angemessenen Mindestzeitraums zur Verfolgung der quasivertraglichen Haftungsansprüche aus § 179 BGB lässt sich vielmehr genauso auf einem weniger eingriffsintensiven Weg erreichen, indem über ein Hemmungsmodell lediglich der Verjährungsfristlauf entsprechend angepasst und damit das Ende der Verjährungsfrist nach hinten verschoben wird.

Ferner würde es das gewählte Verjährungsmodell der Gesamt- und Anrechnungslösung analog § 198 BGB gänzlich aus den Angeln heben, wenn dem Anspruchsinhaber im Zeitpunkt der Kenntniserlangung von der Person des Vertreters noch die gesamt Verjährungsfirst zur Verfügung stehen würde und dem Zeitpunkt der Entstehung der Haftungsansprüche aus § 179 BGB letzten Endes überhaupt keine entscheidende Bedeutung mehr beizumessen wäre.

Im Übrigen wäre ein Abstellen auf § 199 Abs. 1 Nr. 2 BGB auch ein Widerspruch zu der allgemeinen verjährungsrechtlichen Systematik. Schließlich geht es vorliegend um Fälle, in denen gerade „*ein anderer Verjährungsbeginn*" i. S. d. §§ 199 Abs. 1, 200 BGB bestimmt ist, mit der Folge, dass die jeweils einschlägigen Sonderverjährungsregelungen als *lex specialis* vorgehen und die den Verjährungsbeginn betreffenden allgemeinen Verjährungsvorschriften der §§ 199, 200 BGB insoweit schon keine Anwendung finden.[518]

(bb) Lösung über §§ 203, 204 BGB analog

Die in Fällen der Unkenntnis der Person des Vertreters vorzugswürdige Lösung, den Ablauf der nach Anspruchsentstehung i. S. d. § 179 BGB und damit einhergehender Anrechnung analog § 198 BGB noch verbleibenden Restverjährungsfrist über das Instrument der Verjährungshemmung an die insoweit grundsätzlich anzuerkennende Schutzwürdigkeit des Anspruchsinhabers anzupassen, könnte im Wege der Analogie zu den §§ 203, 204 BGB umgesetzt werden. Nach diesem Ansatz würden somit ab dem Zeitpunkt der Kenntnis bzw. des Kennenmüssens der Vertretung ohne Vertretungsmacht die vom Anspruchsinhaber nach den bisherigen Feststellungen im Zusammenhang mit der Annahme einer entsprechenden Tätigkeitsobliegenheit ohnehin zu verlangenden Aufklärungsmaßnahmen zur Verjährungshemmung analog §§ 203, 204 BGB führen. Je nachdem, ob es sich dabei um einfache außergerichtliche Ermittlungen oder bereits um die prozessuale Geltend-

518 Vgl. dazu Abschnitte 2. und 3. unter „*Teil I D. II. Beginn und Ende der Verjährung*" sowie Fn. 70, 71, 75, 76.

machung von Auskunftsansprüchen handelt, wäre daher entweder auf den Tatbestand des § 203 BGB oder des § 204 Abs. 1 Nr. 1 BGB inklusive Ablaufhemmung i. S. d. § 203 S. 2 BGB bzw. Nachfrist i. S. d. § 204 Abs. 2 BGB abzustellen.

Allerdings stellt sich in dem Zusammenhang das grundlegende Problem, dass die Verjährungshemmung gem. §§ 203, 204 BGB maßgeblich auf den Rechtsgedanken der Warnfunktion zurückzuführen ist. Wie bereits dargestellt, bringt der Anspruchsinhaber schließlich seinen Rechtsverfolgungswillen durch die in §§ 203, 204 Abs. 1 BGB bezeichneten Hemmungsmaßnahmen eindeutig zum Ausdruck, mit der Folge, dass der entsprechende Anspruchsgegner insoweit gewarnt ist und daher kein durch das Rechtsinstitut der Verjährung zu schützendes Vertrauen in das Unterbleiben der Anspruchsdurchsetzung aufbauen kann.[519] In den vorliegenden Fällen der Unkenntnis der Person des Vertreters liegt hingegen eine gänzlich andere Ausgangssituation zugrunde. Hierbei kann der Anspruchsinhaber aufgrund seiner Wissensdefizite, die letztlich auf dem schutzwürdigen Vertrauen in eine wirksame Stellvertretung beruhen und ausweislich der Ratio des § 179 BGB daher grundsätzlich nicht in seinen eigenen Verantwortungs- und Risikobereich fallen dürfen,[520] gerade nicht in einer Art und Weise zur Verfolgung seiner Ersatzansprüche aus § 179 BGB tätig werden, die dazu geeignet wäre, ein potenziell erwachsendes Vertrauen des Vertreters in das Ausbleiben der entsprechenden Rechtsverfolgung zu zerstören. Vielmehr werden die nach den bisherigen Erwägungen für die Annahme einer Schutzwürdigkeit des Anspruchsinhabers grundsätzlich gebotenen Maßnahmen zur Aufklärung der zugrunde liegenden Sach- und Rechtslage ausschließlich gegenüber dem vermeintlich Vertretenen erfolgen, sodass die für die Verjährungshemmung gem. §§ 203, 204 BGB prägende Warnfunktion schon gar nicht zum Tragen kommt. Im Übrigen ist insoweit auch keine Grundlage für das Durchschlagen einer etwaigen Hemmungswirkung auf die Person des falsus procurator ersichtlich, zumal sich das Problem der Unkenntnis der Person des Vertreters erst ab dem Zeitpunkt der Kenntniserlangung bzw. des Kennenmüssens von dem Umstand der Vertretung ohne Vertretungsmacht stellt, mithin in aller Regel nach der Entstehung der Haftungsansprüche aus § 179 BGB, sodass kein Raum mehr für eine Anrechnung analog § 198 BGB und eine grundsätzlich damit einhergehende Erstreckung von Hemmungsgründen verbleibt. Somit bleibt festzustellen, dass es für eine analoge Anwendung der Hemmungsregelungen der §§ 203, 204 BGB auf die vorliegenden Problemfälle der nicht rechtzeitigen Kenntniserlangung von der Person des Vertreters an dem grundlegenden Erfordernis einer wertungsmä-

519 Vgl. dazu unter „*Teil I D. III. 1. a) aa) Klassische Verjährungshemmung gem. §§ 203 bis 209 BGB*" sowie Fn. 83.

520 Vgl. dazu Fn. 119, 122.

ßig vergleichbaren Interessenlage fehlt und daher auch dieser Lösungsansatz ausscheiden muss.

(cc) Lösung über § 206 BGB analog

In den vorliegenden Problemfällen der Unkenntnis der Person des Vertreters beruht die Annahme der zu dem Erfordernis einer Verjährungshemmung führenden Schutzwürdigkeit des Anspruchsinhabers letztlich auf dem Grundgedanken, dass er aus tatsächlichen Gründen, die ihren Ursprung in der Sphäre eines Dritten finden und von diesem daher nicht zu vertreten sind, an der Verfolgung seiner quasivertraglichen Ersatzansprüche aus § 179 BGB gehindert ist. Vor diesem Hintergrund muss der Tatbestand der Verjährungshemmung bei höherer Gewalt gem. § 206 BGB ins Auge fallen. Der Begriff der höheren Gewalt wird weder in § 206 BGB noch im Rest des BGB definiert. Im Wesentlichen haben sich hierzu zwei Ansätze herausgebildet. Nach h. M. stellt der Hemmungstatbestand des § 206 BGB nicht auf die sog. absolute objektive Theorie ab, die ein von außen kommendes, unvorhersehbares, unabwendbares und unverschuldetes Ereignis erfordert, sondern vielmehr auf die relative subjektive Theorie, wonach es lediglich darauf ankommt, dass ein bestimmtes Geschehen selbst bei Anwendung der äußersten und billigerweise zu erwartenden Sorgfalt nicht hätte vermieden werden können.[521] Im unmittelbaren Anwendungsbereich des § 206 BGB geht es somit ebenfalls um solche Sachverhaltskonstellationen, in denen der Anspruchsverfolgung ein tatsächliches Hindernis entgegensteht, das nicht in den Verantwortungs- und Risikobereich des jeweiligen Gläubigers fällt, sodass in den Fällen der Unkenntnis des falsus procurator i. S. d. § 179 BGB unter Wertungsgesichtspunkten durchaus von einer insoweit vergleichbaren Ausgangs- bzw. Interessenlage ausgegangen und damit zumindest eine Analogie zu § 206 BGB in Betracht gezogen werden könnte. Wie bereits dargestellt, darf der gutgläubige Anspruchsinhaber schließlich zunächst auf eine wirksame Stellvertretung vertrauen und muss sich der Identität des Vertreters bei Vertragsschluss daher gerade nicht vergewissern, sodass ihm im späteren Haftungsfall gem. § 179 BGB im Hinblick auf die insoweit bestehenden Wissensdefizite als das der Rechtsverfolgung entgegenstehende tatsächliche Hindernis konsequenterweise kein Verschuldensvorwurf gemacht werden kann.[522] Im Übrigen wird auch in der Literatur bereits eine offensichtlich sogar direkte Anwendung der Hemmungsregelung des § 206 BGB auf die insoweit wertungsmäßig ebenfalls vergleichbaren Fälle diskutiert, in

521 BGHZ 81, 353 (355) = NJW 1982, 96 (97); BGHZ 17, 199 = NJW 1955, 1225; Staudinger/Peters/Jacoby, § 206 Rn. 3, 26; MüKoBGB/Grothe, § 206 Rn. 3; a. A. noch RGZ 87, 52 (55).

522 Vgl. dazu insbesondere Fn. 380.

denen der Gläubiger lediglich von der aktuellen ladungsfähigen Anschrift seines Schuldners keine hinreichende Kenntnis hat und deshalb zunächst Nachforschungen anstellen muss, bevor er etwa eine verjährungshemmende Rechtsverfolgungsmaßnahme i. S. d. § 204 Abs. 1 BGB in die Wege leiten kann.[523]

Allerdings ist im Zusammenspiel mit dem Modell der Gesamt- und Anrechnungslösung analog § 198 BGB zu bemerken, dass der Ansatz einer Verjährungshemmung analog § 206 BGB auf der Rechtsfolgenseite nicht in sämtlichen Fällen der mangelnden Kenntnis der Person des Vertreters sach- und interessengerechte Ergebnisse zu begründen vermag. Schließlich sieht § 206 BGB eine Verjährungshemmung ausschließlich für die Zeit des der Rechtsverfolgung entgegenstehenden tatsächlichen Hindernisses vor, ohne dass darüber hinaus noch eine Ablaufhemmung oder Nachfrist eingreift. Auf diese Weise ist gerade nicht sichergestellt, dass dem Anspruchsinhaber der nach den bisherigen Schutzwürdigkeitserwägungen grundsätzlich gebotene Mindestzeitraum zur Neuordnung und Verfolgung seiner Haftungsansprüche aus § 179 BGB stets auch tatsächlich zur Verfügung steht. Insbesondere in den Fällen, in denen nach der Anspruchsentstehung i. S. d. § 179 BGB und der damit einhergehenden Anrechnung analog § 198 BGB nur noch ein äußerst kurzer Verjährungszeitraum verbleibt, etwa von nur noch wenigen Tagen, wird eine Lösung über § 206 BGB analog dem schützenswerten Interesse des Anspruchsinhabers, sich angemessen auf die für ihn gänzlich neue Ausgangssituation der Vertretung ohne Vertretungsmacht einstellen zu können, nicht hinreichend gerecht und kann daher im Ergebnis ebenfalls keine Zustimmung finden.

(dd) Lösung über §§ 210, 211 BGB analog

Das in den vorliegenden Problemfällen der Unkenntnis der Person des Vertreters übergeordnete Ziel, dem schutzbedürftigen Anspruchsinhaber eine angemessene und zumutbare Möglichkeit zur Verfolgung seiner quasivertraglichen Ersatzansprüche aus § 179 BGB zu gewährleisten und ihn dadurch vor einer faktisch drohenden Zwangsverjährung zu bewahren, entspricht im Wesentlichen auch dem Rechtsgedanken und Regelungszweck der in §§ 210, 211 BGB normierten Ablaufhemmung. Hierbei geht es schließlich ebenfalls darum, einen gewissen Mindestzeitraum zur Neuorientierung und Rechtsverfolgung zu garantieren, wenn einer rechtzeitigen Inanspruchnahme des Schuldners und damit der Abwendung des Verjährungseintritts im Wege einer aktiven Hemmungsmaßnahme i. S. d. §§ 203, 204 Abs. 1 BGB ähnlich wie in den Fällen der Verjährungshemmung gem. § 206 BGB ein

---

523 Vgl. hierzu insbesondere Peters, NJW 2012, 2556; BeckOGKBGB/Piekenbrock, § 199 Rn. 131.1.

Hindernis entgegensteht, welches nicht aus der Sphäre des Anspruchsinhabers stammt, von ihm daher nicht zu vertreten ist und in der Folge auch nicht zu seinen Lasten gehen darf.[524] Insoweit kann daher von einer wertungsmäßig vergleichbaren Interessenlage ausgegangen und damit auf eine analoge Anwendung der §§ 210, 211 BGB abgestellt werden, solange der Anspruchsinhaber infolge seines grundsätzlich schützenswerten Vertrauens in einen wirksamen Vertragsschluss von der Identität des falsus procurator keine Kenntnis hat und deshalb an der Einleitung aktiver Schritte zur Durchsetzung seiner Rechte aus § 179 BGB gehindert ist. Nach diesem Ansatz greift somit ab dem Zeitpunkt der erfolgreichen Ermittlung des Vertreters als Schuldner i. S. d. § 179 BGB eine Ablaufhemmung von grundsätzlich sechs Monaten analog §§ 210 Abs. 1 S. 1, 211 S. 1 BGB. Nur wenn die Länge der jeweils einschlägigen Verjährungsfrist sechs Monate nicht erreicht, hat sich auch die entsprechende Ablaufhemmung analog §§ 210 Abs. 1 S. 2, 211 S. 2 BGB nach dem insoweit maßgeblichen Verjährungszeitraum zu richten.

Übertragen auf den Beispielsfall bedeutet dies, dass die sechsmonatige Verjährungsfrist des § 548 Abs. 1 S. 1 BGB entsprechend dem Modell von Gesamt- und Anrechnungslösung mit der Entstehung der Haftungsansprüche aus § 179 BGB am 01.12.2020 beginnt und darauf analog § 198 BGB die bei unterstellter Vertragswirksamkeit (seit der am 01.09.2020 erfolgten Rückgabe der Mieträumlichkeiten i. S. d. § 548 Abs. 1 S. 2 BGB) bis dahin verstrichene Zeit angerechnet wird. Wie zuvor schon dargestellt, läuft die im Zeitpunkt der Anspruchsentstehung i. S. d. § 179 BGB noch verbleibende Restverjährungsfrist von drei Monaten somit grundsätzlich bereits zum 01.03.2021 ab. Der vorliegende Lösungsansatz führt unter analoger Anwendung der §§ 210, 211 BGB nun aber dazu, dass die Verjährung der quasivertraglichen Haftungsansprüche aus § 179 BGB nicht vor dem Ablauf von sechs Monaten ab dem Zeitpunkt der Kenntniserlangung von der Person des Vertreters eintritt. Da der A von dem V erst am 02.03.2021 erfährt, hat dieser zur Verfolgung der in Rede stehenden Ersatzansprüche aus § 179 BGB somit noch bis mindestens zum Ablauf des 01.09.2021 Zeit, bevor es zum Verjährungseintritt kommt.

Unter Zugrundelegung der tragenden Wertungsgrundlagen der quasivertraglichen Vertreterhaftung gem. § 179 BGB muss in Problemfällen der anfänglichen Unkenntnis des falsus procurator jedoch zwingend beachtet werden, dass eine zur Ablaufhemmung analog §§ 210, 211 BGB führende Schutzwürdigkeit des Anspruchsinhabers nur dann angenommen werden kann, wenn der fruchtlose Ablauf der Verjährungsfrist sowie die darüber hinausgehenden Verzögerungen bei der Verfolgung der gegen den Vertreter gerichte-

524 Vgl. dazu unter „*Teil I D. III. 1. a) bb) Ablaufhemmung gem. §§ 210, 211 BGB*" sowie Fn. 89.

ten Haftungsansprüche aus § 179 BGB ausschließlich auf den in Bezug auf die Person des Vertreters bestehenden Wissensdefiziten beruhen. Diese wiederum müssen ausschließlich auf den durch den falsus procurator geschaffenen Vertrauenstatbestand in Bezug auf einen wirksamen Vertragsschlusses mit dem vermeintlich Vertretenen zurückgehen. Insoweit muss daher eine gewisse Monokausalität als Grundvoraussetzung für die Annahme einer entsprechenden Schutzwürdigkeit des Anspruchsinhabers vorliegen. Nur dann greift schließlich der das vertragsähnliche Schuldverhältnis der Vertretung ohne Vertretungsmacht i. S. d. § 179 BGB durch und durch prägende Vertrauensschutzgedanke.[525]

Vor diesem Hintergrund ist für ein Eingreifen der Ablaufhemmung analog §§ 210, 211 BGB zunächst zu verlangen, dass die einschlägige Verjährungsfrist im Zeitpunkt der Entstehung der Haftungsansprüche aus § 179 BGB infolge der zu diesem Zeitpunkt analog § 198 BGB vorzunehmenden Anrechnung der bei unterstellter Wirksamkeit des gescheiterten Vertrages bis dahin bereits verstrichenen Verjährungszeit noch nicht abgelaufen ist. Dabei müssen konsequenterweise auch gegenüber dem vermeintlich Vertretenen im schutzwürdigen Vertrauen auf einen wirksamen Vertragsschluss verwirklichte und nach den Grundsätzen der Anrechnungslösung analog § 198 BGB damit auch auf die Haftung des falsus procurator aus § 179 BGB durchschlagende Hemmungstatbestände i. S. d. §§ 203 ff. BGB berücksichtigt werden. Schließlich führt die mangelnde Kenntnis der Identität des Vertreters erst ab der Anspruchsentstehung i. S. d. § 179 BGB tatsächlich zu einem der Rechtsverfolgung entgegenstehenden Hindernis bzw. wirkt sich erst von da an entscheidend als solches aus. Das Hindernis kann auf den jeweiligen Verjährungsfristlauf aber denknotwendig nur dann einen entscheidenden Einfluss nehmen und dementsprechend die Ablaufhemmung analog §§ 210, 211 BGB auslösen, wenn es, wie auch in den unmittelbaren Anwendungsfällen der Hemmungstatbestände gem. §§ 210, 211 BGB, noch in die laufende Verjährungsfrist fällt, genauer gesagt in die letzten sechs Monate.[526] Ist dies hingegen nicht der Fall und steht dem Anspruchsinhaber damit im Zeitpunkt der Anspruchsentstehung i. S. d. § 179 BGB infolge der Anrechnung der bei hypothetischer Vertragswirksamkeit bis dahin fruchtlos verstrichenen Verjährungszeit analog § 198 BGB keinerlei Restverjährungsfrist mehr zur Verfügung, muss davon ausgegangen werden, dass die Unkenntnis der Person des falsus procurator als Hinderungsgrund schon gar nicht ursächlich geworden ist für die nicht rechtzeitige Verfolgung und Geltendmachung der aus § 179 BGB resultierenden Rechte. In derartigen Fällen beruht die Verjährung der quasivertraglichen Haftungsansprüche aus § 179 BGB vielmehr in erster Li-

---

525 Vgl. dazu unter „*Teil II A. I. Rechtsnatur und Ratio der Haftung*“ sowie Fn. 119 und 122.

526 Vgl. Staudinger/Peters/Jacoby, § 210 Rn. 6 a. E.; MüKoBGB/Grothe, § 210 Rn. 6.

nie auf der eigenen Untätigkeit bzw. Nachlässigkeit des Anspruchsinhabers, mit der Folge, dass dieser entsprechend den bereits im Kontext der Spezialitätslösung angestellten Erwägungen nicht als schutzwürdig erachtet werden kann und der mit der Annahme einer Ablaufhemmung analog §§ 210, 211 BGB einhergehende Eingriff in den Verjährungsfristlauf damit sachlich nicht gerechtfertigt werden könnte.[527]

Problem: Tätigkeits- bzw. Förderobliegenheit

Aus den angestellten Schutzwürdigkeitserwägungen ist für die Problemfälle der Unkenntnis der Person des Vertreters zu folgern, dass der Anspruchsinhaber den Schutz der Ablaufhemmung analog §§ 210, 211 BGB nur verdient, wenn er ohne schuldhaftes Zögern alle möglichen, erforderlichen und zumutbaren Maßnahmen zur Aufklärung der für die Geltendmachung seiner Haftungsansprüche aus § 179 BGB relevanten Umstände trifft. Anderenfalls muss ebenfalls davon ausgegangen werden, dass die eingetretenen Verzögerungen primär auf der Untätigkeit bzw. Nachlässigkeit des Anspruchsinhabers beruhen und es im Ergebnis an der für die Annahme einer entsprechenden Schutzwürdigkeit des Anspruchsinhabers erforderlichen Monokausalität der Vertretung ohne Vertretungsmacht fehlt.[528]

Wie bereits dargestellt, greift die sechsmonatige Ablaufhemmung in den unmittelbaren Anwendungsfällen der §§ 210, 211 BGB zwar völlig unabhängig von der Frage, ob der Gläubiger aktiv zur Beseitigung des für die Verfolgung seiner Ansprüche bestehenden Hindernisses tätig wird bzw. dies zumindest in irgendeiner Form fördert oder ob er davon überhaupt Kenntnis nimmt.[529] Allerdings muss insoweit berücksichtigt werden, dass es im direkten Geltungsbereich der §§ 210, 211 BGB stets um ein ausschließlich rechtliches Hindernis aus der Sphäre des Schuldners geht, auf welches der Gläubiger keinen unmittelbaren Einfluss ausüben kann bzw. zu dessen Beseitigung diesem keine praktisch zumutbaren sowie erfolgversprechenden Maßnahmen zur Verfügung stehen.[530] In den in Rede stehenden Konstellationen der nicht rechtzeitigen Kenntniserlangung von der Identität des falsus procurator als Schuldner i. S. d. § 179 BGB liegen die Dinge hingegen entscheidend anders. Hierbei hat es der Anspruchsinhaber weitgehend selbst in der Hand, für eine Aufklärung der zugrunde liegenden Sach- und Rechtslage zu sorgen und dadurch die Geltendmachung seiner Ersatzansprüche aus § 179 BGB gegenüber dem Vertreter zu ermöglichen, insbesondere indem

527 Vgl. dazu insbesondere die Erwägungen unter „*Teil III A. II. 1. c) aa) (2) (b) Verjährung auch bei Wirksamkeit des Vertrages*“ sowie Fn. 377.

528 Vgl. dazu unter „*Teil III A. II. 1. c) aa) (2) (f) (cc) Grundsätzliche Annahme der Schutzwürdigkeit*“ sowie Fn. 415.

529 Vgl. Fn. 394 und 407.

530 Vgl. dazu unter „*Teil I D. III. 1. a) bb) Ablaufhemmung gem. §§ 210, 211 BGB*“ sowie Fn. 89.

er gegenüber dem vermeintlich Vertretenen zur Einholung der erforderlichen Informationen und Auskünfte vorgeht. Im Gegensatz zu den Fällen der unmittelbaren Anwendung der §§210, 211 BGB hat eine etwaige Untätigkeit des Anspruchsinhabers insoweit daher durchaus einen entscheidenden Einfluss auf die Beseitigung des der Rechtsverfolgung entgegenstehenden Hindernisses. Folglich kann eine die Ablaufhemmung analog §§210, 211 BGB rechtfertigende Schutzwürdigkeit des Anspruchsinhabers lediglich dann angenommen werden, wenn er sämtliche ihm in zumutbarer Art und Weise zur Verfügung stehenden Ermittlungsmöglichkeiten ausgeschöpft und die im Zusammenhang mit der Geltendmachung der Haftungsansprüche aus § 179 BGB eingetretenen Verzögerungen damit nicht zu vertreten hat. Nur in diesem Fall gehen die bestehenden Wissensdefizite nach wie vor ausschließlich auf das anfängliche Vertrauen des Anspruchsinhabers in einen wirksamen Vertragsschluss mit dem vermeintlich Vertretenen zurück, sodass sich im Ergebnis ein typisches Risiko der Vertretung ohne Vertretungsmacht verwirklicht, vor dem der Anspruchsinhaber nach den grundlegenden Wertungen der quasivertraglichen Vertreterhaftung gem. § 179 BGB gerade geschützt werden muss und welches daher grundsätzlich der persönlichen Sphäre des falsus procurator zugewiesen wird.[531]

Im Übrigen muss in diesem Zusammenhang auch unbedingt bedacht werden, dass der Anspruchsinhaber anderenfalls in der Lage wäre, den Beginn der sechsmonatigen Ablaufhemmung analog §§210, 211 BGB und dementsprechend den Eintritt der Verjährung seiner Haftungsansprüche aus § 179 BGB über eine bewusste Verzögerung der Aufklärungsmaßnahmen immer weiter hinauszuschieben. In der Folge bestünde die Gefahr einer erheblichen Ausweitung der quasivertraglichen Vertreterhaftung gem. § 179 BGB bis hin zur faktischen Unverjährbarkeit und damit einhergehend einer umfassenden Unterwanderung des jeweils einschlägigen Verjährungsregimes mitsamt den dahinterstehenden Zielen und Wertungen.

Um der besonderen und insoweit von den Regelfällen der §§210, 211 BGB gerade abweichenden Ausgangslage hinreichend Rechnung zu tragen sowie einen angemessenen Ausgleich zwischen dem von § 179 BGB intendierten Vertrauensschutz und dem Interesse an der Herstellung von Rechtssicherheit und Rechtsfrieden zu schaffen, muss als wertungsmäßiges Korrektiv somit zwingend eine grundsätzliche Obliegenheit des Anspruchsinhabers zur möglichst zügigen Aufklärung der Person des Vertreters und damit der richtigen Anspruchsgegnerschaft i. S. d. § 179 BGB angenommen werden.

Wenn der Anspruchsinhaber diese Tätigkeits- bzw. Förderobliegenheit verletzt, sei es, weil er schon die Aufnahme der gebotenen Ermittlungen

531 Vgl. dazu unter „*Teil II A. I. Rechtsnatur und Ratio der Haftung*" sowie Fn. 119 und 122.

schuldhaft verzögert, sei es, weil er die entsprechenden Maßnahmen nicht kontinuierlich weiterbetreibt, hat er seinen Vertrauensschutz verwirkt, mit der Folge, dass ihm eine Berufung auf die Ablaufhemmung analog §§ 210, 211 BGB zu versagen und dem Interesse des Anspruchsgegners am Ausbleiben der Anspruchsverfolgung der Vorzug zu geben ist. In verfahrensrechtlicher Hinsicht ist dabei vorzugswürdig von einer von Amts wegen zu berücksichtigenden Einwendung des Anspruchsgegners, mithin des Vertreters, auszugehen, für welche dieser auch die entsprechende Darlegungs- und Beweislast zu tragen hat. Insoweit gelten schließlich die allgemeinen beweisrechtlichen Grundsätze, wonach jede Partei die für sie günstigen Tatsachen darzulegen und zu beweisen hat. Daraus folgt, dass der Anspruchsinhaber grundsätzlich die Darlegungs- und Beweislast dafür trägt, dass er aufgrund der Unkenntnis der Person des Vertreters an der rechtzeitigen Verfolgung seiner quasivertraglichen Ersatzansprüche aus § 179 BGB gehindert war und ihm deshalb die grundsätzlich sechsmonatige Ablaufhemmung analog §§ 210, 211 BGB zugutekommt.[532] Anschließend ist es die Sache des in Anspruch genommenen Vertreters, darzulegen und zu beweisen, dass der Anspruchsinhaber seine Obliegenheit zur möglichst zügigen Aufklärung der zugrunde liegenden Sach- und Rechtslage verletzt hat und dieser daher nicht vor einer Verjährung seiner Rechte aus § 179 BGB zu schützen ist. Hierbei kann grundsätzlich auch der Rechtsgedanke der unzulässigen Rechtsausübung i. S. d. § 242 BGB fruchtbar gemacht werden, die ebenfalls zu einer entsprechenden Einwendung des Anspruchsgegners führt.[533] Schließlich wird man davon ausgehen müssen, dass eine Berufung auf die Ablaufhemmung analog §§ 210, 211 BGB auch rechtsmissbräuchlich ist und damit gegen die Gebote von Treu und Glauben gem. § 242 BGB verstößt, wenn der Anspruchsinhaber die Beseitigung seiner Wissensdefizite als das der Rechtsverfolgung i. S. d. § 179 BGB entgegenstehende Hindernis durch seine eigene Untätigkeit bzw. Nachlässigkeit schuldhaft verzögert hat. Klar ist dabei freilich, dass der Nachweis einer derartigen Obliegenheitsverletzung für den Anspruchsgegner eher schwierig zu führen sein wird, erlangt dieser doch von den konkreten Umständen der seiner Inanspruchnahme vorangegangenen Aufklärungs- und Ermittlungsmaßnahmen in aller Regel keine Kenntnis. Da es sich insoweit aber um Umstände aus der Sphäre des Anspruchsinhaber handelt, wird man zur Erleichterung der Beweisführung allerdings ähnlich wie bei der Schadensminderungsobliegenheit i. S. d. § 254 Abs. 2 S. 1 BGB davon auszugehen haben, dass er an der Sachverhaltsauf-

532 Vgl. dazu auch Fn. 395.

533 Grüneberg/Grüneberg, § 242 Rn. 41.

klärung mitwirken und die von ihm zur Geltendmachung seiner Ersatzansprüche aus § 179 BGB unternommenen Maßnahmen darlegen muss.[534]

Problem: Maßgeblicher Zeitpunkt für die Beurteilung der Schutzwürdigkeit

Wie bereits dargestellt, entsteht bei Unkenntnis der Person des Vertreters ein der Rechtsverfolgung entgegenstehendes Hindernis streng genommen erst ab dem Zeitpunkt der Verweigerung der Genehmigung des gem. § 177 Abs. 1 BGB schwebend unwirksamen Vertrages durch den vermeintlich Vertretenen und der damit einhergehenden Entstehung der an die Stelle der eigentlich begehrten vertraglichen Ansprüche tretenden Ersatzansprüche aus § 179 BGB. Im Grundsatz kommt es für die Beurteilung der Schutzwürdigkeit des Anspruchsinhabers somit entscheidend darauf an, dass die jeweils einschlägige Verjährungsfrist infolge der analog § 198 BGB vorzunehmenden Anrechnung in diesem Zeitpunkt noch nicht abgelaufen ist und der Anspruchsinhaber ohne schuldhaftes Zögern die ihm obliegenden Aufklärungs- und Ermittlungsmaßnahmen in die Wege leitet. In seltenen Fällen ist jedoch denkbar, dass der Anspruchsinhaber von dem Umstand der Vertretung ohne Vertretungsmacht bereits zu einem Zeitpunkt erfährt bzw. erfahren muss, in dem bei unterstellter Wirksamkeit des gescheiterten Vertrages noch keine Verjährung eingetreten wäre, die Haftungsansprüche gem. § 179 BGB allerdings erst so spät zur Entstehung gelangen, dass ihm nach der gebotenen Anrechnung analog § 198 BGB keinerlei Restverjährungsfrist mehr verbleibt. In diesen Ausnahmefällen des Auseinanderfallens von subjektiver Kenntnis bzw. Kennenmüssen des Anspruchsinhabers und Anspruchsentstehung i. S. d. § 179 BGB muss für die Beurteilung der Schutzwürdigkeit und damit des Eingreifens einer Ablaufhemmung analog §§ 210, 211 BGB vorzugswürdig bereits auf den früheren Zeitpunkt der Kenntniserlangung bzw. des Kennenmüssens abgestellt werden. Im Einklang mit dem Rechtsgedanken des Haftungsausschlusses in § 179 Abs. 3 S. 1 BGB wird schließlich bereits in diesem Moment das schutzwürdige Vertrauen in einen wirksamen Vertragsschluss mit dem vermeintlich Vertretenen zerstört, mit der Folge, dass auch bereits ab dem Zeitpunkt die grundsätzliche Obliegenheit des Anspruchsinhabers eingreift, alles ihm Mögliche, Erforderliche und Zumutbare zur rechtzeitigen Geltendmachung und Verfolgung seiner quasivertraglichen Ersatzansprüche aus § 179 BGB zu tun.[535] Hiervon werden zwingend die in den vorliegenden Fällen der Unkenntnis der Identität des Vertreters gebotenen Aufklärungs- und Ermittlungsmaßnahmen erfasst. Kommt der Anspruchsinhaber dieser Tätigkeits- bzw. Förderobliegenheit ohne schuldhaftes Zögern ordnungsgemäß nach, dann muss er nach den zuvor heraus-

534 Vgl. BGH, NJW 2007, 64 (65); BGH, NJW-RR 2018, 714 (717); Grüneberg/Grüneberg, § 254 Rn. 72.

535 Vgl. dazu insbesondere die Erwägungen unter „*Teil III A. II. 1. c) aa) (2) (c) (cc) Keine rechtzeitige Anspruchsentstehung i. S. d. § 179 BGB*“ sowie Fn. 383.

gearbeiteten Erwägungen und Grundsätzen als schutzwürdig angesehen und im Zeitpunkt der erfolgreichen Ermittlung des falsus procurator damit in den Genuss der sechsmonatigen Ablaufhemmung analog §§ 210, 211 BGB kommen. Schließlich bilden die entsprechenden Aufklärungs- und Ermittlungsmaßnahmen in den hier in Rede stehenden Problemfällen der nicht rechtzeitigen Kenntniserlangung von der Person des Vertreters die einzige Möglichkeit zur Verfolgung der aus § 179 BGB resultierenden Rechte. Der späteren Anspruchsentstehung i. S. d. § 179 BGB kommt insoweit daher keine entscheidende Bedeutung zu, sodass auch die damit einhergehende Anrechnung analog § 198 BGB nicht mehr schaden kann. Ein ausschließliches Abstellen hierauf wäre vielmehr zu formalistisch und würde der tatsächlichen Schutzwürdigkeit des Anspruchsinhabers nicht hinreichend gerecht.

(ee) Zwischenergebnis

Für die Sonderfälle, in denen der Anspruchsinhaber als Folge seines grundsätzlich schutzwürdigen Vertrauens in einen wirksamen Vertragsschluss mit dem vermeintlich Vertretenen von der Person des Vertreters keine Kenntnis hat und deshalb an der rechtzeitigen Verfolgung seiner Rechte aus § 179 BGB gehindert ist, bietet der Ansatz der Ablaufhemmung analog §§ 210, 211 BGB in Ergänzung zu dem Modell von Gesamt- und Anrechnungslösung analog § 198 BGB sach- und interessengerechte Ergebnisse. Demnach kann sich der Anspruchsinhaber ab dem Zeitpunkt der Beseitigung seiner Wissensdefizite auf die grundsätzlich sechsmonatige Ablaufhemmung analog §§ 210, 211 BGB berufen, sofern im Zeitpunkt der Kenntniserlangung bzw. des Kennenmüssens der mangelnden Vertretungsmacht, der in der Regel ohnehin mit der Anspruchsentstehung i. S. d. § 179 BGB und damit der analog § 198 BGB vorzunehmenden Anrechnung zusammenfällt, bei unterstellter Vertragswirksamkeit noch keine Verjährung eingetreten wäre und der Anspruchsinhaber ab diesem Zeitpunkt ohne schuldhaftes Zögern alle möglichen, erforderlichen und zumutbaren Maßnahmen zur Aufklärung der zugrunde liegenden Sach- und Rechtslage unternimmt. Auf diese Art und Weise wird sowohl dem im Rahmen des § 179 BGB gebotenen Vertrauensschutz als auch den mit den jeweils einschlägigen Sonderverjährungsregelungen verfolgten Interessen des Anspruchsgegners und des Rechtsverkehrs an der möglichst zügigen Herstellung von Rechtssicherheit und Rechtsfrieden angemessen Rechnung getragen.

d) Zusammenfassung und Fazit

Zusammenfassend ist somit festzuhalten, dass dem Modell von Gesamt- und Anrechnungslösung analog § 198 BGB der Vorzug zu geben ist, wenn das nach den bereits dargestellten Grundsätzen auf die quasivertraglichen Vertreterhaftung aus § 179 BGB anwendbare Verjährungsregime eine besondere Regelung des Verjährungsbeginns vorsieht. Nach dem Ansatz der Gesamtlösung beginnt der Verjährungsfristlauf in derartigen Fällen erst, wenn die diesbezüglichen Voraussetzungen der jeweils einschlägigen Sonderverjährungsregelung und die zur Anspruchsentstehung i. S. d. § 179 BGB führende Verweigerung der Genehmigung des gem. § 177 Abs. 1 BGB schwebend unwirksamen Vertretergeschäfts kumulativ vorliegen. Um jedoch unbillige Verzögerungen zu verhindern, ist daraufhin nach dem Ansatz der Anrechnungslösung analog § 198 BGB die bei unterstellter Vertragswirksamkeit bis dahin verstrichene Verjährungszeit anzurechnen, wobei grundsätzlich auch die im Verhältnis zu dem vermeintlich Vertretenen verwirklichten Hemmungstatbestände i. S. d. §§ 203 ff. BGB durchschlagen. Lediglich in den besonderen Problemfällen der Unkenntnis der Person des Vertreters hilft das Modell von Gesamt- und Anrechnungslösung analog § 198 BGB allein nicht weiter, sodass insoweit ergänzend auf die Ablaufhemmung analog §§ 210, 211 BGB zurückzugreifen ist, um den schutzwürdigen Interessen des Anspruchsinhabers Genüge zu tun. Nichtsdestoweniger ergibt sich damit insgesamt ein weitgehend einheitliches und harmonisches Modell zur verjährungsrechtlichen Behandlung der quasivertraglichen Haftungsansprüche gem. § 179 BGB, das grundsätzlich dazu in der Lage ist, die beteiligten Interessen in einen angemessenen Ausgleich zu bringen und auf diese Weise sowohl dogmatisch als auch wertungsmäßig überzeugende Ergebnisse zu liefern. Einerseits ist dadurch gewährleistet, dass dem Anspruchsinhaber stets eine angemessene und zumutbare Möglichkeit zur Geltendmachung seiner Rechte aus § 179 BGB zur Verfügung steht und der insoweit intendierte Vertrauensschutz umfassend verwirklicht wird. Andererseits findet die hypothetische Rechtslage bei Wirksamkeit des gescheiterten Vertrages und damit der besondere wirtschaftliche Ersatzwertcharakter der quasivertraglichen Vertreterhaftung gem. § 179 BGB sowie der für diese prägende Grundsatz der Vertragsakzessorietät hinreichende Berücksichtigung, sodass die Intentionen und Wertungen des jeweils einschlägigen Verjährungsregimes in gleicher Weise adäquat zur Geltung kommen.

2. Keine besondere Regelung des Verjährungsbeginns

Wenn die im Fall der Wirksamkeit des gescheiterten Vertrages und nach den bereits dargestellten Grundsätzen damit auch auf die quasivertragliche Vertreterhaftung gem. § 179 BGB anwendbare Verjährungsregelung den Fristbeginn nicht gesondert regelt, gelten grundsätzlich die allgemeinen Bestimmungen der §§ 199, 200 BGB. Im Einzelnen bedeutet dies, dass die von der Regelverjährung i. S. d. § 195 BGB abweichenden besonderen Verjährungsfristen gem. § 200 S. 1 BGB mit der Anspruchsentstehung beginnen. Soweit hingegen die regelmäßige Verjährungsfrist von drei Jahren gem. § 195 BGB zur Anwendung gelangt, kommt es für den Verjährungsbeginn nach der allgemeinen Ultimo-Regelung des § 199 Abs. 1 BGB in erster Linie auf den Schluss des Jahres an, in dem der zugrunde liegende Anspruch entsteht und der Anspruchsinhaber von sämtlichen anspruchsbegründenden Umständen sowie von der Person des Schuldners Kenntnis erlangt bzw. erlangen muss.

In diesen Fällen stellt sich nun, ähnlich wie in den zuvor behandelten Konstellationen der besonderen Regelung des Verjährungsbeginns, die Frage nach dem im Rahmen der quasivertraglichen Vertreterhaftung aus § 179 BGB maßgeblichen Verjährungsfristlauf. Jedoch gilt es dabei zu erkennen, dass die Problematik an der Stelle etwas anders gelagert ist als zuvor. Wendet man schließlich die bei unterstellter Vertragswirksamkeit einschlägigen allgemeinen Regelungen über den Verjährungsbeginn gem. §§ 199, 200 BGB einfach auch auf die Haftungsansprüche aus § 179 BGB an, dann beginnt der jeweilige Verjährungsfristlauf in keinem Fall vor deren Entstehung durch die Verweigerung des gem. § 177 Abs. 1 BGB schwebend unwirksamen Vertretergeschäfts bzw. durch das Eingreifen der diesbezüglichen Fiktion i. S. d. § 177 Abs. 2 S. 2 BGB. Die insoweit zugrunde liegende Ausgangssituation entspricht daher bereits von vornherein derjenigen, die sich in den vorhergehenden Fällen der besonderen Bestimmung des Verjährungsbeginns bei der Anwendung der grundsätzlich vorzugswürdigen Gesamtlösung ergibt. Das bedeutet aber zugleich auch, dass sich im Ergebnis dieselben Probleme wie im Rahmen der Gesamtlösung stellen. Schließlich kann der Zeitpunkt der Anspruchsentstehung i. S. d. § 179 BGB ganz wesentlich von dem Zeitpunkt der Entstehung der wirtschaftlich bzw. inhaltlich korrespondierenden Ansprüche aus und im Zusammenhang mit dem eigentlich beabsichtigten Vertrag abweichen, mit der Folge, dass sich faktisch erheblich divergierende Verjährungszeiträume ergeben können und damit die hypothetische Rechtslage bei Vertragswirksamkeit nicht in dem grundsätzlich gebotenen Maße berücksichtigt wird. Im Falle der regelmäßigen Ultimo-Verjährung gem. §§ 195, 199 Abs. 1 BGB wird sich eine dementsprechend auseinanderfallende Anspruchsentstehung zwar dann nicht auswirken, wenn sowohl der tatsächliche als auch der hypothetische Entstehungszeitpunkt – was wohl häufig der Fall sein wird – in dasselbe Jahr fällt. Allerdings ist es insoweit auch durchaus denkbar, dass sich bereits eine nur geringfügige Abweichung der Entstehungszeitpunkte in verjährungsrechtlicher Hinsicht ganz gravierend auswirkt und zu einer faktisch erheblich verlängerten Verjährungsfrist führt. Dies zeigt etwa das nachfolgende *Fallbeispiel:*

Im Zuge der Errichtung eines Einfamilienhauses beauftragt der Bauherr A den H mit der Heizungsinstallation. Kurz vor der Fertigstellung stellt sich heraus, dass die montierten Heizkörper nicht zu der Größe der Fenster passen. Aus diesem Grund beauftragt der Architekt B den H im Namen des A mit der Installation passender Heizkörper. Mit der am 01.12.2020 er-

folgten Abnahme stellt der H dem A u. a. auch die durch den Heizkörpertausch entstandenen Mehrkosten in Höhe von € 10.000,00 in Rechnung. Am 11.01.2021 lehnt der A gegenüber dem H die Bezahlung der Mehrkosten unter Berufung auf die insoweit mangelnde Vertretungsmacht des B ab und verweigert im Übrigen die Genehmigung der Beauftragung. Der H beabsichtigt nun, seinen noch offenen Werklohnanspruch direkt gegenüber dem B im Wege der persönlichen Vertreterhaftung nach § 179 Abs. 1 BGB geltend zu machen.

In diesem Fall wäre der Werklohnanspruch des H aus § 631 Abs. 1 BGB bei unterstellter Wirksamkeit des Vertretergeschäfts gem. § 641 Abs. 1 S. 1 BGB bereits mit der am 01.12.2020 erfolgten Abnahme i. S. d. § 640 Abs. 1 S. 1 BGB entstanden. Die für diesen Anspruch geltende dreijährige Regelverjährungsfrist i. S. d. § 195 BGB[536] hätte somit gem. § 199 Abs. 1 BGB mit dem Schluss des Jahres 2020 begonnen und würde mit dem Ablauf des Jahres 2023 enden. Da der letztlich inhaltsgleiche Haftungsanspruch gegenüber dem als Vertreter ohne Vertretungsmacht aufgetretenen B aus § 179 Abs. 1 BGB aber erst kurz nach dem Jahreswechsel infolge der Genehmigungsverweigerung des A vom 11.01.2021 entstanden ist, hätte eine uneingeschränkte Anwendung der Ultimo-Regelung des § 199 Abs. 1 BGB zur Folge, dass die auch insoweit einschlägige dreijährige Regelverjährungsfrist des § 195 BGB erst mit dem Schluss des Jahres 2021 beginnt und mit dem Ablauf des Jahres 2024 endet. Somit würde dem H nun faktisch ein ganzes Jahr mehr zur Verfolgung seiner Rechte zur Verfügung stehen, nur weil sich das von ihm eigentlich beabsichtigte Geschäft infolge der mangelnden Vertretungsmacht des aufseiten seines vermeintlichen Vertragspartners aufgetretenen Vertreters als unwirksam erweist. Ein solches Ergebnis wäre für den Anspruchsinhaber ein „Geschenk des Himmels", da er in verjährungsrechtlicher Hinsicht ohne sachlich rechtfertigenden Grund wesentlich bessergestellt würde als bei unterstellter Wirksamkeit des ursprünglich begehrten Vertragsschlusses. Dies ist mit dem besonderen wirtschaftlichen Ersatzwertcharakter der quasivertraglichen Vertreterhaftung aus § 179 BGB sowie der für sie prägenden Vertragsakzessorietät nicht zu vereinbaren und würde letztlich zu einer faktischen Unterwanderung der jeweils anzuwendenden gesetzlichen Verjährungsregelungen führen.

Auch in derartigen Fallgestaltungen kann jedoch über das Modell der Anrechnungslösung analog § 198 BGB Abhilfe geschaffen und so erreicht werden, dass eine unbillige Verzögerung des Verjährungsfristlaufs unterbleibt und die widerstreitenden Interessen der Beteiligten in einen angemessenen Ausgleich gebracht werden. Schließlich muss sich der Anspruchsinhaber dabei analog § 198 BGB die hypothetische Verjährungszeit anrechnen lassen,

536 Grüneberg/Retzlaff, § 632 Rn. 19.

die bei unterstellter Wirksamkeit des gescheiterten Vertrages bis zum Zeitpunkt des Verjährungsbeginns in Ansehung der quasivertraglichen Vertreterhaftung gem. § 179 BGB bereits fruchtlos verstrichen wäre. Im Zusammenhang mit der Regelverjährung gem. §§ 195, 199 Abs. 1 BGB ist allerdings zu beachten, dass für die Anrechnung analog § 198 BGB anders als in den vorhergehenden Fällen der besonderen Regelung des Verjährungsbeginns nicht schon auf die Anspruchsentstehung i. S. d. § 179 BGB abgestellt werden kann, sondern erst auf den Zeitpunkt des entsprechenden Fristbeginns zum jeweiligen Jahresende. Im Übrigen ergeben sich insoweit jedoch keine Besonderheiten, sodass umfassend auf die vorhergehenden Ausführungen zur Anrechnung analog § 198 BGB verwiesen werden kann. Insbesondere wird einer etwaigen Schutzwürdigkeit des Anspruchsinhabers auch in den vorliegenden Fällen der Anwendbarkeit der allgemeinen Bestimmungen über den Verjährungsbeginn gem. §§ 199, 200 BGB über die Möglichkeit hinreichend Rechnung getragen, dass die im Verhältnis zu dem vermeintlich Vertretenen verwirklichten gesetzlichen Hemmungstatbestände i. S. d. §§ 203 ff. BGB im Zuge der Anrechnung analog § 198 BGB ebenso auf den Vertreter durchschlagen.[537]

Was die Ultimo-Regelung des § 199 Abs. 1 BGB anbelangt, muss dabei freilich bedacht werden, dass dies nur für Hemmungstatbestände vor der endgültigen Anspruchsentstehung i. S. d. § 179 BGB gelten und eine wirksame Verjährungshemmung spätestens ab diesem Zeitpunkt nur noch direkt gegenüber dem Vertreter als Anspruchsgegner i. S. d. § 179 BGB erfolgen kann. Dem steht es nicht entgegen, wenn die einschlägige Verjährungsfrist gem. § 199 Abs. 1 BGB erst später mit Jahresende zu laufen beginnt. Zum einen muss richtigerweise davon ausgegangen werden, dass die Verjährung ganz allgemein schon vor ihrem Beginn gehemmt werden kann, etwa durch die Einleitung von Rechtsverfolgungsmaßnahmen i. S. d. § 204 Abs. 1 BGB.[538] Schließlich ist es nur sach- und interessengerecht, dem Gläubiger die Vorzüge der Verjährungshemmung genauso zuzusprechen, wenn er besonders sorgfältig agiert und bereits vor dem eigentlichen Fristbeginn zur Verfolgung seiner Rechte aktiv tätig wird. Zum anderen ist es gerade in den besonderen Fällen der Vertretung ohne Vertretungsmacht aus Gründen der „Waffengleichheit“ geboten, dass dem Anspruchsinhaber im Hinblick auf seine Rechte aus § 179 BGB auch bereits ein vor dem eigentlichen Verjährungsbeginn i. S. d. § 199 Abs. 1 BGB im Verhältnis zum falsus procurator verwirklichter Hemmungstatbestand i. S. d. §§ 203 ff. BGB zugutekommt,

537 Vgl. dazu ausführlich unter „*Teil III A. II. 1. c) bb) (2) (c) Praktische Umsetzung der Anrechnungslösung analog § 198 BGB*“.

538 So auch Staudinger/Peters/Jacoby, § 204 Rn. 38; a. A. BGH, NJW-RR 2011, 305 (306); BGH, NJW 1995, 3380 (3381); BGHZ 52, 47 (49) = NJW 1969, 1164; BeckOGK-BGB/Meller-Hannich, § 204 Rn. 17.

wenn sich dieser analog § 198 BGB schon die im Falle der Vertragswirksamkeit fruchtlos verstrichene Verjährungszeit anrechnen lassen muss. Im Ergebnis hat in derartigen Konstellationen analog § 198 BGB somit lediglich eine Anrechnung der bis zum Eingreifen der entsprechenden Hemmungswirkung abgelaufenen Zeit zu erfolgen. Dies wiederum hat jedoch konsequenterweise auch zur Folge, dass bei unterstellter Wirksamkeit des gescheiterten Vertrages im Zeitpunkt des Vorliegens der gesetzlichen Hemmungsvoraussetzungen i. S. d. §§ 203 ff. BGB noch keine Verjährung eingetreten sein dürfte, da sich dies über die Anrechnung analog § 198 BGB dann ebenfalls auf die quasivertraglichen Haftungsansprüche aus § 179 BGB durchschlagen würde.

Darüber hinaus ist der Anspruchsinhaber auch in solchen Fällen über eine in der Regel sechsmonatige Ablaufhemmung analog §§ 210, 211 BGB vor einer Verjährung seiner quasivertraglichen Haftungsansprüche aus § 179 BGB zu schützen, wenn er infolge seines berechtigten Vertrauens auf einen wirksamen Vertragsschluss mit dem vermeintlich Vertretenen die Person des Vertreters nicht kennt und ihm in diesem Zusammenhang keine Verletzung seiner Obliegenheit zu einer möglichst zügigen Beseitigung seiner Wissensdefizite vorgeworfen werden kann. Zwar beginnt die regelmäßige Verjährungsfrist gem. §§ 195, 199 Abs. 1 Nr. 2 BGB grundsätzlich nicht vor der Kenntniserlangung von der Person des Schuldners, mithin in den vorliegenden Fällen von der Person des falsus procurator i. S. d. § 179 BGB. Jedoch besteht dabei aufgrund der analog § 198 BGB vorzunehmenden Anrechnung der bei hypothetischer Vertragswirksamkeit bereits verstrichenen Verjährungszeit dennoch die Gefahr des sofortigen Verjährungseintritts ohne die angemessene und zumutbare Möglichkeit zur Verfolgung der aus § 179 BGB resultierenden Rechte. Im Übrigen gilt es insbesondere im Zusammenhang mit der Ultimo-Regelung des § 199 Abs. 1 BGB noch zu beachten, dass es für das Eingreifen der grundsätzlich sechsmonatigen Ablaufhemmung analog §§ 210, 211 BGB stets ausschließlich auf den Zeitpunkt der Beseitigung des der Anspruchsverfolgung i. S. d. § 179 BGB entgegenstehenden Hindernisses durch die erfolgreiche Aufklärung der Identität des Vertreters ankommt, auch wenn der entsprechende Verjährungsfristlauf gem. § 199 Abs. 1 BGB erst zum jeweiligen Jahresende und damit zeitlich später beginnt. Indem sich der Anspruchsinhaber in derartigen Fällen somit de facto schon die Zeit, die von der Beseitigung seiner Wissensdefizite bis zum Zeitpunkt des eigentlichen Verjährungsbeginns i. S. d. § 199 Abs. 1 BGB verstrichen ist, auf seine Ablaufhemmung analog §§ 210, 211 BGB anrechnen lassen muss, wird sichergestellt, dass er nur den bei objektiver Betrachtung zu einer angemessenen sowie zumutbaren Verfolgung seiner Rechte aus § 179 BGB unabdingbaren Zeitraum zusätzlich zu dem originären Verjährungszeitraum erhält und es darüber hinaus zu keinen weiteren bzw. unnötigen

Verzögerungen zulasten des Anspruchsgegners mehr kommt. Hinsichtlich der weiteren Einzelheiten der Ablaufhemmung analog §§ 210, 211 BGB kann sodann auch an dieser Stelle umfassend auf die vorhergehenden Ausführungen im Zusammenhang mit der besonderen gesetzlichen Bestimmung des Verjährungsbeginns verwiesen werden.[539]

III. Zusammenfassung der Ergebnisse für die Haftung gem. § 179 BGB

Für die verjährungsrechtliche Behandlung der quasivertraglichen Vertreterhaftung aus § 179 BGB kann somit festgehalten werden, dass sich die anzuwendende Verjährungsfrist stets nach dem inhaltlich bzw. wirtschaftlich korrespondierenden Anspruch bei unterstellter Wirksamkeit des gescheiterten Vertrages und hilfsweise nach dem vertraglichen Erfüllungsanspruch zu richten hat. Im Hinblick auf den Verjährungsbeginn muss im jeweiligen Einzelfall zunächst danach differenziert werden, ob dieser durch das einschlägige Verjährungsregime besonders geregelt wird. Bei Vorliegen einer entsprechenden Spezialregelung beginnt der Verjährungsfristlauf nach dem Ansatz der vorzugswürdigen Gesamtlösung erst, wenn sowohl die diesbezüglichen Voraussetzungen der Sonderverjährungsregelung als auch die Entstehungsvoraussetzungen für die Haftungsansprüche aus § 179 BGB kumulativ vorliegen. Ist der Verjährungsbeginn hingegen nicht besonders geregelt, dann finden auf die quasivertraglichen Ersatzansprüche aus § 179 BGB die allgemeinen Vorschriften der §§ 199, 200 BGB unmittelbare Anwendung, mit der Folge, dass die zugrunde liegende Verjährungsfrist – entsprechend dem Ansatz der Gesamtlösung – ebenfalls nicht vor der Anspruchsentstehung i. S. d. § 179 BGB infolge der Verweigerung der Genehmigung des gem. § 177 Abs. 1 BGB schwebend unwirksamen Vertretergeschäfts bzw. der diesbezüglichen Fiktion des § 177 Abs. 2 S. 2 BGB zu laufen beginnt. In beiden Fällen ist gleichermaßen auf das aus Wertungsgründen zur Vermeidung einer sachlich nicht gerechtfertigten Verlängerung des faktischen Verjährungszeitraums gebotene Korrektiv der Anrechnungslösung abzustellen. Demnach muss sich der Anspruchsinhaber analog § 198 BGB stets die bei hypothetischer Vertragswirksamkeit bereits verstrichene Verjährungszeit anrechnen lassen, wobei allerdings zur Wahrung seiner schutzwürdigen Interessen im Grundsatz auch die im Verhältnis zu dem vermeintlich Vertretenen verwirklichten Hemmungstatbestände i. S. d. §§ 203 ff. BGB zu berücksichtigen sind. Für die Sonderfälle der Unkenntnis der Person des Vertreters ist darüber hinaus auf die in der Regel sechsmonatige Ablaufhemmung analog §§ 210, 211 BGB zurückzugreifen, sofern der Anspruchsinhaber die einge-

539 Vgl. dazu ausführlich unter „*Teil III A. II. 1. c) bb) (2) (d) (dd) Lösung über §§ 210, 211 BGB analog*“.

tretenen Verzögerungen nicht zu vertreten hat und damit zwingend vor einer Verjährung seiner Rechte aus § 179 BGB geschützt werden muss.

B. Verjährung der Ansprüche aus § 122 BGB

Im weiteren Verlauf steht nun die Verjährung der quasivertraglichen Haftung des Irrenden bzw. Anfechtenden aus § 122 BGB im Zentrum der Untersuchung. Wenngleich die Vorschrift auch die Fälle der Nichtigkeit i. S. d. § 118 BGB erfasst, soll der Schwerpunkt der nachfolgenden Betrachtung auf die praxisrelevanteren und in verjährungsrechtlicher Hinsicht problematischeren Fälle der Nichtigkeit infolge einer Anfechtung gem. §§ 119, 120 BGB i. V. m. § 142 Abs. 1 BGB gelegt werden. Schließlich liegt insoweit eine ähnliche Ausgangssituation zugrunde wie in den vorhergehenden Fällen der persönlichen Vertreterhaftung aus § 179 BGB, da auch die Schadensersatzansprüche aus § 122 BGB erst mit der Anfechtung des entsprechenden Vertrages und damit in der Regel zu einem ganz anderen Zeitpunkt als die Ansprüche bei Wirksamkeit des gescheiterten Vertrages entstehen.

I. Anwendbare Verjährungsfrist

Auch im Rahmen der quasivertraglichen Schadensersatzhaftung des Anfechtenden aus § 122 BGB stellt sich zunächst die Frage nach der im jeweiligen Einzelfall maßgeblichen Verjährungsfrist. Genauer gesagt geht es an dieser Stelle, wie bei § 179 BGB, ebenfalls um die Anwendbarkeit derjenigen Verjährungsfrist, die für die korrespondierenden vertraglichen Ansprüche gegolten hätte.

1. Aktueller Stand in Rechtsprechung und Literatur

Schon früh hat der BGH darauf hingewiesen, dass aus der dem § 122 Abs. 1 BGB immanenten Begrenzung der Vertrauenshaftung auf den Betrag des Erfüllungsinteresses die grundlegende Wertung zu entnehmen ist, dass die auf den Ersatz des negativen Interesses gerichteten Schadensersatzansprüche aus § 122 BGB in ihrer Intensität nicht über den jeweiligen vertraglichen Erfüllungsanspruch hinaus ausgedehnt werden dürfen und zwar auch nicht in verjährungsrechtlicher Hinsicht.[540] In seinen späteren Grundsatzentscheidungen zur Frage der auf die quasivertraglichen Haftungsansprüche aus c. i. c. und § 179 BGB anwendbaren Verjährungsfrist hat der BGH diese prinzipielle Auffassung sodann jedenfalls im Kern in einem obiter dictum bestätigt. Letztendlich hat er festgestellt, dass die aus § 122 BGB

540 BGHZ 49, 77 (82 f.) = NJW 1968, 547 (548).

resultierenden Schadensersatzansprüche grundsätzlich genauso in der für den Erfüllungsanspruch aus dem eigentlich beabsichtigten Vertrag geltenden Frist verjähren, wie auch die eng damit verwandten und daher unter Wertungsgesichtspunkten vergleichbaren Ansprüche aus c. i. c. und § 179 Abs. 2 BGB. Lediglich zur Begründung hat der BGH dabei nicht mehr länger entscheidend auf die in § 122 Abs. 1 BGB verankerte Haftungsbegrenzung auf das positive Interesse als Höchstmaß abgestellt, sondern auf den besonderen Ersatzwertcharakter der quasivertraglichen Vertrauenshaftung aus § 122 BGB sowie den engen tatsächlichen und wirtschaftlichen Zusammenhang zwischen dieser und dem Inhalt des eigentlich ausbedungenen Vertrages.[541]

Dieser Ansatz des BGH zur verjährungsrechtlichen Behandlung der gegen den Anfechtenden gerichteten Schadensersatzansprüche aus § 122 BGB entsprach bereits damals und entspricht auch noch heute der Auffassung der wohl herrschenden Literaturmeinung,[542] wenngleich – soweit ersichtlich – bislang keine tiefergehende Auseinandersetzung mit der Frage erfolgte, ob das in dieser Pauschalität tatsächlich für sämtliche Fälle der Vertrauenshaftung i. S. d. § 122 BGB gelten kann oder ob nicht eine etwas differenziertere Betrachtung erforderlich wäre.

2. Vollständiger Gleichlauf mit § 179 BGB

Der herrschenden Rechtsprechung und Literatur ist insoweit zuzustimmen, als dass für die quasivertraglichen Haftungsansprüche aus § 122 BGB jedenfalls keine längere Verjährungsfrist zur Anwendung kommen darf als für den von dem Anspruchsinhaber eigentlich begehrten vertraglichen Erfüllungsanspruch. Allerdings muss, wie auch bei der quasivertraglichen Vertreterhaftung aus § 179 BGB, noch einen Schritt weiter gegangen und danach gefragt werden, ob im jeweiligen Einzelfall bei unterstellter Vertragswirksamkeit ein mit dem konkret geltend gemachten Ersatzanspruch aus § 122 BGB inhaltlich identischer vertraglicher Anspruch, quasi ein wirtschaftliches Äquivalent, existiert. Ist dies der Fall, dann muss schon nach der bisherigen Argumentation des BGH zur verjährungsrechtlichen Behandlung quasivertraglicher Schadensersatzansprüche auf das vertragliche Äquivalent abgestellt und die insoweit einschlägige (Sonder-)Verjährungsfrist auf die Vertrauenshaftung aus § 122 BGB übertragen werden. Im Ergebnis bedeutet dies, dass auf die gegen den Anfechtenden gerichteten Haftungsansprüche gem. § 122 BGB im Grundsatz auch die für sonstige (Sekundär-)Ansprü-

541 BGHZ 57, 191 (196 ff.) = NJW 1972, 95 (97); BGHZ 73, 266 (269 f.) = NJW 1979, 1161 (1162).

542 Vgl. BeckOGKBGB/Rehberg, § 122 Rn. 24; BeckOGKBGB/Piekenbrock, § 195 Rn. 39; Staudinger/Singer, § 122 Rn. 23; MüKoBGB/Armbrüster, § 122 Rn. 26; a. A. Soergel/Harke, § 122 Rn. 14, der pauschal auf die allgemeine Regelverjährung gem. §§ 195, 199 BGB abstellt.

che aus und im Zusammenhang mit dem gescheiterten Vertrag geltenden (Sonder-)Verjährungsfristen anzuwenden sind, soweit die aus § 122 BGB resultierenden Ansprüche bei der gebotenen wirtschaftlichen Betrachtung als Ersatzwert an die Stelle dieser vertraglichen Ansprüche treten und ihnen daher inhaltlich entsprechen.[543] Da es sich bei § 122 BGB um eine rein auf den Ersatz des negativen Interesses gerichtete Vertrauenshaftung handelt, wird es zwar, anders als beispielsweise im Rahmen der quasivertraglichen Erfüllungshaftung i. S. d. § 179 Abs. 1 BGB, weit seltener der Fall sein, dass bei unterstellter Wirksamkeit des angefochtenen Vertrages ein wirtschaftlich bzw. inhaltlich korrespondierender Sekundäranspruch mit einem von dem vertraglichen Erfüllungsanspruch abweichenden Sonderverjährungsregime besteht. Jedoch ist dies in bestimmten Fällen dennoch durchaus denkbar, etwa wenn ein Mietvertrag von dem potenziellen Mieter nach bereits erfolgten Veränderungen oder Verschlechterungen an der Mietsache noch erfolgreich nach §§ 119, 120 BGB i. V. m. § 142 Abs. 1 BGB angefochten wird und die sich aus § 122 BGB im Hinblick auf den Zustand der Mietsache ergebenden Haftungsansprüche des Vermieters inhaltlich somit exakt den von der besonderen mietrechtlichen Verjährungsregelung des § 548 Abs. 1 BGB in Bezug genommenen Ersatzansprüchen entsprechen. Nur wenn im konkreten Einzelfall kein derartiges vertragliches Äquivalent existiert, ist in Ansehung der quasivertraglichen Ersatzansprüche gem. § 122 BGB mit dem bisherigen Ansatz von herrschender Rechtsprechung und Literaturmeinung, wie auch bei § 179 BGB, entscheidend auf die im Falle der Vertragswirksamkeit für den jeweiligen vertraglichen Erfüllungsanspruch geltende Verjährungsfrist zurückzugreifen.

Wie schon dargestellt, hat sowohl die Haftung des falsus procurator aus § 179 BGB als auch die Haftung des Anfechtenden aus § 122 BGB ihren Ursprung in dem von *Jhering* mit seinem rechtshistorisch bedeutungsvollen Beitrag „*Culpa in contrahendo oder Schadensersatz bei nichtigen oder nicht zur Perfection gelangten Verträgen*“[544] im Jahr 1861 für die Fälle gescheiterter Vertragsschlüsse entwickelten Ansatz einer auf den Ersatz des negativen Interesses gerichteten vertragsähnlichen Vertrauenshaftung.[545] Die Haftungstatbestände gem. § 122 BGB und § 179 BGB sind somit eng miteinander verwandt und sehen gleichermaßen eine verschuldensunabhängige gesetzliche Garantiehaftung vor, die dem Risikoprinzip folgt und in erster Linie dem nach der gesetzgeberischen Intention übergeordneten Ziel des Vertrau-

543 Vgl. die entsprechenden Ausführungen zu § 179 BGB unter „*Teil III A. I. 3. Stellungnahme und Fazit*“.

544 Vgl. Fn. 183.

545 Vgl. dazu insbesondere unter „*Teil II B. II. Historische Entwicklung [der Haftung gem. § 122 BGB]*“ und „*Teil II C. II. Historische Entwicklung [der c. i. c.]*“ sowie Fn. 184 und 244.

ensschutzes als insoweit tragender Wertungsgrundlage dienen soll.[546] Diese historische und wertungsmäßige Verwandtschaft wird nicht zuletzt an dem Tatbestand der auf das negative Interesse begrenzten Vertreterhaftung gem. § 179 Abs. 2 BGB ersichtlich, bei dessen Ausgestaltung sich der Gesetzgeber an dem Vorbild der quasivertraglichen Schadensersatzhaftung des Irrenden aus § 122 BGB orientiert hat.[547] Da die Tatbestände der Vertrauenshaftung gem. § 122 BGB und § 179 BGB im Ergebnis auf denselben grundlegenden Rechtsgedanken und Wertungen beruhen, ist auch im Hinblick auf die Frage der verjährungsrechtlichen Behandlung ein entsprechender Gleichlauf geboten. In gleicher Weise wie schon zuvor für den rechtsdogmatisch vergleichbaren Tatbestand der beschränkten Vertreterhaftung gem. § 179 Abs. 2 BGB können vor diesem Hintergrund in Ansehung der Vertrauenshaftung aus § 122 BGB insbesondere auch die für den BGH im Zuge seiner Entscheidung zur Anwendung der kurzen mietrechtlichen Sonderverjährungsfrist des § 548 Abs. 1 BGB auf die Erfüllungshaftung aus § 179 Abs. 1 BGB leitenden Erwägungen fruchtbar gemacht werden.[548] Schließlich treten die aus § 122 Abs. 1 BGB folgenden Schadensersatzansprüche als wirtschaftlicher Ersatzwert an die Stelle der letztlich gescheiterten Ansprüche aus dem vom Anspruchsinhaber eigentlich intendierten Vertrag, genauso wie die im Falle der Vertretung ohne Vertretungsmacht bestehenden Haftungsansprüche aus § 179 Abs. 1 und 2 BGB. Das hat zur Folge, dass diese ebenfalls von einer engen tatsächlichen, wirtschaftlichen und rechtlichen Beziehung zu dem vertraglichen Anspruchsregime und damit von einer besonderen Vertragsakzessorietät geprägt sind, wie sich speziell auch an dem im Rahmen der Haftung aus § 122 BGB stets erforderlichen Merkmal der Monokausalität der Anfechtung i. S. d. §§ 119, 120 BGB i. V. m. § 142 Abs. 1 BGB für die Nichtigkeit des entsprechenden Vertrages zeigt.[549] Wie bei § 179 BGB müssen sich somit die für die wirtschaftlich bzw. inhaltlich korrespondierenden vertraglichen Ansprüche geltenden Verjährungsvorschriften, die bei der aus Wertungsgründen gebotenen wirtschaftlichen Gesamtbetrachtung für die konkrete Art des Falles die zweckmäßigeren Spezialregelungen sind, unterschiedslos auch in dem infolge einer Anfechtung gem. §§ 119, 120 BGB i. V. m. § 142 Abs. 1 BGB gescheiterten Vertragsverhältnis durchsetzen, um die jeweils dahinter stehende Ratio sowie die grundlegenden Intentionen des Gesetzgebers möglichst umfassend zu verwirklichen und damit die Interessen der Beteiligten in einen sachgerechten Ausgleich zu bringen.

---

546 Vgl. dazu unter „*Teil II A. I. Rechtsnatur und Ratio der Haftung [gem. § 179 BGB]*“ und „*Teil II B. I. Rechtsnatur und Ratio der Haftung [gem. § 122 BGB]*“ sowie Fn. 117, 119, 122, 172, 177.

547 Vgl. Fn. 171.

548 Vgl. dazu BGH, NJW 2004, 774.

549 Vgl. dazu insbesondere auch unter „*Teil II B. III. 2. (Mono-) Kausalität*“ sowie Fn. 201.

II. Beginn, Ende und Lauf der Verjährungsfrist

Im Rahmen der quasivertraglichen Vertrauenshaftung aus § 122 BGB stellt sich gleichermaßen die für den faktischen Verjährungszeitraum entscheidende Frage nach dem Beginn und dem Ende der jeweils einschlägigen Verjährungsfrist. Insoweit ergibt sich grundsätzlich eine ähnliche Ausgangslage wie in den vorhergehenden Fällen der persönlichen Vertreterhaftung gem. § 179 BGB. Schließlich entstehen auch die Haftungsansprüche aus § 122 BGB erst im Zeitpunkt der erfolgreichen Anfechtung des zugrunde liegenden Rechtsgeschäfts durch den Anspruchsgegner gem. §§ 119, 120 BGB i. V. m. § 142 Abs. 1 BGB. Dieser Zeitpunkt kann unter Umständen ganz erheblich von demjenigen Zeitpunkt abweichen, zu dem die Ansprüche aus dem vom Anspruchsinhaber eigentlich gewollten Vertrag, deren wirtschaftliche Stellung die quasivertraglichen Ersatzansprüche aus § 122 BGB einnehmen und nach denen sich daher grundsätzlich auch das anzuwendende Verjährungsregime zu richten hat, entstehen bzw. den eine etwaige Sonderverjährungsregelung bei unterstellter Vertragswirksamkeit für den entsprechenden Verjährungsbeginn vorsieht. Soweit ersichtlich, erfolgte mit der sich hieraus ergebenden Problematik bislang ebenfalls weder in der Rechtsprechung noch in der Literatur eine tiefergehende Auseinandersetzung.

Vorab ist in diesem Zusammenhang allerdings zu erkennen, dass es sich in den vorliegenden Fällen des § 122 BGB im Grundsatz stets nur um ein Zwei-Personen-Verhältnis handelt und der Anspruchsgegner damit schon der von Anfang an als Vertragspartner in Aussicht genommenen Person entspricht. Im Vergleich zu dem zuvor behandelten Drei-Personen-Verhältnis des § 179 BGB hat dies eine erhebliche Entschärfung der verjährungsrechtlichen Problemstellungen zur Folge, da die Sonderfälle der Unkenntnis der Person des Haftungsschuldners hierbei keine besondere Rolle spielen und auch die durchaus diffizile Rechtfertigung einer ausnahmsweise durchschlagenden Verjährungshemmung bei Personenverschiedenheit auf der Passivseite entfällt.

Im Übrigen muss auch noch die von den Regelungen über die Vertretung ohne Vertretungsmacht i. S. d. §§ 177 ff. BGB abweichende Systematik und Struktur des Anfechtungsrechts i. S. d. §§ 119 ff. BGB berücksichtigt werden. Schließlich besteht in den Fällen der Haftung aus § 122 BGB zunächst ein grundsätzlich wirksamer vertraglicher Anspruch, der mit den üblichen Mitteln in einer die Verjährung gem. §§ 203, 204 BGB hemmenden Art und Weise verfolgt werden kann und der erst infolge der zur Entstehung der Schadensersatzansprüche aus § 122 BGB führenden Anfechtung des zugrunde liegenden Rechtsgeschäfts i. S. d. §§ 119, 120 BGB mit Wirkung *ex tunc* gem. § 142 Abs. 1 BGB vernichtet wird.[550] Hinzu kommt,

550 Vgl. Staudinger/Singer, Vor. § 116 Rn. 30; MüKoBGB/Armbrüster, Vor. § 116 Rn. 21.

dass die Herbeiführung der Vertrauenshaftung nach § 122 BGB zum einen dem Einflussbereich des Anspruchsinhabers schon gänzlich entzogen ist, da sie eben ausschließlich von der in der alleinigen Entscheidungsgewalt des Anspruchsgegners liegenden Anfechtungserklärung abhängt. Zum anderen liegt diese aufgrund der zunächst gegebenen und dem eigentlichen Willen des Anspruchsinhabers entsprechenden Vertragswirksamkeit auch überhaupt nicht in seinem Interesse. Bei der quasivertraglichen Vertreterhaftung aus § 179 BGB liegen die Dinge hingegen grundlegend anders. Insoweit ist gerade zu keinem Zeitpunkt ein wirksamer vertraglicher Anspruch gegen den vermeintlich Vertretenen gegeben. Vielmehr ist dies zunächst nur nach der Vorstellung des gutgläubigen und damit schutzwürdigen Anspruchsinhabers der Fall, der anfänglich auf eine ordnungsgemäße Stellvertretung vertraut und auch vertrauen darf. In Wirklichkeit erweist sich das von dem Vertreter ohne Vertretungsmacht vorgenommene Rechtsgeschäft allerdings gem. § 177 Abs. 1 BGB als schwebend unwirksam,[551] mit der Folge, dass die quasivertraglichen Haftungsansprüche aus § 179 BGB im Gegensatz zu den Schadensersatzansprüchen gem. § 122 BGB eigentlich schon von Anfang an latent existent sind. Sie entstehen lediglich in ihrer finalen Ausprägung erst durch die zur endgültigen Nichtigkeit mit Wirkung *ex tunc* führende Verweigerung der Genehmigung des Vertretergeschäfts durch den vermeintlich Vertretenen.[552] Zudem hat es der Anspruchsinhaber hierbei spätestens ab dem Zeitpunkt seiner Kenntniserlangung von dem Umstand der Vertretung ohne Vertretungsmacht ganz entscheidend in der Hand, die Ersatzansprüche aus § 179 BGB durch die Aufforderung seines vermeintlichen Vertragspartners zur Erklärung über die entsprechende Genehmigung i. S. d. § 177 Abs. 2 S. 1 BGB und damit notfalls über das Eingreifen der Verweigerungsfiktion des § 177 Abs. 2 S. 2 BGB möglichst zeitnah zur Entstehung zu bringen.[553] Weiterhin kann er seine Ansprüche grundsätzlich bereits direkt gegenüber dem falsus procurator verfolgen bzw. unter Umständen sogar schon vor der endgültigen Anspruchsentstehung i. S. d. § 179 BGB ihm gegenüber eine die Verjährung hemmende Rechtsverfolgungsmaßnahme i. S. d. § 204 Abs. 1 BGB in die Wege leiten.[554] Auch vor diesem Hintergrund muss in den vorliegenden Fällen der Vertrauenshaftung aus § 122 BGB eine gewisse Entschärfung der Verjährungsproblematik festgestellt werden, da insoweit aufgrund der systematischen Unterschiede zu der Haftung des falsus procurator aus § 179 BGB bereits zu keinem Zeitpunkt eine Obliegenheit des

551 Vgl. Fn. 139.

552 Vgl. Fn. 140.

553 Vgl. Fn. 141.

554 Zu dieser Möglichkeit vgl. insbesondere Staudinger/Peters/Jacoby, § 204 Rn. 38 sowie im Ausgangspunkt BeckOGKBGB/Meller-Hannich, § 204 Rn. 17, der jedoch die entsprechende Hemmungswirkung grundsätzlich erst ab dem Beginn des Verjährungsfristlaufs eingreifen lassen will.

Anspruchsinhabers angenommen werden kann, aktiv für die Anfechtung des zugrunde liegenden Vertrages durch den anderen Teil und damit für die Entstehung der quasivertraglichen Haftungsansprüche aus § 122 BGB zu sorgen oder dies in irgendeiner Weise zu fördern.

Im wesentlichen Kern stellen sich in den vorliegenden Fällen der Vertrauenshaftung gem. § 122 BGB aber dennoch die identischen verjährungsrechtlichen Probleme wie im Rahmen der quasivertraglichen Vertreterhaftung aus § 179 BGB. Zur Verdeutlichung dieser Problemstellungen und zum besseren Verständnis des diesbezüglichen Lösungsansatzes erfolgt im Zuge der nachfolgenden Ausführungen wiederum eine Orientierung an ausgewählten Fallbeispielen:

<u>*Fallbeispiel 1 (zu § 548 Abs. 1 BGB):*</u>

A (Vermieter) und B (Mieter) haben einen Mietvertrag abgeschlossen. Unmittelbar nach der Kündigung durch B erfolgt die Rückgabe der Mieträumlichkeiten am 01.09.2020. Am 01.12.2020 erklärt der B gegenüber dem A zudem die erfolgreiche Anfechtung des entsprechenden Mietvertrages aufgrund eines ihm erst nachträglich bekannt gewordenen Eigenschaftsirrtums i. S. d. § 119 Abs. 2 BGB. Am 01.02.2021 fällt dem A auf, dass er gegen den B noch Ansprüche auf Ersatz seiner Aufwendungen im Zusammenhang mit den bereits bei der Rückgabe am 01.09.2020 festgestellten Veränderungen bzw. Verschlechterungen der Mietsache haben muss und stützt diese nun auf § 122 Abs. 1 BGB.

<u>*Fallbeispiel 2 (zu § 439 Abs. 1, Abs. 2 HGB):*</u>

Zwischen A (Absender) und B (Frachtführer) besteht ein Vertrag über die Erbringung von Transportleistungen i. S. d. § 407 HGB. Am 01.09.2020 liefert der B die entsprechenden Transportgüter bei dem Empfänger ab. Am 01.03.2021 erklärt der A gegenüber dem B aufgrund eines Eigenschaftsirrtums i. S. d. § 119 Abs. 2 BGB erfolgreich die Anfechtung des bestehenden Frachtvertrages. Der B verlangt nun über § 122 Abs. 1 BGB Ersatz seiner Aufwendungen im Zusammenhang mit den Transportleistungen vom 01.09.2020.

<u>*Fallbeispiel 3 (zu §§ 196, 200 BGB):*</u>

A (Verkäufer) und B (Käufer) haben am 01.09.2017 einen Kaufvertrag über ein Grundstück abgeschlossen. Am 01.09.2020 erklärt der A gegenüber dem B aufgrund eines Eigenschaftsirrtums i. S. d. § 119 Abs. 2 BGB erfolgreich die Anfechtung des Rechtsgeschäfts. Der B möchte über § 122 Abs. 1 BGB nun seine insoweit getätigten Aufwendungen ersetzt haben.

<u>*Fallbeispiel 4 (zu §§ 195, 199 Abs. 1 BGB):*</u>

Im Zuge der Errichtung eines Einfamilienhauses beauftragt der Bauherr A den B mit der Heizungsinstallation. Nach Abschluss der Installation erfolgt am 01.12.2020 die Abnahme der erbrachten Leistungen. Am 01.03.2021 erklärt der A gegenüber dem B aufgrund eines Eigenschaftsirrtums i. S. d. § 119 Abs. 2 BGB erfolgreich die Anfechtung des abgeschlossenen Werkvertrages. Der B begehrt nun über § 122 Abs. 1 BGB u. a. Ersatz seiner Aufwendungen sowie seines anderweitig entgangenen Gewinns.

1. Verjährungsbeginn nach der Gesamtlösung

Wie zuvor im Rahmen der persönlichen Vertreterhaftung aus § 179 BGB festgestellt, ist dort für die Frage des Verjährungsbeginns vorzugswürdig auf die Gesamtlösung abzustellen. Aufgrund der trotz struktureller Unterschiede wertungsmäßig vergleichbaren Ausgangslage kann dieser Ansatz mitsamt der für ihn sprechenden Erwägungen grundsätzlich auch auf die vorliegenden Fälle der quasivertraglichen Vertrauenshaftung gem. § 122 BGB übertragen werden, mit der Folge, dass der jeweilige Verjährungsfristlauf in keinem Fall vor der Anspruchsentstehung i. S. d. § 122 Abs. 1 BGB beginnt. Im Einzelnen bedeutet dies, dass zunächst danach differenziert werden muss, ob die im Rahmen der Haftung aus § 122 BGB für die jeweils anzuwendende Verjährungsfrist maßgebliche Verjährungsregelung eine besondere Bestimmung des Verjährungsbeginns vorsieht oder ob sich der Verjährungsbeginn bei unterstellter Wirksamkeit des gescheiterten Vertragsschlusses vielmehr nach den allgemeinen Regeln der §§ 199, 200 BGB richten würde. Ist der Fristbeginn durch das einschlägige Verjährungsregime besonders geregelt, wie in den hier zugrunde liegenden Beispielsfällen 1 und 2 gem. § 548 Abs. 1 S. 2 BGB und gem. § 439 Abs. 2 S. 1 HGB, dann erfordert der Ansatz der Gesamtlösung für den Beginn des Verjährungsfristlaufs neben dem Vorliegen der diesbezüglichen Voraussetzungen der betreffenden Sonderverjährungsregelung zusätzlich die Entstehung der quasivertraglichen Schadensersatzansprüche aus § 122 BGB infolge der Anfechtung des zugrunde liegenden Rechtsgeschäfts nach Maßgabe der §§ 119, 120 BGB i. V. m. § 142 Abs. 1 BGB. Ohne eine grundsätzlich als *lex specialis* vorrangige Sonderregelung des Verjährungsbeginns finden auf die Haftungsansprüche aus § 122 BGB hingegen die allgemeinen Bestimmungen der §§ 199, 200 BGB direkte Anwendung, ebenso wie bei der Vertreterhaftung aus § 179 BGB.[555] Soweit also eine von der Regelverjährung i. S. d. § 195 BGB abweichende Sonderverjährungsfrist gilt, wie im Beispielsfall 3 die Zehnjahresfrist des § 196 BGB, fällt der Fristbeginn gem. § 200 S. 1 BGB mit der zur Entstehung der quasivertraglichen Ersatzansprüche aus § 122 BGB führenden Anfechtung i. S. d. §§ 119, 120 BGB i. V. m. § 142 Abs. 1 BGB zusammen. Greift hingegen die regelmäßige Verjährungsfrist von drei Jahren gem. § 195 BGB

555 Vgl. dazu auch die Abschnitte 2. und 3. unter „*Teil I D. II. Beginn und Ende der Verjährung*" sowie Fn. 70, 71, 75, 76.

ein, wie im Beispielsfall 4, dann kommt es nach der allgemeinen Ultimo-Regelung des § 199 Abs. 1 BGB grundsätzlich auf den Schluss des Jahres der Anspruchsentstehung i. S. d. § 122 Abs. 1 BGB und der in aller Regel ohnehin damit einhergehenden Kenntnis bzw. fahrlässigen Unkenntnis des Anspruchsinhabers von den anspruchsbegründenden Umständen sowie der Person des Schuldners an.

Übertragen auf die anfänglich geschilderten Beispielsfälle bedeutet der Ansatz der Gesamtlösung somit Folgendes:

In Fall 1 beginnt die nach den bisherigen Erwägungen auch auf die Haftung aus § 122 BGB anzuwendende sechsmonatige Verjährungsfrist des § 548 Abs. 1 S. 1 BGB nicht schon mit der Rückgabe der Mieträumlichkeiten i. S. d. § 548 Abs. 1 S. 2 BGB am 01.09.2020, sondern erst mit der Anfechtung des Mietvertrages am 01.12.2020 und damit drei Monate später als bei unterstellter Vertragswirksamkeit.

In Fall 2 beginnt die Jahresfrist des § 439 Abs. 1 S. 1 HGB, die grundsätzlich für sämtliche Ansprüche aus und im Zusammenhang mit einer Beförderung i. S. d. § 407 HGB und damit auch in Ansehung der hier als wirtschaftlicher Ersatzwert an deren Stelle getretenen Haftungsansprüche aus § 122 BGB gilt, ebenfalls nicht schon im Zeitpunkt der bei unterstellter Vertragswirksamkeit hierfür maßgeblichen Ablieferung der Transportgüter i. S. d. § 439 Abs. 2 S. 1 HGB am 01.09.2020, sondern erst sechs Monate später mit der Anfechtung des Frachtvertrages am 01.03.2021.

In Fall 3 beginnt die auf die Vertrauenshaftung aus § 122 BGB durchschlagende Zehnjahresfrist für Grundstücksgeschäfte gem. § 196 BGB nach der für diese geltenden allgemeinen Regelung des § 200 S. 1 BGB auch erst mit der Anspruchsentstehung infolge der Anfechtung des Rechtsgeschäfts vom 01.09.2020. Damit startet der Fristlauf sogar drei Jahre später als im Falle der Vertragswirksamkeit, in dem es für den Verjährungsbeginn grundsätzlich bereits auf die Entstehung der vertraglichen (Erfüllungs-)Ansprüche unmittelbar mit dem Abschluss des Grundstückskaufvertrages am 01.09.2017 angekommen wäre.

In Fall 4 findet auf die Haftung des Anfechtenden aus § 122 BGB mangels einschlägiger Sonderverjährungsregelung die dreijährige Regelverjährungsfrist gem. § 195 BGB Anwendung. Diese beginnt nach der allgemeinen Ultimo-Regelung des § 199 Abs. 1 BGB mit dem Ablauf des Jahres 2021, da die Ersatzansprüche aus § 122 BGB schließlich erst mit der Anfechtung des Rechtsgeschäfts vom 01.03.2021 entstanden sind. Die inhaltlich bzw. wirtschaftlich korrespondierenden Vergütungsansprüche aus dem gescheiterten Werkvertrag i. S. d. § 631 Abs. 1 BGB wären demgegenüber gem. § 641 Abs. 1 S. 1 BGB bereits mit der am 01.12.2020 erfolgten Abnahme der erbrachten Werkleistungen i. S. d. § 640 Abs. 1 S. 1 BGB entstanden, mit der

Folge, dass der Verjährungsfristlauf bei unterstellter Vertragswirksamkeit bereits mit dem Ablauf des Jahres 2020 und damit ein ganzes Jahr früher begonnen hätte.

Anhand dieser Beispielsfälle werden somit zugleich auch die Probleme und Wertungswidersprüche ersichtlich, die mit einer Anwendung der Gesamtlösung auf die hier in Rede stehenden Fälle der Vertrauenshaftung aus § 122 BGB einhergehen. Je nach den Umständen des konkreten Einzelfalles kann diese schließlich, wie auch in den vorhergehenden Fällen der quasivertraglichen Vertreterhaftung aus § 179 BGB, zu einem im Vergleich zur hypothetischen Rechtslage bei Vertragswirksamkeit erheblich verzögerten Verjährungsbeginn und damit zu faktisch deutlich auseinanderfallenden Verjährungsfristen führen. So würde der Anspruchsinhaber auf einmal einen wesentlich längeren Gesamtzeitraum zur Verfolgung seiner Rechte erhalten und zwar nur deshalb, weil das zugrunde liegende Rechtsgeschäft von seinem Vertragspartner angefochten wurde. Dies wiederum wäre mit dem besonderen vertragsakzessorischen Ersatzwertcharakter der Vertrauenshaftung aus § 122 BGB sowie der ihr immanenten gesetzgeberischen Grundwertung, den Anspruchsinhaber keinesfalls besser als im Falle der Wirksamkeit des von ihm eigentlich beabsichtigten Vertragsschlusses zu stellen,[556] nicht zu vereinbaren. In der Folge würde der Ansatz der Gesamtlösung somit auch im Rahmen der quasivertraglichen Haftung des Anfechtenden aus § 122 BGB zu der Gefahr einer faktischen Unterwanderung der zuvor im Einklang mit der Ansicht der herrschenden Rechtsprechung und Literaturmeinung bereits herausgearbeiteten Erwägungen bezüglich der Frage nach der insoweit maßgeblichen Verjährungsfrist und damit einhergehend des sich in dem gescheiterten Vertragsverhältnis des § 122 BGB durchsetzenden vertraglichen (Sonder-)Verjährungsregimes führen. Um die beteiligten Interessen in einen sachgerechten Ausgleich zu bringen, benötigt die Gesamtlösung in den Haftungsfällen des § 122 BGB daher ebenfalls ein wertungsmäßiges Korrektiv, das eine angemessene Berücksichtigung der verjährungsrechtlichen Lage bei unterstellter Wirksamkeit des vom Anspruchsinhaber eigentlich gewollten Rechtsgeschäfts sicherstellt und auf diese Weise dessen unbillige Besserstellung verhindert.

2. Korrektur über die Anrechnungslösung analog § 198 BGB

Das unter Wertungsgesichtspunkten zwingend gebotene Korrektiv für den grundsätzlich vorzugswürdigen Ansatz der Gesamtlösung ist auch in den hier in Rede stehenden Fällen der Vertrauenshaftung gem. § 122 BGB in der Anrechnungslösung analog § 198 BGB zu finden. Wie bereits dargestellt, ist die Grundproblematik in den vorliegenden Konstellationen des § 122 BGB

556 Vgl. Fn. 202 sowie – obiter – BGHZ 49, 77 (82 f.) = NJW 1968, 547 (548).

ähnlich gelagert wie in der zuvor untersuchten Kategorie der quasivertraglichen Vertreterhaftung aus § 179 BGB, mit der Folge, dass die tragenden Wertungen der Anrechnungsregel des § 198 BGB auch insoweit fruchtbar gemacht werden können und daher genauso von einer vergleichbaren Interessenlage auszugehen ist.[557] Die Haftungsfälle des § 122 BGB stehen den unmittelbaren Anwendungsfällen der Anrechnung gem. § 198 BGB sogar wesentlich näher als die vorherigen Fallgestaltungen des § 179 BGB, da – wie eingangs schon aufgezeigt – hierbei gerade zu keinem Zeitpunkt eine schwebende Unwirksamkeit des zugrunde liegenden Rechtsgeschäfts vorliegt, sondern zunächst ein wirksamer vertraglicher Anspruch, der erst mit der Erklärung der Anfechtung durch den Vertragspartner untergeht und an dessen Stelle dann erst die Haftungsansprüche aus § 122 BGB als wirtschaftlicher Ersatzwert treten.

Der Anspruchsinhaber muss sich somit analog § 198 BGB auf seine quasivertraglichen Ersatzansprüche aus § 122 BGB diejenige Verjährungszeit anrechnen lassen, die im Zeitpunkt der zu ihrer Entstehung führenden Anfechtung des betreffenden Rechtsgeschäfts bzw. des sich aus dem Ansatz der vorzugswürdigen Gesamtlösung ergebenden Verjährungsbeginns in Ansehung der wirtschaftlich korrespondierenden vertraglichen Ansprüche, die maßgeblich über die im Rahmen der Haftung aus § 122 BGB anzuwendende Verjährungsfrist entscheiden, bereits abgelaufen war. Übertragen auf die Beispielsfälle bedeutet dies, dass dem Anspruchsinhaber zur Durchsetzung seiner aus § 122 BGB resultierenden Ersatzansprüche bzw. zur Hemmung der Verjährung stets derjenige Zeitraum verbleibt, der ihm auch bei unterstellter Wirksamkeit des eigentlich gewollten Vertrages noch zur Verfolgung seiner entsprechenden Rechte zur Verfügung gestanden hätte. Auf diese Weise wird dem auch für die quasivertragliche Vertrauenshaftung aus § 122 BGB prägenden Grundsatz der Vertragsakzessorietät hinreichend Rechnung getragen und eine möglichst umfassende Verwirklichung der Ratio der für den jeweiligen Einzelfall einschlägigen (Sonder-)Verjährungsregelungen sowie der dahinterstehenden Intentionen des Gesetzgebers gewährleistet.

Die schutzwürdigen Interessen des Anspruchsinhabers werden, wie auch schon im Rahmen der Vertreterhaftung gem. § 179 BGB, über die Möglichkeit der analog § 198 BGB durchschlagenden Verjährungshemmung angemessen berücksichtigt.[558] Die Wirkung der gesetzlichen Hemmungstatbestände i. S. d. §§ 203 ff. BGB, die in Bezug auf die Ansprüche aus und im Zusammenhang mit dem zunächst wirksamen Vertragsschluss verwirklicht sind, erstreckt sich somit konsequenterweise über die mit der späteren An-

557 Vgl. dazu ausführlich unter „*Teil III A. II. 1. c) bb) (2) (b) Analoge Anwendung auf die Fälle des § 179 BGB*“.

558 Vgl. dazu ausführlich unter „*Teil III A. II. 1. c) bb) (2) (c) Praktische Umsetzung der Anrechnungslösung analog § 198 BGB*“.

fechtung des Rechtsgeschäfts analog § 198 BGB vorzunehmende Anrechnung der bis dahin bzw. bis zum entsprechenden Verjährungsbeginn nach dem Modell der Gesamtlösung bereits verstrichenen Verjährungszeit auch auf den jeweiligen wirtschaftlichen Ersatzwert aus § 122 BGB. Dadurch ist schließlich sichergestellt, dass dem Anspruchsinhaber stets eine faire Möglichkeit zur Verfolgung seiner Rechte zur Verfügung steht und es in der Folge nicht zu der Gefahr einer faktischen Zwangsverjährung, die einen sowohl in sachlicher als auch in rechtlicher Hinsicht schlechthin nicht zu rechtfertigenden Eingriff in die Rechte und Interessen des Anspruchsinhabers darstellen würde,[559] kommt. Bleibt der Anspruchsinhaber hingegen zunächst untätig und unternimmt im Hinblick auf seine vertraglichen Ansprüche keinerlei verjährungshemmenden Schritte, kann er in verjährungsrechtlicher Hinsicht ohnehin nicht als schutzwürdig angesehen werden, selbst bei einer späteren Anfechtung des zugrunde liegenden Vertrages. Dies hat insbesondere auch dann zu gelten, wenn die analog § 198 BGB vorzunehmende Anrechnung sogar zu einem sofortigen Verjährungseintritt mit der Entstehung der quasivertraglichen Haftungsansprüche aus § 122 BGB führt.[560]

Die Möglichkeit der durchschlagenden Verjährungshemmung ist im Rahmen der Vertrauenshaftung aus § 122 BGB sogar noch deutlich einfacher zu begründen als bei der persönlichen Haftung des falsus procurator aus § 179 BGB bzw. der Besitznachfolge in den unmittelbaren Anwendungsfällen des § 198 BGB, da es sich – wie eingangs ebenfalls bereits dargestellt – im Rahmen der Haftung gem. § 122 BGB nur um ein Zwei-Personen-Verhältnis handelt und die letztlich von der Hemmungswirkung betroffene Person des Haftungsschuldners i. S. d. § 122 BGB daher mit dem ursprünglichen Vertragspartner, im Verhältnis zu dem die Voraussetzungen des jeweils einschlägigen Hemmungstatbestands i. S. d. §§ 203 ff. BGB erfüllt sind, identisch ist. Somit stellen sich hierbei die grundsätzlich mit einer Verjährungshemmung bei Personenverschiedenheit auf der Passivseite einhergehenden Probleme schon gar nicht. Vielmehr kann für die Erstreckung der Hemmungswirkung insoweit aufgrund der Identität des Schuldners ergänzend auf den Rechtsgedanken des § 213 BGB[561] zurückgegriffen und bei Vorliegen aktiver Hemmungsmaßnahmen i. S. d. §§ 203, 204 Abs. 1 BGB darüber hinaus auch die diesen immanente Warnfunktion[562] fruchtbar gemacht werden.

---

559 Vgl. hierzu auch unter „*Teil I B. III. Interessen des Gläubigers*" sowie Fn. 18, 19.

560 Vgl. hierzu bereits die im Zusammenhang mit der Spezialitätslösung angestellten Erwägungen unter „*Teil III A. II. 1. c) aa) (2) (b) Verjährung auch bei Wirksamkeit des Vertrages*" sowie Fn. 377.

561 Vgl. dazu ausführlich unter „*Teil I D. III. 1. c) Reichweite von Hemmung und Neubeginn gem. § 213 BGB*" sowie Fn. 100 und 471.

562 Vgl. dazu ausführlich unter „*Teil I D. III. 1. a) aa) Klassische Verjährungshemmung gem. §§ 203 bis 209 BGB*" sowie Fn. 83.

Vor diesem Hintergrund ist in den vorliegenden Fällen der Vertrauenshaftung aus § 122 BGB eine deutliche Entschärfung der potenziellen Probleme im Kontext der Anrechnung analog § 198 BGB feststellbar, zumal sich hierbei im Gegensatz zur Vertreterhaftung aus § 179 BGB auch nicht der Problemfall der Unkenntnis des richtigen Anspruchsgegners stellt.[563] Da dieser mit der als Vertragspartner in Aussicht genommenen Person identisch ist und insoweit daher das von § 122 BGB grundsätzlich geschützte Vertrauen in einen wirksamen Vertragsschluss schon nicht berührt ist, fallen diesbezügliche Wissensdefizite sowie ein möglicherweise darauf beruhender Verjährungseintritt schließlich zu Recht in die eigene Verantwortungs- und Risikosphäre des Anspruchsinhabers. Anders als bei § 179 BGB ist in den Haftungsfällen des § 122 BGB auch keine normative bzw. teleologische Einschränkung der Anrechnungslösung analog § 198 BGB dergestalt angezeigt, dass die Möglichkeit einer durchschlagenden Verjährungshemmung bereits ab positiver Kenntnis bzw. fahrlässiger Unkenntnis des Anfechtungsgrundes i. S. d. §§ 119, 120 BGB ausscheiden muss.[564] Wie bereits festgestellt wurde, kann der Anspruchsinhaber schließlich die Entstehung der Haftungsansprüche aus § 122 BGB zum einen schon überhaupt nicht maßgeblich beeinflussen, da ihm keine mit der Aufforderung i. S. d. § 177 Abs. 2 BGB vergleichbare Möglichkeit zur Verfügung steht und die Anfechtung des zugrunde liegenden Rechtsgeschäfts ausschließlich in der Hand des Vertragspartners liegt. Das hat zur Folge, dass sich eine vorherige Kenntnis bzw. fahrlässige Unkenntnis des Anspruchsinhabers von der Anfechtbarkeit des abgeschlossenen Geschäfts auf den Zeitpunkt der Anspruchsentstehung i. S. d. § 122 BGB schon gar nicht entscheidend auswirken und diese damit auch nicht bewusst verzögert werden kann. Zum anderen besteht bis zur Anfechtungserklärung des Gegners ähnlich wie in den Fällen der Rechts- bzw. Besitznachfolge i. S. d. § 198 BGB ein wirksamer vertraglicher Anspruch, der vom Anspruchsinhaber völlig unabhängig von etwaigen Kenntnissen mit den dafür vorgesehenen Mitteln verfolgt und dessen Verjährung bis zuletzt nach Maßgabe der §§ 203 ff. BGB gehemmt werden kann.

<u>*Problem: Anfechtung nach Vertragserfüllung*</u>

Problematisch erscheinen im Zusammenhang mit der quasivertraglichen Vertrauenshaftung des Anfechtenden aus § 122 BGB allenfalls die wohl ohnehin nur äußerst seltenen Fälle, in denen der zugrunde liegende Vertrag durch den späteren Haftungsschuldner zunächst erfüllt wird und im Zeitpunkt der Anfechtung damit schon kein Anspruch mehr existiert, der bei der

563 Vgl. dazu bei § 179 BGB ausführlich unter „*Teil III A. II. 1. c) aa) (2) (f) Keine rechtzeitige Kenntniserlangung von der Person des Vertreters*“.

564 Zur Lage bei § 179 BGB vgl. unter „*Teil III A. II. 1. c) bb) (2) (c) (aa) Rechtzeitige Hemmungsmaßnahme gegenüber dem Vertretenen*“.

gebotenen wirtschaftlichen Betrachtung durch die Haftung aus § 122 BGB ersetzt werden könnte.

Klar dürfte insoweit sein, dass jedenfalls eine Anrechnung der ab dem Zeitpunkt der Vertragserfüllung bis zur Anfechtung durch den Vertragspartner verstrichenen Zeit nicht sach- und interessengerecht wäre und die Rechte des Anspruchsinhabers vielmehr in unzumutbarer Art und Weise beschneiden würde. Die Erfüllung der Ansprüche aus und im Zusammenhang mit dem zunächst wirksamen Vertrag führt schließlich dazu, dass der diesbezügliche Verjährungsfristlauf endet und der Anspruchsinhaber damit überhaupt keinen Anlass mehr zu verjährungshemmenden Rechtsverfolgungsmaßnahmen i. S. d. §§ 203, 204 Abs. 1 BGB hat. Über die im Zuge der Haftung aus § 122 BGB analog § 198 BGB vorzunehmende Anrechnung müssen somit auch entsprechende Erfüllungshandlungen berücksichtigt werden. Fraglich ist dabei nur, welche genauen verjährungsrechtlichen Konsequenzen aus einer entsprechenden Vertragserfüllung zu folgen haben, genauer gesagt, ob lediglich der Zeitraum ab der Erfüllungshandlung des Haftungsschuldners i. S. d. § 122 BGB ausgeklammert wird und daher analog § 198 BGB nur eine Anrechnung der bis dahin bereits abgelaufenen Verjährungszeit zu erfolgen hat oder ob die Vertragserfüllung dazu führen muss, dass es zu keiner Anrechnung analog § 198 BGB kommt und dem Anspruchsinhaber in Ansehung seiner quasivertraglichen Ersatzansprüche aus § 122 BGB wieder eine vollständig aufgeladene Verjährungsfrist zur Verfügung steht.

Für eine teilweise Anrechnung der Verjährungszeit bis zur Erfüllung der vertraglichen Ansprüche des späteren Anfechtungsgegners analog § 198 BGB spricht zwar grundsätzlich, dass die Anfechtung den zugrunde liegenden Vertrag und damit auch sämtliche Rechtswirkungen im Zusammenhang mit einer Erfüllung desselben gem. § 142 Abs. 1 BGB mit Wirkung *ex tunc* beseitigt und die Haftungsansprüche aus § 122 BGB als wirtschaftlicher Ersatzwert an die Stelle der entsprechenden vertraglichen Ansprüche treten, so wie sich diese im jeweiligen Erfüllungszeitpunkt dargestellt haben.

Richtigerweise ist jedoch dem Ansatz zu folgen, wonach die Vertragserfüllung dazu führt, dass bei einer zeitlich später dennoch erfolgenden Anfechtung des Rechtsgeschäfts in Ansehung der gegen den Anfechtenden gerichteten Ersatzansprüche aus § 122 BGB die auch für die entsprechenden vertraglichen Ansprüche geltende Verjährungsfrist im Ergebnis wieder von vorn beginnt und sich der Anspruchsinhaber darauf keine früheren Verjährungszeiten analog § 198 BGB anrechnen lassen muss. Dieses Ergebnis folgt zwingend aus den grundlegenden Rechtsgedanken und Wertungen der Regelung über den Verjährungsneubeginn gem. § 212 Abs. 1 Nr. 1 BGB.[565]

---

565 Vgl. dazu ausführlich unter „*Teil I D. III. 1. b) Verjährungsneubeginn gem. § 212 BGB*“ sowie Fn. 94.

Wenn bereits die teilweise Erfüllung eines Anspruchs zu einem Neubeginn der Verjährung führt, dann muss sich ein Schuldner dies erst recht entgegenhalten lassen, wenn er einen gegen ihn gerichteten Anspruch zunächst vollständig erfüllt und erst im Zuge einer späteren Anfechtung des zugrunde liegenden Rechtsgeschäfts wieder ein wirtschaftlich korrespondierender quasivertraglicher Ersatzanspruch aus § 122 BGB auflebt. Das gilt nicht zuletzt deshalb, weil aufseiten des Schuldners infolge der Vertragserfüllung schon überhaupt kein Vertrauenstatbestand mehr im Hinblick auf ein Ausbleiben der gegen ihn gerichteten Anspruchsverfolgung erwachsen kann und in der Folge auch kein Anlass dazu besteht, die bis dahin bereits verstrichene Zeit im Rahmen der Vertrauenshaftung aus § 122 BGB in verjährungsrechtlicher Hinsicht über eine analog § 198 BGB vorzunehmende Anrechnung zu berücksichtigen.

III. Zusammenfassung der Ergebnisse für die Haftung gem. § 122 BGB

Zusammenfassend kann somit festgehalten werden, dass die quasivertragliche Vertrauenshaftung des Anfechtenden aus § 122 BGB in verjährungsrechtlicher Hinsicht letztlich genauso zu behandeln ist wie die historisch und wertungsmäßig eng damit verwandte quasivertragliche Haftung des falsus procurator aus § 179 BGB, wenngleich im direkten Vergleich aufgrund der bestehenden strukturellen bzw. systematischen Unterschiede an einigen Stellen eine deutliche Entschärfung der potenziellen Probleme im Zusammenhang mit der entsprechenden Verjährungsfrage zu erkennen ist. Im Einzelnen folgt daraus, dass auch in Ansehung der Haftung aus § 122 BGB stets diejenige Verjährungsfrist zur Anwendung zu kommen hat, die bei unterstellter Vertragswirksamkeit für die inhaltlich bzw. wirtschaftlich korrespondierenden vertraglichen Ansprüche und hilfsweise für den vertraglichen Erfüllungsanspruch gelten würde. Für den Verjährungsbeginn ist vorzugswürdig auf den Ansatz der Gesamtlösung abzustellen, wonach die jeweils einschlägige Verjährungsfrist jedenfalls nicht vor der Entstehung der quasivertraglichen Schadensersatzansprüche aus § 122 Abs. 1 BGB infolge der Anfechtung des zugrunde liegenden Rechtsgeschäfts i. S. d. §§ 119, 120 BGB i. V. m. § 142 Abs. 1 BGB zu laufen beginnt. Anschließend muss sich der Anspruchsinhaber nach dem Ansatz der Anrechnungslösung auch insoweit analog § 198 BGB die bis zur Anspruchsentstehung i. S. d. § 122 Abs. 1 BGB bzw. zum diesbezüglichen Verjährungsbeginn in Ansehung der entsprechenden vertraglichen Ansprüche bereits abgelaufene Verjährungszeit anrechnen lassen, wobei dessen schutzwürdigen Interessen über die mit dieser Anrechnung analog § 198 BGB einhergehende Möglichkeit des Durchschlagens von bereits verwirklichten Hemmungstatbeständen

i. S. d. §§ 203 ff. BGB hinreichend Rechnung getragen wird. Lediglich für die Sonderfälle der Anfechtung nach bereits erfolgter Vertragserfüllung muss hiervon eine Ausnahme gemacht und eine Anrechnung früherer Verjährungszeiten analog § 198 BGB unter Rückgriff auf die Grundwertungen und Rechtsgedanken der Regelung zum Verjährungsneubeginn bei einem faktischen Anerkenntnis des Schuldners gem. § 212 Abs. 1 Nr. 1 BGB ausgeschlossen werden.

C. Verjährung der Ansprüche aus culpa in contrahendo gem. §§ 280 Abs. 1, 241 Abs. 2, 311 Abs. 2, Abs. 3 BGB

Zu guter Letzt ist die verjährungsrechtliche Behandlung der quasivertraglichen Schadensersatzhaftung nach den Grundsätzen der c. i. c. gem. §§ 280 Abs. 1, 241 Abs. 2, 311 Abs. 2, Abs. 3 BGB in den Blick zu nehmen, die gewissermaßen – freilich noch nach dem früheren Verständnis von *Jhering* – den Ursprung der vertragsähnlichen Vertrauenshaftung in der heutigen Form bildet, wie sie eben auch in den Tatbeständen gem. § 122 BGB und § 179 BGB verankert ist.[566] Auch insoweit kann der Zeitpunkt der Entstehung der quasivertraglichen Haftungsansprüche aus c. i. c. ganz wesentlich von dem Zeitpunkt der Entstehung der Ansprüche aus dem angebahnten Vertrag abweichen, mit der Folge, dass sich in verjährungsrechtlicher Hinsicht letztlich ähnliche Probleme stellen wie in den bereits zuvor untersuchten Fällen der Haftung des falsus procurator gem. § 179 BGB und des Anfechtenden gem. § 122 BGB, insbesondere was die Gefahr von faktisch erheblich auseinanderfallenden Verjährungszeiträumen betrifft.

Allerdings darf an dieser Stelle auch nicht die im Vergleich zu den verschuldensunabhängigen Tatbeständen der unmittelbaren Vertrauenshaftung bzw. der Vertrauenshaftung im engeren Sinne gem. § 122 BGB und § 179 BGB abweichende Rechtsnatur der c. i. c. nach dem heutigen Verständnis außer Acht gelassen werden, die der Gesetzgeber im Zuge der Schuldrechtsreform aus dem Jahre 2002 als Schadensersatzhaftung i. S. d. § 280 Abs. 1 BGB für die schuldhafte Verletzung einer letztlich erst durch einen Vertrauenstatbestand i. S. d. § 311 Abs. 2, Abs. 3 BGB begründeten vorvertraglichen Rücksichtnahmepflicht i. S. d. § 241 Abs. 2 BGB in das allgemeine Leistungsstörungsrecht integriert hat und die damit im Ergebnis nur zu einer mittelbaren Vertrauenshaftung bzw. zu einer Vertrauenshaftung im weiteren Sinne führt.[567] Weitere Unterschiede zu den vorhergehenden Fällen der Haf-

566 Vgl. dazu insbesondere unter „*Teil II C. II. Historische Entwicklung [der c. i. c.]*“ sowie Fn. 244.

567 Vgl. dazu insbesondere unter „*Teil II C. I. Rechtsnatur und Ratio der Haftung [aus c. i. c.]*“ sowie Fn. 213, 229.

tung gem. § 122 BGB und § 179 BGB ergeben sich zum einen auf der Zeitschiene, da die haftungsbegründende Pflichtverletzung im Sinne der c. i. c. zwingend zeitlich vor dem in Aussicht genommenen Vertragsschluss erfolgt, wohingegen das die Vertrauenshaftung aus § 122 BGB und § 179 BGB auslösende Ereignis in Gestalt der Anfechtung i. S. d. §§ 119, 120 BGB i. V. m. § 142 Abs. 1 BGB bzw. der Verweigerung der Genehmigung des schwebend unwirksamen Vertretergeschäfts i. S. d. § 177 Abs. 1 BGB stets erst nach dem Abschluss des vom Anspruchsinhaber eigentlich begehrten Vertrages eintritt. Zum anderen ist zu beachten, dass eine quasivertragliche Schadensersatzhaftung nach den Grundsätzen der c. i. c. auch neben vertraglichen Ansprüchen denkbar ist, mithin auch bei einem wirksamen Vertragsschluss mit dem vom Anspruchsinhaber gewünschten Inhalt, während die Haftungsansprüche gem. § 122 BGB und § 179 BGB nur bei einem *ex tunc* nichtigen Vertrag eingreifen und zu den entsprechenden vertraglichen Ansprüchen daher in einem Ausschließlichkeitsverhältnis stehen. Ob und ggf. auf welche Art und Weise sich diese systematischen sowie strukturellen Unterschiede auf die Frage nach der verjährungsrechtlichen Behandlung der c. i. c. auswirken, wird sich im Zuge der nachfolgenden Untersuchung der jeweils anzuwendenden Verjährungsfrist sowie des einschlägigen Verjährungsfristlaufs zeigen.

I. Anwendbare Verjährungsfrist

Zunächst gilt es, auch für die Haftung nach den Grundsätzen der c. i. c. zu untersuchen, welche Verjährungsfrist auf die jeweils daraus resultierenden Schadensersatzansprüche Anwendung zu finden hat. Zu untersuchen wird dabei insbesondere sein, ob die c. i. c. von derselben tatsächlichen, wirtschaftlichen sowie rechtlichen Verbindung zu den Ansprüchen aus dem angebahnten Vertrag und damit in gleicher Weise von einer besonderen Vertragsakzessorietät geprägt ist wie die Haftungstatbestände gem. § 122 BGB und § 179 BGB, mit der Folge, dass sich das im jeweiligen Einzelfall anzuwendende Verjährungsregime stets genauso nach den inhaltlich bzw. wirtschaftlich korrespondierenden vertraglichen Ansprüchen zu richten hat.

1. Aktueller Stand in Rechtsprechung und Literatur

Wie bereits erwähnt, hat der BGH bereits lange Zeit vor der im Zuge der Schuldrechtsreform aus dem Jahre 2002 erfolgten Kodifizierung der c. i. c. die Anwendbarkeit des vertraglichen Verjährungsregimes bejaht. Zunächst war dieser jedoch noch von einer grundsätzlichen Anwendbarkeit der damaligen Regelverjährung von 30 Jahren gem. § 195 BGB a. F. ausgegangen und hatte sich auf eine ausnahmsweise Übertragung der für den vertraglichen

Erfüllungsanspruch geltenden Verjährungsfrist für die Fälle beschränkt, in denen ein Vertragsschluss am schuldhaften Verhalten des Verhandlungspartners scheitert, z. B. am grundlosen bzw. schuldhaften Abbruch der Vertragsverhandlungen, und die daraus resultierenden quasivertraglichen Haftungsansprüche nach den Grundsätzen der c. i. c. auf den Ersatz des Erfüllungsinteresses gerichtet sind.[568]

Erst wenige Jahre später hat der BGH dies dann in seiner Grundsatzentscheidung zur verjährungsrechtlichen Behandlung der c. i. c. revidiert und festgestellt, dass es für die Frage der einschlägigen Verjährungsfrist nicht maßgeblich auf eine Differenzierung zwischen positivem und negativem Interesse ankommen könne und auf die infolge eines schuldhaften Verhandlungsabbruchs bestehenden Schadensersatzansprüche aus c. i. c. daher unterschiedslos diejenige Verjährungsfrist anzuwenden sei, die auch für den Erfüllungsanspruch aus dem in Anbahnung befindlichen Vertrag gegolten hätte. Zur Begründung hat der BGH dabei im Wesentlichen darauf abgestellt, dass es sich bei der Unterscheidung zwischen positivem und negativem Interesse lediglich um Fragen der Schadensberechnung bzw. des Schadensumfangs handele, die mit der Verjährungsfrage in keinem sachlichen Zusammenhang stünden und die daher auch nicht maßgeblich darüber entscheiden könnten. Jedenfalls in den Fällen des schuldhaften Abbruchs von Vertragsverhandlungen war für den BGH vielmehr ausschlaggebend, dass es sich bei den Ansprüchen aus c. i. c. ganz generell, d. h. unabhängig von dem exakten Anspruchsumfang, um einen *„Ersatzwert des ursprünglich Bedungenen“* handele und diese daher genauso wie die quasivertraglichen Haftungsansprüche aus § 122 BGB und § 179 BGB von einer besonders engen tatsächlichen sowie wirtschaftlichen Verbindung zu dem angebahnten Vertrag geprägt seien.[569]

Schließlich hat der BGH diese Rechtsprechung im Laufe der Zeit noch weiterentwickelt und unter Anknüpfung an seine früheren Erwägungen im Zusammenhang mit dem besonderen wirtschaftlichen Ersatzwertcharakter der c. i. c. konsequenterweise auch die grundsätzliche Anwendbarkeit von anderweitigen (Sonder-)Verjährungsfristen bejaht, die für sonstige (Sekundär-)Ansprüche aus dem vom Anspruchsinhaber eigentlich beabsichtigten Vertrag gelten und die von der für den vertraglichen Erfüllungsanspruch geltenden Verjährungsfrist abweichen, soweit die aus den Grundsätzen der c. i. c. resultierenden Ersatzansprüche als inhaltliches bzw. wirtschaftliches Äquivalent zu diesen besonderen vertraglichen (Sekundär-)Ansprüchen anzusehen sind. Beispiele hierfür sind etwa die früher für Versicherungsver-

568 BGHZ 49, 77 (81 ff.) = NJW 1968, 547 (548).
569 BGHZ 57, 191 (194 ff.) = NJW 1972, 95 (96 f.).

träge geltende Sonderverjährungsfrist des § 12 Abs. 1 VVG a. F.[570] oder die sechsmonatige mietrechtliche Verjährungsfrist des § 548 Abs. 1 S. 1 BGB.[571]

Auch die herrschende Literaturmeinung ist dem vom BGH über die Jahre (weiter-)entwickelten Ansatz einer verjährungsrechtlichen Einordnung der c. i. c. gefolgt und geht ebenfalls von einer grundsätzlichen Übertragbarkeit des in Ansehung des angebahnten Vertrages einschlägigen Verjährungsregimes aus, solange und soweit die vertragsähnlichen Haftungsansprüche aus c. i. c. als inhaltlich bzw. wirtschaftlich korrespondierender Ersatzwert für die vertraglichen Ansprüche angesehen werden können und damit eine wertungsmäßig vergleichbare Interessenlage besteht.[572] Ganz allgemein muss jedoch festgestellt werden, dass die Literatur bislang auch insoweit eher an der Oberfläche geblieben ist und im Grunde nur die vereinzelten Fallgruppen, die bereits dem BGH vorgelegen haben, aufgegriffen hat. Darüberhinausgehende Überlegungen zur Entwicklung eines allgemeinen verjährungsrechtlichen Lösungsansatzes, welcher der besonderen Ausgangssituation bei der c. i. c. und deren vielfältigen sowie sich zum Teil grundlegend unterscheidenden Erscheinungsformen hinreichend gerecht wird, sind hingegen bislang nicht ersichtlich.

2. Differenzierte Beurteilung

Wie schon angedeutet, liegen den bisherigen Entscheidungen des BGH zur im Rahmen der quasivertraglichen Haftung nach den Grundsätzen der c. i. c. anzuwendenden Verjährungsfrist letztlich nur zwei Kategorien der c. i. c. zugrunde, nämlich die Fälle der schuldhaften Vereitelung eines wirksamen Vertragsschlusses, z. B. durch den grundlosen bzw. schuldhaften Verhandlungsabbruch,[573] und die Fälle des Abschlusses eines inhaltlich negativ von den ursprünglichen Vorstellungen des Anspruchsinhabers abweichenden Vertrages.[574] Da sich das Rechtsinstitut der c. i. c. jedoch als wesentlich vielschichtiger erweist und in noch ganz anderen Ausprägungen in Erscheinung tritt, ist zu prüfen, ob diese verschiedenen Erscheinungsformen in verjährungsrechtlicher Hinsicht durchweg gleich zu behandeln sind und in Anknüpfung an die bisherige Rechtsprechung des BGH insoweit unterschiedslos auf die in Ansehung des angebahnten Vertrages geltenden Verjährungsregelungen abzustellen ist oder ob zwischen den in Betracht kommenden Sachverhaltskonstellationen differenziert werden muss. Wie im Zuge der allgemeinen Ausführungen zur Haftung aus c. i. c. bereits dargestellt,

570 Vgl. BGH, NJW 2004, 1161 (1162); BGH, NJW-RR 2010, 606.

571 Vgl. BGH, NJW 2006, 1963 (1964 f.).

572 Vgl. BeckOGKBGB/Herresthal, § 311 Rn. 468; BeckOGKBGB/Piekenbrock, § 195 Rn. 41 ff.; Staudinger/Feldmann, § 311 Rn. 182; MüKoBGB/Emmerich, § 311 Rn. 219.

573 Vgl. Fn. 568, 569 und 571.

574 Vgl. Fn. 570.

können die anerkannten Fallgruppen der c. i. c. mit dem Ansatz von *Canaris* grundsätzlich in zwei übergeordnete Kategorien unterteilt werden, nämlich einerseits in die sog. Anvertrauenshaftung und andererseits in die sog. Erklärungshaftung.[575] Möglicherweise wirkt sich genau diese Differenzierung auch in verjährungsrechtlicher Hinsicht entscheidend aus und bildet damit einen tauglichen Anknüpfungspunkt für die Beantwortung der Frage, nach welchen Regeln sich die Verjährung der quasivertraglichen Schadensersatzansprüche nach den Grundsätzen der c. i. c. zu richten hat.

An der Stelle ist allerdings noch darauf hinzuweisen, dass im Zuge der nachfolgenden Betrachtung nicht auf jeden denkbaren Einzelfall einer Haftung aus c. i. c. eingegangen werden kann, da dies zum einen den Rahmen der vorliegenden Untersuchung bei Weitem übersteigen würde und zum anderen aufgrund der großen Vielfältigkeit sowie Dynamik des Rechtsinstituts der c. i. c. auch kaum praktikabel wäre. Das Ziel ist es daher, anhand der wohl bedeutendsten und praxisrelevantesten Fallgruppen einen verallgemeinerungsfähigen Lösungsansatz herauszuarbeiten, der durch klare Abgrenzungskriterien eine rechtssichere Handhabung ermöglicht und zumindest für den absoluten Großteil der Fälle sach- und interessengerechte Ergebnisse liefert, aber eine stetige Abwägung der konkreten Umstände des Einzelfalles nicht entbehrlich macht.

a) Anvertrauenshaftung

Wie im allgemeinen Teil schon aufgezeigt, erfasst die Kategorie der Anvertrauenshaftung in aller Regel diejenigen Fälle, in denen der Geschädigte noch vor dem Eintritt in das Verhandlungsstadium i. S. d. § 311 Abs. 2 Nr. 1 BGB seinen persönlichen Rechtskreis gegenüber dem Einflussbereich eines potenziellen Vertragspartners zum Zwecke einer geschäftlichen Kontaktaufnahme i. S. d. § 311 Abs. 2 Nr. 2 oder Nr. 3 BGB öffnet und ihm in der Folge seine schützenswerten Rechte, Rechtsgüter und Interessen in gewisser Weise anvertraut. Die Haftung nach den Grundsätzen der c. i. c. gem. §§ 280 Abs. 1, 241 Abs. 2, 311 Abs. 2 BGB knüpft insoweit daher gerade nicht an einen äußeren Erklärungstatbestand der als Vertragspartner in Aussicht genommenen Person sowie eine dadurch hervorgerufene und später letztlich frustrierte Vertrauensdisposition des Geschädigten an, sondern in erster Linie an dessen enttäuschtes Vertrauen in die Unversehrtheit der eigenen Rechte, Rechtsgüter und Interessen durch den anderen Teil.[576] Paradigmatisch hierfür sind insbesondere die berühmten Kaufhausfälle, in denen ein potenzieller Kunde die Geschäftsräumlichkeiten des Verkäufers betritt und dabei Opfer einer dort vorherrschenden Gefahrenquelle wird, sei es, weil er

575 Vgl. Fn. 223.
576 Vgl. Fn. 226, 227.

auf einer herumliegenden Bananenschale bzw. einem Salatblatt ausrutscht, oder, weil er von einer umfallenden Linoleumrolle getroffen wird.[577] Zusammenfassend lässt sich somit festhalten, dass es in den Konstellationen der Anvertrauenshaftung überwiegend um die Verletzung von allgemeinen Schutz- bzw. Obhutspflichten und damit des Integritätsinteresses des Geschädigten gehen wird.

Hierbei gilt es zwingend zu erkennen, dass die im Wege der c. i. c. zu ersetzenden Schäden typischerweise sog. Begleitschäden darstellen, die weder einen inhaltlichen Bezug noch sonst einen besonderen tatsächlichen, wirtschaftlichen oder rechtlichen Zusammenhang zu dem in Anbahnung befindlichen Vertrag bzw. den daraus resultierenden Ansprüchen aufweisen und vielmehr völlig unabhängig davon eintreten, ob dieser mit dem vom Geschädigten gewünschten Inhalt tatsächlich noch abgeschlossen wird oder gänzlich unterbleibt. Da die Schadensersatzansprüche aus c. i. c. in derartigen Fällen somit genauso bei einem wirksamen Abschluss des vom Anspruchsinhaber eigentlich begehrten Vertrages bestehen und letztlich isoliert neben das vertragliche Anspruchsregime treten, sind diese gerade nicht durch einen mit den quasivertraglichen Haftungsansprüchen aus § 122 BGB und § 179 BGB vergleichbaren Alternativ- bzw. Ausschließlichkeitscharakter gekennzeichnet und können im Verhältnis zu den Ansprüchen aus dem angebahnten Vertrag damit auch nicht als wirtschaftlicher Ersatzwert angesehen werden. Im Rahmen der Anvertrauenshaftung kann eine besondere Vertragsakzessorietät der Ansprüche aus c. i. c. somit nicht fruchtbar gemacht werden, mit der Folge, dass auch kein vernünftiger Grund für eine Übertragung des vertraglichen Verjährungsregimes ersichtlich ist. Vielmehr hat sich die Verjährung der Haftung nach den Grundsätzen der c. i. c. in diesen Sachverhaltskonstellationen vorzugswürdig nach ihren eigenen Regeln und mangels einschlägiger Sonderverjährungsvorschrift damit nach der allgemeinen Regelverjährung gem. §§ 195, 199 Abs. 1 BGB zu richten.

b) Erklärungshaftung

Die Kategorie der Erklärungshaftung erfasst demgegenüber diejenigen Fälle, in denen die Parteien in aller Regel bereits in das Stadium der Vertragsverhandlungen i. S. d. § 311 Abs. 2 Nr. 1 BGB eingetreten sind und sich aufseiten des späteren Anspruchsinhabers auf der Grundlage des Verhandlungsverhaltens bzw. der Erklärungen des Verhandlungspartners ein Vertrauenstatbestand im Hinblick auf den Abschluss eines Vertrages mit einem bestimmten Inhalt herausbildet. Gerade die Enttäuschung dieses Vertrauens in die Richtigkeit und Vollständigkeit der abgegebenen Erklärungen und damit einhergehend in den Abschluss des eigentlich beabsichtigten Vertra-

577 Vgl. Fn. 228, 306.

ges ist sodann der Anknüpfungs- und Bezugspunkt für die vorvertragliche Rücksichtspflichtverletzung und die damit einhergehende quasivertragliche Schadensersatzhaftung nach den Grundsätzen der c. i. c. gem. §§ 280 Abs. 1, 241 Abs. 2, 311 Abs. 2, Abs. 3 BGB. Die Fälle der Erklärungshaftung entsprechen somit den Sachverhaltskonstellationen, die den zuvor bereits dargestellten Entscheidungen des BGH zur verjährungsrechtlichen Behandlung der c. i. c. zugrunde liegen. Diese sind dadurch gekennzeichnet, dass sich der insoweit zu ersetzende Vertrauensschaden im Ergebnis in dem Scheitern eines den ursprünglichen Vorstellungen des Anspruchsinhabers entsprechenden Vertragsschlusses realisiert und zu diesem daher einen besonderen inhaltlichen Bezug aufweist, sei es, weil die zwischen den Parteien schwebenden Vertragsverhandlungen i. S. d. § 311 Abs. 2 Nr. 1 BGB am Ende schon zu überhaupt keinem wirksamen Vertrag mehr führen, etwa weil sie von dem anderen Teil ohne einen triftigen Grund abgebrochen werden, oder, weil ein für den Anspruchsinhaber inhaltlich nachteiliger Vertrag abgeschlossen wird.[578] Mit anderen Worten würde eine Haftung nach den Grundsätzen der c. i. c. gänzlich entfallen, wenn der vom Anspruchsinhaber intendierte Vertrag abgeschlossen worden wäre, sodass die Erklärungshaftung letztlich kausal auf dessen Scheitern beruht und im Gegensatz zu den Fällen der Anvertrauenshaftung damit sehr wohl durch eine mit der Haftung aus § 122 BGB und § 179 BGB vergleichbare Alternativität bzw. Ausschließlichkeit gekennzeichnet ist.

Vor diesem Hintergrund muss festgestellt werden, dass die quasivertraglichen Schadensersatzansprüche aus c. i. c. in den vorliegenden Konstellationen der Erklärungshaftung letztlich genauso wie auch die quasivertraglichen Haftungsansprüche aus § 122 BGB und § 179 BGB als wirtschaftlicher Ersatzwert an die Stelle der Ansprüche aus und im Zusammenhang mit dem vom Anspruchsinhaber eigentlich begehrten Vertrag treten. Folglich sind sie von einer engen tatsächlichen, wirtschaftlichen und rechtlichen Verbindung zu dem intendierten Vertragsschluss geprägt, mithin von einer besonderen Vertragsakzessorietät. Im Rahmen der Erklärungshaftung kann somit von einem vertragsakzessorischen Ersatzwertcharakter der Haftungsansprüche aus c. i. c. ausgegangen werden, mit der Folge, dass die bereits im Zusammenhang mit den Ersatzansprüchen aus § 122 BGB und § 179 BGB herausgestellten Erwägungen und Grundsätze an dieser Stelle in gleicher Weise fruchtbar gemacht werden können. Im Einklang mit der soeben aufgezeigten Rechtsprechung des BGH ist in den Fällen dieser Kategorie daher ebenfalls stets auf dasjenige Verjährungsregime abzustellen, das in Ansehung des vom Anspruchsinhaber eigentlich beabsichtigten Vertrages einschlägig wäre, mithin sowohl auf die für den vertraglichen Erfüllungsanspruch als auch auf die für sonstige vertragliche (Sekundär-)Ansprüche geltenden (Sonder-)Ver-

578 Vgl. Fn. 224, 225.

jährungsregelungen. Auch insoweit ist im Einzelfall daher immer danach zu differenzieren, ob für den jeweiligen Anspruch aus c. i. c. ein unmittelbares vertragliches Äquivalent, d. h. ein inhaltlich bzw. wirtschaftlich identischer vertraglicher Anspruch, existieren würde. In dem Fall muss nach den bisherigen Erwägungen im Zusammenhang mit dem besonderen wirtschaftlichen Ersatzwertcharakter der c. i. c. sowie dem für sie prägenden Grundsatz der Vertragsakzessorietät konsequenterweise auf die für den korrespondierenden vertraglichen Anspruch geltende (Sonder-)Verjährungsfrist abgestellt werden. Ist hingegen kein direktes vertragliches Äquivalent ersichtlich, dann hat im Rahmen der quasivertraglichen Haftung aus c. i. c. wie auch schon bei § 122 BGB und § 179 BGB richtigerweise die in Ansehung des vertraglichen Erfüllungsanspruchs einschlägige Verjährungsfrist zur Anwendung zu kommen.

Dieser Beurteilung steht auch nicht entgegen, dass die Haftung nach den Grundsätzen der c. i. c. im Gegensatz zu den Ersatzansprüchen aus § 122 BGB und § 179 BGB der Höhe nach grundsätzlich nicht auf das Erfüllungsinteresse begrenzt ist. Wie letztlich auch der BGH zutreffend erkannt hat, ist für ein Durchschlagen des vertraglichen Verjährungsregimes auf quasivertragliche Haftungsansprüche allein maßgeblich, dass diese – wie gerade die in den vorliegenden Fällen der Erklärungshaftung aus den Grundsätzen der c. i. c. resultierenden Ersatzansprüche – bei der gebotenen wirtschaftlichen Betrachtung in gewisser Weise die Stellung der gescheiterten vertraglichen Ansprüche einnehmen und mit ihnen daher in tatsächlicher, wirtschaftlicher und rechtlicher Hinsicht besonders eng verbunden sind. Schließlich wäre es völlig unabhängig von einer etwaigen ausdrücklichen Begrenzung des Haftungsumfangs nicht sach- und interessengerecht, einen entsprechenden wirtschaftlichen Ersatzwert in seiner „Intensität" und damit auch im Hinblick auf die verjährungsrechtliche Behandlung über das ursprünglich „Bedungene" hinaus auszudehnen. Aufgrund der besonderen inhaltlichen bzw. wirtschaftlichen Nähe zu den Ansprüchen im Zusammenhang mit dem vom Anspruchsinhaber eigentlich begehrten Vertrag müssen sich der Normzweck der für diese geltenden Verjährungsregelungen sowie die ihnen zugrunde liegenden gesetzgeberischen Wertungen genauso im Rahmen einer wirtschaftlich an deren Stelle getretenen und damit von einer gewissen Vertragsakzessorietät geprägten quasivertraglichen Ersatzhaftung durchsetzen, wie eben auch der hier in Rede stehenden Erklärungshaftung nach den Grundsätzen der c. i. c.[579]

Zur Verdeutlichung dieser verjährungsrechtlichen Erkenntnisse soll nachfolgend anhand von einzelnen Fallbeispielen noch kurz näher auf die typischen

---

579 Vgl. dazu die tragenden Erwägungen in BGHZ 57, 191 (195 ff.) = NJW 1972, 95 (97) und BGHZ 73, 266 (269 f.) = NJW 1979, 1161 (1162).

und in der Praxis wohl bedeutsamsten Fallgruppen der Erklärungshaftung eingegangen werden.

aa) Abbruch von Vertragsverhandlungen

Wie im Zuge der allgemeinen Ausführungen zu den quasivertraglichen Haftungsansprüchen bereits dargestellt wurde, bildet der schuldhafte Abbruch der Vertragsverhandlungen durch den Anspruchsgegner einen der wohl berühmtesten und zugleich aber auch umstrittensten Anwendungsfälle der c. i. c. in der Kategorie der Erklärungshaftung.[580] Die verjährungsrechtliche Relevanz dieser Fallgruppe zeigt das folgende Fallbeispiel zu der kurzen mietrechtlichen Sonderverjährungsfrist von sechs Monaten gem. § 548 Abs. 1 S. 1 BGB:

A (Vermieter) und B (Mieter) nehmen die Verhandlungen über den Abschluss eines Mietvertrages auf. Hierbei stellt sich heraus, dass die Zwecke des B eine bauliche Veränderung der Mieträumlichkeiten erforderlich machen. Nachdem die Verhandlungen bereits weiter fortgeschritten sind und die Parteien die auf Wunsch des B noch vorzunehmenden Anpassungen detailliert besprochen sowie sich über einen ersten Entwurf des künftigen Mietvertrages verständigt haben, beginnt der A in dem berechtigten Vertrauen auf den Vertragsschluss mit den entsprechenden Umbaumaßnahmen. Der endgültige Mietvertragsschluss sowie die Übernahme der Mietflächen durch den B sind dabei erst für den Zeitpunkt der Bezugsfertigkeit der neuen Räumlichkeiten vorgesehen. Kurz vor der Fertigstellung der Arbeiten teilt der B dem A mit, dass er an dem Mietverhältnis kein Interesse mehr habe und daher von den bisherigen Verhandlungen Abstand nehme. Der A verlangt von ihm nun Ersatz der ihm entstandenen Um- und Rückbaukosten.

In diesem Fall wird durch den Abbruch der Vertragsverhandlungen das berechtigte und damit grundsätzlich schutzwürdige Vertrauen des A in den Abschluss eines entsprechenden Mietvertrages mit dem B enttäuscht, mit der Folge, dass die letztlich durch den Vertrauenstatbestand veranlassten Um- und Rückbaukosten als Vertrauensschaden im Wege der Haftung nach den Grundsätzen der c. i. c. gem. §§ 280 Abs. 1, 241 Abs. 2, 311 Abs. 2 Nr. 1 BGB zu ersetzen sind. Auf die grundsätzliche Problematik, unter welchen Voraussetzungen die mit dem Grundsatz der negativen Vertragsfreiheit in einem Spannungsverhältnis stehende Haftung aus c. i. c. für den Abbruch von Vertragsverhandlungen ausnahmsweise angenommen werden kann, soll hier nicht näher eingegangen werden, da dies am Kern der vorliegenden Untersuchung vorbeiginge. Vielmehr ist in dem vorliegenden Beispielsfall vom Bestehen eines aus den Grundsätzen der c. i. c. resultierenden Anspruchs des

---

580 Vgl. dazu ausführlich unter „*Teil II C. V. 2. Abbruch von Vertragsverhandlungen*“; zu den kritischen Literaturstimmen vgl. insbesondere Fn. 308.

A auf Ersatz der entsprechenden Um- und Rückbaukosten auszugehen. Der Ersatzanspruch aus c. i. c. entspricht bei der gebotenen wirtschaftlichen Betrachtung letztlich denjenigen Ansprüchen, für die im Falle eines wirksamen Mietvertragsschlusses die kurze Sonderverjährungsfrist von sechs Monaten gem. § 548 Abs. 1 S. 1 BGB eingreifen würde. Insoweit stellt die quasivertragliche Haftung aus c. i. c. somit einen wirtschaftlichen Ersatzwert bzw. ein wirtschaftliches Äquivalent dar, sodass diese nach den vorstehenden Erwägungen und Grundsätzen gleichermaßen in den Anwendungsbereich der besonderen mietrechtlichen Verjährungsfrist des § 548 Abs. 1 S. 1 BGB fallen muss. Schließlich hätte es eine sachlich nicht zu rechtfertigende Besserstellung des Anspruchsinhabers zur Folge, wenn im Rahmen der c. i. c. stets isoliert auf die allgemeine Regelverjährung gem. § 195 BGB und damit auf eine ggf. um ein Vielfaches längere Verjährungsfrist abzustellen wäre, als für den wesensmäßig identischen Anspruch bei einem erfolgreichen Abschluss des eigentlich begehrten Vertrages gelten würde.[581]

In dem vorliegenden Beispielsfall gelten diese Grundsätze in gleicher Weise sowohl für den Ersatz der ursprünglichen Umbaukosten als auch für den Ersatz der anschließenden Rückbaukosten. Zwar bezieht sich die Regelung des § 548 Abs. 1 BGB in den ursprünglich vom Gesetzgeber vorgesehenen unmittelbaren Anwendungsfällen grundsätzlich nur auf die in der Regel erst nach Beendigung des Mietverhältnisses bestehenden Ersatzansprüche des Vermieters aufgrund der vom Mieter nicht beseitigten Veränderungen und Verschlechterungen der Mietsache, im Ergebnis also lediglich auf die dem Vermieter entstandenen Rückbaukosten. Allerdings hat der BGH bereits früh festgestellt, dass die Verjährungsregelung des § 548 Abs. 1 BGB (§ 558 Abs. 1 BGB a. F.) im Lichte ihres Normzwecks weit auszulegen ist und im Grundsatz daher sämtliche konkurrierenden (Ersatz-)Ansprüche zu erfassen hat, die auf einem wertungsmäßig vergleichbaren bzw. identischen Sachverhalt beruhen und ihren Grund damit in der Veränderung oder Verschlechterung des Zustands der Mietsache finden. Das übergeordnete Ziel der kurzen mietrechtlichen Verjährung gem. § 548 Abs. 1 BGB ist schließlich eine möglichst zügige Klärung und Abwicklung sämtlicher die Beschaffenheit der Mietsache betreffenden Ansprüche, um der verdunkelnden Macht der Zeit und damit einhergehend der ab der Beendigung des entsprechenden Mietverhältnisses zunehmenden Gefahr diesbezüglicher Beweisprobleme entgegenzuwirken.[582] Da die dem Vermieter ursprünglich entstandenen Umbaukosten letztlich genauso wie die anschließenden Rückbaukosten aus einer Veränderung des Zustands der Mietsache resultieren und deshalb ebenfalls von einer unter Berücksichtigung von Wertungsgesichtspunkten vergleichbaren Interessenlage auszugehen ist, kommt der Normzweck der

581 Vgl. dazu insbesondere BGH, NJW 2006, 1963 (1964 f.).

582 BGH, NJW 1968, 1472; BGHZ 98, 235 (237 f.) = NJW 1987, 187 (188).

sechsmonatigen Sonderverjährung des § 548 Abs. 1 S. 1 BGB insoweit gleichermaßen zum Tragen, mit der Folge, dass sie unterschiedslos auch auf die in diesem Zusammenhang bestehenden Ersatzansprüche aus c. i. c. Anwendung zu finden hat.

Ergänzend sei an dieser Stelle zudem noch darauf hingewiesen, dass es der Beurteilung im Einklang mit der Rechtsprechung des BGH auch in keiner Weise entgegensteht, wenn es – wie in dem Beispielsfall – zu keinem Zeitpunkt zu einer Übergabe und infolgedessen auch zu keiner Rückgabe der Mietsache, mithin zu keiner Veränderung der Besitzverhältnisse, gekommen ist. Zum einen greift die Ratio der besonderen Verjährungsregelung des § 548 Abs. 1 BGB genauso ein, wenn die letzten Endes zu einer Schadensersatzhaftung führenden Veränderungen der Mietsache nicht durch den Mieter, sondern auf dessen Wunsch vielmehr vom Vermieter als späteren Anspruchsinhaber selbst vorgenommen werden. Ein vernünftiger Grund für eine Differenzierung ist hierbei nicht zu erkennen.[583] Zum anderen soll durch das Abstellen auf die Rückgabe der Mietsache in § 548 Abs. 1 S. 2 BGB lediglich sichergestellt werden, dass das betreffende Mietverhältnis durch die vollständige Besitzaufgabe aufseiten des Mieters auch sein tatsächliches Ende findet und der Vermieter in der Folge in die Lage versetzt wird, die Mietsache durch die Ausübung seiner unmittelbaren Sachherrschaft umfassend auf potenzielle Veränderungen und Verschlechterungen zu untersuchen. Diesem Zweck ist jedoch gleichermaßen Genüge getan, wenn es – etwa wie im vorliegenden Beispielsfall aufgrund eines Scheiterns des anvisierten Vertragsschlusses – schon gar nicht (mehr) zu einer Überlassung der Mietsache an den Mieter kommt und der Vermieter damit seine unmittelbare Sachherrschaft zu keinem Zeitpunkt aufgibt.[584] Welche genauen Auswirkungen das Unterbleiben der Über- bzw. Rückgabe der Mietsache i. S. d. § 548 Abs. 1 S. 2 BGB auf den für die Haftungsansprüche aus c. i. c. maßgeblichen Verjährungsbeginn hat, ist anschließend im Rahmen der Untersuchung des Verjährungsfristlaufs zu klären.

Eine grundsätzlich mit der Fallgruppe des schuldhaften Verhandlungsabbruchs vergleichbare Ausgangssituation findet sich auch in den wohl eher selteneren Konstellationen einer (ausnahmsweisen) Haftung nach den Grundsätzen der c. i. c. infolge der Enttäuschung des Vertrauens in eine Vertragsverlängerung,[585] infolge eines fehlerhaften Vergabeverfahrens[586] oder infolge der schuldhaften Verursachung eines unwirksamen Vertrags-

583 Vgl. auch BGH, NJW 2006, 1963 (1965).
584 BGH, NJW-RR 2004, 1566 (1568).
585 Vgl. dazu BeckOKBGB/Sutschet, § 311 Rn. 69.
586 Vgl. dazu Staudinger/Feldmann, § 311 Rn. 160 ff. m. w. N.

schlusses.[587] Auch insoweit handelt es sich schließlich um Fälle der Erklärungshaftung, in denen das Vertrauen des Anspruchsinhabers in den Abschluss eines Vertrages schlechthin enttäuscht wird.

bb) Abschluss inhaltlich nachteiliger Verträge

Einen weiteren klassischen Anwendungsfall der Haftung nach den Grundsätzen der c. i. c. in der Kategorie der Erklärungshaftung bildet die im allgemeinen Teil dargestellte Gruppe des Abschlusses von für den Anspruchsinhaber inhaltlich nachteiligen Verträgen. Im Gegensatz zum schuldhaften Verhandlungsabbruch kommt es hierbei zwar zu einem wirksamen Vertragsschluss, allerdings weicht dessen Inhalt negativ von den ursprünglichen Vorstellungen des Anspruchsinhabers ab, die sich insbesondere auf der Grundlage der zuvor geführten Vertragsverhandlungen herausgebildet haben. Im Ergebnis geht es in dieser Fallgruppe somit um die Enttäuschung des vom Anspruchsgegner geschaffenen Vertrauens in den Abschluss eines den Interessen des Anspruchsinhabers entsprechenden Vertrages bzw. eines Vertrages mit dem von ihm gewünschten Inhalt.[588]

Die sich in verjährungsrechtlicher Hinsicht ergebenden Auswirkungen sollen nachfolgend anhand von gleich zwei Fallbeispielen verdeutlicht werden, wobei ein Beispiel ganz bewusst in Anlehnung an eine frühere Entscheidung des BGH aus dem Jahr 2004 zu der alten Rechtslage im Versicherungsvertragsrecht und damit der bis zu der am 01.01.2008 in Kraft getretenen VVG-Reform geltenden Sonderverjährungsfrist von grundsätzlich zwei Jahren gem. § 12 Abs. 1 S. 1 VVG a. F. gewählt wird, da dieses den besonderen Charakter der quasivertraglichen Haftung aus c. i. c. und die daraus resultierenden verjährungsrechtlichen Spezifika sehr prägnant zu zeigen vermag. Im Übrigen haben derartige Versicherungsfälle im Kontext der quasivertraglichen Schadensersatzhaftung ihre verjährungsrechtliche Relevanz aufgrund des besonderen Hemmungstatbestands des § 15 VVG (n. F.) immer noch nicht ganz eingebüßt, worauf aber erst anschließend im Rahmen des maßgeblichen Verjährungsfristlaufs näher einzugehen sein wird.

Fallbeispiel 1 (zu § 12 Abs. 1 VVG a. F.):[589]

Der A ist Eigentümer eines ländlichen Anwesens, das auch einen Stall mit mehreren wertvollen Zuchtpferden umfasst. Für dieses Anwesen möchte der A bei der V-Versicherung AG (V) einen Gebäudeversicherungsvertrag abschließen. Hierbei ist es dem A besonders wichtig, dass auch seine Pferde

587 Vgl. dazu unter „*Teil II C. V. 3. Abschluss unwirksamer Verträge*“ sowie insbesondere BeckOGKBGB/Herresthal, § 311 Rn. 376 ff.

588 Vgl. dazu insbesondere unter „*Teil II C. V. 4. Abschluss inhaltlich nachteiliger Verträge*“ sowie Fn. 225.

589 In Anlehnung an BGH, NJW 2004, 1161.

als lebendes Inventar versichert sind. Hierauf weist der A in den anschließenden Vertragsverhandlungen mit der V auch noch einmal besonders hin. Am 01.12.2000 wurde der Versicherungsvertrag abgeschlossen, wobei der A darauf vertraute, dass dieser die von ihm im Zuge der Vertragsverhandlungen deutlich zum Ausdruck gebrachten Interessen hinreichend abbildet. Am 01.02.2002 kommt es auf dem Anwesen zu einem Großbrand, bei dem auch sämtliche Pferde verenden. Am 01.08.2002 macht der A gegenüber der V u. a. auch den Schaden aus dem Verlust seiner Pferde geltend. Am 01.11.2002 lehnt die V insoweit eine Erstattung ab, da – was zutrifft – das lebende Inventar nicht in den abgeschlossenen Versicherungsvertrag einbezogen wurde. Den insoweit entstandenen Schaden verlangt der A von der V nun über die Grundsätze der c. i. c. ersetzt, da er auf den von seinen ursprünglichen Vorstellungen abweichenden Ausschluss der Pferde vom Versicherungsschutz zu keinem Zeitpunkt hingewiesen wurde.

Fallbeispiel 2 (zu § 439 Abs. 1 HGB):

A (Absender) und B (Frachtführer) schließen einen Frachtvertrag i. S. d. § 407 HGB, der die Beförderung von besonders empfindlichen Gütern zum Gegenstand hat. Auf die insoweit beim Transport zu beachtenden besonderen Anforderungen (z. B. im Hinblick auf die Temperatur und den Schutz vor äußeren Einflüssen) hat der A im Rahmen der Vertragsverhandlungen ausdrücklich hingewiesen. In dem abgeschlossenen Vertrag ist u. a. auch das von B vorgesehene Transportmittel bezeichnet. Der A vertraut darauf, dass dieses die zuvor besprochenen Voraussetzungen erfüllt. Nach Ablieferung der Transportgüter durch B stellt sich heraus, dass ein Großteil davon unbrauchbar ist. Der Grund dafür liegt darin, dass das von B eingesetzte Fahrzeug für den Transport tatsächlich nicht geeignet war und die Güter darin zu großen Temperaturschwankungen ausgesetzt wurden. Den hierbei entstandenen Schaden verlangt der A von dem B nun über die Grundsätze der c. i. c. ersetzt, da er trotz des ausdrücklichen Hinweises auf die hohe Empfindlichkeit der Transportgüter nicht darüber informiert wurde, dass es in dem vorgesehenen Transportmittel zu derartigen Temperaturschwankungen kommen kann.

In Fall 1 durfte bzw. musste der A nach dem konkreten Verlauf der Vertragsverhandlungen darauf vertrauen, dass auch die Zuchtpferde als lebendes Inventar von dem Versicherungsschutz erfasst sind. Da dies für ihn sichtlich von besonderer Wichtigkeit war, kann zudem davon ausgegangen werden, dass der A in jedem Fall einen auch seine Pferde umfassenden Versicherungsvertrag abgeschlossen hätte, wenn er von dem insoweit mangelnden Versicherungsschutz in Kenntnis gesetzt worden wäre. Ohne an dieser Stelle näher auf die einzelnen Haftungsvoraussetzungen einzugehen, kann der A somit über die Grundsätze der c. i. c. gem. §§ 280 Abs. 1, 241 Abs. 2, 311 Abs. 2 Nr. 1 BGB als Vertrauensschaden den Verlust seiner Pferde und damit ausnahmsweise das Erfüllungsinteresse ersetzt verlangen. Dieser Schadensersatzanspruch ist inhaltlich exakt mit dem versicherungsvertraglichen Deckungsanspruch identisch, der gegenüber der V bestehen würde, wenn der Versicherungsvertrag tatsächlich nach den zuvor im Rahmen der Vertragsverhandlungen deutlich zum Ausdruck gebrachten Vorstellungen des A abgeschlossen worden wäre. In diesem Fall wäre der Verlust der Pferde schließlich von der Versicherung gedeckt, mit der Folge, dass eine entsprechende Einstandspflicht der V bereits unmittelbar aus dem Versicherungsvertrag folgen und damit der zweijährigen Sonderverjährungsfrist des § 12 Abs. 1 S. 1 VVG a. F. unterfallen würde. An diesem Fall zeigt sich sehr deutlich, dass die aus den Grundsätzen der c. i. c. resultierenden quasivertraglichen Schadensersatzansprüche als wirtschaftlicher Ersatzwert an die Stelle der Ansprüche im Zusammenhang mit dem vom Anspruchsinhaber eigentlich beabsichtigten Vertrag treten und damit von einem besonderen vertragsakzessorischen Charakter geprägt sind. Aufgrund der nicht zuletzt auch auf der Wertungsebene besonders engen Verbindung zu den jeweils inhaltlich bzw. wirtschaftlich korrespondierenden vertraglichen Ansprüchen haben die Haftungsansprüche aus c. i. c. mit diesen daher unter Zugrundelegung der bisherigen Erwägungen zwingend auch dasselbe verjährungsrechtliche Schicksal zu teilen, sodass die besondere Verjährungsregelung für Ansprüche aus Versicherungsverträgen gem. § 12 VVG a. F. in dem vorliegenden Beispielsfall eben auch auf die ersatzweise Haftung aus c. i. c. durchzuschlagen hat.[590]

In Fall 2 liegen die Dinge letztlich genauso. Auch insoweit durfte der A auf der Basis der geführten Vertragsverhandlungen darauf vertrauen, dass das vertraglich vorgesehene Transportmittel für die sensiblen Güter geeignet ist. Zudem muss aufgrund der besonderen Bedeutung des sachgemäßen Transports davon ausgegangen werden, dass der A den Einsatz eines den Anforderungen dieser Güter entsprechenden Transportmittels vereinbart hätte, wenn er rechtzeitig auf das Problem möglicher Temperaturschwankungen hingewiesen worden wäre. Somit kann der A gegenüber dem B ebenfalls nach den Grundsätzen der c. i. c. gem. §§ 280 Abs. 1, 241 Abs. 2, 311 Abs. 2 Nr. 1 BGB den Ersatz der infolge des unsachgemäßen Transports unbrauchbar gewordenen Güter als Vertrauensschaden beanspruchen. Wäre der Schaden auch bei Abschluss eines den Interessen bzw. Vorstellungen des A vollständig entsprechenden Frachtvertrages eingetreten, d. h. wären die an den Transport bzw. das Transportmittel zu stellenden spezifischen Anforderungen vertraglich fixiert gewesen, würde aus den besonderen transportrechtlichen Haftungsregelungen der §§ 425 ff. HGB ein inhaltlich identischer vertraglicher Schadensersatzanspruch des A folgen, für den grundsätzlich die einjährige Sonderverjährungsfrist des § 439 Abs. 1 S. 1 HGB zur Anwendung käme.

590 Vgl. dazu auch die leitenden Erwägungen in BGH, NJW 2004, 1161 (1162).

Insoweit ist daher ebenfalls eine besondere Nähe der Haftung aus c. i. c. zu dem vertraglichen Anspruchsregime festzustellen, mit der Folge, dass deren vertragsakzessorischer Ersatzwertcharakter an dieser Stelle genauso fruchtbar gemacht werden kann und sich die transportrechtliche Sonderverjährungsregelung des § 439 HGB in dem vertragsähnlichen Rechtsverhältnis daher in gleicher Weise durchzusetzen hat.

Einen besonderen Unterfall des Abschlusses eines für den Anspruchsinhaber inhaltlich nachteiligen Vertrages bildet letztendlich auch der Vertragsschluss mit einer eigentlich vermögenslosen bzw. insolventen GmbH. Verletzt der Geschäftsführer einer GmbH im Vorfeld eines entsprechenden Vertragsschlusses etwaige Informations- und Aufklärungspflichten im Hinblick auf die wirtschaftliche Lage der Gesellschaft bzw. macht er, z. B. infolge einer ausdrücklichen Nachfrage eines potenziellen Vertragspartners, bewusst falsche Vermögensangaben, kann sich aus den Grundsätzen der c. i. c. ebenfalls eine ausnahmsweise auf das Erfüllungsinteresse gerichtete persönliche Haftung des Geschäftsführers ergeben, wenn sich die vertraglichen Ansprüche gegen die GmbH aufgrund eines über deren Vermögen eröffneten Insolvenzverfahrens als wertlos erweisen. Da diese quasivertraglichen Haftungsansprüche aus c. i. c. wirtschaftlich bzw. inhaltlich mit den faktisch ausgefallenen vertraglichen Ansprüchen gegen die insolvente GmbH identisch sind, ist aus den bereits genannten Gründen eben auch in verjährungsrechtlicher Hinsicht ein entsprechender Gleichlauf geboten.[591]

Klar ist hierbei freilich auch, dass sich diese Fälle seit der Schuldrechtsreform im Jahr 2002 und der damit einhergehenden Vereinheitlichung des Verjährungsrechts deutlich entschärft haben. Aufgrund der dennoch vereinzelt vorhandenen Sonderverjährungsfristen sowie der Möglichkeit eines abweichenden Verjährungsbeginns haben sich die möglichen Probleme und Wertungswidersprüche in derartigen Konstellationen aber noch nicht gänzlich erledigt.

cc) Sonderfall: Gewährleistungsrechtliche Verjährung

Ein besonderer und zum Teil äußerst umstrittener Anwendungsfall der quasivertraglichen Haftung nach den Grundsätzen der c. i. c. ist schließlich der Schnittbereich zu den Mängelgewährleistungsrechten und den damit einhergehenden Sonderverjährungsregelungen. Die nachfolgenden Ausführungen gehen aus Gründen der Vereinfachung und besseren Übersichtlichkeit ausschließlich auf das im Kontext der c. i. c. wohl auch praxisrelevanteste kaufrechtliche Gewährleistungsrecht i. S. d. §§ 434 ff. BGB ein. Da im Rahmen der werkvertraglichen Mängelrechte i. S. d. §§ 633 ff. BGB aber ein weitge-

591 Vgl. dazu BGHZ 87, 27 (35 ff.) = NJW 1983, 1607 (1609).

hender Gleichlauf erfolgt, können die hierbei gewonnenen Erkenntnisse auf diese gleichermaßen übertragen werden.

Problematisch sind insbesondere diejenigen Fälle, in denen eine vorvertragliche Pflichtverletzung des Verkäufers mit Umständen bzw. Merkmalen zusammenhängt, die einen gewissen Bezug zu der Beschaffenheit der Kaufsache aufweisen und daher grundsätzlich dazu geeignet sind, einen Sachmangel i. S. d. § 434 Abs. 1 BGB zu begründen.[592] Insoweit wird schließlich der Geltungsbereich der besonderen gewährleistungsrechtlichen Verjährung gem. § 438 BGB tangiert, wodurch sich die Gefahr von verjährungsrechtlichen Wertungswidersprüchen ergeben kann. Betrifft die vorvertragliche Pflichtverletzung des Verkäufers hingegen anderweitige Umstände ohne Beschaffenheitsbezug, drohen schon keine entsprechenden Kollisionsprobleme mit besonderen Verjährungsregelungen.

Diese Fälle der Konkurrenz der c. i. c. zu den kaufrechtlichen Gewährleistungsrechten i. S. d. § 437 BGB weisen eine gewisse Ähnlichkeit zu der zuvor behandelten Fallgruppe des Abschlusses inhaltlich nachteiliger Verträge auf. Auch hierbei geht es letztendlich um Geschäfte, die im Ergebnis aufgrund der Mangelhaftigkeit des Vertragsgegenstands bzw. der Nichterfüllung der gewünschten Beschaffenheit negativ von den ursprünglichen Vorstellungen des Käufers abweichen, die sich im Zuge der vorherigen Vertragsanbahnung bzw. Vertragsverhandlungen herausgebildet haben.

(1) Anwendungsfälle der c. i. c. im Bereich der Gewährleistungsrechte

Das schon seit Langem diskutierte Problem der Konkurrenz zwischen der vorvertraglichen Haftung nach den Grundsätzen der c. i. c. und den aus § 437 BGB resultierenden kaufrechtlichen Gewährleistungsrechten hat der Gesetzgeber auch im Zuge der Schuldrechtsreform im Jahr 2002 keiner klarstellenden gesetzlichen Regelung zugeführt, sodass dieses in der juristischen Literatur nach wie vor äußerst umstritten ist. Auf den aktuellen Streitstand[593] hierzu kann jedoch in der vorliegenden Untersuchung nicht im Detail eingegangen werden, da dies in der gebotenen Kürze nicht zu bewerkstelligen wäre und damit über deren Rahmen bzw. Thema hinausgehen würde. Festzuhalten ist daher lediglich, dass sich die herrschende Meinung sowohl in der Rechtsprechung als auch in der Literatur zu Recht für einen grundsätzlichen Vorrang der Mängelrechte i. S. d. § 437 BGB als *lex specialis* ausspricht

---

592 Der Haftung für Sachmängel i. S. d. § 434 BGB kommt in diesem Zusammenhang wohl die größte praktische Bedeutung zu, sodass an dieser Stelle nicht auch noch gesondert auf die Haftung für Rechtsmängel i. S. d. § 435 BGB eingegangen wird; konkurrenzrechtlich können insoweit jedoch grundsätzlich ohnehin dieselben Erwägungen und Grundsätze fruchtbar gemacht werden.

593 Als Überblick vgl. BeckOGKBGB/Herresthal, § 311 Rn. 257 ff. m. w. N.

und die c. i. c. in deren Anwendungsbereich damit als verdrängt ansieht. Anderenfalls bestünde schließlich die Gefahr einer weitgehenden Entwertung der besonderen Gewährleistungsregeln der §§ 434 ff. BGB, insbesondere mit Blick auf das Recht des Verkäufers zu Nacherfüllung i. S. d. § 439 BGB, den grundsätzlichen Haftungsausschluss schon bei grob fahrlässiger Unkenntnis des Mangels i. S. d. § 442 Abs. 1 S. 2 BGB, die Möglichkeit der Vereinbarung eines Gewährleistungsausschlusses i. S. d. § 444 BGB sowie im Grundsatz auch in Bezug auf die besondere Verjährung gem. § 438 BGB.[594]

Allerdings erkennen richtigerweise auch die Vertreter der herrschenden Meinung, dass der Vorrang der Mängelrechte aus § 437 BGB nur im Grundsatz und damit auf keinen Fall ohne Ausnahmen gelten kann. Eine Ausnahme von der grundsätzlichen Sperrwirkung und eine damit einhergehende Parallelität von c. i. c. und kaufrechtlichen Gewährleistungsrechten ist zum einen für solche Sachverhaltskonstellationen anzunehmen, in denen ein Wertungswiderspruch bzw. eine Unterwanderung der spezielleren Regeln der §§ 434 ff. BGB schon gar nicht droht. Dies ist etwa dann der Fall, wenn dem Verkäufer ein vorsätzliches bzw. arglistiges Verhalten zur Last fällt. Schließlich liegt auch dem Gewährleistungsrecht die allgemeine gesetzgeberische Wertung zugrunde, dass der arglistig Handelnde nicht als schutzwürdig erachtet werden kann. So gilt in derartigen Fällen gem. § 438 Abs. 3 BGB ohnehin die allgemeine Regelverjährung gem. §§ 195, 199 Abs. 1 BGB und dem Verkäufer ist nach allgemeiner Meinung aufgrund von besonderen Umständen i. S. d. §§ 281 Abs. 2, 323 Abs. 2 Nr. 3 BGB auch das Recht auf eine zweite Andienung i. S. d. § 439 BGB zu versagen. Zudem kann er sich gem. § 444 BGB nicht auf einen vereinbarten Haftungsausschluss berufen und haftet darüber hinaus gem. § 442 Abs. 1 S. 2 BGB selbst bei grob fahrlässiger Unkenntnis des Käufers von der Mangelhaftigkeit der Kaufsache.[595] Hat der Käufer den Mangel hingegen positiv gekannt, muss auch eine Haftung nach den Grundsätzen der c. i. c. ausscheiden und zwar ohne dass es einer Ana-

594 BGHZ 180, 205 (211 ff.) Rn. 16 ff. = NJW 2009, 2120 (2121 f.); BGH, NJW 2010, 858 (859); BGH, NJW 2016, 3015 (3021); BGHZ 207, 349 (358) Rn. 22 ff. = NJW 2016, 1815 (1817); Fischinger/Lettmaier, NJW 2009, 2496 (2497); Rösler, AcP 2007, 564 (602 f.); Mertens, AcP 2003, 818 (825 ff.); Grigoleit/Herresthal, JZ 2003, 118 (126); Canaris, Karlsruher Forum 2002, S. 5 (87 ff.); BeckOGKBGB/Herresthal, § 311 Rn. 260, 262; Staudinger/Feldmann, § 311 Rn. 128; Staudinger/Matusche-Beckmann, § 437 Rn. 73 ff.; MüKoBGB/Westermann, § 437 Rn. 58 f.; Grüneberg/Grüneberg, § 311 Rn. 14 ff.; Grüneberg/Weidenkaff, § 437 Rn. 51a f.

595 BGHZ 180, 205 (214) Rn. 24 = NJW 2009, 2120 (2122); BGH, NJW 2010, 858 (859); Fischinger/Lettmaier, NJW 2009, 2496 (2497); Rösler, AcP 2007, 564 (603); BeckOGKBGB/Herresthal, § 311 Rn. 261, 263; Staudinger/Feldmann, § 311 Rn. 128; MüKoBGB/Westermann, § 437 Rn. 58; Grüneberg/Grüneberg, § 311 Rn. 15; Grüneberg/Weidenkaff, § 437 Rn. 51b; in sich widersprüchlich Staudinger/Matusche-Beckmann, § 437 Rn. 74 f.

logie zu dem Ausschlusstatbestand des § 442 Abs. 1 S. 1 BGB bedürfte,[596] da bei einer umfassenden Kenntnis des Käufers schon keine vorvertragliche Informations- bzw. Aufklärungspflicht des Verkäufers, die verletzt werden könnte, anzunehmen und damit auch kein schutzwürdiges Vertrauen des Käufers im Hinblick auf eine bestimmte Beschaffenheit des Kaufgegenstandes, das enttäuscht werden und damit zu einem Vertrauensschaden führen könnte, ersichtlich ist.[597]

Zum anderen ist richtigerweise auch dann kein Raum für einen etwaigen Vorrang der Gewährleistungsregelungen i. S. d. §§ 434 ff. BGB, solange und soweit sie tatbestandlich (noch) nicht eingreifen. Dies ist zunächst generell in dem Drei-Personen-Verhältnis der Dritthaftung i. S. d. § 311 Abs. 3 BGB der Fall, da die vertraglichen Gewährleistungsrechte i. S. d. § 437 BGB grundsätzlich nur den unmittelbaren Vertragspartner und nie einen möglicherweise an dem Vertragsschluss noch maßgeblich beteiligten Dritten erfassen. Nach der heute wohl überwiegenden Meinung ist der Weg über eine Haftung nach den Grundsätzen der c. i. c. zudem bereits dann frei, wenn Bezugspunkt der vorvertraglichen Pflichtverletzung zwar ein Umstand ist, der theoretisch zum Gegenstand einer Beschaffenheitsvereinbarung i. S. d. § 434 Abs. 2 Nr. 1 BGB hätte gemacht werden können, eine solche jedoch am Ende tatsächlich nicht erfolgt ist und deshalb kein Mangel i. S. d. § 434 Abs. 1 BGB vorliegt. Da in derartigen Fällen schon der Anwendungsbereich der grundsätzlich spezielleren Gewährleistungsregelungen der §§ 434 ff. BGB nicht eröffnet ist, können diese nicht unterlaufen werden, mit der Folge, dass auch kein vernünftiger Grund für eine Sperre der c. i. c. ersichtlich ist.[598] Genauso verhält es sich letztlich auch bei einer Haftung vor Gefahrübergang bzw. ggf. sogar noch vor Vertragsschluss, da es für das Eingreifen des kaufrechtlichen Mängelgewährleistungsrechts gem. § 434 Abs. 1 BGB

---

596 Der BGH stellt in derartigen Fällen offenbar auf § 442 Abs. 1 S. 1 BGB analog ab, vgl. BGHZ 180, 205 (214 f.) Rn. 25 = NJW 2009, 2120 (2122 f.).

597 Vgl. Fischinger/Lettmaier, NJW 2009, 2496 (2498 f.); Häublein, NJW 2003, 388 (393).

598 Fischinger/Lettmaier, NJW 2009, 2496 (2498); Roth, JZ 2009, 1174 f.; Mertens, AcP 2003, 818 (839 f.); Grigoleit/Herresthal, JZ 2003, 118 (126); Schmidt-Räntsch, ZfIR 2004, 569 (572); Weiler, ZGS 2002, 249 (255); Canaris, Karlsruher Forum 2002, S. 5 (89 f.); BeckOGKBGB/Herresthal, § 311 Rn. 263; Staudinger/Matusche-Beckmann, § 437 Rn. 78; MüKoBGB/Westermann, § 437 Rn. 59 f.; OLG Hamm, BeckRS 2005, 5915 Rn. 34; der BGH hat über die Behandlung dieser Fallgruppe hingegen bisher noch nicht ausdrücklich entschieden; in seiner Grundsatzentscheidung zum neuen Recht nach der Schuldrechtsreform 2002 hat der BGH diesen Punkt wohl mangels Entscheidungserheblichkeit bewusst offengelassen, vgl. BGHZ 180, 205 (212) Rn. 18 f. = NJW 2009, 2120 (2122); in späteren Entscheidungen ist der BGH auf diese besondere Fallgestaltung schon gar nicht eingegangen, obwohl es darauf entscheidend angekommen wäre, vgl. BGHZ 207, 349 = NJW 2016, 1815 sowie BGH, NJW 2016, 3015.

eben entscheidend auf den Übergang der entsprechenden Sach- und Preisgefahr nach Maßgabe der §§ 446, 447 BGB ankommt und vor diesem Zeitpunkt damit ebenfalls noch überhaupt kein Konkurrenzverhältnis besteht.[599]

Sonderfall: Verletzung unselbstständiger Beratungspflichten

Eine gewisse Sonderstellung in diesem Spannungsfeld zwischen c. i. c. und kaufrechtlicher Gewährleistungshaftung i. S. d. §§ 434 ff. BGB nehmen schließlich diejenigen Fälle ein, in denen zwar ein Sachmangel i. S. d. § 434 BGB vorliegt und die sich aus § 437 BGB ergebenden Mängelrechte damit auch tatbestandlich eingreifen, die Haftung nach den Grundsätzen der c. i. c. jedoch an die Verletzung einer besonderen unselbstständigen Beratungspflicht durch den Verkäufer anknüpft. Unselbstständige Beratungspflichten sind im Wesentlichen dadurch gekennzeichnet, dass zwischen Käufer und Verkäufer vor dem Abschluss des eigentlichen Kaufvertrages im Gegensatz zu den selbstständigen Beratungspflichten[600] gerade kein separater – i. d. R. konkludenter – Beratungsvertrag zustande kommt, sondern der Verkäufer aufgrund seiner besonderen Fach- und Sachkunde rein faktisch eine besondere vorvertraglichen Beratung des Käufers übernimmt, mit der Folge besonderer Sorgfalts- bzw. Rücksichtnahmepflichten i. S. d. § 241 Abs. 2 BGB.[601] Zur dogmatischen Einordnung der unselbstständigen Beratungspflichten lässt sich weder in der bisherigen Rechtsprechung des BGH noch in der Literatur eine klare Linie erkennen. Insbesondere die frühere Rechtsprechung scheint diese als Nebenpflicht i. S. d. § 241 Abs. 2 BGB dem (kauf-)vertraglichen Pflichtenkanon zugeordnet zu haben, mit der Konsequenz, dass deren Verletzung keine Haftung aus c. i. c. auslösen konnte.[602] Diese Einordnung findet ihren Grund wohl in der Umgehung der bis zur Schuldrechtsreform im Jahr 2002 vertretenen umfassenden Sperrwirkung des Mängelgewährleistungsrechts gegenüber einer Haftung aus (fahrläs-

---

599 BGH, WM 1982, 960 (961); wohl auch BGHZ 180, 205 (212) Rn. 19 = NJW 2009, 2120 (2122); Fischinger/Lettmaier, NJW 2009, 2496 (2498); Mertens, AcP 2003, 818 (831); BeckOGKBGB/Herresthal, § 311 Rn. 260; Staudinger/Matusche-Beckmann, § 437 Rn. 77; Grüneberg/Grüneberg, § 311 Rn. 14; Grüneberg/Weidenkaff, § 437 Rn. 51a; Erman/Dieckmann, § 311 Rn. 85; zur Haftung vor Vertragsschluss vgl. Grigoleit, Vorvertragliche Informationshaftung, S. 233.

600 Vgl. dazu BGHZ 140, 111 = NJW 1999, 638 (639); BGH, NJW 2003, 1811 (1812); BGH, NJW 2005, 820 (821 f.); Schaub, AcP 2002, 757 (784 ff.); Mertens, AcP 2003, 818 (851); MüKoBGB/Westermann, § 437 Rn. 59; Erman/Dieckmann, § 311 Rn. 88.

601 BGH, NJW 2004, 2301 (2302); BeckOGKBGB/Herresthal, § 311 Rn. 266; MüKoBGB/Emmerich, § 311 Rn. 86; Erman/Dieckmann, § 311 Rn. 88.

602 BGHZ 88, 130 = NJW 1983, 2697 (2698); BGH, NJW 1984, 2938; BGH, NJW 1997, 3227 (3228); vgl. dazu auch Schaub, AcP 2002, 757 (793 ff.); Mertens, AcP 2003, 818 (849 ff.).

siger) c. i. c. und kann damit heute nicht mehr aufrechterhalten werden.[603] Vielmehr handelt es sich bei solchen unselbstständigen Beratungspflichten um einen besonderen Unterfall von Aufklärungs- und Informationspflichten, deren Verletzung richtigerweise im Stadium vor Vertragsschluss und damit im Rahmen der c. i. c. verortet werden muss.[604] Schließlich soll die Beratung den Käufer bei der Entscheidungsfindung unterstützen und daher gerade erst zu einem Vertragsschluss führen. Die Behandlung (ausschließlich) als vertragliche Nebenpflicht i. S. d. § 241 Abs. 2 BGB wäre daher systemwidrig und dogmatisch nicht haltbar.[605] Auch die Rechtsprechung scheint mittlerweile von einem vorvertraglichen Beratungsschuldverhältnis i. S. d. § 311 Abs. 2 BGB und damit von einem Anwendungsfall der c. i. c. auszugehen, wenngleich die Begründung dazu in Teilen nicht ganz eindeutig und eine ausdrückliche Klarstellung bislang nicht erfolgt ist.[606]

Verletzt der Verkäufer nun gegenüber dem Käufer im Vorfeld eines Kaufvertragsschlusses schuldhaft eine entsprechende unselbstständige Beratungspflicht, z. B. durch die Erteilung unrichtiger oder unvollständiger Informationen, haftet dieser für den dadurch entstandenen Schaden nach den Grundsätzen der c. i. c. und zwar selbst dann, wenn diese vorvertragliche Pflichtverletzung im Endeffekt in einem Sachmangel i. S. d. § 434 Abs. 1 BGB mündet und damit parallel auch der Anwendungsbereich der kaufrechtlichen Mängelrechte i. S. d. § 437 BGB eröffnet ist. Auch insoweit kommt der grundsätzliche Vorrang der speziellen Gewährleistungsregelungen der §§ 434 ff. BGB nicht zum Tragen, da sich die Verletzung unselbstständiger Beratungspflichten ganz wesentlich von dem Regelfall der Verletzung allgemeiner Informations- und Aufklärungspflichten unterscheidet. Schließlich tritt der Verkäufer im Rahmen eines vorvertraglichen Beratungsgesprächs

---

603 Vgl. BeckOKBGB/Faust, § 437 Rn. 199; Mertens, AcP 2003, 818 (849 ff.); bis zur Schuldrechtsreform im Jahr 2002 ging die h. M. von einer absoluten Sperrwirkung der Gewährleistungsrechte aus, mithin schon bei bloßer Beschaffenheitsbezogenheit bzw. Mangeleignung der vorvertraglichen Pflichtverletzung, was insbesondere mit der früher im Kaufrecht vorherrschenden Vorsatzhaftung gem. § 463 BGB a. F. sowie der erheblichen Diskrepanz zwischen der äußerst kurzen Sonderverjährungsfrist von grundsätzlich nur sechs Monaten gem. § 477 BGB a. F. und der damaligen Regelverjährung von 30 Jahren gem. § 195 BGB a. F. begründet wurde; da diese massiven Unterschiede mittlerweile entfallen sind und die kaufrechtliche Gewährleistungshaftung an das allgemeine Leistungsstörungsrecht angenähert wurde, ist mit der heute h. M. nur noch von einem grundsätzlichen Vorrang der Mängelrechte mit begrenzten Ausnahmen auszugehen, sodass kein Bedürfnis mehr für die frühere Umgehungskonstruktion besteht (vgl. dazu insbesondere Fn. 594).

604 So wohl auch BeckOGKBGB/Herresthal, § 311 Rn. 266; MüKoBGB/Emmerich, § 311 Rn. 86; Erman/Dieckmann, § 311 Rn. 88.

605 Mertens, AcP 2003, 818 (850); Schaub, AcP 2002, 757 (778 f., 798 f.).

606 Vgl. BGH, NJW 2004, 2301 (2302), der die Haftung zwar unter dem Gesichtspunkt der c. i. c. prüft aber unscharf von einer „*kaufvertraglichen Nebenpflicht*“ spricht.

als ausgewiesener Fachmann bzw. Experte auf und nimmt in dieser Eigenschaft ein besonderes persönliches Vertrauen des Käufers in die Vollständigkeit und Richtigkeit der erteilten Auskünfte und Informationen in Anspruch, das über das übliche Verhandlungsvertrauen deutlich hinausgeht und damit eine gesteigerte Rücksichtnahme auf die Rechte, Rechtsgüter und Interessen des anderen Teils i. S. d. § 241 Abs. 2 BGB gebietet. Den Verkäufer trifft in derartigen Konstellationen somit als besondere Vertrauensperson eine Art informationelle Garantenstellung, die in ihrem Wesen letztendlich der besonderen persönlichen Vertrauensstellung entspricht, die auch für die Annahme eines vorvertraglichen Schuldverhältnisses zu einem Dritten i. S. d. § 311 Abs. 3 S. 2 BGB erforderlich ist.[607] Hierbei ist ebenfalls ausschlaggebend, dass der Dritte, beispielsweise als Berater, aufseiten des späteren Anspruchsinhabers im Zuge der Vertragsanbahnung einen besonderen persönlichen Vertrauenstatbestand im Sinne einer garantieähnlichen Gewähr für die ordnungsgemäße Durchführung und Erfüllung des beabsichtigten Geschäfts schafft und dadurch die Vertragsverhandlungen bzw. den Vertragsschluss erheblich beeinflusst.[608] Insoweit liegen einer Haftung nach den Grundsätzen der c. i. c. identische Voraussetzungen und Rechtsgedanken zugrunde wie in den hier in Rede stehenden Fällen der Verletzung von unselbstständigen Beratungspflichten. Mit anderen Worten bildet die Fallgruppe der unselbstständigen Beratungspflichten im Zwei-Personen-Verhältnis letztlich spiegelbildlich das vom Gesetzgeber in § 311 Abs. 3 S. 2 BGB ausdrücklich normierte vorvertragliche Schuldverhältnis der Berater- bzw. Sachwalterhaftung im Drei-Personen-Verhältnis ab.[609] Aufgrund der Wertungsähnlichkeit muss zwischen diesen Anwendungsfällen der c. i. c. auch im Hinblick auf die Frage der Konkurrenz zu den kaufrechtlichen Gewährleistungsregelungen i. S. d. §§ 434 ff. BGB ein Gleichlauf stattfinden, mit der Folge, dass die Haftung für die vorvertragliche Verletzung einer unselbstständigen Beratungspflicht genauso wie die Berater- bzw. Sachwalterhaftung i. S. d. § 311 Abs. 3 S. 2 BGB stets neben die aus § 437 BGB resultierenden Mängelrechte treten muss. Schließlich wäre nicht einzusehen, weshalb ein Käufer als Anspruchsinhaber schlechter gestellt werden sollte, nur weil der Verkäufer als direkter Vertragspartner, der typischerweise auch ein erhebliches wirtschaftliches Eigeninteresse an dem Vertragsschluss hat, selbst zugleich auch in beratender Funktion agiert und nicht zusätzlich noch ein externer Dritter i. S. d. § 311 Abs. 3 BGB dazwischengeschaltet wird. Vielmehr hat der Gesetzgeber mit

607 Grigoleit, Vorvertragliche Informationshaftung, S. 231; BeckOGKBGB/Herresthal, § 311 Rn. 266; MüKoBGB/Westermann, § 437 Rn. 58; vgl. dazu gerade auch die Ausführungen des BGH in BGHZ 88, 130 = NJW 1983, 2697 (2698); BGH, NJW 1984, 2938; BGH, NJW 1997, 3227 (3228); BGH, NJW 2004, 2301 (2302).

608 BT-Drs. 14/6040, S. 163; BGH, NJW-RR 1991, 1241 (1242); BGHZ 88, 67 (69) = NJW 1983, 2696 (2697); BeckOGKBGB/Herresthal, § 311 Rn. 515.

609 Vgl. dazu auch Schaub, AcP 2002, 757 (778 f., 798 f.).

der als Ausnahme vom Grundsatz der Relativität der Schuldverhältnisse geregelten Dritthaftung in § 311 Abs. 3 BGB zum Ausdruck gebracht, dass entsprechende vorvertragliche Beratungsverhältnisse im Rahmen der Haftung nach den Grundsätzen der c. i. c. eine gewisse Sonderstellung einnehmen. Außerdem lösen sie eine besondere Schutzwürdigkeit des potenziellen Anspruchsinhabers und damit einhergehend gesteigerte Rücksichtnahmepflichten der ihn beratenden Person aus, für deren Verletzung diese stets nach den Grundsätzen der c. i. c. einzustehen hat.[610]

Klar ist hierbei freilich auch, dass die Abgrenzung zwischen einfachen bzw. allgemeinen Informations- und Aufklärungspflichten einerseits sowie besonderen unselbstständigen Beratungspflichten andererseits nicht immer ganz einfach ist. Diese hat grundsätzlich stets nach den konkreten Umständen des jeweiligen Einzelfalles zu erfolgen. Entscheidende Kriterien sind insoweit insbesondere der Grad des vom Verkäufer im Zuge der Vertragsanbahnung in Anspruch genommenen Vertrauens sowie der Grad seiner vorvertraglichen Einflussnahme auf die Entscheidungsfindung des Käufers. In diese Beurteilung einzustellende Indizien für das Vorliegen unselbstständiger Beratungspflichten sind u. a. die Erteilung einer bestimmten Handlungsempfehlung bzw. eines konkreten Rates, ein erkennbarer Wissensvorsprung des Verkäufers als Fachmann, die Werbung mit einer besonderen Sachkunde und Beratung, der Hinweis des Käufers auf seine Unkenntnis ggf. in Verbindung mit der Bitte um einen entsprechenden Rat, besonders tiefgehende und detaillierte Vertragsverhandlungen unter besonderer Bezugnahme auf die Interessen des Käufers sowie eine erhöhte Komplexität, Gefährlichkeit, ein besonderer Vermögenswert oder eine erhebliche Investitionsbedürftigkeit des entsprechenden Kaufgegenstands.[611]

(2) Verjährung innerhalb der Fristen des § 438 BGB

Zusammenfassend ist somit festzuhalten, dass eine Haftung nach den Grundsätzen der c. i. c. auch im Schnittbereich zum kaufrechtlichen Mängelgewährleistungsrecht i. S. d. §§ 434 ff. BGB, d. h. trotz Beschaffenheitsbezogenheit und damit prinzipieller Mangeleignung der vorvertraglichen Pflichtverletzung, in Betracht kommt und dabei nicht von dem grundsätzlichen Vorrang der spezielleren Mängelrechte i. S. d. § 437 BGB erfasst wird, wenn

– dem Verkäufer Vorsatz bzw. Arglist zur Last fällt,

---

610 BT-Drs. 14/6040, S. 163.

611 BeckOGKBGB/Herresthal, § 311 Rn. 266; MüKoBGB/Emmerich, § 311 Rn. 86 f.; Erman/Dieckmann, § 311 Rn. 88; Staudinger/Matusche-Beckmann, § 437 Rn. 92 f.; vgl. u. a. auch Grigoleit, Vorvertragliche Informationshaftung, S. 231; BGHZ 88, 130 (134 ff.) = NJW 1983, 2697 (2698); BGH, NJW 1984, 2938; BGH, NJW 1997, 3227 (3228); BGH, NJW 2004, 2301 (2302).

- noch kein Gefahrübergang bzw. Vertragsschluss erfolgt ist,
- eine Beschaffenheitsvereinbarung tatsächlich nicht zustande kommt,
- ein Fall der Dritthaftung i. S. d. § 311 Abs. 3 BGB vorliegt oder
- eine unselbstständige Beratungspflicht verletzt wurde.

Auch diese Anwendungsfälle der c. i. c. sind allesamt durch eine sehr enge inhaltliche sowie wirtschaftliche Verbindung zu dem abgeschlossenen bzw. beabsichtigten Kaufvertrag und damit einhergehend zu dem Regime der kaufrechtlichen Gewährleistungshaftung i. S. d. §§ 434 ff. BGB geprägt, was an dem nachfolgenden *Fallbeispiel* zum Scheitern einer entsprechenden Beschaffenheitsvereinbarung verdeutlicht werden soll:

Der B ist als Bodenleger tätig. Die für die Bodenbelagsarbeiten benötigten Klebstoffe bezieht der B stets bei A. Der B wird insbesondere von Unternehmen beauftragt und stattet damit überwiegend Flächen mit einem erhöhten Personenaufkommen aus, wovon auch der A Kenntnis hat. Der B erhält den Zuschlag für die Erneuerung der Fußböden im Empfangs- und Konferenzbereich einer Wirtschaftskanzlei. Als der B den hierfür benötigten Klebstoff bei A kaufen möchte, stellt ihm dieser ein neues Produkt vor, das sich durch eine besondere Umweltfreundlichkeit auszeichnet. Obwohl der B damit noch keine Erfahrungen hat, vertraut er – wie bisher – auf die Qualität der von A angebotenen Produkte und entscheidet sich für den neuartigen Klebstoff. Einige Monate nach Abschluss der Arbeiten treten an dem Belag Quellungen auf, woraufhin der B in erheblichem Umfang nachbessern muss. Hierbei stellt sich heraus, dass die Schäden letztendlich auf den verwendeten Klebstoff zurückzuführen sind. Dieser ist besonders Feuchtigkeitsempfindlich und macht in stark frequentierten Bereichen daher eine besondere Versiegelung des Fußbodens erforderlich, worauf der A jedoch nicht hingewiesen hatte. Aus diesem Grund verlangt der B von ihm nun den ihm insoweit entstandenen Mehraufwand nach den Grundsätzen der c. i. c. ersetzt.

Es ist davon auszugehen, dass der A eine allgemeine vorvertragliche Aufklärungspflicht schuldhaft verletzt hat, indem er den B nicht auf die besondere Feuchtigkeitsempfindlichkeit des neuartigen Klebstoffes und die daraus resultierenden besonderen Anforderungen an die Verlegung des Fußbodens hingewiesen hat. Schließlich musste dem A die Bedeutung und Tragweite dieser Information bewusst sein, da er mit dem B schon länger in einer ständigen Geschäftsbeziehung stand und daher wusste, dass der B mit dem Produkt noch keine Erfahrung hatte und die von ihm verlegten Fußböden in aller Regel einer starken Belastung ausgesetzt waren. Je nach konkretem Verlauf des Verkaufsgesprächs käme auch die Verletzung einer (unselbstständigen) Beratungspflicht durch den A in Betracht, wofür hier aber keine hinreichenden Indizien vorliegen und worauf es in diesem Fall auch nicht entscheidend ankommt. Ein aus den Grundsätzen der c. i. c. resultierender Anspruch des B auf Ersatz der durch die erforderlichen Nachbesserungsarbeiten entstandenen Mehraufwendungen gem. §§280 Abs. 1, 241 Abs. 2, 311 Abs. 2 Nr. 1 BGB ist bereits aufgrund der allgemeinen Aufklärungs- bzw. Informationspflichtverletzung des A zu bejahen. Hierbei stellt sich auch nicht das Problem der grundsätzlichen Sperrwirkung der Gewährleistungsregelungen gem. §§434 ff. BGB, da sie schon tatbestandlich nicht eingreifen. Weder finden sich Indizien für eine Beschaffenheitsvereinbarung i. S. d. §434 Abs. 2 Nr. 1 BGB, noch sind sonstige Anhaltpunkte für eine Mangelhaftigkeit des verwendeten Klebstoffes i. S. d. §434 Abs. 1 BGB ersichtlich. Allerdings handelt es sich bei der Feuchtigkeitsempfindlichkeit um einen Umstand, der die Beschaffenheit des Klebstoffes betrifft und damit zum Gegenstand einer Beschaffenheitsvereinbarung hätte gemacht werden können, mit der Folge, dass dann ein Sachmangel i. S. d. §434 Abs. 1, Abs. 2 Nr. 1 BGB vorliegen würde und der B die sich aus §437 BGB ergebenen Gewährleistungsrechte geltend machen könnte. In diesem Fall stünde dem B ein inhaltlich identischer Schadensersatzanspruch aus §§437 Nr. 3, 280 Abs. 1 BGB zu, der eine c. i. c. nach h. M. jedenfalls insoweit sperren und innerhalb der kurzen zweijährigen Sonderverjährungsfrist des §438 Abs. 1 Nr. 3 BGB verjähren würde.[612] Wenn jedoch eine entsprechende Beschaffenheitsvereinbarung – wie in dem vorliegenden Beispielsfall – tatsächlich unterbleibt bzw. scheitert, treten die dann bestehenden quasivertraglichen Haftungsansprüche aus c. i. c. als wirtschaftlicher Ersatzwert an die Stelle der kaufvertraglichen Gewährleistungsrechte aus §437 BGB. Insoweit sind diese daher letztlich genauso wie in den zuvor behandelten Fallgruppen des schuldhaften Abbruchs der Vertragsverhandlungen sowie des Abschlusses inhaltlich nachteiliger Verträge von einer besonderen Wertungsnähe zu diesen vertraglichen Ansprüchen gekennzeichnet, sodass im Einklang mit den Erwägungen zu den vorhergehenden Anwendungsfällen der Erklärungshaftung das kaufvertragliche Sonderverjährungsregime des §438 BGB zur Anwendung zu kommen hat.[613] Schließlich wäre es nicht einzusehen, wenn für einen wesensgleichen Anspruch eine davon abweichende Verjährungsfrist gelten würde, genauer gesagt, wenn die allgemeine Regelverjährung gem. §§195, 199 Abs. 1 BGB und damit einhergehend eine Verjährungshöchstfrist von zehn Jahren ab Anspruchsentstehung gem. §199 Abs. 3 S. 1 Nr. 1 BGB anstatt der absoluten (Höchst-)Frist von in der Regel lediglich zwei Jahren gem. §438 Abs. 1 Nr. 3 BGB heranzuziehen wäre. Für die Schadensersatzansprüche des B nach den Grundsätzen der c. i. c. gilt in dem vorste-

---

612 Jedenfalls entspricht dies der h. M., die sämtliche aus §437 Nr. 3 BGB resultierenden und damit auch die auf den Ersatz von sog. Mangelfolgeschäden – wie in dem vorliegenden Beispielsfall – gerichteten Ansprüche dem besonderen gewährleistungsrechtlichen Verjährungsregime des §438 BGB unterordnet; vgl. dazu BeckOGKBGB/Arnold, §438 Rn. 20; a. A. etwa Canaris, Karlsruher Forum 2002, S. 5 (98 f.).

613 Vgl. dazu auch die vorherigen Erwägungen unter Punkt „*aa) Abbruch von Vertragsverhandlungen*" sowie „*bb) Abschluss inhaltlich nachteiliger Verträge*".

henden Beispielsfall somit gleichermaßen die besondere Verjährungsfrist von zwei Jahren gem. § 438 Abs. 1 Nr. 3 BGB.

Dies entspricht wohl auch der Ansicht der herrschenden Rechtsprechung sowie eines Großteils der Literatur. Schon früh hatte der BGH eine analoge Anwendung der damals im Kaufrecht geltenden Sonderverjährungsfrist von nur sechs Monaten gem. § 477 BGB a. F. auch auf die Schadensersatzhaftung nach den Grundsätzen der c. i. c. angedeutet, wenn sich die vorvertragliche Pflichtverletzung auf die Beschaffenheit bzw. eine zusicherungsfähige Eigenschaft der Kaufsache i. S. d. § 459 Abs. 2 BGB a. F. bezog.[614] Ausdrücklich entschieden hatte er dies insbesondere für die Fälle der Verletzung von (unselbstständigen) Beratungsnebenpflichten.[615] In seiner Grundsatzentscheidung zu dem Verhältnis zwischen der vorvertraglichen Haftung nach den Grundsätzen der c. i. c. und den spezielleren kaufrechtlichen Gewährleistungsregelungen i. S. d. §§ 434 ff. BGB nach der neuen Rechtslage infolge der am 01.01.2002 in Kraft getretenen Schuldrechtsreform stellte der BGH sodann in einem obiter dictum fest, dass „*es für den hier in Rede stehenden Sachbereich naheliegen dürfte, § 438 BGB auf Ansprüche aus Verschulden bei Vertragsschluss entsprechend anzuwenden*".[616]

Es ist davon auszugehen, dass der BGH mit dieser Feststellung zum Ausdruck bringen wollte, die kaufrechtliche Sonderverjährungsregelung des § 438 BGB sei auch auf sämtliche Fälle der c. i. c. anzuwenden, in denen die entsprechende vorvertragliche Pflichtverletzung einen Bezug zur Beschaffenheit oder gar einem späteren Sach- bzw. Rechtsmangel der Kaufsache i. S. d. §§ 434, 435 BGB aufweist. Dieser grundsätzlichen Überlegung des BGH ist uneingeschränkt zuzustimmen. Richtigerweise ist in sämtlichen o. g. Fällen auf das besondere kaufrechtliche Verjährungsregime des § 438 BGB abzustellen, in denen sich die quasivertragliche Haftung nach den Grundsätzen der c. i. c. im Überschneidungsbereich zum kaufrechtlichen Mängelgewährleistungsrecht i. S. d. §§ 434 ff. BGB bewegt und trotz Beschaffenheits- bzw. Mangelbezogenheit der entsprechenden vorvertraglichen Pflichtverletzung ausnahmsweise nicht von den grundsätzlich spezielleren Gewährleistungsrechten aus § 437 BGB verdrängt wird.[617] Der übergeordnete Sinn und Zweck der Sonderverjährungsregelung in § 438 BGB, insbesondere der für den absoluten Großteil der Fälle geltenden Regelver-

---

614 BGHZ 79, 183 (187) = NJW 1981, 864 (865); BGHZ 111, 75 (82) = NJW 1990, 1659 (1661).

615 BGH, NJW 1965, 148 (150); BGHZ 88, 130 (136 ff.) = NJW 1983, 2697 (2698); BGH, NJW 1984, 2938 (2939); BGH, NJW 1997, 3227 (3228); BGHZ 148, 194 = NJW 2001, 2630 (2631).

616 BGHZ 180, 205 (213) Rn. 22 = NJW 2009, 2120 (2122).

617 So auch Canaris, Karlsruher Forum 2002, S. 5 (99 f.); MüKoBGB/Westermann, § 438 Rn. 9 f.

jährungsfrist von zwei Jahren gem. § 438 Abs. 1 Nr. 3 BGB, ist schließlich darin zu sehen, die Haftung im Zusammenhang mit der Sachbeschaffenheit des Kaufgegenstands nach dem Ablauf eines objektiv angemessenen Zeitraums, nach dem typischerweise mit zunehmenden Beweisproblemen zu rechnen ist und das Risiko der Verursachung von Schäden durch den Käufer selbst erheblich ansteigt, einer klaren Begrenzung zuzuführen und dadurch für das erforderliche Maß an Rechtssicherheit sowie Rechtsklarheit zu sorgen.[618] Dieser spezifische Normzweck beschränkt sich aber nicht zwingend auf die aus § 437 BGB folgenden Mängelrechte, sondern kommt vielmehr in sämtlichen Fällen zum Tragen, in denen ein (Schadensersatz-)Anspruch bzw. die zu diesem (Schadensersatz-)Anspruch führende Pflichtverletzung einen gewissen Bezug zu der Beschaffenheit der Kaufsache und in der Folge eine besondere tatsächliche, wirtschaftliche sowie rechtliche Nähe zu den entsprechenden kaufvertraglichen Gewährleistungsrechten i. S. d. § 437 BGB aufweist.[619] Die Ratio des § 438 BGB hat sich somit genauso in dem vertragsähnlichen Schuldverhältnis der c. i. c. durchzusetzen, soweit die daraus resultierenden Schadensersatzansprüche von einem derartigen Beschaffenheitsbezug und damit einhergehend – wie auch beim schuldhaften Verhandlungsabbruch sowie beim Abschluss inhaltlich nachteiliger Verträge – von einem wirtschaftlichen Ersatzwertcharakter bzw. einer besonderen Vertragsakzessorietät gekennzeichnet sind.[620]

Für die Fälle des vorsätzlichen bzw. arglistigen Verkäuferhandelns ist dabei freilich klar, dass sich aufgrund der Verweisung auf die allgemeine Regelverjährung gem. §§ 195, 199 BGB in § 438 Abs. 3 S. 1 BGB jedenfalls im Hinblick auf die einschlägige Verjährungsfrist ohnehin kein nennenswerter Unterschied zeigen wird. Dennoch hat sich die Frage nach der Anwendbarkeit des § 438 BGB auch in derartigen Konstellationen nicht gänzlich erledigt. Insoweit ist zwingend die in § 438 Abs. 3 S. 2 BGB gesetzlich verankerte Ablaufhemmung zu berücksichtigen, die bei einem Eingreifen der

---

618 Vgl. dazu ausführlich unter „*Teil I. D. I. 2. b) Gewährleistungsrecht gem. §§ 438, 634a BGB*“ sowie Fn. 52, 53, 55.

619 Canaris, Karlsruher Forum 2002, S. 5 (99 f.); zur Wertungsähnlichkeit zwischen der c. i. c. und den Gewährleistungsrechten vgl. auch Canaris, AcP 2000, 273 (306 f.).

620 Canaris, Karlsruher Forum 2002, S. 5 (99 f.); MüKoBGB/Westermann, § 438 Rn. 9 f.; so wohl auch Grigoleit/Herresthal, JZ 2003, 118 (126); Gsell, JZ 2002, 1089 (1092); Mansel, NJW 2002, 89 (95); Piekenbrock, Jahrbuch Junger Zivilrechtswissenschaftler 2001, S. 309 (331 f.); Staudinger/Matusche-Beckmann, § 438 Rn. 25; noch zur alten Rechtslage (§ 477 BGB a. F.) vgl. Grigoleit, Vorvertragliche Informationshaftung, S. 234 f.; vgl. auch die Erwägungen der Vertreter der kumulativen Anspruchskonkurrenz zwischen c. i. c. und der Gewährleistungshaftung, wie Reischl, JuS 2003, 1076 (1080); Derleder, NJW 2004, 969 (974 f.); a. A. Fischinger/Lettmaier, NJW 2009, 2496 (2498); BeckOGKBGB/Arnold, § 438 Rn. 32; wohl auch Grüneberg/Weidenkaff, § 438 Rn. 3.

grundsätzlich für sämtliche Mängelansprüche im Zusammenhang mit Bauwerken geltenden fünfjährigen Sonderverjährungsfrist des § 438 Abs. 1 Nr. 2 BGB relevant wird und konsequenterweise auch auf die inhaltlich bzw. wirtschaftlich korrespondierenden Haftungsansprüche aus c. i. c. durchzuschlagen hat. Wie bereits dargestellt, beruht die ausnahmsweise Parallelität der Haftung nach den Grundsätzen der c. i. c. und nach dem eigentlich spezielleren Gewährleistungsrecht gem. §§ 434 ff. BGB in derartigen Fällen schließlich auf der grundlegenden Wertung, dass der vorsätzlich bzw. arglistig handelnde Verkäufer gerade nicht als schutzwürdig erscheint.[621] Vor diesem Hintergrund wäre es schlicht nicht sach- und interessengerecht, wenn der Verkäufer über die vertragsähnliche bzw. vertragsakzessorische Schadensersatzhaftung aus c. i. c. besserstehen würde als im Zuge der kaufvertraglichen Gewährleistungshaftung aus § 437 BGB.

3. Zwischenergebnis

Zusammenfassend kann somit festgehalten werden, dass die letztlich nur mittelbare Vertrauenshaftung (sog. Vertrauenshaftung im weiteren Sinne) nach den Grundsätzen der c. i. c. im Gegensatz zu der unmittelbaren Vertrauenshaftung (sog. Vertrauenshaftung im engeren Sinne) aus § 122 BGB und § 179 BGB gerade nicht in jedem Fall von einem inhaltlichen bzw. wirtschaftlichen Bezug zu den Ansprüchen aus dem angebahnten Vertrag und damit von einem entsprechenden Ersatzwertcharakter bzw. einer besonderen Vertragsakzessorietät geprägt ist. Insofern kann dabei auch kein genereller verjährungsrechtlicher Gleichlauf mit den entsprechenden vertraglichen Ansprüchen angenommen werden, sondern es ist vielmehr eine differenziertere Betrachtung geboten. Insoweit bietet es sich an, an die Überlegungen von *Canaris* anzuknüpfen und zwischen den Fällen der Anvertrauenshaftung und der Erklärungshaftung zu unterscheiden. Die der Anvertrauenshaftung unterfallenden Ansprüche bestehen grundsätzlich völlig unabhängig von dem Abschluss des in Anbahnung befindlichen Vertrages sowie den daraus resultierenden vertraglichen Ansprüchen und haben daher auch selbstständig nach ihren eigenen Regeln zu verjähren, mithin innerhalb der regelmäßigen Verjährungsfrist von drei Jahren gem. § 195 BGB. Die der Erklärungshaftung unterfallenden Ansprüche, insbesondere in den Fällen des schuldhaften Verhandlungsabbruchs und des Abschlusses inhaltlich nachteiliger Verträge, sind hingegen von einer engen tatsächlichen, wirtschaftlichen sowie rechtlichen Verbindung zu den Ansprüchen aus bzw. im Zusammenhang mit dem vom Anspruchsinhaber eigentlich beabsichtigten Vertrag und damit von einer gewissen Vertragsakzessorietät gekennzeichnet. Bei der gebotenen wirtschaftlichen Betrachtung ist die Haftung nach den Grundsätzen der c. i. c.

621 Vgl. dazu Fn. 56 sowie 595.

insoweit als ein mit der Vertrauenshaftung aus § 122 BGB und § 179 BGB vergleichbarer quasivertraglicher Ersatzwert für die letztlich gescheiterten vertraglichen Ansprüche anzusehen, mit der Folge, dass das vertragliche Verjährungsregime auf diese gleichermaßen durchzuschlagen hat. Auch hierbei gilt, dass in erster Linie auf die für das unmittelbare vertragliche Äquivalent, mithin den inhaltlich bzw. wirtschaftlich identischen vertraglichen Anspruch, geltende (Sonder-)Verjährungsfrist abzustellen ist und hilfsweise, d. h. ohne ein entsprechendes vertragliches Äquivalent, auf die in Ansehung des vertraglichen Erfüllungsanspruchs einschlägige Verjährungsfrist. Der vertragsakzessorischen Fallgruppe der Erklärungshaftung sind auch die Sonderfälle zuzuordnen, in denen eine Haftung aus c. i. c. ausnahmsweise auch im Schnittbereich zum kauf- oder werkvertraglichen Gewährleistungsrecht gem. §§ 434 ff. BGB bzw. §§ 633 ff. BGB in Betracht kommt und trotz Beschaffenheitsbezogenheit bzw. Mangeleignung der zugrunde liegenden vorvertraglichen Pflichtverletzung nicht von der grundsätzlichen Sperrwirkung der spezielleren Mängelrechte aus § 437 BGB bzw. § 634 BGB erfasst wird. Auch hierbei hat sich das besondere kauf- oder werkvertragliche Verjährungsregime des § 438 BGB bzw. § 634a BGB in dem vertragsähnlichen Schuldverhältnis der c. i. c. durchzusetzen.

II. Beginn, Ende und Lauf der Verjährungsfrist

Schließlich stellt sich auch im Rahmen der quasivertraglichen Schadensersatzhaftung nach den Grundsätzen der c. i. c. gem. §§ 280 Abs. 1, 241 Abs. 2, 311 Abs. 2, Abs. 3 BGB die Frage nach dem jeweils maßgeblichen Verjährungsfristlauf und damit nach dem faktischen Verjährungszeitraum.

1. Aktueller Stand in Rechtsprechung und Literatur

In der höchstrichterlichen Rechtsprechung und der Literatur erfolgte – soweit ersichtlich – bislang keine tiefergehende Auseinandersetzung mit dieser grundsätzlichen Fragestellung.

Der BGH hat die Frage des Verjährungsbeginns in seinen bisherigen Entscheidungen zur verjährungsrechtlichen Behandlung der c. i. c. – wenn überhaupt – nur am Rande kurz angerissen und ohne weitergehende Erwägungen oder nähere Begründung ein Ergebnis angenommen. Zunächst hatte der BGH die Frage, ob für den Verjährungsbeginn gem. §§ 196 Abs. 1 Nr. 1, 198, 201 BGB a. F. ausschließlich an die Entstehung der Ansprüche aus c. i. c. oder (auch) an den (hypothetischen) Entstehungszeitpunkt der entsprechenden (Erfüllungs-)Ansprüche aus dem eigentlich beabsichtigten Vertrag anzuknüpfen ist, mangels Entscheidungserheblichkeit offengelassen.[622] Für Fälle

622 BGHZ 49, 77 (83 f.) = NJW 1968, 547 (549).

des schuldhaften Abbruchs von Vertragsverhandlungen hat der BGH sodann sowohl bei einer Anwendung der allgemeinen Verjährungsregelungen der §§ 196, 198, 201 BGB a. F. als auch von besonderen Verjährungsregelungen, wie § 548 Abs. 1 BGB (§ 558 Abs. 1 BGB a. F.), ohne Weiteres angenommen, dass es für den Verjährungsbeginn stets maßgeblich und ausschließlich auf den Zeitpunkt des endgültigen Scheiterns der Vertragsverhandlungen, mithin auf die Entstehung der Haftungsansprüche aus c. i. c., ankomme.[623] Hierbei hatte der BGH allerdings in den Fällen der Anwendbarkeit der kurzen Verjährungsfristen des § 196 BGB a. F. auch auf die c. i. c. nicht hinreichend deutlich gemacht, ob die UltimoRegelung des § 201 BGB a. F. insoweit uneingeschränkt zur Anwendung kommen und die Verjährung damit erst mit dem Jahresende zu laufen beginnen soll oder ob ausschließlich und isoliert auf den Zeitpunkt der Anspruchsentstehung i. S. d. § 198 BGB a. F. abzustellen ist.[624] In dem Sonderfall des Vertragsschlusses mit einer insolventen GmbH knüpfte der BGH den Verjährungsbeginn gem. §§ 196 Abs. 2, 198, 201 BGB a. F. ebenso maßgeblich an den Zeitpunkt, in dem die Ansprüche aus c. i. c. entstanden sind und der Anspruchsinhaber von den diese quasivertragliche Haftung begründenden Umständen (positive) Kenntnis erlangt hat.[625] In seiner Entscheidung zur Fallgruppe des Abschlusses inhaltlich nachteiliger Verträge, genauer gesagt zur Anwendbarkeit der besonderen versicherungsrechtlichen Verjährungsfrist des § 12 Abs. 1 S. 1 VVG a. F. auch auf die quasivertraglichen Schadensersatzansprüche aus c. i. c. bei Abschluss eines inhaltlich negativ von den Vorstellungen des Anspruchsinhabers abweichenden Versicherungsvertrages, hat der BGH in Ansehung des entsprechenden Verjährungsbeginns hingegen ebenfalls ausschließlich auf die für die aus dem entsprechenden Versicherungsvertrag folgenden Ansprüche geltende Sonderverjährungsregelung des § 12 Abs. 1 S. 2 VVG a. F. abgestellt, im Ergebnis damit aber ebenfalls auf den Schluss des Jahres der Anspruchsentstehung.[626]

Die herrschende Literaturmeinung lässt eine kritische Auseinandersetzung mit den soeben dargestellten Annahmen des BGH zum Verjährungsbeginn im Rahmen der quasivertraglichen Haftung aus c. i. c. weitestgehend vermissen. Wenn überhaupt nimmt die Literatur lediglich Bezug auf die bisherige BGH-Rechtsprechung zu dieser Fragestellung und scheint somit ebenfalls davon auszugehen, dass im Regelfall ausschließlich die Entstehung der Schadensersatzansprüche nach den Grundsätzen der c. i. c. gem. §§ 280 Abs. 1, 241 Abs. 2, 311 Abs. 2, Abs. 3 BGB, etwa durch das Feststehen des

623 BGHZ 57, 191 (198) = NJW 1972, 95 (97); BGH, NJW 2006, 1963 (1965).
624 Vgl. insoweit unscharf BGHZ 57, 191 (198) = NJW 1972, 95 (97).
625 BGHZ 87, 27 (35 ff.) = NJW 1983, 1607 (1609 f.).
626 BGH, NJW 2004, 1161 (1163); hingegen offengelassen in BGH, NJWRR 2010, 606 (607).

endgültigen Scheiterns eines Vertragsschlusses infolge des schuldhaften Verhandlungsabbruchs, den für den entsprechenden Verjährungsbeginn maßgeblichen Anknüpfungspunkt darstellt und zwar unabhängig davon, ob Sonderverjährungsregelungen, wie z. B. § 548 Abs. 1 BGB oder § 12 Abs. 1 VVG a. F., oder eben die allgemeinen Verjährungsregelungen der §§ 195 ff. BGB zur Anwendung kommen sollen.[627]

Ob die Annahmen des BGH und der herrschenden Literaturmeinung im Ergebnis und in dieser Pauschalität überzeugen sowie auf sämtliche Fallgruppen der c. i. c. übertragen werden können oder ob auch im Hinblick auf den Verjährungsbeginn bzw. den maßgeblichen Verjährungsfristlauf zwischen den einzelnen Erscheinungsformen der c. i. c. unterschieden werden muss und im Einzelfall ggf. eine wertungsmäßige Korrektur des Verjährungseintritts zu erfolgen hat, wie nach dem Modell der Gesamt- und Anrechnungslösung analog § 198 BGB, ist im Nachfolgenden zu untersuchen. Auch hier gilt aber wiederum, dass aus Gründen der Praktikabilität nicht auf jede Verästelung der äußerst vielfältigen Rechtsfigur der c. i. c. eingegangen werden kann, sondern dass sich die vorliegende Untersuchung an einer groben und vor allem praxistauglichen Kategorisierung der quasivertraglichen Haftung nach den Grundsätzen der c. i. c. zu orientieren versucht, um zu einem weitgehend allgemeingültigen und rechtssicher handhabbaren Lösungsansatz zu kommen, der in einem Großteil der Fälle zu sach- und interessengerechten Ergebnissen führt, im jeweiligen Einzelfall eine Abwägung der konkreten Umstände aber selbstverständlich nicht entbehrlich macht.

2. Differenzierte Beurteilung

Wie bei der anzuwendenden Verjährungsfrist erscheint es auch an dieser Stelle vorzugswürdig, mit *Canaris* zunächst zwischen den Fällen der Anvertrauenshaftung einerseits und der vertragsakzessorischen Erklärungshaftung andererseits zu differenzieren.[628] Darüber hinaus ist zu untersuchen, ob zwischen den verschiedenen Erscheinungsformen der c. i. c. innerhalb dieser übergeordneten Kategorien möglicherweise noch weitergehend differenziert werden muss und wie sich die insoweit bestehenden strukturellen Unterschiede auf den Beginn und das Ende des jeweiligen Verjährungsfristlaufs auswirken könnten.

Bereits vorweg ist jedoch – letztlich genauso wie im Rahmen der unmittelbaren Vertrauenshaftung gem. § 122 BGB – festzustellen, dass auch in den Fällen der c. i. c. im Vergleich zu der Haftung des falsus procurator i. S. d. § 179 BGB eine gewisse Entschärfung der potenziellen verjährungs-

627 Vgl. BeckOGKBGB/Herresthal, § 311 Rn. 478, 481; MüKoBGB/Emmerich, § 311 Rn. 238, 241; Erman/Dieckmann, § 311 Rn. 31.

628 Vgl. Fn. 223.

rechtlichen Problemstellungen bzw. der insoweit drohenden Wertungswidersprüche, insbesondere mit Blick auf den für den Verjährungsbeginn maßgeblichen Zeitpunkt, zu erkennen ist. Zum einen richten sich die Haftungsansprüche nach den Grundsätzen der c.i.c. in der Regel gegen die eigentlich als Vertragspartner in Aussicht genommene oder aber zumindest gegen eine die Vertragsverhandlungen besonders beeinflussende Person, mit der Folge, dass die Person des Anspruchsgegners normalerweise auch bekannt ist bzw. zumindest bekannt sein muss und sich damit nicht die mit der vertragsähnlichen Haftung nach § 179 BGB vergleichbare Problematik etwaiger (personeller) Wissensdefizite stellt. Zum anderen liegt die Pflichtverletzung, die eine quasivertragliche Haftung nach den Grundsätzen der c.i.c. begründet, wie bereits dargestellt und wie der Name des Rechtsinstituts der c.i.c. schon sagt, zwingend zeitlich vor dem beabsichtigten Vertragsschluss, mit der Folge, dass auch der Tatbestand der Haftung gem. §§ 280 Abs. 1, 241 Abs. 2, 311 Abs. 2, Abs. 3 BGB anders als die Tatbestände der §§ 122, 179 BGB in der Regel zeitlich vor bzw. spätestens zeitgleich mit dem korrespondierenden Anspruch aus dem eigentlich beabsichtigten Vertrag verwirklicht wird. Damit aber stellt sich schon nicht das Problem der im Vergleich zum Abschluss eines den Vorstellungen des Anspruchsinhabers entsprechenden Vertrages erheblichen – ggf. sogar bewussten bzw. steuerbaren – zeitlichen Verzögerung der Anspruchsentstehung und damit des Verjährungsbeginns, sondern es kommt vielmehr eher im Gegenteil zu einer faktischen Verkürzung des Verjährungszeitraums.

Vor diesem Hintergrund wird sich im Rahmen der quasivertraglichen Schadensersatzhaftung nach den Grundsätzen der c.i.c. gerade die Frage stellen, ob aufgrund dieser zum Teil grundlegenden strukturellen bzw. systematischen Unterschiede zur unmittelbaren Vertrauenshaftung (im engeren Sinne) gem. § 122 BGB und § 179 BGB – insbesondere auf der Zeitschiene – überhaupt eine wertungsmäßige Korrektur des Verjährungsfristlaufs über das Modell der Gesamt- und Anrechnungslösung analog § 198 BGB erforderlich wird oder ob nicht schon die konsequente Anwendung der im jeweiligen Einzelfall einschlägigen allgemeinen oder besonderen Verjährungsregelungen zu sach- und interessengerechten Ergebnissen zu führen vermag.

a) Anvertrauenshaftung

Wie zu der auf die Ansprüche aus c.i.c. anwendbaren Verjährungsfrist bereits dargestellt, erfasst die Kategorie der Anvertrauenshaftung die Verletzung von allgemeinen Schutz-, Obhuts- oder Verkehrssicherungspflichten und damit in erster Linie des Integritätsinteresses des Geschädigten.[629] Die klassischen Anwendungsfälle bilden insoweit die sog. Kaufhausfälle, besser

629 Vgl. Fn. 226, 227, 307.

bekannt als „Bananenschalenfälle“, in denen sich ein potenzieller Kunde in den Geschäftsräumlichkeiten des Verkäufers durch eine dort vorherrschende und dem Verkäufer zuzurechnende Gefahrenquelle verletzt – wie eben eine auf dem Boden herumliegende Bananenschale.[630] Hierbei fehlt es gerade an einem inhaltlichen, wirtschaftlichen oder rechtlichen Bezug zu dem vom Kunden eigentlich in Aussicht genommenen Vertragsschluss, mit der Folge, dass die Schadensersatzansprüche aus c i. c. innerhalb dieser Gruppe der Anvertrauenshaftung nicht als wirtschaftlicher Ersatzwert für etwaige vertragliche Ansprüche angesehen werden können und ihnen damit auch keine mit den quasivertraglichen Haftungsansprüchen aus § 122 BGB und § 179 BGB vergleichbare Vertragsakzessorietät zugeschrieben werden kann. Mangels eines entsprechenden vertraglichen Näheverhältnisses ist in diesen Fallgestaltungen somit – ausweislich der bereits dargestellten Grundsätze – auch keine Übertragung des vertraglichen Verjährungsregimes gerechtfertigt. Vielmehr hat sich die Frage der Anspruchsverjährung im Rahmen der Anvertrauenshaftung nach ihren eigenen Regeln zu richten. Mangels einschlägiger Sonderverjährungsregelungen hat insoweit daher die dreijährige Regelverjährungsfrist des § 195 BGB Anwendung zu finden, die nach der allgemeinen Ultimo-Regelung des § 199 Abs. 1 BGB grundsätzlich mit dem Schluss des Jahres der Anspruchsentstehung sowie der diesbezüglichen Kenntniserlangung des Anspruchsinhabers beginnt.[631]

b) Erklärungshaftung

Wie ebenfalls bereits im Zuge der Untersuchung der auf die c. i. c. anzuwendenden Verjährungsfrist herausgearbeitet, sind die Fälle der Erklärungshaftung hingegen von einer besonders engen tatsächlichen, wirtschaftlichen und rechtlichen Verbindung zu dem vom Anspruchsinhaber eigentlich beabsichtigten Vertrag bzw. den daraus resultierenden vertraglichen Ansprüchen geprägt. Schließlich beruhen diese im Wesentlichen darauf, dass aufseiten des späteren Anspruchsinhabers aufgrund der vom Verhandlungspartner abgegebenen Erklärungen – in der Regel im Rahmen der bereits schwebenden Vertragsverhandlungen i. S. d. § 311 Abs. 2 Nr. 1 BGB – ein Vertrauenstatbestand im Hinblick auf den Abschluss eines Vertrages mit einem bestimmten Inhalt hervorgerufen wird. Am Ende wird sodann genau dieses als schutzwürdig erscheinende Vertrauen enttäuscht, sei es durch einen grundlosen und damit schuldhaften Abbruch der Vertragsverhandlungen oder durch den Abschluss eines inhaltlich negativ von den Vorstellungen des Anspruchsinhabers abweichenden Vertrages.[632] In diesen Fällen tritt die Haftung nach

630 Vgl. dazu Fn. 228, 306.
631 Vgl. dazu auch unter Punkt „*I. 2. a) Anvertrauenshaftung*“.
632 Vgl. Fn. 224, 225.

den Grundsätzen der c. i. c. im Ergebnis, ebenso wie die unmittelbare Vertrauenshaftung (im engeren Sinne) nach § 122 BGB und § 179 BGB, an die Stelle der Ansprüche aus und im Zusammenhang mit dem eigentlich beabsichtigten Vertrag, mit der Folge, dass den entsprechenden Schadensersatzansprüchen aus §§ 280 Abs. 1, 241 Abs. 2, 311 Abs. 2, Abs. 3 BGB insoweit ein vertragsähnlicher Ersatzwertcharakter und damit eine gewisse Vertragsakzessorietät zukommt. Aus diesem Grund ist es sachgerecht, dass in solchen Konstellationen die vertraglichen Wertungen auch in verjährungsrechtlicher Hinsicht auf die quasivertragliche Haftung aus c. i. c. durchschlagen und damit – wie bereits dargestellt – stets diejenige Verjährungsfrist zur Anwendung zu gelangen hat, die bei einem wirksamen Abschluss des vom Anspruchsinhaber eigentlich gewollten Vertrages für die inhaltlich bzw. wirtschaftlich korrespondierenden vertraglichen Ansprüche, im Ergebnis mithin für das vertragliche Äquivalent, anwendbar gewesen wäre.[633]

Nicht zuletzt aufgrund der auf der Zeitschiene im Vergleich zu den quasivertraglichen Haftungsansprüchen nach § 122 BGB und § 179 BGB abweichenden Ausgangslage ist nun zu fragen, ob dies auch für den Beginn und den Ablauf der jeweils anzuwendenden Verjährungsfrist und damit für den im Einzelfall maßgeblichen Verjährungsfristlauf als letztlich faktischen Verjährungszeitraum zu gelten hat, genauer gesagt, inwieweit sich auch insoweit das vertragliche Verjährungsregime bzw. die hypothetische verjährungsrechtliche Rechtslage in Ansehung des vom Anspruchsinhaber eigentlich beabsichtigten Vertrages durchzusetzen hat.

Insoweit ist zunächst zu berücksichtigen, dass sich die Kategorie der Erklärungshaftung noch weiter in zwei grobe Fallgruppen der Haftung nach den Grundsätzen der c. i. c. unterteilen lässt. Zum einen fallen darunter nämlich die Konstellationen, in denen ein Vertragsschluss – etwa aufgrund des grundlosen und damit schuldhaften Verhandlungsabbruchs durch den Anspruchsgegner – gänzlich scheitert und damit das schutzwürdige Vertrauen des Anspruchsinhabers überhaupt in einen Vertragsschluss enttäuscht wird. Zum anderen werden davon aber auch diejenigen Konstellationen erfasst, in denen das vorvertragliche Verschulden des Anspruchsgegners das Zustandekommen eines Vertragsschlusses zwischen den Parteien zwar nicht hindert, dabei aber das schutzwürdige Vertrauen des Anspruchsinhabers in den Abschluss eines (wirksamen) Vertrages mit dem gewünschten Inhalt enttäuscht wird, da sich dieser entweder als unwirksam oder als für ihn nachteilig erweist, indem er inhaltlich negativ von den ursprünglichen Vorstellungen des Anspruchsinhabers abweicht, die sich berechtigterweise auf der Grundlage der vorherigen Vertragsverhandlungen und der damit einhergehenden Erklärungen des Anspruchsgegners herausgebildet haben und damit als

633 Vgl. dazu ausführlich unter Punkt „*I. 2. b) Erklärungshaftung*“.

schutzwürdig zu erachten sind.[634] Da sich diese beiden Untergruppierungen der Erklärungshaftung im Hinblick auf den Entstehungszeitpunkt der Haftungsansprüche aus c.i.c. wiederum erheblich unterscheiden können und dem jeweiligen Zeitpunkt der Anspruchsentstehung für den maßgeblichen Verjährungsfristlauf – mithin für den faktischen Verjährungszeitraum – eine zentrale Bedeutung zukommt, ist auch insoweit eine differenzierte Betrachtung geboten.

aa) Gänzliches Scheitern eines Vertragsschlusses

Wenn die mittelbare Vertrauenshaftung (im weiteren Sinne) nach den Grundsätzen der c.i.c. maßgeblich darauf beruht, dass ein Vertragsschluss am Ende aufgrund eines vom Verhandlungspartner zu vertretenden Verhaltens – etwa des grundlosen und damit schuldhaften Abbruchs der Vertragsverhandlungen – gänzlich scheitert und damit das schutzwürdige Vertrauen des Anspruchsinhabers in einen (wirksamen) Vertragsschluss an sich enttäuscht wird, entstehen die quasivertraglichen Schadensersatzansprüche aus §§280 Abs.1, 241 Abs.2, 311 Abs.2, Abs.3 BGB grundsätzlich in dem Moment, in dem das Scheitern des vom Anspruchsinhaber eigentlich beabsichtigten Vertrages endgültig feststeht – etwa mit dem tatsächlichen Ende der Vertragsverhandlungen.[635] Schließlich wird zu diesem Zeitpunkt in der Regel auch bereits der entsprechende Schaden des Anspruchsinhabers – in den allermeisten Fällen wohl nutzlos gewordene Aufwendungen – final feststehen und damit auch bezifferbar sein.[636] Zumindest aber werden die quasivertraglichen Haftungsansprüche aus c.i.c. zu diesem Zeitpunkt bereits in einer die Verjährung gem. §§203 ff. BGB hemmenden Art und Weise geltend gemacht werden können, jedenfalls im Wege einer zur Verjährungshemmung gem. §204 Abs.1 Nr.1 BGB führenden Feststellungsklage.[637] Vor diesem Hintergrund knüpft der BGH in derartigen Sachverhaltskonstellationen nun auch für den Verjährungsbeginn maßgeblich an den Zeitpunkt des endgültigen Scheiterns der Vertragsverhandlungen bzw. eines (wirksamen) Vertragsschlusses und damit der Entstehung der Schadensersatzansprüche aus c.i.c. an.[638]

Nicht außer Acht gelassen werden darf insoweit jedoch, dass die Ansprüche aus dem in Anbahnung befindlichen und vom Anspruchsinhaber eigentlich begehrten Vertrag erst zu einem – ggf. viel – späteren Zeitpunkt entstanden

634 Vgl. dazu insbesondere Fn.225.
635 BeckOGKBGB/Herresthal, §311 Rn.365ff.; Staudinger/Feldmann, §311 Rn.120, 143.
636 Vgl. MüKoBGB/Emmerich, §311 Rn.191, 193.
637 Vgl. BGHZ 73, 363 (365) = NJW 1979, 1550; BGHZ 79, 176 (178) = NJW 1981, 814; BGHZ 96, 290 (294) = NJW 1986, 1162.
638 BGHZ 57, 191 (198) = NJW 1972, 95 (97); BGH, NJW 2006, 1963 (1965).

wären und damit auch deren Verjährungsfrist erst entsprechend später zu laufen begonnen hätte. Das Ereignis, an welches der Beginn der Verjährung dieser vertraglichen Ansprüche anknüpfen würde, tritt in derartigen Fällen der Haftung aus c. i. c. schließlich schon überhaupt nicht (mehr) ein – im Gegensatz zu den Konstellationen des Abschlusses eines wenn auch (schwebend) unwirksamen Vertrages i. S. d. § 179 BGB, eines angefochtenen Vertrages i. S. d. § 122 BGB oder eines sonst irgendwie unwirksamen oder inhaltlich nachteiligen Vertrages entsprechend der noch zu beleuchtenden zweiten Fallgruppe der Erklärungshaftung. In der Folge ergibt sich insoweit aber – insbesondere auf der bereits angesprochenen Zeitschiene – eine gänzlich andere Ausgangssituation als in den Fällen der unmittelbaren Vertrauenshaftung (im engeren Sinne) nach § 122 BGB und § 179 BGB, aufgrund derer in diesen Konstellationen der Haftung aus c. i. c. gerade keine vergleichbaren Probleme im Zusammenhang mit einem erheblich verzögerten Verjährungsbeginn und damit einem faktisch viel längeren Verjährungszeitraum drohen. Vielmehr wird die Ausgangslage hierbei eher noch ins genaue Gegenteil verkehrt, wenn für den Beginn der Verjährung der Haftungsansprüche aus c. i. c. maßgeblich an deren dem eigentlich begehrten Vertragsschluss vorgelagerten Entstehungszeitpunkt angeknüpft wird und es im Vergleich zu den entsprechenden vertraglichen Ansprüchen somit zu einem erheblich früheren Verjährungseintritt kommen kann. Mithin besteht zwar auch in den Fällen dieser Gruppe die Gefahr von Verjährungsfristen, die im Vergleich zur hypothetischen Rechtslage bei einem wirksamen Abschluss des vom Anspruchsinhaber eigentlich beabsichtigten Vertrages faktisch divergieren, jedoch in genau entgegengesetzter Richtung als in den Konstellationen der Haftung nach § 122 BGB und § 179 BGB.

Besonders deutlich wird dies beispielsweise in den Fällen, in denen die für die Ersatzansprüche des Vermieters geltende Sonderverjährungsfrist des § 548 Abs. 1 S. 1 BGB auch auf die quasivertraglichen Ersatzansprüche des Vermieters aus c. i. c. infolge des vom in Aussicht genommenen Mieter zu vertretenden Abbruchs der Mietvertragsverhandlungen anzuwenden ist.[639] Schließlich ist im Zeitpunkt der zur Haftung nach den Grundsätzen der c. i. c. führenden vorvertraglichen Rücksichtspflichtverletzung in aller Regel völlig unklar, wann bei einem wirksamen Mietvertragsschluss die für den Verjährungsbeginn maßgebliche Rückgabe der entsprechenden Mietsache i. S. d. § 548 Abs. 1 S. 2 BGB erfolgt wäre. In aller Regel kann davon ausgegangen werden, dass dies erst zu einem wesentlich späteren Zeitpunkt der Fall gewesen wäre, mit der Folge, dass es im Hinblick auf die quasivertraglichen Schadensersatzansprüche aus c. i. c. bei ausschließlicher Anknüpfung des Beginns der besonderen Verjährungsfrist des § 548 Abs. 1 S. 1 BGB an deren

639 Vgl. dazu insbesondere das Fallbeispiel unter Punkt *„I. 2. b) aa) Abbruch von Vertragsverhandlungen“* sowie BGH, NJW 2006, 1963.

Entstehung zu einem wesentlichen früheren Verjährungseintritt kommt, als es bei einem erfolgreichen Mietvertragsschluss in Ansehung der unmittelbar von § 548 Abs. 1 BGB erfassten und mit den hier gegenständlichen Ansprüchen aus c. i. c. inhaltlich bzw. wirtschaftlich korrespondierenden mietvertraglichen Ersatzansprüche des Vermieters der Fall gewesen wäre.

Ähnlich verhält es sich auch in den Fällen der Anwendbarkeit der regelmäßigen Verjährungsfrist gem. § 195 BGB mit Verjährungsbeginn nach der allgemeinen Ultimo-Regelung des § 199 Abs. 1 BGB, mithin mit dem Schluss des Jahres der Anspruchsentstehung sowie der entsprechenden subjektiven Kenntnis des Anspruchsinhabers. Paradigmatisch sind insoweit insbesondere die Konstellationen der sog. Silvesternacht- bzw. Jahreswechselfälle. So etwa, wenn kurz nach dem Jahreswechsel ein bestimmter Vertrag, für dessen Ansprüche die allgemeine Regelverjährung gem. §§ 195, 199 Abs. 1 BGB gilt, abgeschlossen werden soll und es durch einen der potenziellen Vertragspartner kurz vor dem entsprechenden Jahreswechsel zu einem vorwerfbaren und damit haftungsbegründenden Verhandlungsabbruch im Sinne der Erklärungshaftung nach den Grundsätzen der c. i. c. kommt. Hat nach den vorstehenden Grundsätzen nun auch auf die quasivertraglichen Schadensersatzansprüche aus c. i. c. die regelmäßige Verjährungsfrist des § 195 BGB Anwendung zu finden und stellt man insoweit für den Verjährungsbeginn im Rahmen des § 199 Abs. 1 BGB ohne Berücksichtigung der vertraglichen Rechtslage maßgeblich auf deren Entstehung sowie Kenntnis ab, so tritt die Verjährung in Ansehung der Haftung nach den Grundsätzen der c. i. c. bereits ein ganzes Jahr früher ein, als es in Ansehung der inhaltlich bzw. wirtschaftlich korrespondierenden vertraglichen Ansprüche, an deren Stelle die c. i. c. letztlich als wirtschaftlicher Ersatzwert tritt, bei dem erfolgreichen Abschluss des eigentlich beabsichtigten Vertrages kurz nach dem Jahreswechsel der Fall gewesen wäre, obwohl die jeweiligen Zeitpunkte der Anspruchsentstehung nur geringfügig voneinander abweichen.

Vor diesem Hintergrund stellt sich die Frage, ob die Ergebnisse entsprechend der bisherigen Rechtsprechung des BGH als sach- und interessengerecht angesehen werden können oder ob sie aufgrund des besonderen wirtschaftlichen Ersatzwertcharakters der c. i. c. in den Fallgestaltungen der Erklärungshaftung sowie dem für sie prägenden Grundsatz der Vertragsakzessorietät einer wertungsmäßigen Korrektur bedürfen, etwa entsprechend dem Ansatz der Gesamt- und Anrechnungslösung analog § 198 BGB, um der hypothetischen Rechtslage bei Abschluss des in Anbahnung befindlichen und vom Anspruchsinhaber begehrten Vertrages hinreichend Rechnung zu tragen und damit eine im Vergleich dazu mögliche unbillige Schlechterstellung bzw. Benachteiligung des Anspruchsinhabers zu verhindern.

Aus den bisherigen Ergebnissen der vorliegenden verjährungsrechtlichen Untersuchung folgt zum einen, dass die quasivertraglichen Schadensersatzansprüche in der Regel als wirtschaftlicher „*Ersatzwert des ursprünglich Bedungenen*“[640] anzusehen und damit von einer besonderen Vertragsakzessorietät geprägt sind – egal ob es sich insoweit um Ansprüche der unmittelbaren Vertrauenshaftung (im engeren Sinne) nach § 122 BGB und § 179 BGB oder solche der mittelbaren Vertrauenshaftung (im weiteren Sinne) nach den Grundsätzen der c. i. c. gem. §§ 280 Abs. 1, 241 Abs. 2, 311 Abs. 2, Abs. 3 BGB in der Kategorie der Erklärungshaftung handelt. Diesen vertragsakzessorischen Schadensersatzansprüchen wohnt dabei die grundlegende Wertung inne, dass jedenfalls in verjährungsrechtlicher Hinsicht keine Besserstellung im Vergleich zur Rechtslage bei einem wirksamen Abschluss des vom Anspruchsinhaber eigentlich beabsichtigten Vertrages erfolgen darf.[641] Andererseits liegt diesen Ansprüchen der quasivertraglichen Vertrauenshaftung der leitende Rechtsgedanke zugrunde, dass zwingend auch der im Einzelfall anzuerkennenden Schutzwürdigkeit des Anspruchsinhabers, der gerade auf den wirksamen Abschluss eines bestimmten Vertrages vertraut, hinreichend Rechnung getragen werden muss.[642] Entsprechend der bereits im Zuge der Ausführungen zur Gesamt- und Anrechnungslösung analog § 198 BGB angestellten Erwägungen darf er über die verjährungsrechtliche Behandlung seiner quasivertraglichen Ersatzansprüche somit im Vergleich zur Rechtslage bei Abschluss des beabsichtigten Vertrages nicht in einer derartigen Art und Weise schlechter gestellt werden, dass für ihn bis zum Ablauf der jeweils einschlägigen Verjährungsfrist keine angemessene und zumutbare Möglichkeit mehr zur rechtzeitigen Verfolgung und Durchsetzung seiner Rechte besteht.[643]

Indem man in den hier gegenständlichen Fällen des gänzlichen Scheiterns eines Vertragsschlusses für den Verjährungsbeginn aber maßgeblich an die Entstehung der Schadensersatzansprüche aus c. i. c. anknüpft, mithin beispielsweise an den endgültigen Abbruch der Vertragsverhandlungen, muss festgestellt werden, dass dadurch zwischen der *ratio legis* sowohl der quasivertraglichen Vertrauenshaftung nach den Grundsätzen der c. i. c. als auch der jeweils einschlägigen (Sonder-)Verjährungsregelungen und damit auch

---

640 Vgl. BGHZ 57, 191 (195) = NJW 1972, 95 (97); BGHZ 73, 266 (269) = NJW 1979, 1161 (1162).

641 Vgl. dazu u. a. die tragenden Erwägungen unter Punkt „*I. 2. b) Erklärungshaftung*“ sowie bei BGHZ 57, 191 (194 ff.) = NJW 1972, 95 (96 f.) und BGHZ 73, 266 (269 f.) = NJW 1979, 1161 (1162).

642 Vgl. dazu unter „*Teil II A. I. Rechtsnatur und Ratio der Haftung [gem. § 179 BGB]*“, „*Teil II B. I. Rechtsnatur und Ratio der Haftung [gem. § 122 BGB]*“, „*Teil II C. I. Rechtsnatur und Ratio der Haftung [aus c. i. c.]*“ sowie Fn. 117, 119, 172, 174, 176, 215, 216.

643 Vgl. dazu die leitenden Erwägungen bei BGHZ 208, 210 (225) Rn. 40 = NJW 2016, 629 (633); BGH, NJW 2015, 3299 (3300); vgl. dazu ferner auch unter „*Teil I B. III. Interessen des Gläubigers*“ sowie Fn. 18, 19.

zwischen den widerstreitenden Interessen der jeweiligen Beteiligten ein angemessener Ausgleich hergestellt wird. Wie bereits dargestellt, erfolgt dadurch schließlich keine Besserstellung des Anspruchsinhabers im Vergleich zur Rechtslage bei Abschluss des beabsichtigten Vertrages, sondern im Gegenteil beginnt der maßgebliche Verjährungsfristlauf in derartigen Fällen der Haftung nach c. i. c. in der Regel sogar noch deutlich früher, mit der Folge, dass es in der Regel auch zu einem früheren Verjährungseintritt kommt. Auf der anderen Seite erfolgt dadurch aber gerade auch keine unbillige Benachteiligung des Anspruchsinhabers, da dieser ab dem Zeitpunkt der Entstehung seiner Haftungsansprüche aus c. i. c. in aller Regel vollständige Kenntnis sämtlicher für die Anspruchsverfolgung maßgeblicher Umstände hat. Damit ist er grundsätzlich in der Lage, diese Ansprüche hinreichend zu beziffern und/oder gegenüber seinem Verhandlungspartner geltend zu machen und zwar in einer die Verjährung nach Maßgabe der §§ 203 ff. BGB hemmenden Art und Weise – zumindest im Wege einer zur Verjährungshemmung gem. § 204 Abs. 1 Nr. 1 BGB führenden Feststellungsklage.[644] In derartigen Fällen wird der Anspruchsinhaber somit im Vergleich zur Rechtslage bei einem erfolgreichen Vertragsschluss in keiner Weise schlechter, sondern lediglich anders gestellt. Damit ist kein vernünftiger Grund ersichtlich, für den entsprechenden Verjährungsbeginn auf einen noch späteren Zeitpunkt abzustellen. Es ist vielmehr sach- und interessengerecht sowie im Einklang mit dem die quasivertragliche Erklärungshaftung aus c. i. c. prägenden Grundsatz der Vertragsakzessorietät und dem dadurch intendierten Vertrauensschutz, wenn für den Verjährungsbeginn bereits maßgeblich auf den früheren Zeitpunkt der Entstehung dieser Haftung nach den Grundsätzen der c. i. c. abgestellt wird. Schließlich würde ein weiteres Hinausschieben des Verjährungsbeginns sogar gerade entgegengesetzt dazu führen, dass dem Anspruchsinhaber ohne sachlich rechtfertigenden Grund ein faktisch möglicherweise signifikant längerer Verjährungszeitraum zur Verfügung steht und er damit in unangemessener Weise bevorzugt sowie der Sinn und Zweck der insoweit jeweils anwendbaren (Sonder-)Verjährungsregelung unterlaufen wird. Des Weiteren kommt hinzu, dass es in der Praxis in den Fällen des gänzlichen Scheiterns eines Vertragsschlusses auch kaum handhabbar und mit einer nicht hinnehmbaren Rechtsunsicherheit behaftet wäre, für den Verjährungsbeginn (zusätzlich) auf das – aufgrund des gescheiterten Vertragsschlusses in der Regel nur hypothetische und damit völlig ungewisse – Ereignis abzustellen, das bei der Annahme eines erfolgreichen Vertragsschlusses für den jeweiligen Verjährungsbeginn maßgeblich gewesen wäre, z. B. die Rückgabe der Mietsache i. S. d. § 548 Abs. 1 S. 2 BGB.[645]

---

644 Vgl. dazu auch BGH, NJW 2006, 1963 (1965) sowie Fn. 637.

645 Vgl. dazu insbesondere das Fallbeispiel unter Punkt „*I. 2. b) aa) Abbruch von Vertragsverhandlungen*“ sowie die Ausgangslage bei BGH, NJW 2006, 1963.

Wenngleich demnach für den Verjährungsbeginn in den Fällen des gänzlichen Scheiterns eines Vertragsschlusses maßgeblich an die Entstehung der quasivertraglichen Haftungsansprüche aus c. i. c. anzuknüpfen ist, dürfen dabei aber aufgrund des vertragsakzessorischen Ersatzwertcharakters dieser Schadensersatzansprüche die (Sonder-)Regelungen, die bei dem erfolgreichen Abschluss des beabsichtigen Vertrages für den Verjährungsbeginn gegolten hätten, dennoch nicht gänzlich unberücksichtigt bleiben.

Übertragen auf den Fall der Anwendbarkeit der kurzen mietrechtlichen Sonderverjährungsfrist des § 548 Abs. 1 S. 1 BGB auch auf die quasivertragliche (Erklärungs-)Haftung aus c. i. c. bedeutet dies, dass zwingend darauf geachtet werden muss, ob eine für den Verjährungsbeginn gem. § 548 Abs. 1 S. 2 BGB grundsätzlich maßgebliche Rückgabe der Mietsache vorliegt. In den allermeisten Fällen des gänzlichen Scheiterns eines Mietvertragsschlusses – wie auch in dem dazu im Zuge der Ausführungen zur insoweit anwendbaren Verjährungsfrist in Anlehnung an eine frühere Entscheidung des BGH aus dem Jahr 2006 gebildeten Fallbeispiel[646] – wird es jedoch schon zu keiner Übergabe der Mietsache und in der Folge auch zu keiner Rückgabe derselben i. S. d. § 548 Abs. 1 S. 2 BGB kommen, mit der Konsequenz, dass es für den Verjährungsbeginn im Einklang mit der höchstrichterlichen Rechtsprechung des BGH dann auch nur auf den Zeitpunkt der Entstehung der quasivertraglichen Schadensersatzansprüche nach den Grundsätzen der c. i. c. ankommen kann und allein schon aus den bereits genannten Gründen der Rechtssicherheit nicht auf eine tatsächlich überhaupt nicht erfolgende und damit völlig unbestimmbare Rückgabe i. S. d. § 548 Abs. 1 S. 2 BGB.[647] Sollte es aber in derartigen Fällen ausnahmsweise doch einmal schon vor dem Abschluss des von den Verhandlungsparteien beabsichtigten Mietvertrages zu einer Übergabe der Mietsache an den in Aussicht genommenen Mieter gekommen sein und scheitert der erfolgreiche Mietvertragsschluss am Ende dennoch aufgrund einer von dem potenziellen Mieter zu vertretenden und damit im Sinne der c. i. c. haftungsbegründenden Rücksichtspflichtverletzung, so ist für den Beginn der dann auf die anschließende Haftung des potenziellen Mieters aus c. i. c. anwendbaren Sonderverjährungsfrist des § 548 Abs. 1 S. 1 BGB konsequenterweise auch der Zeitpunkt der Rückgabe der Mieträumlichkeiten an den Vermieter i. S. d. § 548 Abs. 1 S. 2 BGB zu berücksichtigen. Zum einen entspricht es schließlich dem Sinn und Zweck der besonderen Regelung des rein objektiv angeknüpften Verjährungsbeginns in § 548 Abs. 1 S. 2 BGB, dass die kurze mietrechtliche Sonderverjährungsfrist des § 548 Abs. 1 S. 1 BGB erst dann zu laufen beginnt, wenn der Vermieter durch die Wiedererlangung der unmittelbaren Sachherrschaft

646 Vgl. dazu unter Punkt „*I. 2. b) aa) Abbruch von Vertragsverhandlungen*".
647 Vgl. dazu insbesondere BGH, NJW 2006, 1963 (1965) sowie auch die leitenden Erwägungen bei BGH, NJW-RR 2004, 1566 (1568).

über das Mietobjekt in die Lage versetzt wird, dieses umfassend auf etwaige Veränderungen oder Verschlechterungen hin zu untersuchen und seine in dem Zusammenhang bestehenden Ersatzansprüche in einer die Verjährung gem. §§ 203 ff. BGB hemmenden Art und Weise geltend zu machen.[648] Entsprechend den bisherigen Ausführungen zur Frage der anwendbaren Verjährungsfrist hat sich der Normzweck – wie im Rahmen der unmittelbaren Vertrauenshaftung gem. § 122 BGB und § 179 BGB – aber gerade auch im Rahmen dieser quasivertraglichen Schadensersatzansprüche aus c. i. c. in der Kategorie der Erklärungshaftung durchzusetzen, die letztlich als inhaltlich korrespondierender Ersatzwert an die Stelle der Ansprüche aus dem eigentlich beabsichtigten Vertrag treten und zu diesen daher eine enge tatsächliche, wirtschaftliche und rechtliche Verbindung aufweisen, mithin von einer besonderen Vertragsakzessorietät geprägt sind.[649] Würde man in den hier gegenständlichen Konstellationen der Haftung aus c. i. c. die Rückgabe der Mietsache i. S. d. § 548 Abs. 1 S. 2 BGB hingegen unberücksichtigt lassen und isoliert auf das Feststehen des Scheiterns des Vertragsschlusses bzw. den enggültigen Abbruch der Vertragsverhandlungen abstellen, bestünde schließlich die Gefahr der unbilligen Benachteiligung des Anspruchsinhabers durch einen im Vergleich zur Rechtslage bei einem erfolgreichen Abschluss des eigentlich beabsichtigten Vertrages ggf. deutlich früheren Verjährungsbeginn und damit eine unangemessene Verkürzung der entsprechenden Rechtsschutzmöglichkeiten. Das wäre eben mit dem in diesen Fällen festzustellenden besonderen vertragsakzessorischen Ersatzwertcharakter der Haftungsansprüche aus c. i. c. sowie dem dadurch intendierten Vertrauensschutz nicht zu vereinbaren.[650] Zum anderen wird in derartigen Sachverhaltskonstellationen in aller Regel davon auszugehen sein, dass die Vertragsverhandlungen ihr tatsächliches Ende erst mit der Rückgabe der Mietsache an den Vermieter i. S. d. § 548 Abs. 1 S. 2 BGB finden und die finale Verwirklichung des Tatbestands der quasivertraglichen Haftung aus c. i. c. daher ohnehin mit diesem Zeitpunkt mehr oder weniger zeitlich zusammenfallen wird.

In den Fällen, in denen sich der maßgebliche Verjährungsbeginn bei einem erfolgreichen Vertragsschluss im Hinblick auf die inhaltlich bzw. wirtschaftlich korrespondierenden vertraglichen Ansprüche nach den allgemeinen Regelungen der §§ 199, 200 BGB gerichtet hätte, müssen konsequenterweise auch auf die infolge des gescheiterten Vertragsschlusses entstandenen quasivertraglichen Schadensersatzansprüche aus c. i. c. – genauso wie im Rahmen

---

648 BeckOKBGB/Wiederhold, § 548 Rn. 17; MüKoBGB/Bieber, § 548 Rn. 14; vgl. auch BGH, NJW-RR 2004, 1566 (1568).

649 Vgl. dazu ausführlich unter Punkt „*I. 2. b) Erklärungshaftung*" sowie Fn. 579.

650 Vgl. dazu auch unter „*Teil II C. I. Rechtsnatur und Ratio der Haftung [aus c. i. c.]*" sowie Fn. 215 und 216.

der Vertrauenshaftung nach § 122 BGB und § 179 BGB – die allgemeinen Vorschriften über den Verjährungsbeginn gem. §§ 199, 200 BGB unmittelbare Anwendung finden.[651] Im Einzelnen bedeutet dies, dass die Verjährung bei Anwendbarkeit einer von der allgemeine Regelverjährungsfrist des § 195 BGB abweichenden Sonderverjährungsfrist ohne besondere Bestimmung des Fristbeginns nach der allgemeinen Regelung des § 200 S. 1 BGB unmittelbar mit der Entstehung der entsprechenden Haftungsansprüche aus c. i. c. zu laufen beginnt. Hat hingegen die regelmäßige Verjährungsfrist von drei Jahren gem. § 195 BGB zur Anwendung zu gelangen, beginnt sie nach der allgemeinen Ultimo-Regelung des § 199 Abs. 1 BGB grundsätzlich mit dem Schluss des Jahres der Entstehung der Schadensersatzansprüche aus c. i. c. und der Kenntniserlangung bzw. fahrlässigen Unkenntnis des Anspruchsinhabers von den anspruchsbegründenden Umständen sowie der Person des Anspruchsgegners. Eine Berücksichtigung eines späteren hypothetischen Verjährungsbeginns bei unterstellter Wirksamkeit des eigentlich beabsichtigten Vertrages ist auch insoweit nicht geboten. Zum einen würde dies schließlich insbesondere in den hier gegenständlichen Fällen des gänzlichen Scheiterns eines Vertragsschlusses zu einem nicht mehr hinnehmbaren Maß an Rechtsunsicherheit führen. Zum anderen besteht für den Anspruchsinhaber bereits mit der in aller Regel zeitlich vor dem ursprünglich intendierten Vertragsschluss liegenden Verwirklichung der Tatbestandsvoraussetzungen der quasivertraglichen Haftung nach den Grundsätzen der c. i. c. die angemessene und zumutbare Möglichkeit, seine Ersatzansprüche aktiv zu verfolgen und damit die Verjährung abzuwenden bzw. nach Maßgabe der §§ 203 ff. BGB zu hemmen, sodass damit schon kein sachlich rechtfertigender Grund ersichtlich ist, den Beginn des Verjährungsfristlaufs noch weiter hinauszuschieben.

Auch besteht bei der Erklärungshaftung kein Raum und kein Bedürfnis für eine etwaige wertungsmäßige Korrektur des entsprechenden Verjährungsfristlaufs, etwa durch die Anrechnung hypothetischer Verjährungszeiten nach dem Modell der Gesamt- und Anrechnungslösung analog § 198 BGB, da die Entstehung der Schadensersatzansprüche nach den Grundsätzen der c. i. c. in aller Regel dem eigentlich beabsichtigten Vertragsschluss zeitlich vorgelagert ist, mithin auch der Entstehung der Ansprüche aus dem intendierten Vertrag, an deren Stelle die quasivertraglichen Haftungsansprüche aus c. i. c. als korrespondierender Ersatzwert treten. Insoweit führt die quasivertragliche Schadensersatzhaftung nach den Grundsätzen der c. i. c. daher im Vergleich zur Rechtslage bei unterstellter Vertragswirksamkeit gerade nicht wie die damit eng verwandte quasivertragliche Schadensersatzhaftung nach § 122 BGB und § 179 BGB zu einer zeitlichen Verzögerung des

651 Vgl. dazu bereits unter „*Teil III A. II. 2. Keine besondere Regelung des Verjährungsbeginns*“ sowie unter „*Teil III B. II. 1. Verjährungsbeginn nach der Gesamtlösung*“.

Verjährungsbeginns und damit zu einer Ausdehnung des faktischen Verjährungszeitraums, sondern sie ist vielmehr eher im Gegenteil mit einem zeitlich sogar noch früheren Verjährungseintritt als bei einem wirksamen Abschluss des vom späteren Anspruchsinhaber eigentlich gewollten Vertrages verbunden. Mit anderen Worten existiert in diesen Sachverhaltskonstellationen schon keine hypothetische Verjährungszeit, die bei angenommener Vertragswirksamkeit bis zum Zeitpunkt der Entstehung der quasivertraglichen Ersatzansprüche aus c. i. c. verstrichen wäre und daher analog § 198 BGB auf den insoweit maßgeblichen Verjährungszeitraum angerechnet werden könnte, mit der Folge, dass der Ansatz der Anrechnungslösung analog § 198 BGB ohnehin ins Leere ginge.

Zusammenfassend kann somit festgehalten werden, dass sich in den Fällen dieser Gruppe der Erklärungshaftung nach den Grundsätzen der c. i. c., in denen ein wirksamer Vertragsschluss – etwa aufgrund des grundlosen und damit schuldhaften Verhandlungsabbruchs – bereits gänzlich scheitert, aufgrund der in zeitlicher Hinsicht von den Konstellationen der unmittelbaren Vertrauenshaftung (im engeren Sinne) nach § 122 BGB und § 179 BGB ganz wesentlich abweichenden Ausgangslage gerade nicht die Probleme der im Vergleich zur Rechtslage bei Abschluss des von dem entsprechenden Anspruchsinhaber eigentlich beabsichtigten Vertrages erheblichen zeitlichen Verzögerung der Anspruchsentstehung und damit auch des faktischen Verjährungszeitraums stellen. Vielmehr können in diesen Fallgestaltungen – je nach im Einzelfall einschlägiger (Sonder-)Verjährungsregelung – schon allein durch die Anknüpfung des Verjährungsbeginns an die Entstehung der quasivertraglichen Schadensersatzansprüche aus c. i. c. sach- und interessengerechte Ergebnisse erzielt werden.

bb) Tatsächliches Zustandekommen eines Vertrages

Eine gänzlich andere Ausgangssituation kann sich hingegen in denjenigen Fällen ergeben, in denen es trotz einer vorvertraglichen Rücksichtspflichtverletzung eines Verhandlungspartners noch zu einem (wirksamen) Vertragsschluss kommt und die quasivertragliche Haftung nach den Grundsätzen der c. i. c. somit kumulativ neben die entsprechenden vertraglichen Ansprüche tritt. Den Hauptanwendungsfall der c. i. c. innerhalb dieser Kategorie der Erklärungshaftung wird wohl der Abschluss von nachteiligen Verträgen bilden, die inhaltlich negativ von den berechtigten Erwartungen und Vorstellungen einer Vertragspartei, die sich ursprünglich auf der Grundlage der vorangegangenen Vertragsverhandlungen und den dabei abgegebenen Erklärungen der anderen Vertragspartei herausgebildet haben, abweichen. Durch solche negativen Verträge wird im Ergebnis das grundsätzlich schutzwürdige Vertrauen des späteren Anspruchsinhabers in den Abschluss eines Vertrages mit dem gewünschten Inhalt enttäuscht.[652] Hierunter fallen letztlich auch die bereits im Rahmen der jeweils anzuwendenden Verjährungsfrist behandelten Sonderfälle des Vertragsschlusses mit einer eigentlich vermögenslosen bzw. insolventen GmbH[653] und der Haftung nach den Grundsätzen der c. i. c. im Schnittbereich zu den kauf- oder werkvertraglichen Gewährleistungsrechten.[654]

Ausweislich der bereits aufgezeigten höchstrichterlichen Rechtsprechung zur verjährungsrechtlichen Behandlung der quasivertraglichen Schadensersatzansprüche aus c. i. c. scheint der BGH innerhalb dieser Fallgruppe für den Beginn des Verjährungsfristlaufs in erster Linie auf die für die korrespondierenden Ansprüche im Zusammenhang mit dem vom Anspruchsinhaber eigentlich beabsichtigten Vertrag geltenden (Sonder-)Verjährungsregelungen abzustellen und damit auch maßgeblich auf den Zeitpunkt, in dem die Verjährung für diese äquivalenten vertraglichen Ansprüche zu laufen beginnt bzw. begonnen hätte.[655] Dieser Ansatz des BGH erscheint unter Berücksichtigung der bisherigen Ausführungen und insbesondere vor dem Hintergrund des auch für diese Fallgruppe der mittelbaren Vertrauenshaftung (im weiteren Sinne) nach den Grundsätzen der c. i. c. prägenden vertragsakzessorischen Ersatzwertcharakters im Ergebnis überzeugend, bedarf jedoch noch einer ausdifferenzierteren dogmatischen Untersuchung und Herleitung.

Insoweit ist zunächst zu beachten, dass in derartigen Fällen der Haftung aus c. i. c. trotz des tatsächlichen Zustandekommens eines Vertrages – abhängig von der jeweils anwendbaren Vorschrift über den Verjährungsbeginn – das in Ansehung der entsprechenden vertraglichen Ansprüche für den Verjährungsbeginn maßgebliche Ereignis, anders als beim gänzlichen Scheitern eines Vertragsschlusses infolge einer vorvertraglichen Pflichtverletzung des Anspruchsgegners, häufig tatsächlich eintreten wird. Folglich darf dieses Ereignis nach dem Grundsatz der Vertragsakzessorietät auch im Hinblick auf die Frage der Verjährung der als wirtschaftlicher Ersatzwert mit den vertraglichen Ansprüchen in einem engen wertungsmäßigen Zusammenhang stehenden quasivertraglichen Schadensersatzansprüche aus c. i. c. nicht gänzlich außer Acht gelassen werden. Entsprechend den bisherigen Erwägungen im Zusammenhang mit der quasivertraglichen Vertrauenshaftung des falsus procurator gem. § 179 BGB bzw. des Anfechtenden gem. § 122 BGB muss

---

652 Vgl. dazu BeckOGKBGB/Herresthal, § 311 Rn. 393 ff.; MüKoBGB/Emmerich, § 311 Rn. 66, 79; Erman/Dieckmann, § 311 Rn. 46 ff.; vgl. dazu auch Fn. 225.

653 Vgl. dazu insbesondere BGHZ 87, 27 (35 ff.) = NJW 1983, 1607 (1609 f.).

654 Vgl. dazu insbesondere die vorhergehenden Ausführungen unter Punkt „*I. 2. b) cc) Sonderfall: Gewährleistungsrechtliche Verjährung*“ m. w. N.

655 Vgl. dazu BGH, NJW 2004, 1161 (1163); hingegen offengelassen in BGH, NJWRR 2010, 606 (607).

richtigerweise auch insoweit auf den insgesamt vorzugswürdigen Ansatz der Gesamtlösung abgestellt werden, mit der Folge, dass die jeweils anwendbare Verjährungsfrist keinesfalls vor der Entstehung der entsprechenden Schadensersatzansprüche aus c.i.c. zu laufen beginnen darf. Zunächst ist hier ebenfalls danach zu differenzieren, ob die im konkreten Einzelfall einschlägige (Sonder-)Verjährungsvorschrift, die im Rahmen der quasivertraglichen Haftung nach den Grundsätzen der c.i.c. schon über die maßgebliche Verjährungsfrist bestimmt, zudem den Verjährungsbeginn besonders regelt oder ob sich dieser vielmehr genauso wie beim Abschluss eines gänzlich den Erwartungen des Anspruchsinhabers entsprechenden Vertrages im Hinblick auf die wesensgleichen vertraglichen Ansprüche nach den allgemeinen Regelungen der §§ 199, 200 BGB zu richten hat. Bei einer besonderen Regelung des Verjährungsbeginns erfordert der grundsätzlich auch im Rahmen der vorliegenden Haftungsfälle der c.i.c. vorzugswürdig heranzuziehende Ansatz der Gesamtlösung für den Lauf der Verjährungsfrist zum einen die Entstehung der Ansprüche aus c.i.c. und zum anderen kumulativ das Vorliegen der besonderen Voraussetzungen, die von der jeweils anzuwendenden (Sonder-)Verjährungsregelung für den entsprechenden Verjährungsbeginn aufgestellt werden, wie etwa die Rückgabe der Mietsache i.S.d. § 548 Abs. 1 S.2 BGB oder die Ablieferung einer Sache i.S.d. § 438 Abs. 2 BGB oder i.S.d. § 439 Abs. 2 HGB.[656] Bei einem Eingreifen der allgemeinen Bestimmungen über den Verjährungsbeginn in §§ 199, 200 BGB haben diese auf die quasivertraglichen Haftungsansprüche aus c.i.c. auch in den hier gegenständlichen Konstellationen der Erklärungshaftung direkte Anwendung zu finden – letztlich genauso wie in den schon zuvor behandelten Fällen der Haftung aus c.i.c. infolge des gänzlichen Scheiterns eines Vertragsschlusses bzw. wie auch im Rahmen der Vertrauenshaftung nach § 122 BGB und § 179 BGB. Im Einzelnen bedeutet dies, dass eine etwaige Sonderverjährungsfrist ohne eigene Bestimmung des Verjährungsbeginns gem. § 200 S. 1 BGB bereits unmittelbar mit der Entstehung der Schadensersatzansprüche aus c.i.c. zu laufen beginnt. Hingegen ist bei einer Anwendbarkeit der dreijährigen Regelverjährungsfrist des § 195 BGB nach der insoweit einschlägigen Ultimo-Regelung des § 199 Abs. 1 BGB für den Verjährungsbeginn im Grundsatz auf den Schluss desjenigen Jahres abzustellen, in dem die zugrunde liegenden Haftungsansprüche aus c.i.c. entstanden sind und der Anspruchsinhaber von den entsprechenden anspruchsbegründenden Umständen sowie der Person des Anspruchsgegners Kenntnis erlangt bzw. hätte erlangen müssen.[657]

---

656 Vgl. dazu bereits die Ausführungen unter „*Teil III A. II. 1. d) Zusammenfassung und Fazit*“ sowie „*Teil III B. II. 1. Verjährungsbeginn nach der Gesamtlösung*“.

657 Vgl. dazu bereits die Ausführungen unter „*Teil III A. II. 2. Keine besondere Regelung des Verjährungsbeginns*“ sowie unter „*Teil III B. II. 1. Verjährungsbeginn nach der Gesamtlösung*“.

(1) Gleichlauf mit vertraglichen Ansprüchen

In solchen Fällen, in denen eine zur quasivertraglichen Haftung nach den Grundsätzen der c. i. c. führende vorvertragliche Rücksichtspflichtverletzung das (wirksame) Zustandekommen eines Vertrages nicht hindert, fällt der Zeitpunkt der Entstehung der Ansprüche aus c. i. c. wohl häufig mit dem Zeitpunkt zusammen, in dem die inhaltlich bzw. wirtschaftlich korrespondierenden vertraglichen Ansprüche entstehen oder in dem die vom Anspruchsinhaber eigentlich beabsichtigten Ansprüche aus und im Zusammenhang mit einem gänzlich seinen Erwartungen und Vorstellungen entsprechenden Vertrag entstehen würden. Im Ergebnis wird in diesen Sachverhaltskonstellationen daher häufig – insbesondere bei der rein objektiven Anknüpfung des entsprechenden Verjährungsbeginns – ohnehin ein verjährungsrechtlicher Gleichlauf zwischen dem quasivertraglichen und dem vertraglichen Anspruchs- bzw. Haftungsregime stattfinden. Insoweit drohen folglich keine mit den Fallgestaltungen der Vertrauenshaftung nach § 122 BGB und § 179 BGB vergleichbaren Verzögerungsprobleme und damit einhergehende verjährungsrechtliche Konflikte bzw. Wertungswidersprüche.

So verhält es sich beispielsweise auch in den vom BGH entschiedenen Fällen zur früheren Rechtslage im Versicherungsvertragsrecht und der bis zur VVG-Reform zum 01.01.2008 geltenden Sonderverjährungsregelung des § 12 VVG a. F., in denen ein tatsächlich abgeschlossener Versicherungsvertrag aufgrund eines vorvertraglichen Verschuldens des Versicherers nicht den berechtigten und damit schutzwürdigen Erwartungen des Versicherungsnehmers entspricht und an die auch das bereits zuvor im Zuge der Untersuchung der jeweils anzuwendenden Verjährungsfrist gebildete Fallbeispiel angelehnt wurde.[658] Der in diesen Fällen anzuerkennende quasivertragliche Schadensersatzanspruch nach den Grundsätzen der c. i. c. wird dabei schließlich auf die vom Anspruchsinhaber eigentlich begehrte Versicherungsleistung gerichtet sein – im obigen Fallbeispiel somit auf den Ersatz der bei dem Großbrand verendeten und wider Erwarten nicht versicherten Pferde – und in demselben Moment wie der eigentlich begehrte Anspruch aus dem Versicherungsvertrag entstehen, mithin mit dem sich nach der ursprünglichen Erwartung oder Vorstellung des Anspruchsinhabers als Versicherungsfall darstellenden Schadensereignis – im Beispiel also in dem Zeitpunkt des Großbrands und des damit einhergehenden Verlusts der Pferde. Die nach den bisherigen Erwägungen in solchen Fallgestaltungen auch auf die quasivertragliche Haftung aus c. i. c. anzuwendende Verjährungsfrist beträgt nach der insoweit einschlägigen Sonderverjährungsregelung des § 12

658 Vgl. dazu BGHZ 108, 200 (207 f.) = NJW 1989, 3095 (3096 f.); BGH, NJW 2004, 1161; BGH, NJWRR 2010, 606; angelehnt an BGH, NJW 2004, 1161 vgl. zudem Fallbeispiel 1 zu § 12 Abs. 1 VVG a. F. unter Punkt „*I. 2. b) bb) Abschluss inhaltlich nachteiliger Verträge*".

Abs. 1 S. 1 VVG a. F. grundsätzlich zwei Jahre und beginnt gem. § 12 Abs. 1 S. 2 VVG a. F. mit dem Schluss des Jahres, in dem die entsprechende Leistung verlangt werden kann, mithin der Anspruchsentstehung, sodass eben gerade ein vollständiger verjährungsrechtlicher Gleichlauf zwischen den bestehenden Ansprüchen aus c. i. c. und den inhaltlich identischen Ansprüchen aus dem vom Anspruchsinhaber eigentlich gewollten Versicherungsvertrag erfolgt.

Auch in anderen Bereichen sind entsprechende parallele Sachverhaltskonstellationen denkbar, in denen aufgrund der zeitgleichen Anspruchsentstehung sowie der rein objektiven Anknüpfung des Verjährungsbeginns ein vollständiger verjährungsrechtlicher Gleichlauf zwischen der c. i. c. und den eigentlich begehrten (hypothetischen) vertraglichen Ansprüchen stattfindet. In den ebenfalls der vorliegenden Kategorie des Abschlusses inhaltlich nachteiliger Verträge zuzuordnenden besonderen Fällen, in denen die quasivertragliche Haftung nach den Grundsätzen der c. i. c. trotz Beschaffenheitsbezogenheit bzw. Mangeleignung der vorvertraglichen Rücksichtspflichtverletzung ausnahmsweise neben den kauf- oder werkvertraglichen Gewährleistungsrechten nach §§ 434 ff. BGB bzw. §§ 633 ff. BGB zur Anwendung kommt, haben sich die besonderen kauf- bzw. werkvertraglichen Verjährungsregelungen nach § 438 BGB bzw. § 634a BGB aufgrund der tatsächlichen, wirtschaftlichen sowie rechtlichen Nähe zu dem vertraglichen Anspruchs- und Haftungsregime auch in diesem vertragsähnlichen bzw. vertragsakzessorischen Schuldverhältnis der c. i. c. durchzusetzen.[659] In derartigen Konstellationen der Haftung aus c. i. c. hat sich entsprechend den bereits angestellten Erwägungen zur Anwendbarkeit der besonderen Verjährungsfristen in § 438 BGB bzw. § 634a BGB[660] konsequenterweise auch der Beginn des Verjährungsfristlaufs nach der insoweit einschlägigen Sonderverjährungsregelung des § 438 BGB bzw. § 634a BGB zu richten, mithin grundsätzlich nach der Ablieferung bzw. Übergabe der Kaufsache i. S. d. § 438 Abs. 2 BGB oder der Abnahme einer Werkleistung i. S. d. § 634a Abs. 2 BGB. Da davon auszugehen ist, dass die quasivertraglichen Haftungsansprüche aus c. i. c. zu diesem Zeitpunkt in den meisten Fällen genauso wie die Gewährleistungsrechte aus und im Zusammenhang mit dem tatsächlich abgeschlossenen oder dem vom Anspruchsinhaber eigentlich beabsichtigten Vertrag bereits entstanden sind, kommt es im Einklang mit dem vorzugswürdigen Ansatz der Gesamtlösung in aller Regel auch insoweit zu einem umfassenden verjährungsrechtlichen Gleichlauf zwischen c. i. c. und dem (intendierten) Vertrag.

659 Vgl. dazu insbesondere die Ausführungen unter Punkt „*I. 2. b) cc) Sonderfall: Gewährleistungsrechtliche Verjährung*“ m. w. N.

660 Vgl. insbesondere die leitenden Erwägungen unter Punkt „*I. 2. b) cc) (2) Verjährung innerhalb der Fristen des § 438 BGB*“.

Auf der anderen Seite sind freilich auch die eher seltenen Fallgestaltungen vorstellbar, in denen die Ansprüche aus c.i.c. erst deutlich nach dem Zeitpunkt zur Entstehung gelangen, den die Sonderverjährungsregelung des §438 Abs.2 BGB bzw. des §634a Abs.2 BGB in Ansehung der entsprechenden vertraglichen Ansprüche für den Verjährungsbeginn vorsieht, etwa wenn der zugrunde liegende Schaden erst zu einem späteren Zeitpunkt eintritt. Bei konsequenter Anwendung der Gesamtlösung auf die Haftungsansprüche aus c.i.c. würde sich dann ggf. ein im Vergleich zu den vertraglichen Gewährleistungsrechten signifikant späterer Verjährungsbeginn und damit eine unter Umständen wesentliche Besserstellung des Anspruchsinhabers durch einen erheblich divergierenden und damit längeren faktischen Verjährungszeitraum ergeben. Entsprechend den Ausführungen zur unmittelbaren Vertrauenshaftung (im engeren Sinne) nach §122 BGB und §179 BGB muss folgerichtig jedoch auch in derartigen Fällen der mittelbaren Vertrauenshaftung (im weiteren Sinne) nach den Grundsätzen der c.i.c. auf den Ansatz der Anrechnungslösung als wertungsmäßig gebotenes Korrektiv der Gesamtlösung zurückgegriffen und damit analog §198 BGB diejenige (hypothetische) Verjährungszeit angerechnet werden, die in Bezug auf die inhaltlich bzw. wirtschaftlich korrespondierenden vertraglichen Gewährleistungsansprüche bis zum Zeitpunkt der Entstehung der quasivertraglichen Haftungsansprüche aus c.i.c. bereits verstrichen ist bzw. bei Abschluss eines den Erwartungen und Vorstellungen des Anspruchsinhabers entsprechenden Vertrages verstrichen wäre.[661] Im Ergebnis wird der Verjährungsfristlauf auf diese Art und Weise dennoch auch in Ansehung der erst später entstandenen Ansprüche aus c.i.c. maßgeblich an den nach der jeweils einschlägigen gewährleistungsrechtlichen Sonderverjährungsregelung ausschlaggebenden Zeitpunkt angeknüpft, in den vorliegenden Fällen der Konkurrenz zu den kauf- oder werkvertraglichen Gewährleistungsrechten mithin an die Ablieferung bzw. Übergabe der Kaufsache i.S.d. §438 Abs.2 BGB oder die Abnahme der Werkleistung i.S.d. §634a Abs.2 BGB. Da die quasivertraglichen Haftungsansprüche aus c.i.c. bei einer beschaffenheits- bzw. mangelbezogenen vorvertraglichen Rücksichtspflichtverletzung in aller Regel im gleichen Zeitpunkt entstehen wie die wesensgleichen Mängelansprüche aus dem tatsächlich abgeschlossenen bzw. vom Anspruchsinhaber beabsichtigten Kauf- oder Werkvertrag wird auch insoweit ein vollständiger verjährungsrechtlicher Gleichlauf zwischen der quasivertraglichen Haftung aus c.i.c. und der inhaltlich bzw. wirtschaftlich korrespondierenden kauf- bzw. werkvertraglichen Gewährleistungshaftung hergestellt. Die Tatsache, dass es dabei theoretisch zu einem Verjährungseintritt vor der endgültigen

661 Vgl. dazu bereits die Ausführungen unter „*Teil III A. II. 1. c) bb) (2) (c) Praktische Umsetzung der Anrechnungslösung analog § 198 BGB*“ sowie „*Teil III B. II. 2. Korrektur über die Anrechnungslösung analog § 198 BGB*“.

Anspruchsentstehung kommen kann, gebietet keine hiervon abweichende Beurteilung. Diese Gefahr besteht vielmehr in gleicher Weise im Hinblick auf die unmittelbar von den Sonderverjährungsregelungen der §§ 438, 634a BGB erfassten kauf- und werkvertraglichen Gewährleistungsrechte und ist Ausfluss einer gesetzgeberischen Entscheidung. Dabei entspricht es der Intention des Gesetzgebers, durch die rein objektiv an die Ablieferung/Übergabe einer Kaufsache i. S. d. § 438 Abs. 2 BGB bzw. die Abnahme einer Werkleistung i. S. d. § 634a Abs. 2 BGB und damit an den Wechsel der räumlichen Zugriffssphäre angeknüpften Sonderverjährungsfristen im Kauf- und Werkvertragsrecht eine klare zeitliche Begrenzung der Gewährleistungshaftung zu erreichen. Dadurch soll den insbesondere im Mängelrecht mit dem zunehmenden Zeitablauf immer größer werdenden Beweisschwierigkeiten begegnet und für eine angemessene Verteilung des Mängelrisikos gesorgt werden.[662] Schließlich ist insoweit zwingend zu berücksichtigen, dass der entsprechende Vertragsgegenstand zum einen mit der Ablieferung/Übergabe bzw. Abnahme in den räumlich-gegenständlichen Macht- und Einflussbereich des Anspruchsinhabers gelangt, mit der Folge, dass er ab diesem Zeitpunkt die angemessene und zumutbare Möglichkeit hat, den Gegenstand umfassend auf etwaige Mängel zu untersuchen und etwaige Gewährleistungsrechte in einer die Verjährung nach Maßgabe der §§ 203 ff. BGB hemmenden Art und Weise aktiv geltend zu machen.[663] Zum anderen darf dabei aber nicht außer Acht gelassen werden, dass mit dem Zeitpunkt der Ablieferung/Übergabe bzw. Abnahme des Vertragsgegenstands auch das grundsätzlich schutzwürdige Vertrauen des Anspruchsgegners auf die endgültige und ordnungsgemäße Abwicklung des zugrunde liegenden Rechtsgeschäfts sowie das Risiko der Verursachung eines Mangels durch den Umgang des Anspruchsinhabers selbst mit dem entsprechenden Vertragsgegenstand kontinuierlich zunimmt.[664] Vor diesem Hintergrund muss festgestellt werden, dass der Gleichlauf der Verjährung der quasivertraglichen Schadensersatzansprüche aus c. i. c. mit den kauf- oder werkvertraglichen Gewährleistungsrechten bei einem Beschaffenheits- bzw. Mangelbezug der vorvertraglichen Rücksichtspflichtverletzung somit im Einklang mit der Ratio der gewährleistungsrechtlichen Sonderverjährungsvorschriften gem. §§ 438, 634a BGB steht, die sich in derartigen in den Schnittbereich zum Mängelgewährleistungsrecht fallenden Sachverhaltskonstellationen eben gerade auch in dem vertragsähnlichen Schuldverhältnis der c. i. c. durchzusetzen hat. Darüber hinaus trägt dieses Ergebnis in der hier gegenständlichen Kategorie der Erklärungshaftung dem besonderen vertragsakzessorischen Ersatzwert-

662 Vgl. dazu bereits ausführlich unter *„Teil I. D. I. 2. b) Gewährleistungsrecht gem. §§ 438, 634a BGB"* und *„Teil I D. II. 3. Besondere Regelung des Verjährungsbeginns"* sowie Fn. 52, 53, 55, 72, 74.

663 Grigoleit/Herresthal, JZ 2003, 118 (122); MüKoBGB/Westermann, § 438 Rn. 24 f.

664 Canaris, Karlsruher Forum 2002, S. 5 (92 f.); Müller/Hempel, AcP 2005, 246 (251).

charakter der quasivertraglichen Haftungsansprüche aus c.i.c. hinreichend Rechnung, die letztlich an die Stelle der inhaltlich identischen vertraglichen Gewährleistungsansprüche treten und damit von einer engen tatsächlichen, wirtschaftlichen und rechtlichen Verbindung zu diesen – mithin von einer besonderen Vertragsakzessorietät – geprägt sind.

Ein identisches Bild ergibt sich letztlich auch bei der Anwendbarkeit der besonderen transportrechtlichen Verjährungsfrist von grundsätzlich einem Jahr gem. §439 Abs. 1 S. 1 HGB auf die mit den transportvertraglichen Haftungsansprüchen aus §§425 ff. HGB inhaltlich identischen quasivertraglichen Schadensersatzansprüche aus c.i.c., wie etwa in dem Fallbeispiel der Beförderung mit einem für den konkreten Transport wider Erwarten nicht geeigneten Fahrzeug.[665] In derartigen Fällen entstehen die Haftungsansprüche aus c.i.c. ebenfalls in demselben Zeitpunkt wie die Ansprüche aus und im Zusammenhang mit dem eigentlich beabsichtigten Transportvertrag. Der Verjährungsbeginn hat sich entsprechend den Erwägungen im Zusammenhang mit der jeweils einschlägigen Verjährungsfrist konsequenterweise ebenso wie bei der quasivertraglichen Haftung aus c.i.c. im Überschneidungsbereich zu den kauf- oder werkvertraglichen Gewährleistungsrechten i.S.d. §§434 ff. BGB bzw. §§633 ff. BGB nach der insoweit einschlägigen und ebenso rein objektiv angeknüpften Sonderverjährungsregelung des §439 HGB zu richten, mithin grundsätzlich nach der Ablieferung des entsprechenden Transportguts gem. §439 Abs. 2 S. 1 HGB. Folglich findet auch dabei ein vollständiger verjährungsrechtlicher Gleichlauf zwischen der c.i.c. und einem den Erwartungen bzw. Vorstellungen des Anspruchsinhabers entsprechenden Transportvertrag statt.

(2) Abweichung vom vertraglichen Anspruchsregime

Auf der anderen Seite sind aber freilich auch in den vorliegenden Fällen, in denen eine die Haftung aus c.i.c. begründende vorvertragliche Rücksichtspflichtverletzung dem (wirksamen) Zustandekommen eines Vertrages nicht entgegensteht, solche eher seltenen Sachverhaltskonstellationen möglich, in denen die Entstehungszeitpunkte der quasivertraglichen Schadensersatzansprüche aus c.i.c. und der korrespondierenden Ansprüche im Zusammenhang mit dem tatsächlich abgeschlossenen oder vom Anspruchsinhaber eigentlich beabsichtigten Vertrag und/oder die Zeitpunkte der subjektiven Kenntniserlangung bzw. des Kennenmüssens des Anspruchsinhabers von den jeweiligen anspruchsbegründenden Umständen zeitlich auseinanderfallen. Dadurch ergibt sich bei Anwendung der Grundsätze der vorzugswürdigen Gesamtlösung auf die quasivertragliche Haftung aus c.i.c. möglicher-

665 Vgl. dazu ausführlich Fallbeispiel 2 zu §439 Abs. 1 HGB unter Punkt „*I. 2. b) bb) Abschluss inhaltlich nachteiliger Verträge*“.

weise kein entsprechender verjährungsrechtlicher Gleichlauf und je nach Ausgestaltung der Zeitschiene hat im konkreten Einzelfall ggf. eine wertungsmäßige Korrektur des Verjährungseintritts bzw. des Verjährungsfristlaufs stattzufinden, etwa nach dem Modell der Anrechnungslösung analog § 198 BGB.

Eine solche (zeitliche) Abweichung vom vertraglichen Anspruchs- und Haftungsregime ergibt sich beispielsweise zum einen in denjenigen Konkurrenzfällen zum kaufrechtlichen Gewährleistungsrecht i. S. d. §§ 434 ff. BGB, in denen eine Haftung aus c. i. c. aufgrund einer beschaffenheitsbezogenen bzw. potenziell mangelgeeigneten vorvertraglichen Rücksichtspflichtverletzung noch vor dem Gefahrübergang i. S. d. §§ 446, 447 BGB geltend gemacht wird. In derartigen Fällen entstehen die vertragsähnlichen Ansprüche aus c. i. c. somit zeitlich noch vor den inhaltsgleichen vertraglichen Gewährleistungsrechten i. S. d. § 437 BGB, da diese erst durch den entsprechenden Gefahrübergang i. S. d. §§ 446, 447 BGB ausgelöst werden und im zeitlichen Stadium davor daher noch gar nicht existent sind.[666] Das Gleiche gilt grundsätzlich in den Fällen der beschaffenheits- bzw. potenziell mangelbezogenen Haftung aus c. i. c. noch vor dem Abschluss eines Kaufvertrages, insbesondere wenn es – aus welchen Gründen auch immer – ausnahmsweise bereits im vorvertraglichen Stadium zur Übergabe der Kaufsache kommt.[667] Da die quasivertraglichen Schadensersatzansprüche aus c. i. c. in derartigen Fallgestaltungen zeitlich noch vor den gewährleistungsrechtlichen Ansprüchen aus dem Kaufvertrag i. S. d. § 437 BGB entstehen, kann es allerdings auch nach dem Ansatz der Gesamtlösung nicht zu denselben Problemen der unter Umständen erheblichen Verzögerung des Verjährungsbeginns und damit einer nicht gerechtfertigten Ausdehnung des faktischen Verjährungszeitraums kommen wie bei der Haftung des Anfechtenden gem. § 122 BGB oder des Vertreters ohne Vertretungsmacht gem. § 179 BGB. Insoweit sind diese Fälle eher mit der Haftung aus c. i. c. bei einem gänzlichen Scheitern des beabsichtigten Vertragsschlusses – etwa aufgrund des schuldhaften Abbruchs der Vertragsverhandlungen – vergleichbar, sodass die diesbezüglichen Erwägungen hier in gleicher Weise fruchtbar gemacht werden können.[668] Ausweislich der bereits aufgezeigten Rechtsgedanken und Grundsätze hat in diesen Konstellationen der beschaffenheits- bzw. potenziell mangelbezogenen Haftung aus c. i. c. noch vor dem Abschluss eines Kaufvertrages bzw. noch vor dem Gefahrübergang i. S. d. §§ 446, 447 BGB ebenfalls das besondere kaufrechtliche Verjährungsregime des § 438 BGB und damit im Grundsatz auch die besondere objektive Bestimmung des Verjährungsbeginns in § 438

666 Vgl. dazu unter Punkt „*I. 2. b) cc) (1) Anwendungsfälle der c. i. c. im Einflussbereich der Gewährleistungsrechte*“ sowie Fn. 599.

667 Grigoleit, Vorvertragliche Informationshaftung, S. 233.

668 Vgl. vorhergehend unter Punkt „*aa) Gänzliches Scheitern eines Vertragsschlusses*“.

Abs. 2 BGB mit Ablieferung bzw. Übergabe der Kaufsache zur Anwendung zu kommen.[669] Zu beachten ist dabei jedoch, dass es insbesondere in den Sonderfällen der Haftung nach den Grundsätzen der c. i. c. vor Gefahrübergang i. S. d. §§ 446, 447 BGB in aller Regel schon zu keiner Ablieferung bzw. Übergabe i. S. d. § 438 Abs. 2 BGB mehr kommen wird, mit der Folge, dass die Verjährung der quasivertraglichen Haftungsansprüche aus c. i. c. dann bereits – wie eben auch in den Fällen des gänzlichen Scheiterns eines Vertragsschlusses – im Zeitpunkt ihrer Entstehung zu laufen zu beginnen hat. Schließlich ist auch insoweit kein vernünftiger Grund für ein weiteres Hinausschieben des Verjährungsbeginns ersichtlich, zumal der Anspruchsinhaber zum einen bereits ab diesem Zeitpunkt der Anspruchsentstehung die angemessene und zumutbare Möglichkeit der Durchsetzung seiner Rechte sowie damit einhergehend der Hemmung der entsprechenden Verjährung nach Maßgabe der §§ 203 ff. BGB hat. Zum anderen würde eine Anknüpfung des Verjährungsbeginns an das tatsächlich überhaupt nicht mehr eintretende und damit vollkommen ungewisse Ereignis nach der im konkreten Einzelfall einschlägigen Sonderverjährungsregelung, vorliegend also an eine hypothetische Ablieferung bzw. Übergabe der Kaufsache i. S. d. § 438 Abs. 2 BGB bei unterstelltem Abschluss eines den Vorstellungen und Erwartungen des Anspruchsinhabers entsprechenden Kaufvertrages, den Rechts- und Wirtschaftsverkehr mit einem nicht hinnehmbaren Maß an Rechtsunsicherheit bis hin zu einer potenziellen faktischen Unverjährbarkeit der in Rede stehenden Ansprüche aus c. i. c. erheblich belasten, was wiederum mit den Zielsetzungen des geltenden Verjährungsrechts[670] nicht zu vereinbaren und mit einer unbilligen Besserstellung des jeweiligen Anspruchsinhabers verbunden wäre. Sollte es aber in derartigen Fällen doch einmal zu einer tatsächlichen Ablieferung bzw. Übergabe der entsprechenden Kaufsache i. S. d. § 438 Abs. 2 BGB kommen, wie eben gerade in den Ausnahmefällen der Haftung aus c. i. c. aufgrund einer prinzipiell mangelgeeigneten vorvertraglichen Rücksichtspflichtverletzung im Zusammenhang mit der Beschaffenheit eines bereits vor dem beabsichtigten Kaufvertragsschluss an den Anspruchsinhaber überlassenen Kaufgegenstands, so muss dieses für den Verjährungsbeginn nach der insoweit einschlägigen Sonderverjährungsregelung des § 438 Abs. 2 BGB maßgebliche Ereignis – wie auch in den zuvor behandelten Fällen des gänzlichen Scheiterns eines Vertragsschlusses – im Einklang mit den Grundsätzen der vorzugswürdigen Gesamtlösung im Rahmen der quasivertraglichen Haftung aus c. i. c. freilich ebenfalls berücksichtigt werden, mit der Folge, dass dann jedenfalls kein früherer Ver-

669 Vgl. die leitenden Erwägungen unter Punkt „*I. 2. b) cc) (2) Verjährung innerhalb der Fristen des § 438 BGB*".

670 Vgl. dazu insbesondere Abschnitte I. und II. unter „*Teil I B. Sinn und Zweck der Verjährung*" sowie Fn. 12, 13.

jährungsbeginn in Betracht kommt, um den unter Wertungsgesichtspunkten grundsätzlich gebotenen Gleichlauf mit den inhaltlich identischen vertraglichen Gewährleistungsansprüchen herzustellen und auf diese Weise eine unbillige Schlechterstellung des Anspruchsinhabers im Rahmen des vertragsähnlichen Schuldverhältnisses der c. i. c. zu verhindern.

Zum anderen ist unter Heranziehung der Grundsätze der Gesamtlösung ein entsprechendes (zeitliches) Auseinanderfallen der verjährungsrechtlichen Lage bei der quasivertraglichen Haftung aus c. i. c. einerseits und dem vertraglichen Anspruchs- bzw. Haftungsregime andererseits auch dahingehend denkbar, dass die Schadensersatzansprüche aus c. i. c. zu einem späteren Zeitpunkt entstehen als die Ansprüche aus und im Zusammenhang mit dem tatsächlich abgeschlossenen bzw. vom Anspruchsinhaber eigentlich beabsichtigten Vertrag. Des Weiteren kommt dies auch in den häufiger vorkommenden und praxisrelevanteren Fallgestaltungen in Betracht, in denen der Anspruchsinhaber von den eine quasivertragliche Haftung aus c. i. c. begründenden Umständen im Vergleich zu den inhaltlich bzw. wirtschaftlich korrespondierenden vertraglichen Ansprüchen erst zu einem signifikant späteren Zeitpunkt Kenntnis erlangt bzw. erlangen müsste, mit der Folge, dass sich bei der Anwendbarkeit der allgemeinen Regelverjährung nach §§ 195, 199 Abs. 1 BGB in Ansehung der c. i. c. auch ein entsprechend späterer Verjährungsbeginn und damit ein im Vergleich zur vertraglichen Rechtslage unter Umständen erheblich längerer faktischer Verjährungszeitraum ergeben kann. Aufgrund dieser Problematik des im Rahmen der quasivertraglichen Haftung aus c. i. c. verzögerten Verjährungsbeginns und damit der faktisch divergierenden Verjährungsfristen trotz Anwendbarkeit derselben Verjährungsregelungen auf die wesensmäßig identischen Ansprüche aus c. i. c. und Vertrag entspricht die zugrunde liegende Ausgangslage in derartigen Sachverhaltskonstellationen daher weitgehend derjenigen im Rahmen der Haftung des Anfechtenden gem. § 122 BGB sowie des Vertreters ohne Vertretungsmacht gem. § 179 BGB, was insbesondere an den nachfolgenden Fallbeispielen verdeutlicht werden soll:

Fallbeispiel 1 (zur aktuellen Rechtslage im Versicherungsvertragsrecht):[671]

Wie in dem bereits im Rahmen der Untersuchung der anwendbaren Verjährungsfrist behandelten „Pferdefall" des BGH schließt der A mit der V am 01.12.2017 einen Gebäudeversicherungsvertrag ab, der entgegen den auf Basis der vorangegangenen Vertragsverhandlungen berechtigten Vorstellungen des A aber nicht das lebende Inventar in Gestalt der sich auf dem versicherten Anwesen befindlichen Zuchtpferde umfasst. Kurz vor dem

671 Angelehnt an BGH, NJW 2004, 1161 zur Sonderverjährung nach § 12 VVG in der bis zum 01.01.2008 gültigen Fassung; vgl. dazu auch Fallbeispiel 1 unter Punkt „*I. 2. b) bb) Abschluss inhaltlich nachteiliger Verträge*".

Jahreswechsel am 31.12.2018 kommt es auf dem entsprechenden Anwesen sodann zu dem Großbrand, bei dem auch alle Pferde verenden. Erst am 01.08.2019 erfährt der A durch eine Mitteilung der V, dass hinsichtlich der Pferde tatsächlich gar kein Versicherungsschutz bestand. Den durch den Verlust der Pferde entstandenen Schaden verlangt der A von V nun über die Grundsätze der c. i. c. ersetzt.

Fallbeispiel 2 (Pachtvertrag zur Mineralwassergewinnung):[672]

Der Anspruchsinhaber A ist Eigentümer von zwei Grundstücken X und Y, auf denen sich jeweils eine Wasserquelle befindet. Diese Grundstücke hat der A an den Anspruchsgegner B zur Förderung von Mineralwasser verpachtet. Zunächst fördert der B nur das Wasser auf dem Grundstück X. Nachdem jedoch eine Wasserprobe ergeben hatte, dass die Wasserqualität auf Grundstück X im Gegensatz zur Wasserqualität auf Grundstück Y in Zukunft nicht mehr den hohen Anforderungen zur Förderung von Mineralwasser entsprechen wird, beschließt der B die künftige Umstellung der Mineralwasserproduktion auf das Grundstück Y. Am 01.10.2018 schließen A und B einen neuen Pachtvertrag über beide Grundstücke, der zugunsten des A die Regelung einer Vergütung von 15 Cent pro geförderter Flasche Mineralwasser vorsieht. Da der A von den entnommenen Wasserproben und der geplanten Umstellung der Mineralwasserproduktion auf Grundstück Y zum Zeitpunkt des Vertragsschlusses keine Kenntnis hat, geht dieser davon aus, dass Mineralwasser auch weiterhin ausschließlich von der Quelle auf Grundstück X gefördert werden soll. Im Vertrauen hierauf bezieht der A die im Pachtvertrag enthaltene Vergütungsregelung nur auf das Wasser von Grundstück X. Erst am 01.08.2019 erlangt der A Kenntnis von dem Umstand, dass der B auf dem Grundstück X nahezu überhaupt kein Mineralwasser mehr fördert, sondern nur noch auf dem Grundstück Y, sodass die vertragliche Vergütungsregelung weitgehend leerläuft. Über die Grundsätze der c. i. c. verlangt der A von B nun die Anpassung des abgeschlossenen Pachtvertrages dahingehend, dass auch das auf dem Grundstück Y geförderte Wasser von der Vergütungsregelung erfasst werde, da dies bei Kenntnis der wahren Sachlage vertraglich so vorgesehen worden wäre.

Fallbeispiel 3 (Sonderfall des Vertragsschlusses mit insolventer GmbH):[673]

Der Anspruchsinhaber A ist Lieferant von Baustoffen und steht schon seit längerer Zeit in einer Geschäfts- bzw. Lieferbeziehung zur B-GmbH. Nach Gerüchten über die mangelnde Liquidität der B-GmbH möchte sich der A bei dem Geschäftsführer G der B-GmbH über deren wirtschaftliche Leistungsfähigkeit rückversichern. Nachdem der G daraufhin – wider besseres Wissen – ausdrücklich die wirtschaftliche Stabilität und Zahlungsfähigkeit

672 Angelehnt an BGH, NJW 1998, 2900.
673 Angelehnt an BGHZ 87, 27 = NJW 1983, 1607.

der B-GmbH bestätigt hatte, schließt der A mit der B-GmbH am 01.10.2018 einen weiteren Vertrag über die Lieferung von Baustoffen zu einem Preis von € 200.000,00. Nachdem der A seine vertraglichen Lieferverpflichtungen ordnungsgemäß bis zum 31.10.2018 erfüllt hatte, bleibt eine Zahlung seitens der B-GmbH zunächst aus. Erst am 01.03.2019 erfährt der A von der Zahlungsunfähigkeit der B-GmbH und der damit einhergehenden Insolvenzantragstellung. Im Insolvenzverfahren über das Vermögen der B-GmbH erleidet A einen Ausfall in voller Höhe seiner noch offenen Forderung von € 200.000,00. Aufgrund der vorvertraglichen Falschinformation über die Vermögenssituation der B-GmbH macht A diesen Ausfall nun gegenüber G im Wege der c. i. c. als Schadensersatz geltend.

Diesen drei Fällen ist zunächst gemein, dass dabei sowohl auf die vom jeweiligen Anspruchsinhaber geltend gemachten quasivertraglichen Schadensersatzansprüche aus c. i. c. gem. §§ 280 Abs. 1, 241 Abs. 2, 311 Abs. 2, Abs. 3 BGB als auch auf die eigentlich beabsichtigten und inhaltlich identischen vertraglichen Ansprüche die allgemeine Regelverjährung gem. §§ 195, 199 Abs. 1 BGB zur Anwendung zu kommen hat, nachdem auch im Versicherungsvertragsrecht im Zuge der zum 01.01.2008 in Kraft getretenen VVG-Reform die bis dahin geltende Sonderverjährungsregelung des § 12 VVG a. F. aufgehoben und damit die Anpassung an die Regelverjährung gem. §§ 195, 199 BGB umgesetzt wurde.[674] Des Weiteren ergibt sich in all diesen Fällen die besondere Situation, dass die vom Anspruchsinhaber eigentlich begehrten bzw. erwarteten vertraglichen Ansprüche bereits im Jahr 2018 entstanden wären, mit der Folge, dass auch deren Verjährung nach der insoweit einschlägigen Ultimo-Regelung des § 199 Abs. 1 BGB bereits mit dem Schluss des Jahres 2018 zu laufen begonnen hätte. Ungeachtet des jeweiligen Entstehungszeitpunkts hat der Anspruchsinhaber demgegenüber aber jedenfalls von den wesentlichen Umständen, die eine in diesen Fällen anzuerkennende vertragsähnliche Haftung des jeweiligen Anspruchsgegners nach den Grundsätzen der c. i. c. begründen, erst im Laufe des darauffolgenden Jahres 2019 erfahren, mit der Folge, dass die dreijährige Regelverjährungsfrist des § 195 BGB nach der Ultimo-Regelung des § 199 Abs. 1 BGB in Ansehung der quasivertraglichen Haftungsansprüche aus c. i. c. erst mit dem Schluss des Jahres 2019 begonnen hätte und damit ein ganzes Jahr später als im Hinblick auf die letztlich dadurch ersetzten wesensgleichen vertraglichen Ansprüche. Auf diese Art und Weise wird somit der faktische Verjährungszeitraum bzw. die faktische Verjährungsfrist in dem vertragsähnlichen Schuldverhältnis der c. i. c. im Ergebnis um ein ganzes Jahr ausgedehnt. Wie schon in den problematischen Fällen der Vertrauenshaftung nach § 122 BGB und § 179 BGB würde der Anspruchsinhaber dadurch ohne sachlich rechtfertigenden Grund im Vergleich zur Rechtslage bei Abschluss des

674 Vgl. dazu BeckOGKBGB/Piekenbrock, § 195 Rn. 46.

eigentlich beabsichtigten Vertrages erheblich bessergestellt, was sich sowohl in Widerspruch zu dem besonderen Ersatzwertcharakter der quasivertraglichen Ansprüche aus c. i. c. in dieser Kategorie der Erklärungshaftung und zu dem für sie prägenden Grundsatz der Vertragsakzessorietät setzt als auch das jeweils einschlägige Verjährungsregime samt der dahinterstehenden gesetzgeberischen Intentionen und Wertungen untergräbt.[675] Die isolierte Anwendung der insoweit einschlägigen Bestimmungen der allgemeinen Regelverjährung gem. §§ 195, 199 Abs. 1 BGB auf die vertragsähnliche Haftung aus c. i. c. ist in diesen Fällen daher nicht geeignet, sach- und interessengerechte Ergebnisse zu erzielen. Vielmehr bedarf der sich hieraus ergebende Verjährungsfristlauf – wie auch im Rahmen der Haftung aus § 122 BGB und § 179 BGB – einer wertungsmäßigen Korrektur, die der Rechtslage in Ansehung der jeweiligen durch die c. i. c. letztlich ersetzten vertraglichen Ansprüche hinreichend Rechnung trägt, mit denen der Anspruchsinhaber in sämtlichen o. g. Beispielsfällen ursprünglich gerechnet hatte und die dieser daher eigentlich begehrt. Auf der anderen Seite darf auch in derartigen Fallgestaltungen freilich nicht der von dem Rechtsinstitut der c. i. c. bezweckte Vertrauensschutz und damit die im Vergleich zur vertraglichen Rechtslage gesteigerte Schutzwürdigkeit des Anspruchsinhabers außer Acht gelassen werden, insbesondere bei einem rechtzeitigen Tätigwerden zur Anspruchsverfolgung im schutzwürdigen Vertrauen auf das wirksame Zustandekommen eines den ursprünglichen Erwartungen des Anspruchsinhabers entsprechenden Vertrages und die damit einhergehenden vertraglichen Ansprüche, sodass im Hinblick auf diese keine Verjährung eingetreten wäre.[676] Hingegen kann eine entsprechende Schutzwürdigkeit des Anspruchsinhabers nicht anerkannt werden, wenn er zunächst gänzlich untätig bleibt, sodass die von ihm ursprünglich geltend gemachten vertraglichen Ansprüche ohnehin verjährt wären.[677] Der insoweit unter der Berücksichtigung von Wertungsgesichtspunkten gebotene Ausgleich zwischen der effektiven Verwirklichung der für die c. i. c. in diesen Sachverhaltskonstellationen prägenden Vertragsakzessorietät und damit der Ratio der jeweils zur Anwendung kommenden Verjährungsregelungen einerseits und dem von der c. i. c. ebenso statuierten Schutz der Interessen und des Vertrauens des jeweiligen Anspruchsinhabers andererseits kann in den hier gegenständlichen Problemfällen der Anwendbarkeit der objektiv-

675 Vgl. dazu bereits die Ausführungen unter „*Teil III A. II. 2. Keine besondere Regelung des Verjährungsbeginns*" sowie insbesondere zu Fallbeispiel 4 unter „*Teil III B. II. 1. Verjährungsbeginn nach der Gesamtlösung*".

676 Vgl. dazu insbesondere unter „*Teil II C. I. Rechtsnatur und Ratio der Haftung [aus c. i. c.]*" sowie Fn. 215 und 216; vgl. dazu auch die leitenden Erwägungen unter „*Teil III A. II. 1. c) aa) (2) (c) (aa) Keine rechtzeitige Kenntniserlangung vom Mangel der Vertretungsmacht*".

677 Vgl. dazu insbesondere unter „*Teil III A. II. 1. c) aa) (2) (b) Verjährung auch bei Wirksamkeit des Vertrages*" sowie Fn. 377.

subjektiv angeknüpften regelmäßigen Ultimo-Verjährung gem. §§ 195, 199 Abs. 1 BGB auf die Ansprüche sowohl aus dem vertragsähnlichen Schuldverhältnis der c. i. c. als auch aus dem intendierten Vertrag über das Modell der Anrechnungslösung analog § 198 BGB erreicht werden – ebenso wie in den ähnlich gelagerten Konstellationen der vertragsähnlichen Vertrauenshaftung des Anfechtenden gem. § 122 BGB oder des Vertreters ohne Vertretungsmacht gem. § 179 BGB. Aufgrund der wertungsmäßig vergleichbaren Ausgangs- und Interessenlage können die Erwägungen und Rechtsgedanken aus den bereits zuvor behandelten Haftungsfällen der §§ 122, 179 BGB an dieser Stelle in gleicher Weise fruchtbar gemacht und damit die Voraussetzungen für eine analoge Anwendung der Anrechnungsregelung des § 198 BGB bejaht werden.[678]

Im Einzelnen sind die für den Beginn der in diesem Zusammenhang einschlägigen dreijährigen Regelverjährungsfrist des § 195 BGB maßgeblichen objektiven und subjektiven Voraussetzungen der Ultimo-Regelung des § 199 Abs. 1 BGB im Einklang mit dem Ansatz der Gesamtlösung zunächst zwar unterschiedslos auch direkt auf die Haftung nach den Grundsätzen der c. i. c. anzuwenden, sodass der entsprechende Verjährungsfristlauf erst mit dem Schluss desjenigen Jahres beginnt, in dem die aus der c. i. c. resultierenden quasivertraglichen Schadensersatzansprüche entstehen und der Anspruchsinhaber von den insoweit haftungsbegründenden Umständen hinreichende Kenntnis erlangt bzw. erlangen müsste.[679] Wie bereits dargestellt, ist dies in sämtlichen o. g. Beispielsfällen somit erst zum Ende des Jahres 2019 und nicht schon wie bei den inhaltlich bzw. wirtschaftlich korrespondierenden vertraglichen Ansprüchen mit dem Schluss des Jahres 2018 der Fall, da der jeweilige Anspruchsinhaber von den eine Haftung aus c. i. c. begründenden Umständen erst im Jahr 2019 erfährt und auch keine Anhaltspunkte für eine frühere grob fahrlässige Unkenntnis i. S. d. § 199 Abs. 1 Nr. 2 BGB vorliegen. Anschließend muss jedoch der Zeitpunkt des Verjährungsbeginns bei Abschluss eines erwartungs- bzw. vorstellungsgerechten Vertrages hinreichende Berücksichtigung finden. Das wird letztlich erreicht, indem über den Ansatz der Anrechnungslösung analog § 198 BGB auf den nach den vorgenannten Grundsätzen für die c. i. c. geltenden Verjährungszeitraum diejenige (hypothetische) Verjährungszeit angerechnet wird, die in Bezug auf die vom Anspruchsinhaber ursprünglich begehrten vertraglichen Ansprüche bis zum Zeitpunkt des Beginns der Verjährung der als Ersatzwert an die Stelle dieses vertraglichen Anspruchs- und Haftungsregimes getretenen quasivertragli-

678 Vgl. dazu insbesondere unter „*Teil III A. II. 1. c) bb) (2) (b) Analoge Anwendung auf die Fälle des § 179 BGB*“ sowie „*Teil III B. II. 2. Korrektur über die Anrechnungslösung analog § 198 BGB*“.

679 Vgl. dazu unter „*Teil III A. II. 2. Keine besondere Regelung des Verjährungsbeginns*“ sowie „*Teil III B. II. 1. Verjährungsbeginn nach der Gesamtlösung*“.

chen Schadensersatzansprüche aus c. i. c. bereits verstrichen wäre.[680] Übertragen auf die obigen Beispielsfälle bedeutet dies, dass unter Anwendung der insoweit maßgeblichen allgemeinen Regelverjährung gem. §§ 195, 199 Abs. 1 BGB zwischen dem in Ansehung der hypothetischen (vertraglichen) Ansprüche einschlägigen Verjährungsbeginn zum Schluss des Jahres 2018 und dem Beginn der Verjährung der tatsächlichen Ansprüche aus c. i. c. zum Ende des Jahres 2019 ein Zeitraum von genau einem Jahr liegt, der nach der insoweit heranzuziehenden Anrechnungslösung analog § 198 BGB auf die in solchen Fällen auch für die c. i. c. geltende dreijährige Regelverjährungsfrist des § 195 BGB anzurechnen ist. Dies hat zur Folge, dass die Ansprüche aus c. i. c. im Ergebnis genauso wie die wesensgleichen Ansprüche aus dem eigentlich angestrebten Vertrag zum Schluss des Jahres 2021 verjähren und damit wieder der wertungsmäßig gebotene Gleichlauf zwischen vertraglichem und quasivertraglichem Verjährungsregime hergestellt ist. Der anzuerkennenden Schutzwürdigkeit des Anspruchsinhabers, der etwa im Vertrauen auf das wirksame Zustandekommen des Vertrages rechtzeitig zur Verfolgung der nach seinen Vorstellungen bestehenden vertraglichen Ansprüche tätig wird, ist auch hierbei – wie in den Fällen der Haftung aus § 122 BGB und § 179 BGB – über die Möglichkeit der analog § 198 BGB auf die korrespondierenden quasivertraglichen Ansprüche aus c. i. c. durchschlagende Wirkung der bereits zuvor in Bezug auf die ursprünglich verfolgten vertraglichen Ansprüche ergriffenen Hemmungsmaßnahmen i. S. d. §§ 203 ff. BGB hinreichend Genüge getan.[681] Aufgrund der typischerweise besonders engen tatsächlichen, wirtschaftlichen und rechtlichen Verbindung des quasivertraglichen und vertraglichen Anspruchs- bzw. Haftungsregimes sind dabei konsequenterweise auch etwaige spezielle gesetzliche Hemmungstatbestände zu berücksichtigen, die hinsichtlich der äquivalenten Ansprüche aus und im Zusammenhang mit dem vom Anspruchsinhaber eigentlich gewünschten Vertrag gegolten hätten, wie etwa der für das o. g. Fallbeispiel 1 im Grundsatz anwendbare und auch nach der VVG-Reform vom 01.01.2008 noch in § 15 VVG verankerte besondere versicherungsvertragsrechtliche Tatbestand der Verjährungshemmung durch Anmeldung eines Anspruchs bei dem entsprechenden Versicherer. Freilich wird sich die analog § 198 BGB auch auf das vertragsähnliche Schuldverhältnis der c. i. c. durchschlagende Hemmungswirkung im Regelfall der quasivertraglichen Haftung der ohnehin als Vertragspartner in Aussicht genommenen Person aus c. i. c., mithin im Zwei-Personen-Verhältnis i. S. d. § 311 Abs. 2 BGB, der Sache nach nicht entscheidend auswirken, da sich diese Rechtsfolge insoweit in aller Regel schon aus

680 Vgl. dazu ausführlich unter „*Teil III A. II. 1. c) bb) (2) (c) Praktische Umsetzung der Anrechnungslösung analog § 198 BGB*“.

681 Vgl. dazu insbesondere bereits die Ausführungen unter „*Teil III A. II. 1. c) bb) (2) (c) (aa) Rechtzeitige Hemmungsmaßnahme gegenüber dem Vertretenen*“.

der für die Verjährungshemmung ausschlaggebenden Warnfunktion der zugrunde liegenden Hemmungsmaßnahme ergibt.[682] Schließlich wird in derartigen Konstellationen zum einen schon ein einheitlicher Verhandlungs- oder Streitgegenstand anzunehmen sein, mit der Folge, dass sich eine entsprechend durchschlagende Hemmungswirkung dann ohnehin bereits unmittelbar aus § 203 BGB oder insbesondere bei der Einleitung prozessualer Rechtsverfolgungsmaßnahmen aus den gesetzlichen Bestimmungen des § 204 Abs. 1 BGB ergibt.[683] Zum anderen kann diese Wirkung in derartigen Fällen jedenfalls aus der allgemeinen Regelung des § 213 BGB abgeleitet werden, da die Ansprüche aus c. i. c. als wirtschaftlicher Ersatzwert an die Stelle der eigentlich begehrten vertraglichen Ansprüche treten, sie damit gegen denselben Anspruchsgegner und auf dasselbe wirtschaftliche Interesse gerichtet sind, sodass es sich insgesamt um im Kern identische Ansprüche i. S. d. § 213 BGB handelt.[684] Hingegen ist in den etwas selteneren Fällen der Sachwalter- oder sonstigen Vertreter- bzw. Dritthaftung nach den Grundsätzen der c. i. c. gem. § 311 Abs. 3 BGB, mithin im Drei-Personen-Verhältnis wie auch im obigen Fallbeispiel 3, aufgrund der insoweit bestehenden Personenverschiedenheit auf der Passivseite zwingend der Rückgriff auf die Analogie zu der Anrechnungsregelung des § 198 BGB erforderlich, um zu einer auch auf die vertragsähnlichen Haftungsansprüche aus c. i. c. und damit auf die eigentlich nicht als Vertragspartner vorgesehene Vertrauensperson durchschlagenden Verjährungshemmung zu kommen.[685] Wie auch in den Fällen der Haftung des Vertreters ohne Vertretungsmacht aus § 179 BGB kann einer Hemmungsmaßnahme eine solche auf einen Dritten durchschlagende Wirkung aber nur beigemessen werden, solange und soweit sie noch vor der Kenntnis bzw. fahrlässigen Unkenntnis des Anspruchsinhabers von den die quasivertragliche Schadensersatzhaftung aus c. i. c. begründenden Umständen erfolgt. Schließlich besteht für den Anspruchsinhaber ab diesem Zeitpunkt sowohl eine hinreichende Veranlassung als auch die angemessene und zumutbare Möglichkeit zu einem die Verjährung nach Maßgabe der §§ 203 ff. BGB hemmenden Vorgehen zur Verfolgung der Ersatzansprüche aus c. i. c. gegenüber dem insoweit richtigen Anspruchsgegner, sodass eine entsprechende Schutzwürdigkeit des Anspruchsinhabers ab Kenntnis bzw. Kennenmüssen der tatsächlichen Begebenheiten nicht mehr länger anzuer-

682 Vgl. dazu unter „*Teil I D. III. 1. a) aa) Klassische Verjährungshemmung gem. §§ 203 bis 209 BGB*“ sowie Fn. 83.

683 Vgl. dazu unter „*Teil I D. III. 1. c) Reichweite von Hemmung und Neubeginn gem. § 213 BGB*“ sowie Fn. 97 und 98.

684 Vgl. dazu MüKoBGB/Grothe, § 213 Rn. 3 f.; Staudinger/Peters/Jacoby, § 213 Rn. 2 ff.

685 Vgl. dazu insbesondere bereits die Ausführungen zu § 179 BGB unter „*Teil III A. II. 1. c) bb) (2) (c) (aa) Rechtzeitige Hemmungsmaßnahme gegenüber dem Vertretenen*“ sowie Fn. 495.

kennen ist.[686] Die im Zusammenhang mit der Haftung des Vertreters ohne Vertretungsmacht gem. § 179 BGB relevanten Probleme der Unkenntnis der Person des richtigen Anspruchsgegners[687] spielen im Rahmen der quasivertraglichen Schadensersatzhaftung nach den Grundsätzen der c. i. c. hingegen weniger eine Rolle, da sich diese Ansprüche entweder im Regelfall des Zwei-Personen-Verhältnisses i. S. d. § 311 Abs. 2 BGB genauso wie auch bei der Haftung des Anfechtenden gem. § 122 BGB ohnehin gegen den in Aussicht genommenen Vertragspartner richten oder selbst im Drei-Personen-Verhältnis des § 311 Abs. 3 BGB gegen eine Person mit einer mit dem eigentlichen Vertragspartner vergleichbaren starken Vertrauensstellung.[688] Eine dritte Vertrauensperson i. S. d. § 311 Abs. 3 BGB muss als solche letztlich genauso wie eben auch die als unmittelbarer Vertragspartner vorgesehene Person bekannt sein bzw. deren Unkenntnis hat genauso wie die mangelnde Kenntnis der eigentlichen Vertragspartei in die eigene Risikosphäre des Anspruchsinhabers zu fallen, mit der Folge, dass eine etwaige Korrektur des insoweit maßgeblichen Verjährungsfristlaufs unter Berücksichtigung von Wertungsgesichtspunkten nicht angezeigt wäre und sich der jeweilige Anspruchsinhaber damit auch an einem Verjährungseintritt festhalten lassen müsste, der letztlich auf derartigen Wissensdefiziten in Bezug auf die Person des richtigen Gegners der quasivertraglichen Schadensersatzansprüche aus c. i. c. beruht.[689]

3. Zwischenergebnis

In den vertragsakzessorischen Fallgruppen der Haftung nach den Grundsätzen der c. i. c. gem. §§ 280 Abs. 1, 241 Abs. 2, 311 Abs. 2, Abs. 3 BGB, mithin innerhalb der Kategorie der Erklärungshaftung, hat konsequenterweise bei der Frage nach dem Beginn und Lauf der insoweit maßgeblichen Verjährungsfrist die Rechtslage in Ansehung der inhaltlich bzw. wirtschaftlich korrespondierenden Ansprüche im Zusammenhang mit dem vom Anspruchsinhaber eigentlich begehrten Vertrag hinreichende Berücksichtigung zu finden. Da die quasivertraglichen Schadensersatzansprüche aus c. i. c. durch eine Rücksichtspflichtverletzung noch im zeitlichen Stadium vor dem Vertragsschluss begründet werden und sich in aller Regel unmittelbar gegen den

686 Vgl. dazu insbesondere bereits die Ausführungen zu § 179 BGB unter „*Teil III A. II. 1. c) bb) (2) (c) (aa) Rechtzeitige Hemmungsmaßnahme gegenüber dem Vertretenen*“; anders bei der Haftung aus § 122 BGB, vgl. dazu unter „*Teil III B. II. 2. Korrektur über die Anrechnungslösung analog § 198 BGB*“.

687 Vgl. dazu nochmals unter „*Teil III A. II. 1. c) aa) (2) (f) Keine rechtzeitige Kenntniserlangung von der Person des Vertreters*“.

688 Vgl. BT-Drs. 14/6040, S. 163 sowie unter „*Teil II C. III. 1. d) Dritthaftung gem. § 311 Abs. 3 BGB*“.

689 Vgl. insoweit BGHZ 73, 266 (271) = NJW 1979, 1161 (1162).

in Aussicht genommenen Vertragspartner richten oder eine besondere Vertrauensperson mit maßgeblichem Einfluss auf die Vertragsverhandlungen, kann insoweit im Vergleich zu den zuvor behandelten Fällen der quasivertraglichen Haftung des Anfechtenden gem. § 122 BGB und insbesondere des Vertreters ohne Vertretungsmacht gem. § 179 BGB eine erhebliche Entschärfung der potenziell mit dem Verjährungsbeginn zusammenhängenden (Verzögerungs-)Probleme festgestellt werden. In den Konstellationen, in denen das Zustandekommen des eigentlich angestrebten Vertrages aufgrund einer zur mittelbaren Vertrauenshaftung nach den Grundsätzen der c. i. c. führenden vorvertraglichen Rücksichtspflichtverletzung einer Verhandlungspartei bereits gänzlich scheitert, ist zu beachten, dass das Ereignis, das bei Abschluss des angebahnten Vertrages für den Verjährungsbeginn bestimmend wäre, in aller Regel tatsächlich nicht mehr eintreten wird und darauf daher auch nicht im Rahmen des vertragsähnlichen Schuldverhältnisses der c. i. c. abgestellt werden kann. Grundsätzlich ist der Verjährungsbeginn in derartigen Fallgestaltungen – je nach im Einzelfall anzuwendender Verjährungsregelung – vielmehr maßgeblich an die Entstehung der quasivertraglichen Schadensersatzansprüche aus c. i. c. anzuknüpfen und damit regelmäßig an den Zeitpunkt, in dem das Scheitern des entsprechenden Vertragsschlusses endgültig feststeht, etwa da die Vertragsverhandlungen dort ihr tatsächliches Ende nehmen. In Fällen, in denen die zur quasivertraglichen Haftung aus c. i. c. führende vorvertragliche Rücksichtspflichtverletzung das wirksame Zustandekommen eines Vertrages nicht hindert, sondern zum Abschluss eines negativ von den schutzwürdigen Vorstellungen des Anspruchsinhabers abweichenden Vertrages führt, werden die Schadensersatzansprüche aus c. i. c. häufig in demselben Zeitpunkt wie die inhaltlich identischen Ansprüche im Zusammenhang mit dem eigentlich begehrten Vertrag entstehen. Bei der in diesen vertragsakzessorischen Fällen unter Berücksichtigung von Wertungsgesichtspunkten gebotenen Anwendung der für die äquivalenten vertraglichen Ansprüche geltenden (Sonder-)Verjährungsregelungen wird es daher regelmäßig ohnehin zu einem verjährungsrechtlichen Gleichlauf zwischen dem quasivertraglichen und dem vertraglichen Anspruchs- bzw. Haftungsregime kommen, mit der Folge, dass ein Eingriff in den entsprechenden Verjährungsfristlauf nicht angezeigt ist. In den selteneren Fällen, in denen die aus dem Rechtsinstitut der c. i. c. resultierenden vertragsähnlichen Ansprüche entweder zu einem späteren Zeitpunkt als die dadurch ersetzten Ansprüche aus dem eigentlich angestrebten Vertrag entstehen oder in denen der Anspruchsinhaber bei Anwendbarkeit der allgemeinen Regelverjährung gem. §§ 195, 199 Abs. 1 BGB erst zu einem signifikant späteren Zeitpunkt von den die Haftung aus c. i. c. begründenden Umständen erfährt, kann sich allerdings nach den Grundsätzen der vorzugswürdigen Gesamtlösung parallel zu den Fällen der Vertrauenshaftung nach § 122 BGB und § 179 BGB ein unter Umständen erheblich verzögerter Verjährungsbeginn und damit ebenfalls das Problem von divergierenden faktischen Verjährungszeiträumen ergeben. Die aufgrund des vertragsakzessorischen Ersatzwertcharakters der mittelbaren Vertrauenshaftung aus c. i. c. in derartigen Sachverhaltskonstellationen wertungsmäßig gebotene Verjährungskorrektur ist gleichermaßen in dem Ansatz der Anrechnungslösung und damit einer Analogie zu § 198 BGB zu finden. Analog § 198 BGB hat demnach eine Anrechnung derjenigen hypothetischen Verjährungszeit zu erfolgen, die in Ansehung der vom Anspruchsinhaber eigentlich begehrten vertraglichen Ansprüche bis zum Beginn der Verjährung der ersatzweise an deren Stelle getretenen Ansprüche aus c. i. c. bereits verstrichen gewesen wäre. Zugleich wird dabei aber auch dem grundsätzlich schutzwürdigen Vertrauen des Anspruchsinhabers in das wirksame Zustandekommen eines seinen Vorstellungen entsprechenden Vertrages über die ebenfalls im Zuge der vorzunehmenden Anrechnung analog § 198 BGB bestehende Möglichkeit hinreichend Rechnung getragen, dass die Wirkungen einer bereits zuvor zur Verfolgung der wirtschaftlich identischen vertraglichen Ansprüche ergriffenen Hemmungsmaßnahme i. S. d. §§ 203 ff. BGB auch auf das vertragsähnliche Schuldverhältnis der c. i. c. durchschlagen.

III. Zusammenfassung der Ergebnisse für die Haftung aus c. i. c. gem. §§ 280 Abs. 1, 241 Abs. 2, 311 Abs. 2, Abs. 3 BGB

Zusammenfassend ist für die lediglich mittelbare Vertrauenshaftung oder auch Vertrauenshaftung im weiteren Sinne nach den Grundsätzen der c. i. c. gem. §§ 280 Abs. 1, 241 Abs. 2, 311 Abs. 2, Abs. 3 BGB festzuhalten, dass die quasivertraglichen Schadensersatzansprüche nicht in sämtlichen Erscheinungsformen von einer mit den damit grundsätzlich verwandten Ansprüchen aus der zuvor behandelten unmittelbaren Vertrauenshaftung oder auch Vertrauenshaftung im engeren Sinne nach § 122 BGB und § 179 BGB vergleichbaren Vertragsakzessorietät bzw. einem entsprechenden wirtschaftlichen Ersatzwertcharakter geprägt sind. Vielmehr muss hierbei mit *Canaris* zunächst zwischen den Fällen der sog. Anvertrauenshaftung und der sog. Erklärungshaftung differenziert werden. Die in die Kategorie der Anvertrauenshaftung fallenden Ansprüche aus c. i. c. weisen schließlich keinen besonderen tatsächlichen, wirtschaftlichen und/oder rechtlichen Zusammenhang zu den Ansprüchen aus dem eigentlich angebahnten Vertrag auf und beziehen sich – wie etwa in den klassischen Warenhausfällen – unabhängig von dem beabsichtigten Vertragsschluss in erster Linie auf das enttäuschte Vertrauen des Anspruchsinhabers in die Unversehrtheit seiner Rechte, Rechtsgüter und Interessen, insbesondere auf die Verletzung von allgemeinen Schutz- bzw. Obhutspflichten und damit des Integritätsinteresses des

Geschädigten. Die der Erklärungshaftung unterfallenden Ansprüche aus c. i. c. beruhen hingegen maßgeblich auf der Enttäuschung des schutzwürdigen Vertrauens des Anspruchsinhabers in den Abschluss eines bestimmten Vertrages, das sich auf der Basis der vom Anspruchsgegner im Zuge der Vertragsverhandlungen abgegebenen Erklärungen berechtigterweise herausgebildet hat. Sie treten damit letztlich als inhaltlich bzw. wirtschaftlich korrespondierender Ersatzwert an die Stelle der eigentlich begehrten vertraglichen Ansprüche, sodass diese auch von einem besonderen Bezug zu dem vertraglichen Anspruchs- bzw. Haftungsregime und damit einer gewissen Vertragsakzessorietät gekennzeichnet sind. Vor diesem Hintergrund hat sich die Verjährung im Rahmen der Anvertrauenshaftung somit nach ihren eigenen, von dem eigentlich angebahnten Vertrag völlig unabhängigen Bestimmungen zu richten, mithin mangels insoweit einschlägiger Sonderverjährungsregelung nach der allgemeinen Regelverjährung gem. §§ 195, 199 Abs. 1 BGB. In den vertragsakzessorischen Fällen der Erklärungshaftung, wozu insbesondere auch die typischen Anwendungsfälle der c. i. c. beim Abbruch der Vertragsverhandlungen oder bei Abschluss von inhaltlich nachteiligen Verträgen zählen, haben hingegen diejenigen Verjährungsregelungen Anwendung zu finden, die auch für die wirtschaftlich identischen Ansprüche im Zusammenhang mit dem vom Anspruchsinhaber eigentlich beabsichtigten Vertrag gegolten hätten, wie auch bei der Haftung des Anfechtenden gem. § 122 BGB oder des Vertreters ohne Vertretungsmacht gem. § 179 BGB. Dies hat konsequenterweise sowohl für die Frage nach der anwendbaren Verjährungsfrist als auch für die Bestimmung des entsprechenden Verjährungsbeginns zu gelten. Die insbesondere im Kontext der Haftung des Vertreters ohne Vertretungsmacht nach § 179 BGB ausführlich dargestellten Problemstellungen sind in diesen Fällen der Erklärungshaftung nach den Grundsätzen der c. i. c. jedoch erheblich entschärft, vor allem im Hinblick auf einen im Rahmen der quasivertraglichen Haftung nach dem Ansatz der vorzugswürdigen Gesamtlösung verzögerten Verjährungsbeginn und damit einen im Vergleich zu den eigentlich begehrten vertraglichen Ansprüchen faktisch divergierenden Verjährungszeitraum. Zum einen richten sich die Haftungsansprüche aus c. i. c. stets gegen die als Vertragspartner in Aussicht genommene Person oder zumindest gegen eine besondere Vertrauensperson, die dem Anspruchsinhaber als solche auch bekannt sein muss. Zum anderen werden die durch eine vorvertragliche Rücksichtspflichtverletzung ausgelösten quasivertraglichen Schadensersatzansprüche aus c. i. c. in den wohl meisten Fällen noch vor oder jedenfalls in dem Zeitpunkt entstehen, in dem auch die dadurch inhaltlich bzw. wirtschaftlich ersetzten vertraglichen Ansprüche entstanden wären. Die Folge ist, dass es auch nach den Grundsätzen der vorzugswürdigen Gesamtlösung eben schon zu keinem späteren Verjährungsbeginn kommen kann und sich damit auch nicht die Frage nach einer wertungsmäßigen Verjährungskorrektur stellt. In selteneren Fällen kann es in Übereinstimmung mit dem Modell der Gesamtlösung in Ansehung der vertragsähnlichen Haftung nach den Grundsätzen der c. i. c. zu einem im Vergleich zur vertraglichen Rechtslage verzögerten Verjährungsbeginn kommen, sei es aufgrund einer späteren Anspruchsentstehung oder einer zeitlich erst nachgelagerten Kenntniserlangung des Anspruchsinhabers von den die quasivertragliche Haftung aus c. i. c. begründenden Umständen bei Anwendbarkeit der objektiv-subjektiv angeknüpften regelmäßigen Ultimo-Verjährung gem. §§ 195, 199 Abs. 1 BGB. Dann ergibt sich jedoch tatsächlich eine mit den zuvor behandelten Haftungsfällen nach § 122 BGB und § 179 BGB vergleichbare Ausgangssituation, mit der Folge, dass auch insoweit über den Ansatz der Anrechnungslösung analog § 198 BGB zur Korrektur des Verjährungsfristlaufs eine Anrechnung der bei Abschluss des beabsichtigten Vertrages bereits verstrichenen Verjährungszeit samt Durchschlagen etwaiger Hemmungsmaßnahmen i. S. d. §§ 203 ff. BGB zum Schutz des Anspruchsinhabers stattzufinden hat. Auf diese Art und Weise kann auch in derartigen Fallgestaltungen der wertungsmäßig gebotene (verjährungsrechtliche) Gleichlauf mit dem vertraglichen Anspruchs- und Haftungsregime (wieder-) hergestellt und damit ein sach- und interessengerechtes Ergebnis erzielt werden.

Teil IV
Zusammenfassung der wesentlichen Ergebnisse der Untersuchung

Zum Abschluss der vorliegenden Untersuchung der Verjährung quasivertraglicher Schadensersatzansprüche muss zunächst festgestellt werden, dass die Anspruchsverjährung zwar grundsätzlich dem Interesse der Allgemeinheit sowie des jeweiligen Schuldners daran dient, dass nach dem Ablauf einer bestimmten Zeitspanne, nach der nicht mehr mit einer entsprechenden Inanspruchnahme gerechnet zu werden braucht und die Gefahr der Verdunkelung der zugrunde liegenden Rechts- und Beweislage erheblich zunimmt, ein Zustand der Rechtssicherheit und des Rechtsfriedens geschaffen wird. Jedoch dürfen hierbei aufgrund des mit der Verjährung in Form einer Inhalts- und Schrankenbestimmung verbundenen Eingriffs in das Eigentumsrecht i. S. d. Art. 14 Abs. 1 S. 2 GG auch die schutzwürdigen Interessen des Anspruchsinhabers nicht außer Acht gelassen werden. Insoweit hat das jeweils anzuwendende Verjährungsrecht sicherzustellen, dass für den Anspruchsinhaber stets auch die angemessene und zumutbare Möglichkeit zur Verfolgung seiner Rechte besteht und es nicht durch eine faktische Zwangsverjährung zu einem unzulässigen Eingriff in sein Eigentumsgrundrecht aus Art. 14 Abs. 1 GG kommt. Des Weiteren muss erkannt werden, dass die vorliegend betrachteten quasivertraglichen Schadensersatzansprüche aus § 179 BGB, § 122 BGB und c. i. c. gem. §§ 280 Abs. 1, 241 Abs. 2, 311 Abs. 2, Abs. 3 BGB im Kern allesamt auf den von *Jhering* im Jahr 1861 entwickelten Ansatz einer vertragsähnlichen Vertrauenshaftung zurückgehen und damit dem Vertrauensschutz als zentraler Wertungsgrundlage zu dienen bestimmt sind. Insbesondere zwischen der Haftung des Vertreters ohne Vertretungsmacht aus § 179 BGB, der Haftung des Anfechtenden aus § 122 BGB und der Haftung nach den Grundsätzen der c. i. c. gem. §§ 280 Abs. 1, 241 Abs. 2, 311 Abs. 2, Abs. 3 BGB in der Kategorie der Erklärungshaftung ist eine besonders enge historische und wertungsmäßige Verwandtschaft anzunehmen, da die daraus resultierenden vertragsähnlichen Schadensersatzansprüche im Ergebnis darauf beruhen, dass ein vom Anspruchsinhaber eigentlich angestrebter Vertrag tatsächlich nicht oder jedenfalls nicht so wie gewünscht zustande kommt, und sie daher quasi als wirtschaftlicher Ersatzwert an die Stelle der ursprünglich begehrten vertraglichen Ansprüche treten. Aus der vorliegend auch unter dem Begriff der sog. Vertragsakzessorietät zusammengefassten besonderen tatsächlichen, wirtschaftlichen und rechtlichen Verbindung zwischen den quasivertraglichen und inhaltlich bzw. wirtschaftlich korrespondierenden vertraglichen Ansprüchen folgt, dass sich die Rechtsgedanken und Wertungen des vertraglichen Verjährungsregimes sowie die ihm zugrunde liegenden Verjährungsregelungen auch in dem jeweiligen quasivertraglichen Schuldverhältnis des letztlich gescheiterten Vertrages durchsetzen bzw. zur Anwendung kommen müssen. Für die Verjährung der vertragsakzessorischen quasivertraglichen Schadensersatzansprüche bedeutet das im Einzelnen, dass auf diese jeweils diejenige (Sonder-)Verjährungsfrist anzuwenden ist, die auch für die insoweit ersetzten vertraglichen Ansprüche gegolten hätte. Dabei wird in erster Linie stets auf das konkrete vertragliche Äquivalent zu dem im Einzelfall geltend gemachten quasivertraglichen Ersatzanspruch und – sofern ein solches nicht existiert – hilfsweise auf den jeweiligen vertraglichen Erfüllungsanspruch abzustellen sein. Auch für den entsprechenden Verjährungsbeginn müssen konsequenterweise die auf die inhaltlich bzw. wirtschaftlich korrespondierenden vertraglichen Ansprüche anwendbaren Regelungen herangezogen werden, wobei aber grundsätzlich zunächst danach zu differenzieren ist, ob demnach eine Sonderverjährungsregelung mit besonderer Bestimmung des Verjährungsbeginns, wie etwa § 438 Abs. 2 BGB, § 634a Abs. 2 BGB, § 548 Abs. 1 BGB oder auch § 439 Abs. 2 HGB, zur Anwendung zu kommen hat oder vielmehr auf die allgemeinen Vorschriften zum Verjährungsbeginn gem. §§ 199, 200 BGB zurückzugreifen ist. Im Fall der Anwendbarkeit einer entsprechenden Sonderregelung hat die Verjährung der vertragsakzessorischen quasivertraglichen Schadensersatzansprüche nach dem Ansatz der Gesamtlösung erst dann zu beginnen, wenn diese Ansprüche final entstanden sind und kumulativ zudem die besonderen Voraussetzungen der insoweit einschlägigen Spezialregelung vorliegen. Soweit es im Rahmen der quasivertraglichen Haftung aber zum Eintritt des entsprechend einer Sonderverjährungsregelung für den Verjährungsbeginn vorgesehenen Ereignisses nicht (mehr) kommen sollte – etwa beim gänzlichen Scheitern des Vertragsschlusses infolge des schuldhaften Abbruchs der Vertragsverhandlungen – ist aus Gründen der Rechtssicherheit ausschließlich auf den Zeitpunkt der Entstehung der vertragsakzessorischen Schadensersatzansprüche abzustellen. Zu beachten ist insoweit, dass es nach dem Modell der vorzugswürdigen Gesamtlösung in keinem Fall zu einem Verjährungsbeginn schon vor dem Zeitpunkt der finalen Entstehung der konkret geltend gemachten quasivertraglichen Schadensersatzansprüche kommt. Bei der Anwendbarkeit der allgemeinen Regelungen der §§ 199, 200 BGB auch im Rahmen der vertragsakzessorischen Schadensersatzhaftung entspricht der sich daraus ergebende Verjährungsbeginn hingegen aufgrund der Anknüpfung dieser Regelungen (auch) an die Anspruchsentstehung in aller Regel ohnehin schon dem Ansatz der Gesamtlösung. Sofern sich daraufhin unter Berücksichtigung der Grundsätze der Gesamtlösung ein im Vergleich zur (hypothetischen) vertraglichen Rechtslage früherer oder zeitgleicher Verjährungsbeginn ergibt, wird damit dem besonderen wirtschaftlichen Ersatzwertcharakter der in Rede stehenden vertragsakzessorischen Schadensersatzansprüche hinreichend Rechnung getragen, mit der Folge, dass keine weiteren Eingriffe in den entsprechenden Verjährungsfristlauf angezeigt sind. Führt das Modell der Gesamtlösung bzw. die damit im Einklang stehende Anwendung der im jeweiligen Einzelfall einschlägigen Verjährungsregelungen hingegen zu einem im Vergleich zu den ersetzten vertraglichen Ansprüchen verzögerten Verjährungsbeginn und damit einhergehend zu faktisch divergierenden Verjährungszeiträumen, hat zur (Wieder-)Herstellung des aus den genannten Wertungsgründen gebotenen (verjährungsrechtlichen) Gleichlaufs mit dem ursprünglich vom Anspruchsinhaber angestrebten vertraglichen Anspruchs- und Haftungsregime eine dementsprechende Verjährungskorrektur nach dem Modell der Anrechnungslösung stattzufinden. Dabei muss sich der jeweilige Anspruchsinhaber auf die von ihm geltend gemachten vertragsakzessorischen quasivertraglichen Schadensersatzansprüche analog § 198 BGB diejenige Verjährungszeit anrechnen lassen, die im Zeitpunkt des sich aus den Grundsätzen der Gesamtlösung ergebenden Verjährungsbeginns in Ansehung der durch die quasivertragliche Schadensersatzhaftung ersetzten und mit dieser daher wertungsmäßig eng verbundenen vertraglichen Ansprüche bereits verstrichen gewesen wäre. Zu beachten ist insoweit auch, dass über die Analogie zu der Anrechnungsregelung des § 198 BGB auch etwaige Tatbestände der Verjährungshemmung auf die vertragsakzessorische Schadensersatzhaftung durchschlagen und auf diese Art und Weise auch dem insoweit intendierten Vertrauensschutz hinreichend Rechnung getragen wird. Voraussetzung hierfür ist, dass diese Hemmungstatbestände entweder vom Anspruchsinhaber im schutzwürdigen Vertrauen auf den Abschluss des eigentlich beabsichtigten Vertrages verwirklicht werden, wie diejenigen gem. §§ 203, 204 BGB, oder im Hinblick auf die korrespondierenden vertraglichen Ansprüche bereits ipso iure eingreifen würden, wie etwa diejenigen gem. §§ 206, 210, 211 BGB. Lediglich in den nur im Zusammenhang mit der vertragsähnlichen Haftung des Vertreters ohne Vertretungsmacht gem. § 179 BGB denkbaren Sonderfällen, in denen der Anspruchsinhaber die Person des richtigen Anspruchsgegners nicht kennt, mithin den Vertreter ohne Vertretungsmacht, und dieses Wissensdefizit bzw. die dadurch ausgelösten zeitlichen Verzögerungen auch nicht zu vertreten hat, muss zu den soeben dargestellten Grundsätzen eine weitere wertungsmäßig gebotene Ausnahme bzw. Verjährungskorrektur hinzutreten. Der insoweit schutzwürdige Anspruchsinhaber muss hierbei durch die Annahme einer sechsmonatigen Ablaufhemmung in Analogie zu den §§ 210, 211 BGB vor dem Eintritt der Verjährung seiner quasivertraglichen Ersatzansprüche ohne die angemessene und zumutbare Möglichkeit ihrer Geltendmachung bzw. Verfolgung bewahrt werden. Wie bereits dargestellt, hat der im Rahmen der vorliegenden Untersuchung herausgearbeitete Lösungsansatz aufgrund der vergleichbaren Ausgangs- bzw. Interessenlage grundsätzlich für die verjährungsrechtliche Behandlung sämtlicher von einem besonderen vertragsakzessorischen Ersatzwertcharakter geprägter quasivertraglicher Schadensersatzansprüche gleichermaßen Geltung zu beanspruchen. Möglicherweise kann dieser aber sogar noch weiter gefasst und auch auf sämtliche sonstigen (Sekundär- bzw. Schadensersatz-)Ansprüche übertragen werden, die im Ergebnis ebenfalls als im Kern identischer wirtschaftlicher Ersatzwert an die Stelle eines anderen (vertraglichen) Anspruchs treten und damit in gleicher Weise eine gewisse Vertragsakzessorietät aufweisen.[690] Die abschließende Beurteilung dieser Fragestellung würde jedoch über das Ziel der vorliegenden Untersuchung hinausgehen und ist daher vielmehr einer gesonderten verjährungsrechtlichen Betrachtung vorbehalten.

690 Zu denken wäre hierbei etwa an die sonstigen vertraglichen Sekundär- bzw. Schadensersatzansprüche i. S. d. §§ 280 ff. BGB, wie in dem bereits kurz angerissenen sog. Silvesternachtfall unter „*Teil III A. II. 1. c) bb) (2) (b) Analoge Anwendung auf die Fälle des § 179 BGB*"; vgl. dazu auch BeckOGKBGB/Piekenbrock, § 198 Rn. 19.1.

Literaturverzeichnis

Ackermann, Thomas: Der Schutz des negativen Interesses, Tübingen 2007.

Altmeppen, Holger: Kommentar zum Gesetz betreffend die Gesellschaften mit beschränkter Haftung (GmbHG), 11. Auflage, München 2023.

Arnold, Stefan: Die arglistige Täuschung im BGB, in: JuS 2013, 865–870.

Ballerstedt, Kurt: Zur Haftung für culpa in contrahendo bei Geschäftsabschluß durch Stellvertreter, in: AcP 1950/1951, 501–531.

Bar, Christian von/Clive, Eric/Schulte-Nölke, Hans u. a. (Hrsg.): Principles, Definitions and Model Rules of European Private Law – Draft Common Frame of Reference (DCFR), Outline Edition, München 2009.

Bär, Kathrin: Die Verjährung von Ansprüchen bei unsicherer oder zweifelhafter Rechtslage, Frankfurt am Main 2014.

Behrensmeyer, Anke Lydia: Die Verjährung von kaufrechtlichen Gewährleistungs- und Rückgriffsansprüchen, Frankfurt am Main 2012.

Bornemann, Alexander: Rechtsscheinsvollmachten in ein- und mehrstufigen Innenverhältnissen, in: AcP 2007, 102–153.

Canaris, Claus-Wilhelm: Die Neuregelung des Leistungsstörungs- und des Kaufrechts, Grundstrukturen und Problemschwerpunkte, in: Lorenz, Egon (Hrsg.), Karlsruher Forum 2002: Schuldrechtsmodernisierung, Karlsruhe 2003, S. 5–100.

ders.: Die Vertrauenshaftung im deutschen Privatrecht, München 1971.

ders.: Die Reform des Rechts der Leistungsstörungen, in: JZ 2001, 499–524.

ders.: Wandlungen des Schuldvertragsrechts – Tendenzen zu seiner „Materialisierung", in: AcP 2000, 273–364.

ders.: Ansprüche wegen „positiver Vertragsverletzung" und „Schutzwirkung für Dritte" bei nichtigen Verträgen – Zugleich ein Beitrag zur Vereinheitlichung der Regeln über die Schutzpflichtverletzungen, in: JZ 1965, 475–482.

Chiusi, Tiziana J.: Geschäftsfähigkeit im Recht der Stellvertretung, in: JURA 2005, 532–537.

Däubler-Gmelin, Herta: Die Entscheidung für die so genannte Große Lösung bei der Schuldrechtsreform – Zum Entwurf eines Gesetzes zur Modernisierung des Schuldrechts, in: NJW 2001, 2281–2289.

Derleder, Peter: Sachmängel- und Arglisthaftung nach neuem Schuldrecht, in: NJW 2004, 969–976.

Derleder, Peter/Kähler, Lorenz: Die Kombination von Hemmung und Neubeginn der Verjährung, in: NJW 2014, 1617–1622.

Drescher, Ingo/Fleischer, Holger/Schmidt, Karsten (Hrsg.): Münchener Kommentar zum Handelsgesetzbuch (HGB):
– Band 1, Handelsstand, §§ 1–104a, 5. Auflage, München 2021.

– Band 2, Handelsgesellschaften und stille Gesellschaft, §§ 105–177a, 5. Auflage, München 2022.
– Band 7, Transportrecht, §§ 407–619, 5. Auflage, München 2023.

Eidenmüller, Horst: Zur Effizienz der Verjährungsregeln im geplanten Schuldrechtsmodernisierungsgesetz, in: JZ 2001, 283–287.

Erman, Walter (Begr.): Bürgerliches Gesetzbuch (BGB) Handkommentar, Band 1, §§ 1–778, 16. Auflage, Köln 2020.

Ernst, Wolfgang: Gestaltungsrechte im Vollstreckungsverfahren, in: NJW 1986, 401–405.

Finkenauer, Thomas: Zum Begriff der Rechtsnachfolge in § 221 BGB, in: JZ 2000, 241–247.

Fischinger, Philipp/Lettmaier, Saskia: Sachmangel bei Asbestverseuchung – Anwendbarkeit der c. i. c. neben §§ 434 ff. BGB, in: NJW 2009, 2496–2499.

Fleischer, Holger/Goette, Wulf (Hrsg.): Münchener Kommentar zum Gesetz betreffend die Gesellschaften mit beschränkter Haftung (GmbHG), Band 1, Errichtung der Gesellschaft und Rechtsverhältnisse der Gesellschaft und der Gesellschafter, §§ 1–34, 4. Auflage, München 2022.

Frick, Joachim G.: Culpa in contrahendo – Eine rechtsvergleichende und kollisionsrechtliche Studie, Zürich 1992.

Goette, Wulf/Habersack, Mathias/Kalss, Susanne (Hrsg.): Münchener Kommentar zum Aktiengesetz (AktG):
– Band 2, Die Verfassung der Aktiengesellschaft, §§ 76–117, 5. Auflage, München 2019.
– Band 5, Kommanditgesellschaft auf Aktien und Verbundene Unternehmen, §§ 278–328, 5. Auflage, München 2020.

Grigoleit, Hans Christoph: Vorvertragliche Informationshaftung – Vorsatzdogma, Rechtsfolgen, Schranken, München 1997.

Grigoleit, Hans Christoph/Herresthal, Carsten: Grundlagen der Sachmängelhaftung im Kaufrecht, in: JZ 2003, 118–127.

Grüneberg, Christian (Hrsg.): Bürgerliches Gesetzbuch (BGB) mit Nebengesetzen, 82. Auflage, München 2023.

Gsell, Beate: Gespaltene Verjährung kaufvertraglicher Ansprüche auf Ersatz mängelbedingter Schäden? Erwiderung zu Gerhard Wagner – JZ 2002, 475 ff., in: JZ 2002, 1089–1092.

Gsell, Beate/Krüger, Wolfgang/Lorenz, Stephan/Reymann, Christoph (GesamtHrsg.): Beck'scher Online-Grosskommentar zum BGB, München 2023:
– Rehberg, §§ 116, 122, Stand: 01.03.2023.
– Ulrici, § 177, Stand: 01.08.2021.
– Piekenbrock, §§ 194, 195, 198, 199, Stand: 01.02.2023.
– Meller-Hannich, §§ 204, 210, 211, Stand: 01.10.2022.
– Bach, § 218, Stand: 01.12.2022.

– Herresthal, § 311, Stand: 15.01.2023.
– Arnold, § 438, Stand: 01.12.2022.
– Reuschle, § 548, Stand: 01.01.2023.
– Raab-Gaudin, § 634a, Stand: 01.01.2023.
– Kögl, § 640, Stand: 01.01.2023.

Harder, Manfred: Die historische Entwicklung der Anfechtbarkeit von Willenserklärungen, in: AcP 1973, 209–226.

Harke, Jan Dirk: Positives als negatives Interesse – Beweiserleichterung beim Vertrauensschaden, in: JR 2003, 1–5.

Hau, Wolfgang/Poseck, Roman (Hrsg.): Beck'scher Online-Kommentar zum BGB, 65. Auflage, München 2023, Stand: 01.02.2023.

Häublein, Martin: Der Beschaffenheitsbegriff und seine Bedeutung für das Verhältnis der Haftung aus culpa in contrahendo zum Kaufrecht, in: NJW 2003, 388–393.

Häublein, Martin/Hoffmann-Theinert, Roland (Hrsg.): Beck'scher Online-Kommentar zum HGB, 39. Auflage, München 2023, Stand: 15.01.2023.

Haupt, Peter: Die Entwicklung der Lehre vom Irrtum beim Rechtsgeschäft seit der Rezeption, Weimar 1941.

Henrich, Dieter: Die unbewußte Irreführung, in: AcP 1963, 88–104.

Honsell, Heinrich: Einige Bemerkungen zum Diskussionsentwurf eines Schuldrechtsmodernisierungsgesetzes, in: JZ 2001, 18–21.

Höpfner, Clemens: Vertrauensschaden und Erfüllungsinteresse: Zur Begrenzung der Schadensersatzpflicht des Anfechtenden, in: AcP 2012, 853–874.

Jauß, Steffen: Verjährung bei elektiver und alternativer Anspruchskonkurrenz – Anmerkungen zum Urteil des BGH vom 27.09.2017, VIII ZR 99/16, in: JA 2018, 598–605.

Jhering, Rudolf von: Culpa in contrahendo oder Schadensersatz bei nichtigen oder nicht zur Perfection gelangten Verträgen, in: JherJb 4 (1861), 1–112.

Keller, Moritz: Schuldverhältnis und Rechtskreisöffnung – Von der Lehre der culpa in contrahendo zum Rücksichtnahmeschuldverhältnis der §§ 311 Abs. 2 und Abs. 3 BGB, Berlin 2007.

Köndgen, Johannes: Die Positivierung der culpa in contrahendo als Frage der Gesetzgebungsmethodik, in: Schulze, Reiner/Schulte-Nölke, Hans (Hrsg.), Die Schuldrechtsreform vor dem Hintergrund des Gemeinschaftsrechts, Tübingen 2001, S. 231–242.

Leenen, Detlef: Die Neuregelung der Verjährung, in: JZ 2001, 552–560.

Liebs, Detlef: Lateinische Rechtsregeln und Rechtssprichwörter, 7. Auflage, München 2007.

Litterer, Michael: Vertragsfolgen ohne Vertrag, Berlin 1979.

Lobinger, Thomas: Rechtsgeschäftliche Verpflichtung und autonome Bindung – Zu den Entstehungsgründen vermögensaufstockender Leistungspflichten im Bürgerlichen Recht, Tübingen 1999.

Lorenz, Stephan: Haftungsausfüllung bei der culpa in contrahendo: Ende der „Minderung durch c. i. c."?, in: NJW 1999, 1001–1002.

ders.: Grundwissen – Zivilrecht: Culpa in contrahendo (§ 311 II, III BGB), in: JuS 2015, 398–401.

Mansel, Heinz-Peter: Die Neuregelung des Verjährungsrechts, in: NJW 2002, 89–99.

Mansel, Heinz-Peter/Budzikiewicz, Christine: Das neue Verjährungsrecht, Bonn 2002.

Medicus, Dieter: Zur Entdeckungsgeschichte der culpa in contrahendo, in: Benöhr, Hans-Peter/Hackl, Karl/Knütel, Rolf/Wacke, Andreas (Hrsg.), Iuris professio – Festgabe für Max Kaser zum 80. Geburtstag, Wien [u. a.] 1986, S. 169–181.

ders.: Verschulden bei Vertragsverhandlungen – Empfiehlt sich eine Normierung der Lehre vom Verschulden bei Vertragsverhandlungen und eine Neuregelung vorvertraglicher Rechte und Pflichten im BGB? Können Widerrufsrechte und ähnliche sondergesetzliche Regelungen zum Schutz vor nachteiligen Vertragsbindungen im BGB geregelt werden?, in: Bundesministerium der Justiz (Hrsg.), Gutachten und Vorschläge zur Überarbeitung des Schuldrechts, Band 1, Köln 1981, S. 479–550.

Meincke, Jens Peter: Besprechung von: Hans-Bernhard Rengier, Die Abgrenzung des positiven Interesses vom negativen Vertragsinteresse und vom Integritätsinteresse: Dargestellt am Problem der Haftung des Verkäufers, Vermieters und Unternehmers für Schäden infolge von Sachmängeln, in: AcP 1979, 170–174.

Mertens, Bernd: Culpa in contrahendo beim zustande gekommenen Kaufvertrag nach der Schuldrechtsreform, in: AcP 2003, 818–854.

Motive zu dem Entwurfe eines Bürgerlichen Gesetzbuches für das Deutsche Reich, Berlin [u. a.] 1888:
- Band 1, Allgemeiner Teil.
- Band 2, Recht der Schuldverhältnisse.

Mugdan, Benno (Hrsg.): Die gesammten Materialien zum Bürgerlichen Gesetzbuch für das Deutsche Reich, Berlin 1899:
- Band 1, Einführungsgesetz und Allgemeiner Teil.
- Band 2, Recht der Schuldverhältnisse.

Müller, Klaus: Gesetzliche Vertretung ohne Vertretungsmacht, in: AcP 1968, 113–149.

Müller, Markus/Hempel, Rolf: Nebenpflichten des Verkäufers unter besonderer Berücksichtigung der Verjährung, in: AcP 2005, 246–274.

Nunes Fritz, Karina: Die culpa in contrahendo im deutschen und brasilianischen Recht – Ein Vorvertragsregime auf der Grundlage der deutschen Schuldrechtsdogmatik, Berlin [u. a.] 2018.

Nüßlein, Elke: Die Integration der culpa in contrahendo in das BGB nach der Schuldrechtsreform – Eine Studie zu den Erhaltungspflichten im Licht des Linoleumrollen-Urteils des Reichsgerichts RGZ 78, 239 ff., Berlin [u. a.] 2018.

Peláez Solórzano, Julio: Die Entwicklung der Nichtigkeit und der Anfechtbarkeit von Rechtsgeschäften in Deutschland und Frankreich – Mit Ausblicken auf Italien, Spanien und Guatemala, Köln 2010.

Peters, Frank: Die Verjährung in Fällen unbekannter Anschrift des Schuldners, in: NJW 2012, 2556–2558.

Peters, Frank/Zimmermann, Reinhard: Verjährungsfristen – Der Einfluß von Fristen auf Schuldverhältnisse; Möglichkeiten der Vereinheitlichung von Verjährungsfristen, in: Bundesministerium der Justiz (Hrsg.), Gutachten und Vorschläge zur Überarbeitung des Schuldrechts, Band 1, Köln 1981, S. 77–373.

Petersen, Jens: Vertretung ohne Vertretungsmacht, in: JURA 2010, 904–907.

Piekenbrock, Andreas: Befristung, Verjährung, Verschweigung und Verwirkung, Eine rechtsvergleichende Grundlagenstudie zu Rechtsänderungen durch Zeitablauf, Tübingen 2006.

ders.: Reform des allgemeinen Verjährungsrechts: Ausweg oder Irrweg?, in: Jahrbuch Junger Zivilrechtswissenschaftler 2001, S. 309–339.

Protokolle der Kommission für die zweite Lesung des Entwurfs des Bürgerlichen Gesetzbuchs, Band 1, Allgemeiner Teil und Recht der Schuldverhältnisse, Berlin 1897.

Prütting, Jens/Schirrmacher, Paul: Vertragsnahe gesetzliche Schuldverhältnisse: § 179 BGB, in: JURA 2016, 1156–1171.

Reischl, Klaus: Grundfälle zum neuen Schuldrecht, in: JuS 2003, 1076–1082.

Reuter, Stefan: Die Qualifikation der Haftung des falsus procurator im Internationalen Privatrecht, Tübingen 2016.

Rieble, Volker: Die Kodifikation der culpa in contrahendo, in: Dauner-Lieb, Barbara/Konzen, Horst/Schmidt, Karsten (Hrsg.), Das neue Schuldrecht in der Praxis – Akzente, Brennpunkte, Ausblick, Köln 2003, S. 137–157.

Rösler, Hannes: Arglist im Schuldvertragsrecht – Zum Schnittfeld von vorsätzlicher und fahrlässiger Fehlinformation, in: AcP 2007, 564–613.

Roth, Herbert: Anmerkung zum Urteil des BGH vom 27.03.2009 – V ZR 30/08, in: JZ 2009, 1174–1175.

Säcker, Franz Jürgen/Rixecker, Roland/Oetker, Hartmut/Limperg, Bettina (Hrsg.): Münchener Kommentar zum Bürgerlichen Gesetzbuch (BGB):
– Band 1, Allgemeiner Teil, §§ 1–240, 9. Auflage, München 2021.

– Band 2, Schuldrecht – Allgemeiner Teil I, §§ 241–310, 9. Auflage, München 2022.
– Band 3, Schuldrecht – Allgemeiner Teil II, §§ 311–432, 9. Auflage, München 2022.
– Band 4, Schuldrecht – Besonderer Teil I, §§ 433–534, 8. Auflage, München 2019.
– Band 5, Schuldrecht – Besonderer Teil II, §§ 535–630h, 9. Auflage, München 2023.
– Band 6, Schuldrecht – Besonderer Teil III, §§ 631–704, 9. Auflage, München 2023.
– Band 11, Erbrecht, §§ 1922–2385; §§ 27–35 BeurkG, 9. Auflage, München 2022.

Savigny, Friedrich Carl von: System des heutigen römischen Rechts, Band 4, Berlin 1841.

Schaub, Renate: Beratungsvertrag und Sachmängelgewährleistung nach der Schuldrechtsmodernisierung, in: AcP 2002, 757–807.

Schefe, Maria: Modifizierungen der zeitlichen Grenze der Anspruchsverfolgung, Verjährungsbeginn und Lauf der Verjährung im Vergleich, Baden-Baden 2019.

Schmidt-Futterer, Wolfgang (Begr.): Mietrecht – Großkommentar des Wohn- und Gewerberaummietrechts, 15. Auflage, München 2022.

Schmidt-Räntsch, Jürgen: Aufklärungspflichten beim Verkauf von Immobilien, in: ZfIR 2004, 569–577.

Schmoeckel, Mathias/Rückert, Joachim/Zimmermann, Reinhard (Hrsg.): Historisch-kritischer Kommentar zum BGB, Band 2.2, Schuldrecht – Allgemeiner Teil, §§ 305–432, Tübingen 2007.

Schwab, Martin: Grundfälle zu culpa in contrahendo, Sachwalterhaftung und Vertrag mit Schutzwirkung für Dritte nach neuem Schuldrecht, in: JuS 2002, 773–778.

Singer, Reinhard: Selbstbestimmung und Verkehrsschutz im Recht der Willenserklärungen, München 1995.

Soergel, Hans-Theodor (Begr.): Kommentar zum Bürgerlichen Gesetzbuch (BGB) mit Einführungsgesetz und Nebengesetzen, Band 2/1, Allgemeiner Teil 2/1, §§ 104–157, 14. Auflage, Stuttgart [u. a.] 2022.

Staudinger, Julius von (Begr.): Kommentar zum Bürgerlichen Gesetzbuch (BGB) mit Einführungsgesetz und Nebengesetzen:
– Buch 1, Allgemeiner Teil, §§ 90–124; §§ 130–133, Neubearbeitung 2021, Berlin 2021.
– Buch 1, Allgemeiner Teil, §§ 164–240, Neubearbeitung 2019, Berlin 2019.
– Buch 2, Recht der Schuldverhältnisse, §§ 311, 311a–c, Neubearbeitung 2018, Berlin 2018.
– Buch 2, Recht der Schuldverhältnisse, §§ 433–480 (Kaufrecht), Neubearbeitung 2014, Berlin 2014.

– Buch 2, Recht der Schuldverhältnisse, §§ 535–556g, Neubearbeitung 2021, Berlin 2021.
– Buch 2, Recht der Schuldverhältnisse, §§ 631–650v, Neubearbeitung 2019, Berlin 2019.
– Buch 5, Erbrecht, §§ 1922–1966, Neubearbeitung 2017, Berlin 2017.

Theisen, Frank: Rechtsfolgen eines Schadensersatzanspruchs aus culpa in contrahendo, in: NJW 2006, 3102–3105.

Weiler, Frank: Culpa in contrahendo, Anfechtung und Kaufrecht – alte Konkurrenzfragen in neuem Licht, in: ZGS 2002, 249–256.

Wertenbruch, Johannes: Zur Haftung aus culpa in contrahendo bei Abbruch von Vertragsverhandlungen, in: ZIP 2004, 1525–1531.

Wieling, Hans Josef: Die Bedeutung der Regel „falsa demonstratio non nocet" im Vertragsrecht, in: AcP 1972, 297–316.

Willems, Constantin: Ersatz von Vertrauensschäden und Begrenzung auf das Erfüllungsinteresse nach § 122 und § 179 II BGB, in: JuS 2015, 586–589.

Wojtas, Małgorzata: Die Haftung für culpa in contrahendo in Polen und in Deutschland – Eine Analyse im Kontext des europäischen und internationalen Privatrechts, Tübingen 2017.

Zimmermann, Reinhard: „… ut sit finis litium" – Grundlinien eines modernen Verjährungsrechts auf rechtsvergleichender Grundlage, in: JZ 2000, 853–866.

Zimmermann, Reinhard/Leenen, Detlef/Mansel, Heinz-Peter/Ernst, Wolfgang: Finis Litium? Zum Verjährungsrecht nach dem Regierungsentwurf eines Schuldrechtsmodernisierungsgesetzes, in: JZ 2001, 684–699.

Zöller, Richard (Begr.): Kommentar zur Zivilprozessordnung (ZPO), 34. Auflage, Köln 2022.